基金项目

广西中烟工业有限责任公司"财务共享服务中心建设实施咨询服务"项目

广西中烟工业有限责任公司"智能化技术在财务报销和电子会计档案中的
运用研究"项目

上海国家会计学院智能财务研究院系列著作之一

智能财务研究系列丛书

智能财务建设：
业务流程设计、审核规则梳理和电子会计档案管理

刘梅玲 邓国红 佟成生 吕燕 等著

立信会计出版社
LIXIN ACCOUNTING PUBLISHING HOUSE

图书在版编目(CIP)数据

智能财务建设：业务流程设计、审核规则梳理和电子
会计档案管理/刘梅玲等著. — 上海：立信会计出版社，
2022.12(2024.10 重印)
（智能财务研究系列丛书）
ISBN 978-7-5429-7170-8

Ⅰ.①智… Ⅱ.①刘… Ⅲ.①财务管理系统-研究
Ⅳ.①F232

中国国家版本馆 CIP 数据核字(2023)第 008770 号

策划编辑　　张巧玲
责任编辑　　张巧玲　胡　越
封面设计　　南房间

智能财务建设：业务流程设计、审核规则梳理和电子会计档案管理
ZHINENG CAIWU JIANSHE YEWU LIUCHENG SHEJI SHENHE GUIZE SHULI HE DIANZI KUAIJI DANGAN GUANLI

出版发行	立信会计出版社		
地　　址	上海市中山西路 2230 号	邮政编码	200235
电　　话	(021)64411389	传　　真	(021)64411325
网　　址	www.lixinaph.com	电子邮箱	lixinaph2019@126.com
网上书店	http://lixin.jd.com		http://lxkjcbs.tmall.com
经　　销	各地新华书店		

印　　刷	常熟市人民印刷有限公司		
开　　本	787 毫米×1092 毫米	1/16	
印　　张	27.75	插　页	4
字　　数	558 千字		
版　　次	2022 年 12 月第 1 版		
印　　次	2024 年 10 月第 2 次		
书　　号	ISBN 978-7-5429-7170-8/F		
定　　价	138.00 元		

"广西中烟财务共享服务中心建设实施咨询服务"
项目组

上海国家会计学院项目组

项目组负责人/项目组组长 刘梅玲,博士、副教授、硕士生导师

项目组副组长 佟成生,博士、教授、硕士生导师

　　　　　　　　杨　寅,博士、副教授、硕士生导师

项目组成员 王纪平,博士、副教授、硕士生导师、国际培训部副主任

　　　　　　　吴忠生,博士、副教授、硕士生导师

　　　　　　　李昕凝,博士、讲师、硕士生导师

　　　　　　　杨　艺,硕士、高级主管

项目组总顾问 刘　勤,教授、博士生导师、博士后合作导师、原副院长

广西中烟工业有限责任公司项目组

项目负责人 邓国红,审计部部长、高级会计师

项目组组长 潘　洁,财务管理部部长、高级会计师、高级审计师

项目组副组长 吕　燕,财务管理部副部长、高级会计师

　　　　　　　梁福标,财务管理部副部长、高级会计师

项目组成员 黄　莉,一级助理、高级会计师　　　梁勇民,一级助理、助理会计师

　　　　　　　王　燕,一级助理、高级会计师　　　谢缀华,二级助理、高级会计师

　　　　　　　陆　瑛,二级助理、高级工程师　　　张　华,副科长、中级审计师

　　　　　　　梁　宁,科长、中级会计师　　　　　韦国斌,科长、助理会计师

　　　　　　　邹亚玲,科员、中级会计师

　　　　　　　郑　杰,科员、中级经济师、中级审计师

　　　　　　　周淑芬,科员、中级会计师、中级经济师

　　　　　　　陆　艳,科员、中级会计师　　　　　谢超峰,科员、中级会计师

　　　　　　　漆　珍,科员、中级会计师

　　　　　　　白卫玲,科员　　　　　　　　　　　韦　韬,科员

　　　　　　　黄　薇,科员　　　　　　　　　　　沙　彤,科员

"广西中烟智能化技术在财务报销和电子会计档案中的运用研究"项目组

上海国家会计学院项目组

项目组负责人　刘梅玲,博士、副教授、硕士生导师

项目组组长　　佟成生,博士、教授、硕士生导师

项目组成员　　杨　寅,博士、副教授、硕士生导师

　　　　　　　王纪平,博士、副教授、硕士生导师、国际培训部副主任

　　　　　　　吴忠生,博士、副教授、硕士生导师

　　　　　　　李昕凝,博士、讲师、硕士生导师

　　　　　　　杨　艺,硕士、高级主管

项目组总顾问　刘　勤,教授、博士生导师、博士后合作导师、副院长

广西中烟工业有限责任公司项目组

项目负责人　　邓国红,审计部部长、高级会计师

项目组组长　　潘　洁,财务管理部部长、高级会计师、高级审计师

项目组副组长　吕　燕,财务管理部副部长、高级会计师

　　　　　　　梁福标,财务管理部副部长、高级会计师

项目组成员　　黄　莉,一级助理、高级会计师　　梁勇民,一级助理、助理会计师

　　　　　　　王　燕,一级助理、高级会计师　　谢缀华,二级助理、高级会计师

　　　　　　　邹亚玲,二级助理、高级会计师　　刘　梅,科员、中级会计师、中级经济师

　　　　　　　郑　杰,科员、中级经济师、中级审计师

　　　　　　　周淑芬,科员、中级会计师、中级经济师

　　　　　　　陆　艳,科员、中级会计师　　　　谢超峰,科员、中级会计师

　　　　　　　俞凌君,科员、中级会计师　　　　漆　珍,科员、中级会计师

　　　　　　　蒙桔峤,科员、中级会计师　　　　杜晓嫚,科员、中级经济师

　　　　　　　张清源,科员、助理工程师　　　　何昕钰,科员、中级会计师

　　　　　　　韦　韬,科员　　　　　　　　　　黄　薇,科员

　　　　　　　沙　彤,科员　　　　　　　　　　黄思颖,科员

　　　　　　　孔令翔,科员

前　言

当前,数字经济蓬勃发展,财务数字化建设方兴未艾。财政部于 2013 年 12 月印发的《企业会计信息化工作规范》第三十四条指出,"分公司、子公司数量多、分布广的大型企业、企业集团应当探索利用信息技术促进会计工作的集中,逐步建立财务共享服务中心"。自此,我国的财务共享建设如雨后春笋般涌现,在此过程中也孕育出财务共享建设的研究任务、咨询业务和实施业务。机缘巧合下,上海国家会计学院加入了财务共享建设的研究队伍和咨询队伍。自 2018 年起,上海国家会计学院开始负责广西中烟工业有限责任公司(以下简称广西中烟)财务共享及智能财务相关咨询课题,包括"财务管理 2018—2020 年发展规划及管理咨询"项目、"财务共享服务中心建设实施咨询服务"项目、"智能化技术在财务报销和电子会计档案中的运用研究"和"财务管理 2022—2024 年发展规划及管理咨询"项目。截至 2022 年 6 月,前三个项目已经顺利结项。

在课题研究过程中,我们发现广西中烟在财务共享建设和智能财务建设方面有许多值得总结、值得分享的经验和方法,特别是在业务流程图绘制、审核规则梳理和电子会计档案体系梳理三个方面。为此,课题组基于"财务共享服务中心建设实施咨询服务项目"和"智能化技术在财务报销和电子会计档案中的运用研究"两个课题的研究报告,经过系统性筛选、总结、抽象和凝练,撰写了本书。本书作为《智能财务及其建设研究》的续篇之一,为烟草企业及其他企业基于财务共享建设智能财务提供有效的方法、直观的示例和宝贵的经验,以期为中国财务共享和智能财务的建设事业添砖加瓦,有效助推中国企业财务数字化的发展进程和建设效果。

本书共分为四篇:第一篇为技术方法篇,包括第 1 至第 3 章,概述智能化技术及其归类,明晰无纸化报销入账归档的业务逻辑和关键条件,归结无纸化报销入账归档的典型场景,简要介绍广西中烟及其智能财务建设概况,旨在为后三篇做好通用知识和案例企业的铺垫;第二篇为业务流程篇,包括第 4 至第

8章,先概述财务共享的业务流程设计,包括设计思路、设计工具、绘制要点、设计示例和流程清单,进而全面展示广西中烟财务共享涉及的会计核算、费用报销、税务管理、往来账款管理、资产管理、财务报告、财务稽核和会计档案管理等业务流程,旨在为烟草工业企业及其他企业设计和优化财务共享相关业务流程提供参考和借鉴;第三篇为审核规则篇,包括第9至第13章,先概述智能财务建设过程中的审核规则梳理,包括现状评估、模式确定、梳理要点、梳理结果和运行设计等,进而全面展示广西中烟智能财务建设涉及的通用类审核规则、智能报账涉及的支出类审核规则、智能收款涉及的收入类审核规则,以及智能核算涉及的凭证类审核规则和报表类审核规则,旨在为烟草工业企业及其他企业在建设智能财务过程中梳理财务审核规则提供参考和借鉴;第四篇为电子会计档案篇,包括第13至第18章,先概述智能财务建设过程中的电子会计档案管理,包括政策演变、实现路径、模式确定、梳理要点和梳理结果,进而全面展示广西中烟智能财务建设涉及的通用会计凭证类、支出会计凭证类、非支出会计凭证类和非会计凭证类会计档案梳理结果,旨在为烟草工业企业及其他企业在建设智能财务过程中梳理会计档案体系提供参考和借鉴。

课题组本着分享与开放的心态撰写和出版本书,欢迎广大读者以远程或现场方式与课题组开展交流与探讨。在撰写本书的过程中,课题组尽量做到谨慎、客观、系统和全面,但受研究时间和研究水平所限,难免存在一定不足,欢迎广大读者批评指正,联系邮箱为 lml@snai.edu 或 61240174@qq.com。

广西中烟"财务共享服务中心建设实施咨询服务"课题组
广西中烟"智能化技术在财务报销和电子会计档案中的运用研究"课题组
2022 年 6 月 4 日于上海

目　录

第一篇　技术方法篇

第二篇 业务流程篇

第三篇　审核规则篇

第四篇　电子会计档案篇

图目录

表目录

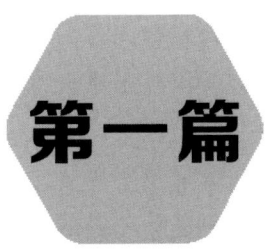

第一篇

技术方法篇

篇首语

　　本篇概述智能化技术及其归类,明晰无纸化报销入账归档的业务逻辑和关键条件,归结无纸化报销入账归档的典型场景,简要介绍广西中烟及其智能财务建设概况,旨在为后三篇做好通用知识和案例企业概况的铺垫。

第 1 章

新技术概述

本书的智能化技术,是指以人工智能为代表的"大智移云物区"等新技术,主要包括大数据、人工智能、移动互联网、云计算、物联网和区块链等新技术。

1.1 智能化技术概况

2017—2021 年,上海国家会计学院连续 5 年牵头开展"影响中国会计从业人员的十大信息技术评选"活动,评选中涉及如下候选技术和入选技术。

1.1.1 候选技术列表

候选技术,即"影响中国会计从业人员的十大信息技术评选"活动中给定的信息技术(当前影响)候选项。2017—2021 年的候选技术如表 1-1 所示。

表 1-1 影响中国会计从业人员的十大信息技术候选技术(2017—2021 年)

序号	2021 年候选技术①	2020 年候选技术②	2019 年候选技术	2018 年候选技术	2017 年候选技术
1	Python 及爬虫技术	财务云	边缘计算(Empowered Edge)	财务云	区块链
2	RFID 与二维码技术	电子发票	财务云	财务知识图谱	机器学习
3	财务云	机器人流程自动化(RPA)	财务知识图谱	财务专家系统	图像识别
4	电子存证	电子档案	财务智能搜索引擎(Financial Intelligent Search Engine)	电子档案	自然语言处理
5	电子发票	数据挖掘	财务专家系统	电子发票	机器人
6	电子会计档案	会计大数据技术	第五代移动通信技术(5G)	分布式账本	大数据

---

① 2021 年影响中国会计人员的 10 大信息技术评选 30 项候选信息技术介绍,参见网址 http://news. esnai. com/2021/0507/216895. shtml.

② 2020 影响中国会计从业人员的十大信息技术评选-大众版,参见网址 http://survey. snai. edu/s/jiMfYv7/.

（续表）

序号	2021 年候选技术	2020 年候选技术	2019 年候选技术	2018 年候选技术	2017 年候选技术
7	分布式账本	光学字符识别（OCR）	电子档案	管理驾驶舱	内存数据库
8	管理驾驶舱	移动支付	电子发票	光学字符识别（OCR）	数据挖掘
9	光学字符识别（OCR）	信息与网络安全	分布式账本	机器流程自动化（RPA）	数据仓库
10	会计大数据分析与处理技术	在线审计	管理驾驶舱	机器学习	可视化技术
11	机器人流程自动化（RPA）	自然语言处理（NLP）	光学字符识别（OCR）	可扩展商业报告语言（XBRL）	虚拟化技术
12	机器学习	移动互联网	机器翻译	身份认证	云计算
13	可视化技术	区块链技术	机器人流程自动化（RPA）	生物识别	云存储
14	区块链电子发票	数据中台和业务中台	机器学习	射频识别技术（RFID）	XBRL FR
15	商业智能（BI）	专家系统	可扩展商业报告语言（XBRL）	数据挖掘	XBRL GL
16	数据仓库	生物识别	区块链发票	数字签名	电子档案
17	数据挖掘	机器学习	社会信用算法	图像识别	电子发票
18	数据治理	工业（产业）互联网	射频识别技术（RFID）	卫星定位技术（GPS，GLONASS，GALILEO，COMPASS）	电子签名
19	数据中台	知识图谱	身份认证	虚拟现实（VR）	物联网
20	数字货币	新一代 ERP	深度学习加速器（GPU，FPGA 和 TPU）	移动互联网	移动互联
21	数字签名	在线办公	生物识别	移动支付	移动支付
22	新一代 ERP	XBRL 和 iXBRL 技术	数据挖掘	在线审计	数据安全技术
23	移动互联网	商业智能（BI）	数字签名	智能合约	数据接口技术
24	移动支付	人机交互和认知计算	图像识别	自然语言处理	GPS 定位技术
25	银行电子函证	Python	移动互联网	—	—
26	在线审计	微服务	移动支付	—	—
27	在线与远程办公	数字孪生	在线审计	—	—
28	知识图谱	金融服务中间件	智能对话系统（Conversational Systems）	—	—
29	智能流程自动化（IPA）	供应链技术	智能合约	—	—
30	自然语言处理与理解	边缘计算	自然语言处理	—	—

1.1.2　候选技术简介

2017—2021 年的候选技术简介如表 1-2 所示。

表 1-2　影响中国会计从业人员的十大信息技术候选技术简介 (2017—2021 年)

序号	候选技术	技术描述
1	Python	Python 是一种跨平台的计算机程序设计语言,是一个高层次的结合了解释性、编译性、互动性和面向对象的脚本语言。最初被设计用于编写自动化脚本(shell),随着版本的不断更新和语言新功能的添加,多被用于独立的、大型项目的开发
2	边缘计算	边缘计算是指在靠近物或数据源头的一侧,采用网络、计算、存储、应用核心能力为一体的开放平台,就近提供最近端服务。其应用程序在边缘侧发起,产生更快的网络服务响应,满足行业在实时业务、应用智能、安全与隐私保护等方面的基本需求。边缘计算处于物理实体和工业连接之间,或处于物理实体的顶端。而云端计算,仍然可以访问边缘计算的历史数据
3	财务云	财务云是将集团企业财务共享管理模式与云计算、移动互联网、大数据等计算机技术有效融合,实现财务共享服务、财务管理、资金管理三中心合一,建立集中、统一的企业财务云中心,支持多终端接入模式,实现"核算、报账、资金、决策"在全集团内的协同应用
4	财务知识图谱	财务知识图谱(Knowledge Graph/Vault)又称为科学知识图谱,在图书情报界称为知识域可视化或知识领域映射地图,是显示知识发展进程与结构关系的一系列各种不同的图形,用可视化技术描述知识资源及其载体,挖掘、分析、构建、绘制和显示知识及它们之间的相互联系
5	财务智能搜索引擎	理解财务信息使用人员的需求,结合知识图谱去关联对应的内容,是财务知识图谱的一项应用,用于财务数据的智能搜索与展示
6	财务专家系统	财务专家系统是一种在财务领域内具有专家水平解决问题能力的程序系统,是一个智能计算机程序系统。它能够有效地运用专家多年积累的有效经验和专业知识,通过模拟专家的思维过程,解决需要专家才能解决的财务问题
7	大数据	大数据(Big Data),一种规模大到在获取、存储、管理、分析方面大大超出了传统数据库软件工具能力范围的数据集合,需要新处理模式才能具有更强的决策力、洞察发现力和流程优化能力来适应海量、高增长率和多样化的信息资产
8	第五代移动通信技术(5G)	第五代移动电话行动通信标准,也称第五代移动通信技术,英语缩写为 5G。5G 在 4G 基础上,对于移动通信提出更高的要求,它不仅在速度而且还在功耗、时延等多个方面有了全新的提升。随着 5G 的发展,互联网的发展也将从移动互联网进入智能互联网时代。5G 技术具有高速度、泛在网、低功耗、低时延、万物互联、重构安全等特点
9	电子档案	电子档案是指通过计算机磁盘等设备进行存储,与纸质档案相对应,相互关联的通用电子图像文件集合,通常以案卷为单位
10	电子发票	电子发票是信息时代的产物,同普通发票一样,采用税务局统一发放的形式给商家使用。发票号码采用全国统一编码,采用统一防伪技术,分配给商家,在电子发票上附有电子税局的签名机制
11	分布式账本	分布式账本(Distributed Ledger)是一种在网络成员之间共享、复制和同步的数据库。分布式账本记录网络参与者之间的交易,如资产或数据的交换。这种共享账本降低了因调解不同账本所产生的时间和开支成本
12	供应链技术	供应链是指围绕核心企业,从配套零件开始,制成中间产品以及最终产品,最后由销售网络把产品送到消费者手中的、将供应商、制造商、分销商直到最终用户连成一个整体的功能网链结构。供应链技术的核心,是从消费者的角度,通过企业间的协作,谋求供应链整体最佳化。成功的供应链管理能够在不同业务领域,协调并整合供应链中所有的活动,最终成为无缝连接的一体化过程
13	管理驾驶舱	管理驾驶舱是基于 ERP 的高层决策支持系统,是一组动态的 KPI 指标。通过详尽的指标体系,包含"平衡计分卡"模型中的各项指标(这些指标通常直接指向公司的目标和阶段性问题)实时反映企业的运行状态,将采集的数据形象化、直观化、具体化
14	商业智能(BI)	商业智能(Business Intelligence,BI),又称商业智慧或商务智能,指用现代数据仓库技术、线上分析处理技术、数据挖掘和数据展现技术进行数据分析以实现商业价值

(续表)

序号	候选技术	技术描述
15	光学字符识别（OCR）	光学字符识别（Optical Character Recognition, OCR）是指电子设备（如扫描仪或数码相机）检查纸上打印的字符，通过检测暗、亮的模式确定其形状，然后用字符识别方法将形状翻译成计算机文字的过程
16	机器翻译	机器翻译又称为自动翻译，是利用计算机将一种自然语言（源语言）转换为另一种自然语言（目标语言）的过程。它可用于展现多语种财务报告
17	机器人流程自动化（RPA）	机器人流程自动化（Robotic Process Automation, RPA），俗称会计机器人。它可以记录人在计算机上的操作，并重复运行的软件。RPA可以按照事先约定好的规则，点击鼠标、敲击键盘、进行数据处理等操作
18	机器学习	机器学习（Machine Learning）是一门多领域交叉学科，涉及概率论、统计学、逼近论、凸分析、算法复杂度理论等多门学科。它专门研究计算机如何模拟或实现人类的学习行为，以获取新的知识或技能，重新组织已有的知识结构使之不断改善自身的性能
19	金融服务中间件	中间件是介于应用系统和系统软件之间的一类软件，它使用系统软件所提供的基础服务（功能），衔接网络上应用系统的各个部分或不同的应用，能够达到资源共享、功能共享的目的。金融服务中间件已成为大型IT项目中不可分割的组成部分，借助中间件技术，金融机构能够实现扩展性、性能和效率的最大化，同时保持低廉的成本
20	可扩展商业报告语言（XBRL）	可扩展商业报告语言（Extensible Business Reporting Language, XBRL）是基于互联网、跨平台操作，专门用于财务报告编制、披露和使用的计算机语言，基本实现数据的集成与最大化利用，会计信息数出一门，资料共享，是国际上将会计准则与计算机语言相结合，用于非结构化数据，尤其是财务信息交换的最新公认标准和技术。通过对数据统一进行特定的识别和分类，可直接为使用者或其他软件所读取及进一步处理，实现一次录入、多次使用
21	可视化技术	可视化（Visualization）技术是利用计算机图形学和图像处理技术，将数据转换成图形或图像在屏幕上显示出来，并进行交互处理的理论、方法和技术
22	内存数据库	内存数据库是将数据放在内存中直接操作的数据库
23	区块链发票	区块链发票通过密码学和分布式存储技术，连接消费者、商户、公司、税务局等每一个发票关系人，让每个环节都可追溯，以实现数据不可篡改和不可抵赖
24	社会信用算法	社会信用算法使用面部识别和其他生物识别来识别人并从社交媒体和其他在线简档中检索关于他们的数据，以便批准对产品或社会服务的访问
25	射频识别技术（RFID）	射频识别技术（Radio Frequency Identification, RFID），又称无线射频识别，是一种通信技术，可通过无线电讯号识别特定目标并读写相关数据，而无需识别系统与特定目标之间建立机械或光学接触
26	身份认证	身份认证又称为身份验证或身份鉴别，是指在计算机及计算机网络系统中确认操作者身份的过程，从而确定该用户是否具有对某种资源的访问和使用权限，进而使计算机和网络系统的访问策略能够可靠、有效地执行，防止攻击者假冒合法用户获得资源的访问权限，保证系统和数据的安全，以及授权访问者的合法利益
27	深度学习加速器（GPU，FPGA和TPU）	企业越来越多地宣布计划设计自己的加速器，这些加速器通常用于数据中心，并且有可能部署在边缘。这些技术的发展将允许机器学习（或智能设备）用于许多物联网设备和设备
28	生物识别	生物识别是指通过计算机与光学、声学、生物传感器和生物统计学原理等高科技手段密切结合，利用人体固有的生理特性（如指纹、人脸、虹膜等）和行为特征（如笔迹、声音、步态等）来进行个人身份的鉴定
29	数据仓库	数据仓库是决策支持系统和联机分析应用数据源的结构化数据环境。数据仓库研究和解决从数据库中获取信息的问题
30	数据接口技术	数据接口技术是与数据库建立连接的技术

（续表）

序号	候选技术	技术描述
31	数据挖掘	数据挖掘一般是指从大量的数据中通过算法搜索隐藏于其中信息的过程
32	数据中台 和业务中台	中台概念与前台和后台对应，指的是在一些系统中，被共用的中间件的集合。前台即是面向客户的市场、销售和服务部门或系统，后台是技术支持、研发、财务、人力资源、内部审计等，中台则是介于前台和后台之间的一个综合能力平台。常见于网站架构、金融系统。中台包括数据中台和业务中台。数据中台重构了企业数据系统的架构，业务平台则是企业的共享平台，集合了标准化和可以复用的功能模块
33	数字孪生	数字孪生是指以数字化方式再现真实的实体或系统，是充分利用物理模型、传感器更新、运行历史等数据，集成多学科、多物理量、多尺度、多概率的仿真过程，在虚拟空间中完成映射，从而反映相对应的物件或系统的全生命周期过程。帮助了解物件或系统的状态、响应变化、改进运营并提升价值
34	数字签名	数字签名（又称公钥数字签名、电子签章）是一种类似写在纸上的普通物理签名，但是使用了公钥加密领域的技术实现，用于鉴别数字信息的方法。一套数字签名通常定义两种互补的运算，一个用于签名，另一个用于验证。数字签名，就是只有信息的发送者才能产生的别人无法伪造的一段数字串，这段数字串同时也是对信息的发送者发送信息真实性的一个有效证明。数字签名是非对称密钥加密技术与数字摘要技术的应用
35	图像识别	图像识别是指利用计算机对图像进行处理、分析和理解，以识别各种不同模式的目标和对象的技术
36	微服务	微服务是一个新兴的软件架构，是把一个大型的单个应用程序和服务拆分为数十个的支持微服务。一个微服务策略可以让工作变得更为简便，它可扩展单个组件而不是整个的应用程序堆栈，从而满足服务等级协议
37	卫星定位 技术（GPS等）	卫星定位技术是指通过利用卫星和接收机的双向通信来确定接收机的位置，实现全球范围内实时为用户提供准确的位置坐标及相关的属性特征。如果采用差分技术，其精度甚至可以达到米级
38	工业（产业） 互联网与 物联网	工业（产业）互联网与物联网是全球工业系统与高级计算、分析、感应技术以及互联网（物联网）连接融合的结果，通过智能物件之间的连接，结合软件和大数据分析，重构全球工业，激发生产力，将具有感知、监控能力的各类采集、控制传感器或控制器，以及移动通信、智能分析等技术不断融入工业生产过程各个环节，从而大幅提高制造效率，改善产品质量，降低产品成本和资源消耗，最终实现将传统工业提升到智能化的新阶段的目标
39	新一代 ERP	新一代ERP是指依托包括大数据、人工智能、云计算等信息技术，一方面不断整合管理思想与企业管理，另一方面实现企业内部系统之间、企业系统与外部系统之间的整合。新一代ERP的发展趋势是进一步和电子商务、客户关系管理、供应链管理等进行整合
40	虚拟现实 （VR）	虚拟现实（Virtual Reality，VR）技术是一种可以创建和体验虚拟世界的计算机仿真系统，它利用计算机生成一种模拟环境，是一种多源信息融合的、交互式的三维动态视景和实体行为的系统仿真，可以使用户沉浸到该环境中
41	移动互联网	移动互联网是一种通过智能移动终端，采用移动无线通信方式获取业务和服务的新兴业务，是指互联网的技术、平台、商业模式和应用与移动通信技术结合并实践的活动的总称，包含终端、软件和应用三个层面
42	移动支付	移动支付是允许用户使用其移动终端对所消费的商品或服务进行账务支付的一种服务方式。移动支付将终端设备、互联网、应用提供商以及金融机构相融合，为用户提供货币支付、缴费等金融业务。移动支付主要分为近场支付和远程支付两种
43	云存储	云存储是在云计算概念上延伸和发展出来的一个新的概念，是一种新兴的网络存储技术
44	在线办公	在线办公是指个人和组织所使用的办公类应用的计算和储存两个部分功能，不通过安装在客户端本地的软件提供，而是由位于网络上的应用服务予以交付，用户只通过本地设备实现与应用的交互功能。在线办公的实现方式是标准的云计算模式，隶属于软件即服务（Software as a Service，SaaS）范畴

（续表）

序号	候选技术	技术描述
45	在线审计	在线审计是指审计人员基于互联网，借助现代信息技术，运用专门的方法，通过人机结合，对被审计单位的网络会计信息系统的开发过程及其本身的合规性、可靠性和有效性以及基于网络的会计信息的真实性、合法性进行远程审计
46	智能对话系统	智能对话系统是指能与人进行连贯对话的计算机系统。一般包括自动语音识别（ASR）、自然语言理解（NLU）、对话管理（DM）、自然语言生成（NLG）、语音合成（TTS）五个模块，形成一种新的基于对话的交互。可应用于财务报账指导服务等工作中
47	智能合约	智能合约（Smart Contract）是一种旨在以信息化方式传播、验证或执行合同的计算机协议。智能合约允许在没有第三方的情况下进行可信交易，这些交易可追踪且不可逆转。智能合约概念于 1994 年由 Nick Szabo 首次提出。智能合约的目的是提供优于传统合约的安全方法，并减少与合约相关的其他交易成本
48	自然语言处理（NLP）	自然语言处理（Natural Language Processing，NLP）是计算机科学领域与人工智能领域中的一个重要方向，是计算机科学，人工智能，语言学关注计算机和人类（自然）语言之间的相互作用的领域。它研究能实现人与计算机之间用自然语言进行有效通信的各种理论和方法
49	电子存证	电子存证是将电子数据证据信息保存在安全、稳定的数据库中，以便在需要时予以调用，同时还采用了特定的技术，以便能将这种过程通过数据予以记录，来证明特定时间的电子数据的状态，也可用来证明电子数据在存储后并未被篡改。电子存证通常情况下分为两种类型，一是原件为纸质的文件经过扫描成为电子文件用作存档，二是直接通过计算机产生的文档、图片、视频等格式的文件
50	数据治理	数据治理是组织中涉及数据使用的一整套管理行为，由企业数据治理部门发起并推行，它是关于如何制定和实施针对整个企业内部数据的商业应用和技术管理的一系列政策和流程。数据治理是对数据资产管理行使权力和控制的活动集合，是一个通过一系列信息相关的过程来实现决策权及职责分工的系统
51	数字货币	数字货币是一种不受管制的数字化的货币，通常由开发者发行和管理，被特定虚拟社区的成员所接受和使用。欧洲银行业管理局将虚拟货币定义为价值的数字化表示，不由央行或当局发行，也不与法币挂钩，但由于被公众所接受，所以可作为支付手段，也可以电子形式转移、存储或交易
52	银行电子函证	银行电子函证可以构建覆盖全国的线上化银行函证服务网络，通过标准化接口与商业银行及会计师事务所进行系统对接，线上完成银行电子函证的制作、授权、发送和回函等工作，将银行函证由传统线下手工纸质操作方式转变为线上方式，通过数字化简化函证处理流程，可以加快函证处理效率，有效解决传统纸质函证模式的多种弊端
53	在线与远程办公	在线与远程办公是个人和组织所使用的办公类应用的计算和存储两个部分功能，不通过安装在客户端本地的软件提供，而是由位于网络上的应用服务予以交付，用户只通过本地设备实现与应用的交互功能
54	智能流程自动化（IPA）	智能流程自动化（Intelligent Process Automation，IPA），将 RPA 与 AI 相结合。企业业务流程中需要涉及判断处理，而 RPA 却无法做出灵活判断时，IPA 能与 AI 相结合，无需人工干预就能判断处理更加复杂的任务，从而解放更多的员工，使他们从事更有价值、更有创造性的工作

1.1.3　入选技术列表

入选技术，即"影响中国会计从业人员的十大信息技术评选"活动中入选榜单的十大信息技术（当前影响）。表 1-3 是连续 5 年的评选结果，共计有 19 项技术入选，表中数字表示技术排名。其中，2017 年上榜的有 10 项技术，2018 年新上榜的有 5 项技术，2020 年和 2021 年新上榜的各有 2 项技术。考虑到技术的连续性以及读者的易读性，表中对相似技术以及技术和场景进行了合并，参见表中的备注，如大数据包含会计大数据技术、会计大数据分析与处理技术。

表 1-3　连续 5 年的评选结果统计(2017—2021 年)

上榜时间	技术名称	2017 年	2018 年	2019 年	2020 年	2021 年	备注
2017 年	大数据	1	—	—	3	3	含会计大数据技术、会计大数据分析与处理技术
2017 年	电子发票	2	2	2	2	2	—
2017 年	云计算	3	1	1	1	1	含财务云
2017 年	数据挖掘	4	6	4	9	9	
2017 年	移动支付	5	3	3	8	7	
2017 年	机器学习	6	—	—	—	—	
2017 年	移动互联	7	9	9	—	—	含移动互联网
2017 年	图像识别	8	—	—	—	—	
2017 年	区块链	9	—	8	7	—	含区块链发票、区块链技术
2017 年	数据安全技术	10	—	—	—	—	
2018 年	电子档案	—	4	6	4	4	电子会计档案
2018 年	在线审计	—	5	7	10		
2018 年	数字签名	—	7	5			
2018 年	财务专家系统	—	8	10			
2018 年	身份认证	—	10				
2020 年	机器人流程自动化(RPA)	—	—		5	5	
2020 年	新一代 ERP	—	—	—	6	6	
2021 年	数据中台	—	—	—		8	
2021 年	智能流程自动化(IPA)	—	—	—		10	

1.1.4　入选技术走势

为有效展示连续 5 年 19 项上榜技术的变化趋势,课题组把技术分成两类,一类是 2017 年上榜的技术,一类是 2018—2021 年新上榜的技术。

1) 2017 年上榜技术的排名走势

2017 年上榜的技术有 10 项,排名走势如图 1-1 所示。这些技术中,有 4 项技术(包括云计算、电子发票、移动支付和数据挖掘)连续 5 年入选,有 6 项技术(包括大数据、机器学习、移动互联、图像识别、区块链和数据安全技术)一次或多次在榜。

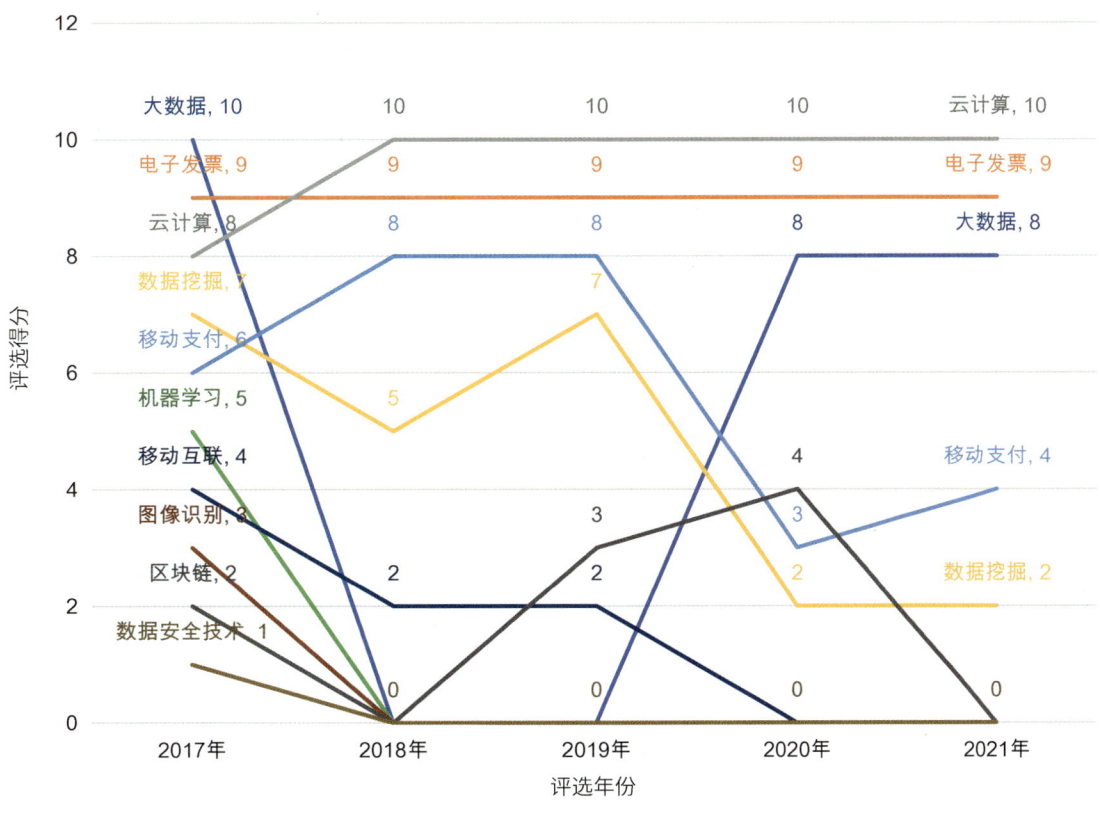

图 1-1　2017 年上榜技术的排名走势

2）2018—2021 年上榜技术的排名走势

2018—2021 年新上榜的技术有 9 项，排名走势如图 1-2 所示。这些技术中，有 1 项技术（电子档案）连续 4 年入选，有 4 项技术（包括在线审计、数字签名、财务专家系统和身份认证）一次或多次上榜，也有 4 项技术（包括 RPA、新一代 ERP、数据中台和 IPA）为后起之秀。

课题组认为，在财务信息化和智能财务建设过程中，企业应以解决问题为出发点，同时关注上榜技术和候选技术，并且不限于这些技术。财务人员在关注上榜技术和候选技术的同时，更应关注这些技术的应用场景和实践案例。

1.2　智能化技术归类

2017—2021 年，上海国家会计学院连续 5 年牵头开展"影响中国会计从业人员的十大信息技术评选"活动，评选中涉及的候选技术（当前影响）如表 1-4"候选技术列"所示。

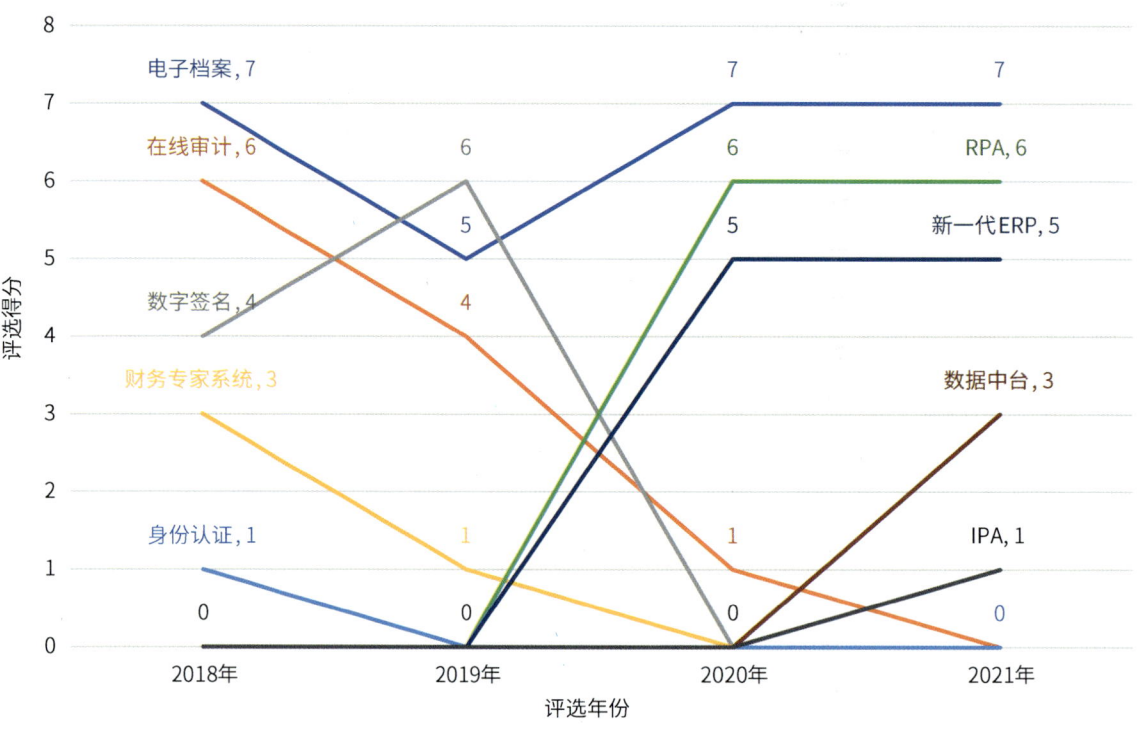

图1-2 2018—2021年上榜技术的排名走势

表1-4 "大智移云物区"等新技术清单(2017—2021年)

序号	候选技术	2021年	2020年	2019年	2018年	2017年	本文技术	技术归类
1	Python	Python及爬虫技术	Y①	—	—	—	计算机程序设计语言	计算机程序设计语言
2	边缘计算	—	Y	Y	—	—	边缘计算	边缘计算
3	财务云	Y	Y	Y	Y	云计算	财务云	云计算
4	财务知识图谱	知识图谱	知识图谱	Y	Y	—	财务知识图谱	人工智能:知识图谱
5	财务智能搜索引擎	—	—	Y	—	—	财务智能搜索引擎	财务智能搜索引擎
6	财务专家系统	—	专家系统	Y	Y	—	财务专家系统	财务专家系统
7	大数据	会计大数据分析与处理技术	会计大数据技术	—	—	Y	大数据	大数据
8	第五代移动通信技术(5G)	—	—	Y	—	—	第五代移动通信技术(5G)	第五代移动通信技术(5G)

① Y表示该列所示年份出现了该行的候选技术。

（续表）

序号	候选技术	2021 年	2020 年	2019 年	2018 年	2017 年	本文技术	技术归类
9	电子档案	电子会计档案	Y	Y	Y	Y	电子档案	电子档案
10	电子发票	Y	Y	Y	Y	Y	电子发票	电子发票
11	分布式账本	Y	区块链技术	Y	Y	—	分布式账本	区块链
12	供应链技术	—	Y	—	—	—	供应链技术	供应链技术
13	管理驾驶舱	Y	—	Y	Y		管理驾驶舱	商业智能
14	商业智能（BI）	商业智能（BI）	商业智能				商业智能	商业智能
15	光学字符识别（OCR）	Y	Y	Y	Y	—	光学字符识别（OCR）	人工智能：光学字符识别（OCR）
16	机器翻译	—	—	Y	—	—	机器翻译	机器翻译
17	机器人流程自动化（RPA）	Y	Y	Y	Y	机器人	机器人流程自动化（RPA）	人工智能：RPA
18	机器学习	Y	Y	Y	Y	Y	机器学习	人工智能：机器学习
19	金融服务中间件	—	Y	—	—	—	中间件	中间件
20	可扩展商业报告语言（XBRL）		XBRL 和 iXBRL 技术	Y	Y	XBRL FR XBRL GL	可扩展商业报告语言（XBRL）	可扩展商业报告语言（XBRL）
21	可视化技术	Y	—	—	—	Y	可视化技术	可视化技术
22	内存数据库	—	—	—	—	Y	内存数据库	内存数据库
23	区块链发票	区块链电子发票	区块链技术	Y	—	区块链	区块链发票	区块链
24	社会信用算法	—	—	Y	—	—	社会信用算法	社会信用算法
25	射频识别技术（RFID）	RFID 与二维码技术	—	Y	Y		射频识别技术（RFID）	物联网
26	身份认证	—	信息与网络安全	Y	Y	数据安全技术	身份认证	数据安全技术
27	深度学习加速器（GPU，FPGA 和 TPU）			Y		—	深度学习加速器（GPU，FPGA 和 TPU）	深度学习加速器（GPU，FPGA 和 TPU）
28	生物识别	—	Y	Y	Y	—	生物识别	人工智能：生物识别
29	数据仓库	Y	—	—	—	Y	数据仓库	数据仓库
30	数据接口技术	—	—	—	—	Y	数据接口技术	数据接口技术
31	数据挖掘	Y	Y	Y	Y	Y	数据挖掘	数据挖掘
32	数据中台和业务中台	数据中台	Y	—	—	—	数据中台和业务中台	数据中台和业务中台

（续表）

序号	候选技术	2021 年	2020 年	2019 年	2018 年	2017 年	本文技术	技术归类
33	数字孪生	—	Y	—	—	—	数字孪生	数字孪生
34	数字签名	Y	信息与网络安全	Y	Y	电子签名	数字签名	数字签名
35	图像识别	—	—	Y	Y	Y	图像识别	人工智能：图像识别
36	微服务	—	Y	—	—	—	微服务	微服务
37	卫星定位技术（GPS等）	—	—	—	Y	GPS定位技术	卫星定位技术（GPS等）	物联网
38	物联网	—	工业互联网和物联网	—	—	Y	物联网	物联网
39	新一代 ERP	Y	Y	—	—	—	新一代 ERP	新一代 ERP
40	虚拟现实（VR）	—	—	—	Y	Y	虚拟现实（VR）	虚拟现实（VR）
41	移动互联网	Y	Y	Y	Y	移动互联	移动互联网	移动互联网
42	移动支付	Y	Y	Y	Y	移动支付	移动支付	移动支付
43	云存储	—	—	—	—	Y	云存储	云存储
44	在线办公	—	Y	—	—	—	在线办公	云计算
45	在线审计	Y	Y	Y	Y	Y	在线审计	在线审计
46	智能对话系统	—	人机交互与认知计算	Y	—	—	智能对话系统	人工智能：语音识别
47	智能合约	—	—	Y	Y	—	智能合约	区块链
48	自然语言处理	自然语言处理与理解	Y	Y	Y	Y	自然语言处理	人工智能：自然语言处理
49	电子存证	Y	—	—	—	—	电子存证	电子档案
50	数据治理	Y	—	—	—	—	数据治理	数据仓库
51	数字货币	Y	—	—	—	—	数字货币	区块链
52	银行电子函证	Y	—	—	—	—	银行电子函证	区块链
53	在线与远程办公	Y	—	—	—	—	在线与远程办公	云计算
54	智能流程自动化（IPA）	Y	—	—	—	—	智能流程自动化（IPA）	人工智能：RPA 人工智能：图像识别 人工智能：语音识别 人工智能：自然语言处理
	合计	30	30	30	24	24	54	42

　　由表 1-4 可见,2017 年的候选技术为 24 项,偏向纯技术;2018 年和 2019 年的候选技术分别为 24 项和 30 项,技术"颗粒度"更细,更贴近会计行业发展实际;2020 年和 2021 年的候选技术均为 30 项,在技术"颗粒度"更细、更贴近会计行业发展实际的基础上,进行了部分场景的技术还原以及部分细项技术的归并。

　　在研究本项目时,课题组综合考虑了 2017—2021 年的新技术,倾向于关注技术本身的属性,获得技术细项 54 项,详见表 1-4"本文技术"列。在对细项技术进行技术大项归类后,课题组得到技术大项 42 项,详见表 1-4"技术归类"列。

第 2 章

无纸化报销入账归档的
关键条件与典型场景

本章从我国会计资料无纸化报销入账归档的相关政策法规入手,分析我国会计资料无纸化报销入账归档的关键条件,在此基础之上,基于我国无纸化报销入账归档的典型案例,归纳出我国单位无纸化报销入账归档的典型场景。

2.1 无纸化报销入账归档的业务逻辑

2.1.1 业财一体化的基本逻辑

企业报销入账归档的业财一体化逻辑如图 2-1 所示。对于销售方,业财一体化流程总体上分为合同、订单、物流、开票、收款、入账、纳税和归档等环节;对于采购方,业财一体化流程总体上分为合同、订单、收货、受票、报账、付款、入账、纳税和归档等环节。因采购方的业财一体化流程较为复杂且广受关注,本部分聚焦采购方业财一体化流程开展研究。

2.1.2 业财一体化相关的信息系统

对于采购方,电子会计凭证报销入账归档过程中涉及的财务相关信息系统如图 2-1 所示。其中,合同、订单、收货等业务环节,通过合同管理系统、采购管理系统和库存管理系统等业务经营管理系统来实现;受票环节,通过电子邮箱、手机短信、微信卡包和支付宝管家等途径来实现;报账环节的票据采集、报账填单和单据审核等工作,通过智能报账系统实现,其中单据审核工作亦可通过财务共享运营管理平台进行任务分配、沟通协调和绩效管理;付款环节通过智能资金管理系统来实现;入账环节的证账表(即记账凭证、会计账簿、财务会计报表)生成,通过智能核算系统来实现;纳税环节的发票工作和税务工作,通过智能税务管理系统来实现;归档环节的档案归集、档案保管、档案利用和档案鉴定销毁等工作,通过电子会计档案系统来实现。

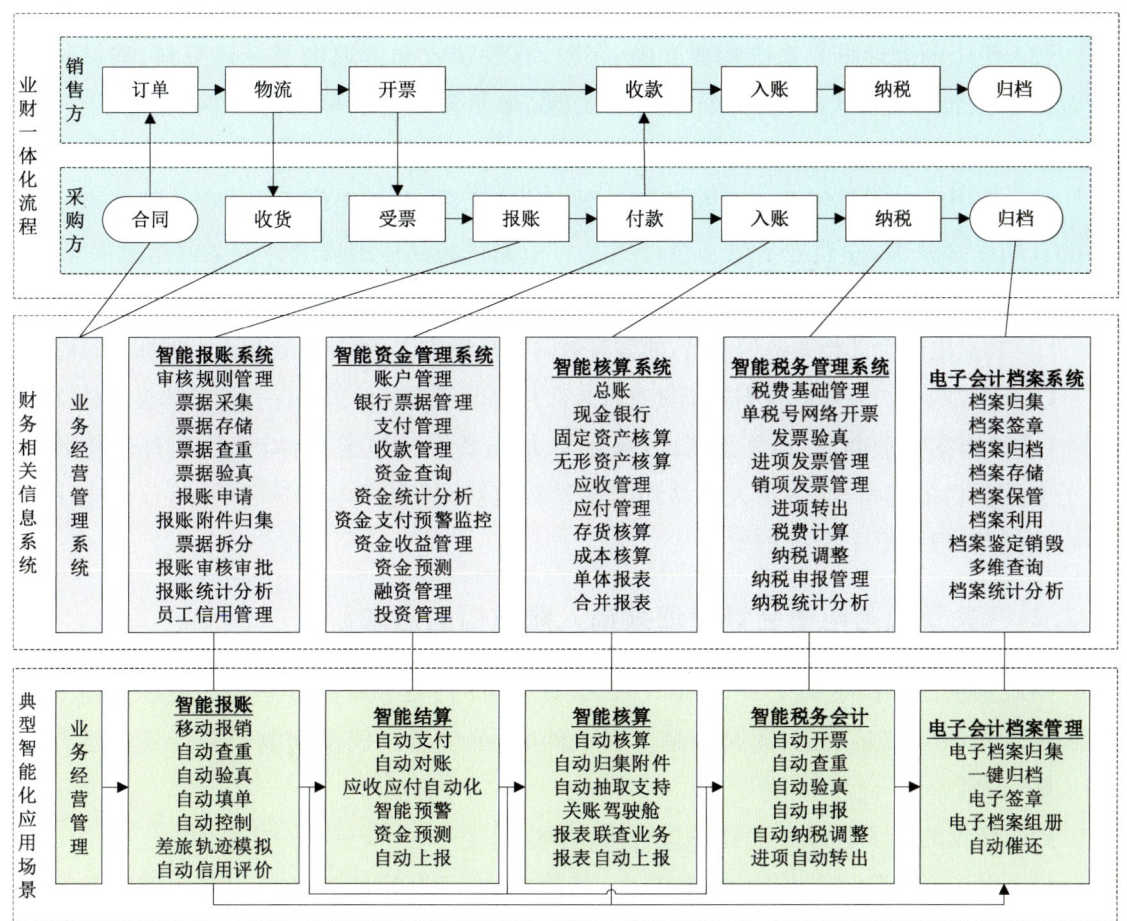

图 2-1 企业报销入账归档的业财一体化逻辑

2.2 无纸化报销入账归档的政策法规

在我国,与无纸化报销入账归档直接相关的政策法规标准规范有三个,分别是《会计档案管理办法》《关于规范电子会计凭证报销入账归档的通知》和《企业会计信息化工作规范》。

2.2.1 《会计档案管理办法》

《会计档案管理办法》(中华人民共和国财政部、国家档案局令第 79 号)[①]第八条指出,同时满足下列条件的,单位内部形成的属于归档范围的电子会计资料可仅以电子形式保存,形成电子会计档案:

---

① 财政部,国家档案局. 中华人民共和国财政部、国家档案局令第 79 号——会计档案管理办法[EB/OL].
(2015-12-11)[2022-03-14]. http://tfs. mof. gov. cn/caizhengbuling/201512/t20151214_1613338.htm.

（1）形成的电子会计资料来源真实有效，由计算机等电子设备形成和传输。

（2）使用的会计核算系统能够准确、完整、有效接收和读取电子会计资料，能够输出符合国家标准归档格式的会计凭证、会计账簿、财务会计报表等会计资料，设定了经办、审核、审批等必要的审签程序。

（3）使用的电子档案管理系统能够有效接收、管理、利用电子会计档案，符合电子档案的长期保管要求，并建立了电子会计档案与相关联的其他纸质会计档案的检索关系。

（4）采取有效措施，防止电子会计档案被篡改。

（5）建立电子会计档案备份制度，能够有效防范自然灾害、意外事故和人为破坏的影响。

（6）形成的电子会计资料不属于具有永久保存价值或者其他重要保存价值的会计档案。

《会计档案管理办法》第九条指出，满足本办法第八条规定条件，单位从外部接收的电子会计资料附有符合《中华人民共和国电子签名法》规定的电子签名的，可仅以电子形式归档保存，形成电子会计档案。

2.2.2 《关于规范电子会计凭证报销入账归档的通知》

财政部和国家档案局于2020年3月23日发布的《关于规范电子会计凭证报销入账归档的通知》[①]第三条规定，同时满足下列条件的，单位可以仅使用电子会计凭证进行报销入账归档：

（1）接收的电子会计凭证经查验合法、真实。

（2）电子会计凭证的传输、存储安全、可靠，对电子会计凭证的任何篡改能够及时被发现。

（3）使用的会计核算系统能够准确、完整、有效接收和读取电子会计凭证及其元数据，能够按照国家统一的会计制度完成会计核算业务，能够按照国家档案行政管理部门规定格式输出电子会计凭证及其元数据，设定了经办、审核、审批等必要的审签程序，且能有效防止电子会计凭证重复入账。

（4）电子会计凭证的归档及管理符合《会计档案管理办法》（财政部、国家档案局令第79号）等要求。

2.2.3 《企业会计信息化工作规范》

《企业会计信息化工作规范》（财会〔2013〕20号）[②]第四十条规定了内部生成的会计资料无纸化管理条件，第四十一条规定了外部接收的会计资料无纸化管理条件，具体

---

① 财政部，国家档案局. 关于规范电子会计凭证报销入账归档的通知[EB/OL].（2020-03-23）[2022-03-14]. http://www.mof.gov.cn/gkml/caizhengwengao/202001wg/wg202004/202007/t20200707_3545393.htm.

② 财政部. 关于印发《企业会计信息化工作规范》的通知[EB/OL].（2013-12-06）[2022-03-14]. http://kjs.mof.gov.cn/zhengcefabu/201312/t20131216_1025312.htm.

如下：

　　第四十条　企业内部生成的会计凭证、会计账簿和辅助性会计资料,同时满足下列条件的,可以不输出纸面资料:(一)所记载的事项属于本企业重复发生的日常业务;(二)由企业信息系统自动生成;(三)可及时在企业信息系统中以人类可读形式查询和输出;(四)企业信息系统具有防止相关数据被篡改的有效机制;(五)企业对相关数据建立了电子备份制度,能有效防范自然灾害、意外事故和人为破坏的影响;(六)企业对电子和纸面会计资料建立了完善的索引体系。

　　第四十一条　企业获得的需要外部单位或者个人证明的原始凭证和其他会计资料,同时满足下列条件的,可以不输出纸面资料:(一)会计资料附有外部单位或者个人的、符合《中华人民共和国电子签名法》的可靠的电子签名;(二)电子签名经符合《中华人民共和国电子签名法》的第三方认证;(三)满足第四十条第(一)项、第(三)项、第(五)项和第(六)项规定的条件。

2.3　无纸化报销入账归档的条件清单

2.3.1　无纸化报销入账归档的条件分析

　　根据《会计档案管理办法》《关于规范电子会计凭证报销入账归档的通知》和《企业会计信息化工作规范》及相关解读文件和书籍资料,可以梳理出两类会计资料的无纸化报销入账归档条件:一是针对单位内部形成的电子会计资料,二是针对单位从外部接收的电子会计资料。表 2-1 列示和分析了这三个文件关于这两类会计资料的无纸化报销入账归档条件。

表 2-1　会计资料无纸化报销入账归档条件分析①

法规文件	针对的会计资料	无纸化归档条件列示	无纸化归档条件分析
《会计档案管理办法》	- 单位内部形成的电子会计资料 - 单位从外部接收的电子会计资料	(一)形成的电子会计资料来源真实有效,由计算机等电子设备形成和传输	- 电子会计资料真实有效 - 电子会计资料形成于电子设备 - 电子会计资料传输于电子设备
《企业会计信息化工作规范》	- 企业内部形成的电子会计资料	(二)由企业信息系统自动生成	- 该条件强调电子会计资料的"原生"性,"原生"与"从纸面转换"相对应
《关于规范电子会计凭证报销入账归档的通知》	- 单位从外部接收的电子会计凭证	(一)接收的电子会计凭证经查验合法、真实	- 从外部接收的电子会计凭证需经过查验

　　① 注:表 2-1 中包括《会计档案管理办法》中规范的 7 个基本条件、《企业会计信息化工作规范》中规范的 2 个补充条件以及《关于规范电子会计凭证报销入账归档的通知》中规范的 3 个补充条件。

（续表）

法规文件	针对的会计资料	无纸化归档条件列示	无纸化归档条件分析
《会计档案管理办法》	- 单位内部形成的电子会计资料 - 单位从外部接收的电子会计资料	（二）使用的会计核算系统能够准确、完整、有效接收和读取电子会计资料，能够输出符合国家标准归档格式的会计凭证、会计账簿、财务会计报表等会计资料，设定了经办、审核、审批等必要的审签程序	- 具有会计核算系统 - 会计核算系统能够准确、完整、有效接收和读取电子会计资料 - 会计核算系统能够输出符合国家标准归档格式的会计凭证、会计账簿、财务会计报表等会计资料 - 会计核算系统中设定了经办、审核、审批等必要的审签程序
《关于规范电子会计凭证报销入账归档的通知》	- 单位从外部接收的电子会计凭证	（三）使用的会计核算系统能够准确、完整、有效接收和读取电子会计凭证及其元数据，能够按照国家统一的会计制度完成会计核算业务，能够按照国家档案行政管理部门规定格式输出电子会计凭证及其元数据，设定了经办、审核、审批等必要的审签程序，且能有效防止电子会计凭证重复入账	- 会计核算系统能够按照国家统一的会计制度完成会计核算业务 - 会计核算系统能够准确、完整、有效接收和读取从外部接收的电子会计凭证的元数据，能够按照国家档案行政管理部门规定格式输出从外部接收的电子会计凭证的元数据 - 从外部接收的电子会计凭证需查重
《会计档案管理办法》	- 单位内部形成的电子会计资料 - 单位从外部接收的电子会计资料	（三）使用的电子档案管理系统能够有效接收、管理、利用电子会计档案，符合电子档案的长期保管要求，并建立了电子会计档案与相关联的其他纸质会计档案的检索关系	- 具有电子档案管理系统 - 电子档案管理系统能够有效接收、管理、利用电子会计档案 - 电子档案管理系统能够长期保管电子会计档案（10 年/30 年/永久） - 电子会计档案和纸质会计档案之间需建立检索关系，即在电子资料中，应当含有相关纸面资料的索引信息，在纸面资料索引中，也应当包含相关电子资料的索引信息，从而实现电子资料和纸面资料的互查
《企业会计信息化工作规范》	- 企业内部形成的电子会计资料 - 企业从外部接收的电子会计资料	（六）企业对电子和纸面会计资料建立了完善的索引体系	
《会计档案管理办法》	- 单位内部形成的电子会计资料 - 单位从外部接收的电子会计资料	（四）采取有效措施，防止电子会计档案被篡改	- 是信息系统层面的问题，不仅涉及会计软件功能，还涉及如系统安全、职责分工和流程设计等问题
《企业会计信息化工作规范》	- 企业内部形成的电子会计资料	（四）企业信息系统具有防止相关数据被篡改的有效机制	
《会计档案管理办法》	- 单位内部形成的电子会计资料 - 单位从外部接收的电子会计资料	（五）建立电子会计档案备份制度，能够有效防范自然灾害、意外事故和人为破坏的影响	- 随时进行热备份 - 冷备份，至少 3 份
《企业会计信息化工作规范》	- 企业内部形成的电子会计资料 - 企业从外部接收的电子会计资料	（五）企业对相关数据建立了电子备份制度，能有效防范自然灾害、意外事故和人为破坏的影响	
《会计档案管理办法》	- 单位内部形成的电子会计资料 - 单位从外部接收的电子会计资料	（六）形成的电子会计资料不属于具有永久保存价值或者其他重要保存价值的会计档案	- 需要永久保存的会计资料不能无纸化，必须同时保存纸质会计资料 - 有其他重要保存价值的会计资料不能无纸化，必须同时保存纸质会计资料

（续表）

法规文件	针对的会计资料	无纸化归档条件列示	无纸化归档条件分析
《会计档案管理办法》	-单位从外部接收的电子会计资料	（七）附有符合《中华人民共和国电子签名法》规定的电子签名的，可仅以电子形式归档保存，形成电子会计档案	-从外部接收的电子会计凭证需防篡改 -从外部接收的电子会计凭证需附有可靠的电子签名 -实务工作中也可采用系统之间的自动交叉校验
《关于规范电子会计凭证报销入账归档的通知》	-单位从外部接收的电子会计凭证	（二）电子会计凭证的传输、存储安全、可靠，对电子会计凭证的任何篡改能够及时被发现	
《企业会计信息化工作规范》	-企业从外部接收的电子会计资料	（一）会计资料附有外部单位或者个人的、符合《中华人民共和国电子签名法》的可靠的电子签名	
《企业会计信息化工作规范》	-企业从外部接收的电子会计资料	（二）电子签名经符合《中华人民共和国电子签名法》的第三方认证；（本条在《会计档案管理办法》中未提及，在实际工作中无需考虑）	
《企业会计信息化工作规范》	-企业内部形成的电子会计资料 -企业从外部接收的电子会计资料	（一）所记载的事项属于本企业重复发生的日常业务	-重复发生是指在一年内反复发生 -日常是指企业的经营循环中可以预期将会发生的事项
《企业会计信息化工作规范》	-企业内部形成的电子会计资料 -企业从外部接收的电子会计资料	（三）可及时在企业信息系统中以人类可读形式查询和输出	-输出包括显示和打印 -及时是指电子会计资料应当随时处于"在线"状态，打开终端设备就可以访问到，而不需要复杂的技术准备过程 -人类可读，是相对于计算机可读而言，它包括两层含义：一是资料要以人类可以理解的形式呈现，而不是一堆计算机代码和纯数据，也就是说不仅要有数据，还要有能对这些数据进行解析的应用软件。二是呈现的方式应当符合会计领域约定俗成的内容和格式，而不是体现特殊业务逻辑的内容格式

2.3.2　无纸化报销入账归档的条件归并

由表 2-1 可知，会计资料无纸化报销入账归档的条件可以《会计档案管理办法》中提出的基本条件为主线，以《关于规范电子会计凭证报销入账归档的通知》和《企业会计信息化工作规范》中提出的补充条件为辅助予以确定，如表 2-2 所示。

表 2-2　会计资料无纸化报销入账归档条件归并

法规	无纸化条件	编号
《会计档案管理办法》	（一）形成的电子会计资料来源真实有效，由计算机等电子设备形成和传输	C1
	（二）使用的会计核算系统能够准确、完整、有效接收和读取电子会计资料，能够输出符合国家标准归档格式的会计凭证、会计账簿、财务会计报表等会计资料，设定了经办、审核、审批等必要的审签程序	C2

（续表）

法规	无纸化条件	编号
《会计档案管理办法》	（三）使用的电子档案管理系统能够有效接收、管理、利用电子会计档案，符合电子档案的长期保管要求，并建立了电子会计档案与相关联的其他纸质会计档案的检索关系	C3
	（四）采取有效措施，防止电子会计档案被篡改	C4
	（五）建立电子会计档案备份制度，能够有效防范自然灾害、意外事故和人为破坏的影响	C5
	（六）形成的电子会计资料不属于具有永久保存价值或者其他重要保存价值的会计档案	C6
	单位从外部接收的电子会计资料附有符合《中华人民共和国电子签名法》规定的电子签名的，可仅以电子形式归档保存，形成电子会计档案	C7
《关于规范电子会计凭证报销入账归档的通知》	（一）接收的电子会计凭证经查验合法、真实	C8
	（三）电子会计凭证的元数据，能被使用的会计核算系统准确、完整、有效接收和读取，能够按照国家档案行政管理部门规定格式输出	C9
	（三）使用的会计核算系统能有效防止电子会计凭证重复入账	C10
《企业会计信息化工作规范》	（一）所记载的事项属于本企业重复发生的日常业务	B1
	（三）可及时在企业信息系统中以人类可读形式查询和输出	B3

　　由表2-2可见，企业内部形成的电子会计资料，只要符合《会计档案管理办法》中的6个条件（即C1-C6），以及《企业会计信息化工作规范》中的2个条件（即B1和B3），即可实现无纸化报销入账归档；而企业从外部接收的电子会计资料，则需要同时符合《会计档案管理办法》中的7个条件（即C1-C7）、《关于规范电子会计凭证报销入账归档的通知》中的3个条件（即C8-C10），以及《企业会计信息化工作规范》中的2个条件（即B1和B3），方可实现无纸化报销入账归档。

2.4　无纸化报销入账归档的典型案例

2.4.1　电子发票电子化报销入账归档的试点案例

　　自2019年国家档案局会同相关部门开展电子发票电子化报销入账归档的试点工作以来，已有539家试点单位分三批分别于2020年1月、2020年12月和2022年4月通过验收，成为示范单位，取得了良好效果。其中，第一批7家单位的公布时间为2021年3月9日[1]，第二批14家单位的公布时间为2021年4月15日[2]，第三批518家单位的公

---

① 国家档案局.电子发票电子化报销入账归档试点通过验收企业案例（第一批）[EB/OL].(2021-03-09)[2022-03-14].https://www.saac.gov.cn/daj/qydagz/202103/4b1266cca17144dab5b99902e5ec6639.shtml.

② 国家档案局办公室，财政部办公厅，商务部办公厅，国家税务总局办公厅.关于印发电子发票电子化报销入账归档试点通过验收企业名单（第二批）的通知[EB/OL].(2021-04-15)[2022-03-14].https://www.saac.gov.cn/daj/qydagz/202104/8e573530c384449789303bcff08fa2dc.shtml.

布时间为 2022 年 4 月 19 日①。其中,第一批和第二批 21 家企业的名单如表 2-3 所示。

表 2-3　电子发票电子化报销入账归档试点通过验收企业名单

序号	企业名称	企业简称	批次
1	中国南方航空集团有限公司	南方航空	1
2	中国电信股份有限公司	中国电信	1
3	中国能源建设集团广东火电工程有限公司	广东火电	1
4	中铁联合国际集装箱有限公司	中铁联集	1
5	中车互联运力科技有限公司	中车互联	1
6	深圳萨摩耶互联网金融服务有限公司	萨摩耶金服	1
7	北京京东世纪贸易有限公司	京东集团	1
8	小米科技有限责任公司	小米	2
9	北京东港嘉华安全信息技术有限公司	北京东港嘉华	2
10	北京神州数码科捷技术服务有限公司	神州数码	2
11	小狗电器互联网科技(北京)股份有限公司	小狗电器	2
12	国信电子票据平台信息服务公司	国票信息	2
13	曹妃甸港智能集装箱运力有限公司	曹港运力	2
14	行吟信息科技(上海)有限公司	行吟科技	2
15	上海阗途信息技术有限公司	途虎养车	2
16	西域供应链(上海)有限公司	西域	2
17	中国银联股份有限公司	银联	2
18	南京九洲会计咨询有限公司	九洲财务	2
19	苏宁易购集团股份有限公司	苏宁易购	2
20	唯品会(中国)有限公司	唯品会	2
21	深圳高灯计算机科技有限公司	高灯科技	2

这批试点案例对广大企业解决电子票据电子化报销、入账、归档问题,具备较高的参考和借鉴价值。其中,第一批通过验收的企业案例概况如下:

(1)南方航空。该企业在南航集团原有的档案管理系统、财务报账系统、财务电子影像系统和南航 E 家(App)等系统功能的基础上,新增优化各个系统的功能,设计整体方

---

① 国家档案局办公室,财政部办公厅,商务部办公厅,国家税务总局办公厅.关于印发电子发票电子化报销入账归档试点通过验收单位名单(第三批)的通知[EB/OL].(2022-05-05)[2022-05-29].http://www.chinatax.gov.cn/chinatax/n810341/n810825/c101434/c5175093/content.html.

案,满足电子发票电子化报销、入账、归档的要求。

（2）中国电信。该企业将电子发票报账嵌入原报账流程中,取消打印电子发票报账,报账人获取电子发票后,通过手机或 PC（个人电脑）端,对电子发票进行归集,系统识别电子发票并查重及真伪查验,通过后经财务审批制证,最后依托原建立的电子档案系统随会计凭证进行组卷归档。

（3）广东火电。该企业应用金蝶发票云系统进行电子发票稽核校验和应用管理,开发应用移动报销系统实现与电子发票归集模块、金蝶 EAS（企业应用套件）会计核算模块、发票云的无缝链接,应用和完善电子归档系统。

（4）中铁联集。该企业对试点项目进行充分调研、讨论、分析,基于优化业务流程、全面提升工作效率、降低发票管理风险的考虑,综合现有审批流程、系统使用情况和改造成本效益,确定试点方案。对硬件方面进行升级,升级后硬件设备专用于试点项目;对软件方面进行升级,通过结合公司业务实际,对财务软件升级并开发相关系统模块。

（5）中车互联。该企业所用财务软件为用友 U8 系统,本次验收继续选用用友网报系统和电票系统,一方面推进了电子发票的报销、入账、归档;另一方面也推进了非电子发票的网上报销流程,所有报销项目及相关附件在系统中都可以详尽查看。

（6）萨摩耶金服。该企业通过构建 ERP 金蝶云"电子报销、入账系统",联合"电子归档系统",实现费用管理解决方案,构建从预算管控、费用报销、财务记账到生成报表,并实行账套电子归档的完整闭环流程,实现基于业财税一体化的电子发票报销、入账、归档。

（7）京东集团。该企业在 PC 端会计核算 Oracle 系统和移动端 OA 系统增加电子发票 PDF 上传功能;支持电票的在线 OCR 识别与发票验真服务;基于已有的"发票号码库"实现电子发票的防重校验;成功识别及验证的电票及相对应的报销单、记账凭证等仅以电子形式归档;为电子存档的电子发票开发影像及报销单据查询功能;归档实现记账凭证、报销单和发票三者在系统内部相关联。

2.4.2 企业电子文件归档和电子档案管理的试点案例

为贯彻落实《全国档案事业发展"十三五"规划纲要》《国务院关于大力发展电子商务加快培育经济新动力的意见》等文件精神,解决各类型电子文件归档和电子档案长期保存难题,完善相关技术标准和规章制度,国家档案局、国家发展改革委于 2016 年决定分批组织开展企业电子文件归档和电子档案管理试点工作。第一批试点工作于 2016 年 7 月启动,并于 2016 年 12 月确定 33 家试点单位名单;第二批试点工作于 2018 年 9 月启动,并于 2018 年 12 月确定 27 家试点单位名单。在试点过程中,国家档案局通过多种形式全程跟踪指导,每年召开试点工作进度检查会,及时推广试点过程中形成的案例,保证了试点工作的顺利进行。

　　开展试点工作以来,通过"企业电子文件归档和电子档案管理试点"验收的 47 家企业名单如表 2-4 所示。其中,第一批 13 家于 2019 年 3 月 8 日予以公布[①],第二批 10 家于 2020 年 3 月 26 日予以公布[②],第三批 24 家于 2021 年 10 月 11 日予以公布[③]。

表 2-4　通过企业电子文件归档和电子档案管理试点验收的企业名单

序号	试点企业名称	试点内容	批次
1	中国石油天然气集团有限公司	会计核算系统形成电子文件归档全过程试点	1
2	中国商飞上海飞机设计研究院	PDM(Product Data Management,产品数据管理)系统形成的电子文件归档和电子档案管理	1
3	天津轨道交通集团有限公司	工程建设项目 CAD(Computer Aided Design,计算机辅助设计)电子文件归档和电子档案管理	1
4	交通银行股份有限公司	营运业务电子文件管理系统(二代支付、开销户)、电子邮件系统电子文件归档和电子档案管理	1
5	中国航天科工飞航技术研究院	CAPP(Computer Aided Process Planning,计算机辅助工艺过程设计)系统形成的电子文件归档和电子档案管理	1
6	福建福清核电有限公司	施工管理系统、生产管理系统、ECM(Enterprise Content Management,企业内容管理)系统形成的电子文件在线归档	1
7	浙江省能源集团有限公司	CAD、协同办公系统、合同系统形成的电子文件归档和电子档案管理	1
8	江苏核电有限公司	供应链商务合同管理系统、会计核算系统形成的电子文件在线归档	1
9	内蒙古电力(集团)有限责任公司	会计核算系统形成电子文件归档和电子档案管理	1
10	国泰君安证券股份有限公司	综合理财管理平台(非现场开户)电子文件在线归档	1
11	无锡地铁集团有限公司	无锡地铁工程管理系统形成的电子文件归档和电子档案管理	1
12	山西潞安矿业(集团)有限责任公司	安全生产指挥调度系统、煤炭营销管理信息系统电子文件在线归档	1
13	中南电力设计院有限公司	勘测设计管理系统、综合 MIS(Management Information System,管理信息系统)系统在线归档	1

---

　　① 国家档案总局. 国家档案局关于印发企业电子文件归档和电子档案管理试点验收企业名单(第一批)的通知[EB/OL]. (2019-03-08)[2022-03-14]. https://www.saac.gov.cn/daj/tzgg/201904/69b75678945b40b6b8547c8264a10aee.shtml.

　　② 国家档案总局. 国家档案局关于印发企业电子文件归档和电子档案管理试点、企业数字档案馆(室)建设试点通过验收企业名单的通知[EB/OL]. (2020-03-26)[2022-03-14]. https://www.saac.gov.cn/daj/tzgg/202004/a247fac91218468890f370bc266467d4.shtml.

　　③ 国家档案总局. 国家档案局关于印发企业电子文件归档和电子档案管理试点、企业数字档案馆(室)建设试点通过验收单位名单的通知[EB/OL]. (2021-10-11)[2022-03-14]. https://www.saac.gov.cn/daj/tzgg/202111/dd8f93cdcd0b438f9a80e25069777ce9.shtml.

（续表）

序号	试点企业名称	试点内容	批次
14	中国石油化工集团有限公司	财务系统、总部公文管理系统、建设工程招标投标交易平台电子文件归档和电子档案管理	2
15	华东建筑集团股份有限公司	建筑协同设计一体化工作平台电子文件归档和电子档案管理	2
16	长沙市轨道交通集团有限公司	基于大数据技术的电子档案开发利用	2
17	马钢（集团）控股有限公司	ERP(Enterprise Resource Planning，企业资源计划)电子文件归档和电子档案管理	2
18	中国船舶集团有限公司中国舰船研究设计中心	PDM中图样和技术文件、科研类文件的在线归档和电子档案管理	2
19	大连船舶重工集团有限公司	图文档系统（类PDM）电子文件归档和电子档案管理	2
20	航天信息股份有限公司	财务系统电子文件归档和电子档案管理	2
21	太平财产保险有限公司	会计核算系统电子文件、电子发票及其他电子票据归档和电子档案管理	2
22	上海农村商业银行股份有限公司	合规内控及违规积分管理系统、SAP(System Applications and Products，系统应用和产品）ERP（Enterprise Resource Planning，企业资源计划)系统电子文件归档和电子档案管理	2
23	中国电建集团西北勘测设计研究院有限公司	勘测设计业务和会计核算业务电子文件归档和电子档案管理	2
24	广西九洲电器集团有限责任公司	PDM系统电子文件归档和电子档案管理	3
25	中国航发南方工业有限公司	PDM系统电子文件归档和电子档案管理	3
26	本钢集团有限公司	ERP、OA系统形成的电子文件归档和电子档案管理	3
27	中国电建集团昆明勘测设计研究院有限公司	产品管理系统形成的电子文件归档和电子档案管理	3
28	东港瑞云数据技术有限公司	报销App、财务系统形成的电子文件归档和电子档案管理	3
29	航空工业成都飞机工业（集团）有限责任公司	PDM系统形成的电子文件归档和电子档案管理	3
30	广东省南粤交通投资建设有限公司	会计核算系统形成的电子文件归档和电子档案管理	3
31	国家电网有限公司	经济法律系统、基建管控系统形成的电子文件归档和电子档案管理	3
32	国家开发银行	助学贷款合同电子化归档和档案管理	3
33	山西国峰煤电有限责任公司	管控一体化系统、电子商务系统、生产管理接入系统形成的电子文件归档和电子档案管理	3
34	浙江天音管理咨询有限公司	电子招标投标交易平台形成的电子文件归档和电子档案管理	3
35	上海浦东发展银行股份有限公司	SAP系统、EA报销系统形成的电子文件归档和电子档案管理	3
36	中国电子科技集团公司第十四研究所	PDM系统形成的电子文件归档和电子档案管理	3

（续表）

序号	试点企业名称	试点内容	批次
37	广东电网有限责任公司广州供电局	财务管理系统形成的电子文件归档和电子档案管理	3
38	中国人民财产保险股份有限公司	电子发票、银行回单及其他电子票据的归档及档案管理	3
39	中国航发西安航空发动机有限公司	合同管理系统形成的电子文件归档和电子档案管理	3
40	中国广核集团有限公司	会计核算系统形成的电子文件归档和电子档案管理	3
41	北京市建筑设计研究院有限公司	项目管理系统、协同设计系统、智能图文管理系统形成的电子文件归档和电子档案管理	3
42	北京京东世纪贸易有限公司	ERP 系统形成的电子文件归档和电子档案管理	3
43	中国原子能科学研究院	PDM 系统形成的电子文件归档和电子档案管理	3
44	浙江省新华书店集团有限公司	财务核算系统形成的电子文件归档和电子档案管理	3
45	温州市城市建设发展集团有限公司	财务核算系统形成的电子文件归档和电子档案管理	3
46	常州市轨道交通发展有限公司	轨道交通建设工程与质量管理融合平台形成的电子文件和电子档案管理	3
47	上海航空工业（集团）有限公司	会计核算系统形成的电子文件归档和电子档案管理	3

通过验收的 47 家试点单位均实现了 CAPP、PDM、ERP、财务系统、运营业务系统、电子邮件系统、供应链管理系统、CAD 设计文件、安全生产调度和勘测设计管理等 20 类共计 71 个企业主营业务系统的电子文件归档和电子档案管理，解决了一大批企业主营业务信息系统的归档难题，有效推进了试点单位档案信息化水平，同时为档案行业培养锻炼出了一支具备较高水平的档案信息化复合型人才队伍。

特别是对 PDM、ERP、财务系统等企业常见的业务系统，试点中选取了不同行业、不同体量的 28 家企业进行集中试点。通过试点探索，基本摸清了这几类系统的应用现状和特点，总结出了有效且可复用的技术路线和管理方法，在此基础上形成了《产品数据管理（PDM）系统电子文件归档与电子档案管理规范》[①]《ERP 数据归档和管理规范》和《电子会计档案管理规范》等行业标准，及时回应了社会发展需求，实现了政策的及时有效供给。

2.5　无纸化报销入账归档的典型场景

基于无纸化报销入账归档的典型案例，课题组归纳出会计资料无纸化报销入账归档的典型场景，包括原始票据采集、结构化数据转换、自动填单、自动审核、自动结算、自动核算、批量税务处理和自动归档等，旨在实现财务报销入账归档的共享化、移动化和智能化。

---

① 国家档案局.DA/T 88—2021 产品数据管理（PDM）系统电子文件归档与电子档案管理规范[EB/OL].（2021-09-29）[2022-03-14].https://www.saac.gov.cn/daj/hybz/202109/c09a65c12b2241948be590a7548ddfe9.shtml.

2.5.1 无纸化报销的典型场景

1) 通过广泛连接实现原始票据采集

原始票据采集,需要区分初始格式进行分类处理。对于报账涉及的纸质单据,可通过手机、高拍仪和高扫仪等设备,将纸质原件转换成为影像复印件;对于报账涉及的电子文件,涉及 PDF 版式文件、OFD 版式文件和其他电子文件,可通过与微信卡包、支付宝管家、邮箱和手机短信等发票生态进行对接,实现电子文件的统一归集;对于报账涉及的结构化数据,可通过系统集成或 RPA 等方式,实现结构化数据的有效优质传递。

2) 通过 OCR 技术实现结构化数据转换

结构化数据转换,针对的是非结构化数据,需要区分初始格式进行分类处理。对于报账涉及的纸质单据,可通过 OCR 技术和机器学习技术,以及人工补充确认,将影像复印件识别为结构化数据;对于报账涉及的电子文件,涉及 PDF 版式文件、OFD 版式文件和其他电子文件,可通过 OCR 技术和机器学习技术,以及人工补充确认,将电子文件识别为结构化数据。有先进企业在该环节采用了定制识别技术,实现了对个性票据和规范合同的结构化数据采集。

3) 通过数据对接实现报账自动填单

报账自动填单,是指基于标准业务事项,以及相关业务和核算附件的结构化数据,在智能报销系统中实现标准报销表单数据的自动填列。自动填列的数据字段越多,填列的方式越灵活,填列的结果越准确,说明报账自动填单的智能化程度越高。有先进企业在该环节采用了机器学习技术,以不断提高自动填单的准确率。

4) 通过规则嵌入实现报账自动审核[①]

报账自动审核,是指基于票据、业务和资金的结构化数据,借助内嵌的报账审核规则,在智能报销系统中实现票据的自动审核、合同的自动审核、支出的自动审核、收入的自动审核、记账凭证的自动审核和会计报表的自动审核。其中,报账审核规则的梳理最为关键,值得重点关注。

5) 通过银企直联实现资金自动结算[②]

资金自动结算,涵盖资金自动支付和资金自动收取两方面。其中,资金自动支付是指对于涉及资金支付的报销单,通过审核、复核和审批之后,通过银企直联完成资金自动支付、电子回单自动回传、自动匹配付款记账凭证以及自动对账;资金自动收取是指通过

[①] 刘梅玲,罗倩,钱维娜,等. 云南烟草商业智能财务建设之智能稽核[J]. 财务与会计,2020(21):27-31,36.
[②] 黄长胤,罗倩,唐旭,等. 云南烟草商业智能财务建设之集中结算[J]. 财务与会计,2020(21):32-36.

银企直联完成资金自动收取、电子回单自动回传、自动匹配销售记录并生成收款单或人工认领后填制收款单、自动生成收款记账凭证以及自动对账。

2.5.2　无纸化入账的典型场景

1）通过模板设置实现报账自动核算[①]

自动化核算是指基于标准经济业务事项,基于标准表单、最小核算附件清单、记账凭证模板和稽核规则,借助智能化财务共享平台中的业务事项中心和核算自动化引擎两个模块,实现记账凭证全要素的自动生成和核算附件的全自动归集,实现报账业务的核算自动化,即自动化生成报账相关的证(即记账凭证)账(即账簿)表(即报表)。

2）通过模型设置实现批量税务处理[②]

批量税务处理主要是指在智能报账过程中,通过内外部系统对接和票税相关 RPA 使用,自动完成与税相关的票据采集、票据查重、票据查验、票据认证抵扣、税费计算、税费计提,以及后续的自动纳税调整、自动生成纳税申报表、自动纳税申报和自动税费缴纳等税务会计工作。其中部分工作可以批量自动完成,如票据认证抵扣、税费计算和税费计提等。

2.5.3　无纸化归档的典型场景

无纸化归档是指按照预定规则,对财务核算及相关系统中的电子会计档案数据进行分类抽取、版式转换封装、电子签名,形成电子会计档案文件,通过档案归档统一接口,保存至电子会计档案管理系统。无纸化归档由系统后台进行一系列自动化操作,处理过程如下:

(1) 数据抽取。按照预定的会计凭证、会计账簿、会计报表和其他会计资料等样式,将财务核算及相关系统的归档数据进行分类提取。

(2) 版式转换封装。将抽取的归档数据封装成 PDF 格式的版式文件,使得归档数据转换为可被阅读、格式稳定、符合归档要求的电子档案文件。

(3) 电子签章。对 PDF 格式的电子档案文件,按预设的电子签章样式(如归档章)进行电子签名,使得归档的电子档案文件具有防伪验证属性,满足电子会计档案生成、保管和利用的需要。

(4) 文件归档。通过无缝融合的档案文件归档接口,自动将归档文件保存在电子会计档案管理系统,并建立归档文件目录。

---

① 刘梅玲,黄虎,杨寅,等.云南烟草商业智能财务建设之核算自动化[J].财务与会计,2020(21):22-26.
② 李昕凝,张瑞,李俊,等.云南烟草商业智能财务建设之税务管理[J].财务与会计,2020(21):37-42.

第 3 章

广西中烟及其智能财务建设概况

3.1 广西中烟概况

广西卷烟工业起源于 1946 年创建的私营新华烟厂和 1950 年创建的公营新新烟厂，主营业务是卷烟生产，至今已有 70 多年历史，历经了创业、成长、徘徊、改革、二次创业、快速发展的曲折变迁，最终发展成为符合现代企业制度、具有较强竞争实力、为单一实体的广西中烟工业有限责任公司（以下简称广西中烟或公司）。广西中烟是直属国家烟草专卖局（中国烟草总公司）（以下简称烟草总公司或总公司）的国有大型企业和 19 家省级卷烟工业企业之一，也是全国少数民族地区唯一的省级中烟工业公司，属于"全国制造业企业 500 强""全国纳税 100 强企业"和"广西强优工业企业"。

公司最初为 2003 年广西烟草工商分设后成立的广西中烟工业公司，2008 年 9 月，广西中烟工业公司完成公司制改造，更名为广西中烟工业有限责任公司，下设南宁、柳州 2 个卷烟厂，下辖广西中烟天成投资管理有限责任公司（以下简称天成投资）、广西真龙物流有限责任公司（以下简称真龙物流），设有国家博士后科研工作站、中国合格评定国家认可委员会（CNAS）认可实验室、行业级和自治区级技术中心，获授权专利 582 项，其中发明专利 164 项，实用新型专利 359 项，外观设计专利 59 项，获计算机软件著作权登记 182 件。公司被国家工商总局认定为"首批商标战略实施示范企业"，拥有"真龙"和"甲天下"两个品牌，其中，"真龙"品牌获得"中国驰名商标""广西著名商标"等荣誉称号，被国家烟草专卖局确定为行业重点支持发展品牌。公司现有在职员工 2 879 人，其中，博士 15 人，硕士 179 人；拥有专业技术资格 1 603 人，拥有职业（岗位）技能等级证书 1 456 人。

3.2 广西中烟财务共享相关的组织架构

3.2.1 广西中烟的组织架构

广西中烟下辖财务管理部等 11 个职能部门、生产管理部等 13 个专业部门、柳州和南宁两个卷烟厂,以及真龙物流和天成投资两个多元化企业,组织架构如图 3-1 所示。

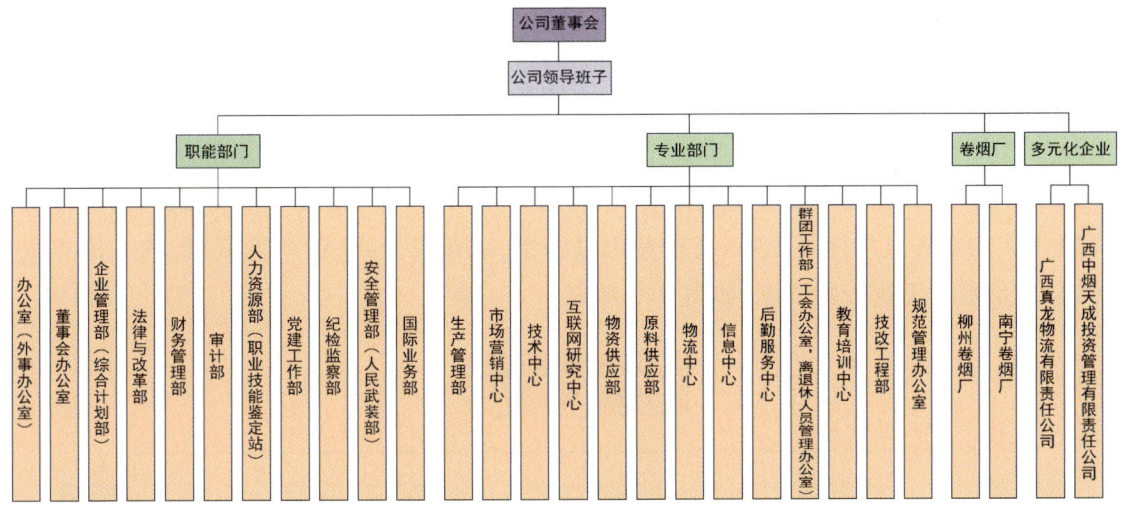

图 3-1　广西中烟的组织架构

3.2.2　广西中烟的财务组织架构

根据广西中烟的财务管理体系特点,广西中烟财务共享中心(FSSC)隶属于广西中烟财务管理部,与之前的核算组相对应,又大于之前的核算组,如图 3-2 所示。考虑财务共享的重要目标之一是标准化(包括会计科目、会计核算规则、业务处理流程的标准化)和共享性,以及集中办公的可行性,省公司本部共享中心隶属于公司本级财务部,集中在公司本级办公,实现人员的物理共享;天成投资共享分中心隶属于天成投资财务科,分散在各多元化企业办公,实现人员的虚拟共享。

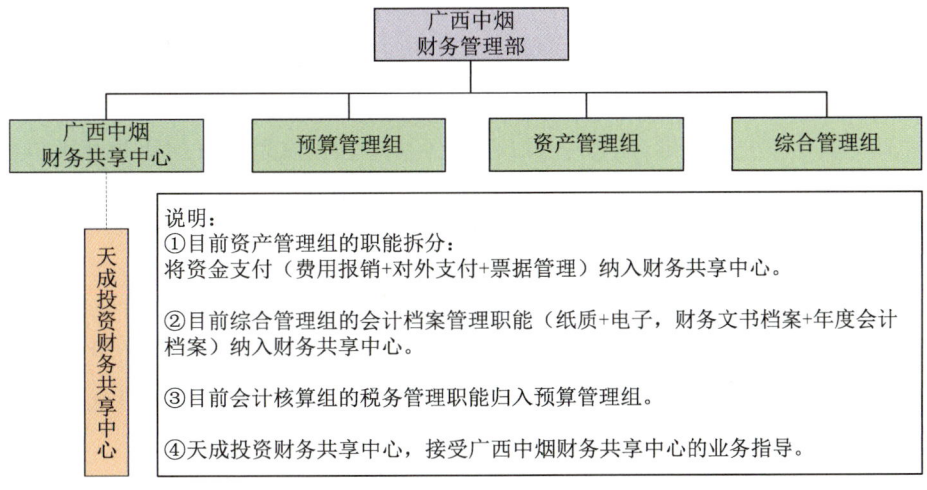

图 3-2　广西中烟财务管理组织架构

3.2.3　广西中烟的 FSSC 组织架构

　　根据广西中烟财务管理实际情况，广西中烟 FSSC 的组织架构设计原则如下：FSSC 内部运营管理，参考一般企业财务共享中心，设置运营支撑组，涵盖资金结算、绩效管理、信息化管理、档案管理和其他综合事务管理；FSSC 业务处理分组，依据实际纳入财务共享的核算业务类型，适当考虑流程化运作、同质业务归并、高效协作、人员均衡、管理跨度合理[①]、人均业务量均衡等原则，设置费用报销组、总账税务组、资产投资组、收入成本组等，分别负责相关业务的核算，如图 3-3 所示。

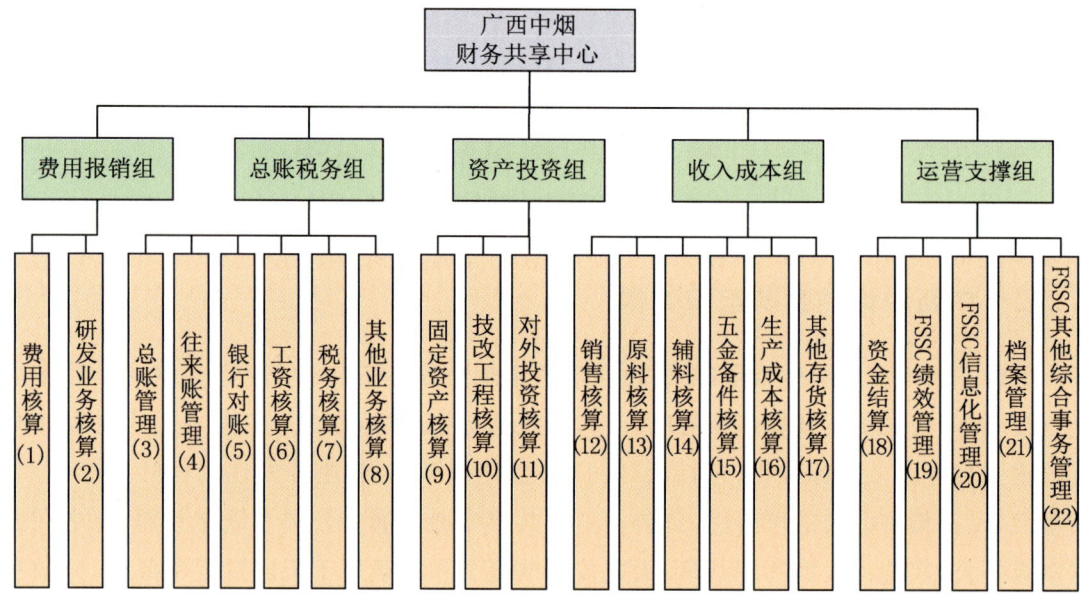

图 3-3　广西中烟 FSSC 组织架构

　　需要说明的是，考虑到银企直联后，资金支付将由系统自动完成；资金支付审批工作职责权限不变，依然依据各单位《付款审批权限管理标准》，分布于广西中烟 FSSC 各相关小组以及财务部门领导和公司领导，广西中烟 FSSC 不再单独设立资金支付审批相关岗位。

3.3　广西中烟智能财务建设相关项目

　　自 2018 年起，广西中烟采取边咨询、边落地、边评估的方式，以"小步快跑、持续优化"的方式构建智能财务。时至 2022 年，已经开启了一系列的咨询项目和落地项目，如表 3-1 所示。

---

①　陈虎,孙彦从.财务共享服务［M］.北京：中国财政经济出版社,2018.

表 3-1　广西中烟智能财务建设相关项目清单

序号	时间	项目类别	项目名称	项目内容
1	2016—2018 年	落地项目	资金监管系统优化项目	包括对系统进行安全优化,在资金监管系统增加预算管理功能以完善资金预算管理体系,付款审批流程再造,系统新增票据管理模块,系统增加存、贷款管理功能,引入银企对账管理功能,完善资金监管系统与 NC 财务系统接口,系统增加动态获取电子回单功能,实现资金头寸的信息化管理,共计 9 项内容
2	2018—2019 年	落地项目	财务业务标准化管理系统一期项目	包括标准化业务平台搭建、会计平台标准化改造、报销系统标准化改造、电子会计档案管理系统、财务管理系统与资金监管系统接口标准化改造,共计 5 项内容
3	2019—2020 年	落地项目	财务业务标准化管理系统二期项目	包括存货核算财务标准化改造、应收应付财务标准化改造、资产管理标准化适配、全面预算管理标准化改造、生产成本管理标准化改造、卷烟营销管理标准化改造、系统接口建设及优化、折旧测算模型构建、高清拍摄仪与财务业务标准化管理系统适配,共计 9 项内容
4	2018—2021 年	咨询项目	财务管理 2018—2020 年发展规划及管理咨询项目	以财政部正式印发的《会计改革与发展"十三五"规划纲要》《财政部关于全面推进管理会计体系建设的指导》(财会〔2014〕27 号)等国家及行业相关战略文件为依据,结合广西中烟"1361"战略,对财务管理工作提出的新要求,深入广西中烟及下属多元化企业开展财务管理现状与需求调研,形成调研报告并制定广西中烟财务管理三年发展规划(2018—2020 年),制定财务管理模式、战略成本管理、全面预算管理、资产管理(含资金管理)、财务风险管控、财务信息化 6 项子规划及实施方案
5	2019—2022 年	咨询项目	财务共享服务中心建设实施咨询服务项目	制订财务共享服务中心的项目规划及实施方案,形成《广西中烟财务共享服务中心建设的整体规划》《广西中烟财务共享服务中心建设的详细设计方案》《广西中烟财务共享服务中心运营的详细设计方案》,提出广西中烟财务共享服务中心建设和运营过程中可能存在的关键风险及应对措施等
6	2019—2022 年	咨询项目	财务风险管控体系咨询服务项目	基本搭建财务风险的组织架构,识别企业主要存在的财务风险并提出管控措施,并嵌入到管理制度及信息系统当中,初步形成事前、事中、事后的全流程财务风险管控体系,提升企业的财务风险防范能力
7	2019—2020 年	落地项目	财务共享服务中心之项目建设项目	涉及财务共享运营平台搭建(含稽核中心、个人工作台、作业中心、信用管理、绩效管理、流程中心、影像系统、电子会计档案)、费用报销共享中心改造、预算管理共享中心改造、资产管理共享中心改造、核心业务与财务共享适配(原料业务共享适配、烟用材料业务共享适配、卷烟业务共享适配、生产业务共享适配、资金业务、税务管理、往来账管理、会计报告、财务稽核等),共计 5 项内容
8	2020—2022 年	咨询项目	智能化技术在财务报销和电子会计档案中的运用研究	梳理智能化技术及其在财务报销和电子会计档案中的典型应用场景,分析国内外企业在这两方面的典型应用案例,以建设财务共享服务中心工作需求为重点,研究设计形成智能化技术应用方案,进一步提高财务工作质量和效率,满足合规性要求,提升员工体验

（续表）

序号	时间	项目类别	项目名称	项目内容
9	2020—2021 年	咨询项目	价值链视角的广西中烟战略成本管理研究项目	根据咨询报告《广西中烟财务管理三年发展规划》中的战略成本管理蓝图，以"TSL"模型为指导思想，基于企业价值最大化的战略目标，优化企业内部价值链，建立边际贡献评价模型，形成符合广西中烟工业有限责任公司的战略成本管理机制和制度
10	2021—2021 年	落地项目	智能报账系统项目	梳理现有财务报账流程，结合智能化技术和工作管理标准，构建财务报账的智能化应用，建设财务智能报账系统，升级财务共享服务中心，实现自动采集与存储原始票据信息、自动校验原始票据信息、设置及核对业务要求、设置报销标准、自动生成符合标准的报账单据、移动审批报销单据、自动审核报销单据、税务发票管理和数据统计分析等功能，提升财务报账智能化水平，提高报账工作质量和效率，进一步加强业财数据的融合和分析应用
11	2021—2024 年	落地项目	商旅平台项目	项目涵盖国内机票及酒店、国际机票及酒店、火车票、汽车票、出行用车等相关预定、退改签等系列线上和线下服务以及差旅用车服务。同时涉及的相关系统接口、行程单整理寄送和增值服务等也包含在本项目范围内
12	2021—2024 年	咨询项目	财务管理 2022—2024 年发展规划及管理咨询项目	紧跟公司"四步三重点"高质量发展思路，承接公司"十四五"规划，在总结 2019—2021 年财务管理规划实施情况取得成果及存在问题的基础上，从管理层、业务层、财务层调研财务管理的主要需求并形成调研报告，制定和实施《广西中烟财务管理三年发展规划（2022—2024 年）》及子规划，充分发挥财务的价值创造职能，为企业创造价值，持续赋能公司高质量发展
13	2022—2023 年	落地项目	财务分析与预测系统项目	基于数据中台，建立符合公司业务和财务预测与分析需求的系统，重点提升财务对现有数据的分析利用和未来税利测算的分析，提升财务分析数据的辅助决策和绩效评价能力，强化财务税利的预测分析能力

本书后续章节展现的内容为咨询项目"财务共享服务中心建设实施咨询服务项目"和"智能化技术在财务报销和电子会计档案中的运用研究"的核心研究成果。

3.4 广西中烟财务相关信息系统清单

表 3-2 广西中烟财务相关信息系统清单

行数	系统类别	系统标准名称	系统具体名称	系统主要功能	系统建设部门	系统建设情况	系统使用范围
1	财务类	财务共享运营管理平台	财务共享服务中心	审核任务分配 智能审核 审核工作监测	信息中心	已建	广西中烟集团
2	财务类	智能报账系统	财务智能报账系统/智能报账模块	员工报销 供应商报账 客户收款	信息中心	已建	广西中烟集团

（续表）

行数	系统类别	系统标准名称	系统具体名称	系统主要功能	系统建设部门	系统建设情况	系统使用范围
3	财务类	影像管理系统	财务智能报账系统/影像管理模块	影像存储 影像检索 影像展示	信息中心	已建	广西中烟集团
4	财务类	电子会计档案管理系统	广西中烟 NC 财务管理系统/电子会计档案管理模块	电子档案归集 电子档案保管 电子档案利用	财务管理部	已建	广西中烟集团
5	财务类	财务核算系统	广西中烟 NC 财务管理系统/财务核算模块	总账 应付管理 应收管理 固定资产管理 存货核算管理	财务管理部	已建	广西中烟集团
6	财务类	成本管理系统	广西中烟 NC 财务管理系统/成本管理模块	卷烟成本计算 卷烟成本核算	财务管理部	已建	广西中烟集团
7	财务类	预算管理系统	广西中烟 NC 财务管理系统/预算管理模块	预算编制审批 预算执行控制 预算调整	财务管理部	已建	广西中烟集团
8	财务类	资金管理系统	广西中烟资金监管系统	资金审批 资金支付	财务管理部	已建	广西中烟集团
9	财务类	网银系统	网银	银行收款 银行付款	财务管理部	已建	外部系统
10	财务类	报表管理系统	广西中烟报表及税务管理系统/报表管理模块	会计报表 预算报表 分析报表	财务管理部	已建	广西中烟集团
11	财务类	税务管理系统	广西中烟报表及税务管理系统/税务管理模块	发票管理 纳税申报管理 税务风险管理	财务管理部	已建	广西中烟集团
12	财务类	财务分析与预测系统	拟 2022 年新建	管理会计报表 财务分析报告 税利测算	信息中心	待建	广西中烟
13	管理类	智能商旅平台	外部系统（携程）	差旅标准内置 机酒车①推荐 机酒车预订 机酒车结算	财务管理部	已建	广西中烟
14	业务类	资产管理系统	广西中烟 NC 财务管理系统/资产管理模块	资产卡片管理 资产核算管理	财务管理部	已建	广西中烟集团
15	财务类	财务管控平台	国家局财务管控平台	财务管控	国家局	已建	烟草行业

① 机酒车是指机票、酒店、车票等泛商旅内容。

（续表）

行数	系统类别	系统标准名称	系统具体名称	系统主要功能	系统建设部门	系统建设情况	系统使用范围
16	业务类	原料管理系统	原料管理信息系统	原料采购 原料库存 原料结算	原料供应部	已建	广西中烟
17	业务类	物资管理系统	广西中烟物资采购平台系统 广西中烟供应链管理平台	物资采购 物资库存 物资结算	物资供应部	已建	广西中烟
18	业务类	设备管理系统	广西中烟企业资源计划ERP系统	设备采购管理	物资供应部	已建	广西中烟
19	管理类	人力资源管理系统	广西中烟企业资源计划ERP系统	薪酬管理	信息中心	已建	广西中烟
20	业务类	投资采购系统	广西中烟采购管理信息系统	采购管理 投资项目管理	法律与改革部（采购办）	已建	广西中烟
21	业务类	卷烟销售核算管理系统	广西中烟企业资源计划ERP系统	卷烟销售核算	信息中心	已建	广西中烟
22	业务类	生产经营决策系统	烟草行业生产经营决策系统广西中烟分支系统（一号工程）	生产计划管理 码段管理	信息中心	已建	广西中烟
23	业务类	售饭管理系统	广西中烟员工餐厅售饭系统	食堂费用计算 食堂费用核算	后勤服务中心	已建	广西中烟
24	管理类	主数据管理系统	广西中烟主数据与数据交换服务系统	主数据维护 主数据展示 主数据查询	信息中心	已建	广西中烟
25	管理类	协同办公系统	广西中烟协同办公平台	资金审批 两项审批 辅助办公	办公室（外事办公室）	已建	广西中烟集团
26	业务类	科研项目管理系统	卷烟产品协同研发系统（PDM）优化升级信息系统	科研项目管理	技术中心	已建	广西中烟
27	业务类	生产执行系统（MES）	GX-MES生产制造执行系统	生产执行管理	南宁厂	已建	广西中烟
28	业务类	物流管理系统	广西中烟物流信息管理系统	物流管理	物流中心	已建	广西中烟
29	业务类	审计信息化系统	广西中烟审计信息系统	计算机辅助审计	审计部	已建	广西中烟
30	业务类	营销管理系统	广西中烟CRM营销管理系统	营销管理	市场营销中心	已建	广西中烟
31	业务类	工艺质量管理系统	卷烟生产过程工艺质量评价系统	工艺质量管理	技术中心	已建	广西中烟

（续表）

行数	系统类别	系统标准名称	系统具体名称	系统主要功能	系统建设部门	系统建设情况	系统使用范围
32	业务类	卷烟生产计划管理系统	广西中烟供应链管理平台	卷烟生产计划管理	信息中心	已建	广西中烟
33	业务类	能源管理系统	南宁厂能源管理系统	燃料消耗管理动力消耗管理	南宁厂	已建	南宁厂
34	财务类	RPA 中控平台	—	RPA 开发RPA 维护RPA 管控	—	待建	—

3.5　广西中烟智能财务建设主要成效

2022 年 5 月，课题组以问卷调查的方式对"广西中烟财务共享服务中心建设实施咨询服务项目"开展了第三次年度评估。评估的目的是了解广西中烟智能财务共享建设的成效与尚存问题，评估的内容包括核算共享、智能报账、智能商旅和电子会计档案四个智能财务共享模块，评估的调查对象包括广西中烟财务管理部、原料供应部、互联网研究中心及市场营销中心的员工，以及广西中烟多元化企业的财务人员。

3.5.1　受访人员的基本情况

1）受访人员的部门分布

本次评估共计收回调查问卷 306 份，部门分布情况如表 3-3 所示。其中，市场营销中心人数最多，占比约为 63%；其次是原料供应部，占比约为 16%；然后是财务管理部、互联网研究中心和多元化财务部门，占比约为 5%～8%；此外，还有真龙物流的 4 位员工。

表 3-3　广西中烟受访人员部门分布

选项	小计	比例
广西中烟市场营销中心	193	63.07%
广西中烟原料供应部	49	16.01%
广西中烟财务管理部	24	7.84%
广西中烟互联网研究中心	21	6.86%
广西中烟多元化财务部门	15	4.9%
其他（请注明）	4	1.31%
本题有效填写人次	306	—

2）受访人员的岗位分布

本次受访人员的岗位分布情况如表 3-4 所示。其中，长期差旅人员最多，占比约为 78%；其次是普通报账人员和财务审核人员，占比分别约为 11% 和 8%；然后是报账审批人员，占比约为 3%；此外，还有 12 位预算管理、出纳、综合管理等人员。

表 3-4　广西中烟受访人员的岗位分布

选项	小计	比例	
长期差旅人员	239		78.1%
普通报账人员	35		11.44%
财务审核人员	25		8.17%
其他（请注明）	12		3.92%
报账审批人员	8		2.61%
本题有效填写人次	306		—

3.5.2　对智能财务共享模块的认可度

1）最有用的智能财务共享模块

在 273 位了解智能财务共享模块的受访人员中，总体认为智能财务共享模块的有用程度依次为智能报账（90.84%）、智能商旅（38.83%）、核算共享（23.08%）和电子会计档案（10.62%），如表 3-5 所示。

表 3-5　广西中烟最有用的智能财务共享模块——总体

选项	小计	比例		调整比例①
智能报账	248		81.05%	90.84%
智能商旅	106		34.64%	38.83%
核算共享	63		20.59%	23.08%
不了解	33		10.78%	—
电子会计档案	29		9.48%	10.62%
其他（请注明）	1		0.33%	0.37%
本题有效填写人次	306		—	

① 调整比例，是指剔除"不了解"选项后重新计算的占比，全书同。

在模块有用程度上,各部门的认识存在一定差异,部门认识明细如表 3-6 所示。其中,财务部门和业务部门的认识差异尤其大,如图 3-4 所示。

表 3-6　广西中烟最有用的智能财务共享模块——按部门交叉分析

X\Y	核算共享	智能报账	智能商旅	电子会计档案	其他(请注明)	不了解	小计①
财务管理部	12(50%)	19(79.17%)	9(37.5%)	13(54.17%)	0	0	24
原料供应部	9(18.37%)	45(91.84%)	17(34.69%)	2(4.08%)	0	2(4.08%)	49
互联网研究中心	3(14.29%)	15(71.43%)	6(28.57%)	0	0	2(9.52%)	21
市场营销中心	28(14.51%)	156(80.83%)	73(37.82%)	8(4.15%)	1(0.52%)	28(14.51%)	193
多元化财务部门	8(53.33%)	11(73.33%)	1(6.67%)	4(26.67%)	0	1(6.67%)	15
其他(请注明)	3(75%)	2(50%)	0	2(50%)	0	0	4

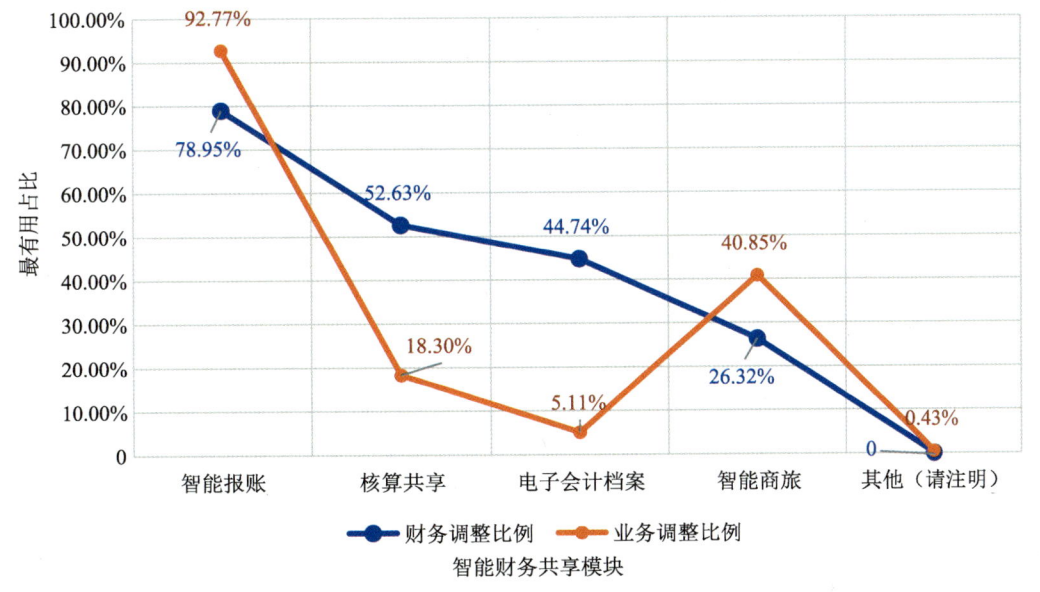

图 3-4　广西中烟最有用的智能财务共享模块——财务人员 VS 业务人员

由图 3-4 可见,财务人员认为广西中烟最有用的智能财务共享模块依次为智能报账(78.95%)、核算共享(52.63%)、电子会计档案(44.74%)和智能商旅(26.32%),而业务人员认为广西中烟最有用的智能财务共享模块顺序依次为智能报账(92.77%)、智能商旅(40.85%)、核算共享(18.30%)和电子会计档案(5.11%)。课题组认为,这些差异主要源自业务人员和财务人员的工作内容差异和系统使用需求差异。

---

　① 小计为选择该选项的人数。

2) 最好用的智能财务共享模块

在 254 位了解智能财务共享模块好用程度的受访人员中,总体认为智能财务共享模块的好用程度依次为智能报账(85.83%)、智能商旅(35.43%)、核算共享(24.80%)和电子会计档案(9.06%),如表 3-7 所示。由此可见,受访人员认为智能财务共享模块的有用程度和好用程度基本一致,但有 1.57% 的受访人员表示,目前还没有足够好用的智能财务共享模块。

表 3-7 广西中烟最好用的智能财务共享模块——总体

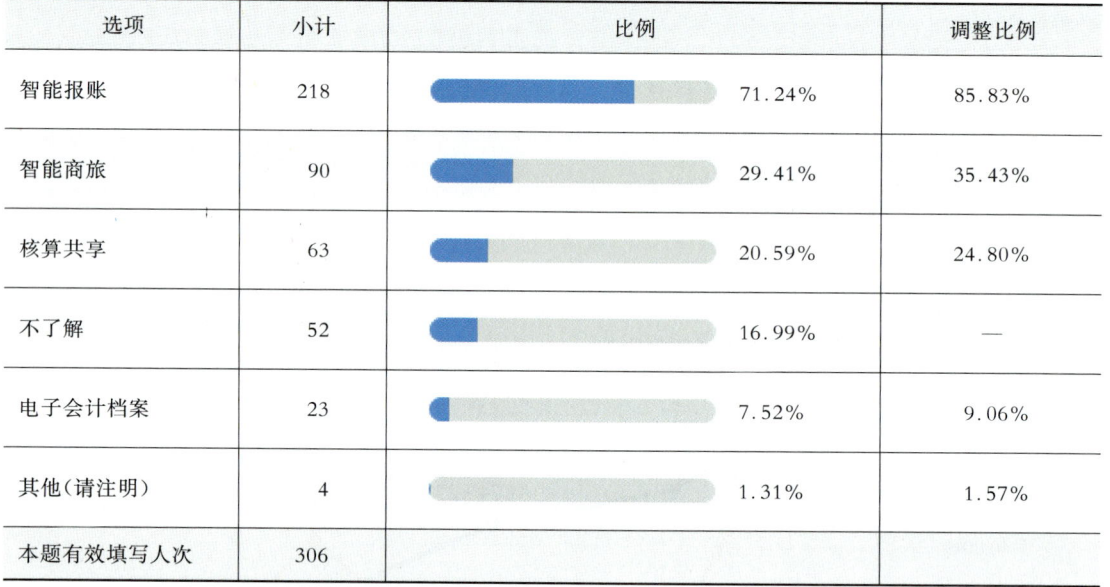

选项	小计	比例	调整比例
智能报账	218	71.24%	85.83%
智能商旅	90	29.41%	35.43%
核算共享	63	20.59%	24.80%
不了解	52	16.99%	—
电子会计档案	23	7.52%	9.06%
其他(请注明)	4	1.31%	1.57%
本题有效填写人次	306		

与模块有用性类似,在模块好用性这个问题上,各部门的认识存在一定差异,部门认识明细如表 3-8 所示。其中,财务部门和业务部门的认识差异尤其大,如图 3-5 所示。

表 3-8 广西中烟最好用的智能财务共享模块——按部门交叉分析

X\Y	核算共享	智能报账	智能商旅	电子会计档案	其他(请注明)	不了解	小计
财务管理部	13(54.17%)	13(54.17%)	4(16.67%)	9(37.5%)	0	3(12.5%)	24
原料供应部	10(20.41%)	42(85.71%)	14(28.57%)	3(6.12%)	0	3(6.12%)	49
互联网研究中心	2(9.52%)	10(47.62%)	7(33.33%)	0	0	5(23.81%)	21
市场营销中心	28(14.51%)	141(73.06%)	64(33.16%)	7(3.63%)	4(2.07%)	40(20.73%)	193
多元化财务部门	7(46.67%)	10(66.67%)	1(6.67%)	2(13.33%)	0	1(6.67%)	15
其他(请注明)	3(75%)	2(50%)	0	2(50%)	0	0	4

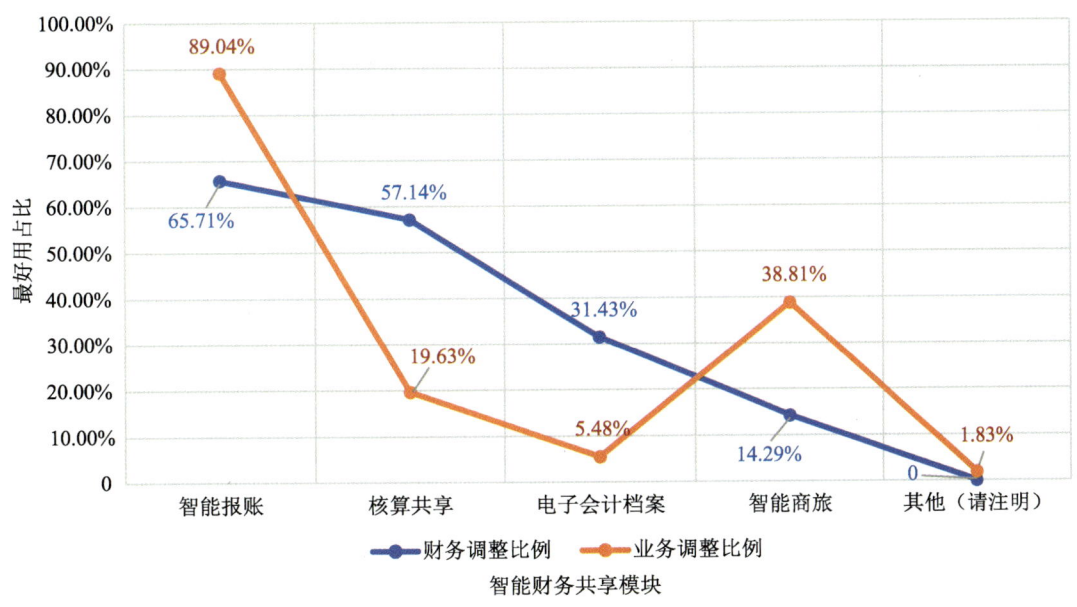

图 3-5　广西中烟最好用的智能财务共享模块——财务人员 VS 业务人员

由图 3-5 可见,财务人员认为广西中烟最好用的智能财务共享模块依次为智能报账(65.71%)、核算共享(57.14%)、电子会计档案(31.43%)和智能商旅(14.29%),而业务人员认为最好用的智能财务共享模块依次为智能报账(89.04%)、智能商旅(38.81%)、核算共享(19.63%)和电子会计档案(5.48%)。课题组认为,这些差异主要源自业务人员和财务人员的工作内容差异和系统使用需求差异。

3.5.3　智能财务共享的主要成效

1）核算共享取得的主要成效

在 210 位了解广西中烟核算共享的受访人员中,总体认为核算共享在提高核算工作效率(78.10%)方面的成效最为显著,在提升核算合规能力(40.95%)、改善会计信息质量(40.00%)和降低核算工作成本(30.48%)方面也取得一定成效,如表 3-9 所示。

表 3-9　广西中烟核算共享取得的主要成效——总体

选项	小计	比例	调整比例
提高核算工作效率	164	53.59%	78.10%
不了解	96	31.37%	—
提升核算合规能力	86	28.1%	40.95%

（续表）

选项	小计	比例	调整比例
改善会计信息质量	84	27.45%	40.00%
降低核算工作成本	64	20.92%	30.48%
其他（请注明）	1	0.33%	0.48%
本题有效填写人次	306	—	

在核算共享成效这个问题上，财务部门的认识比较深入和全面，但本部财务人员和多元化财务人员的认识存在较大偏差，如图 3-6 所示。其中，财务人员总体认为核算共享在提高核算工作效率（71.90%）、改善会计信息质量（59.79%）、提升核算合规能力（58.39%）方面的成效都非常显著，在降低核算工作成本（35.25%）方面的成效相对有限；本部财务人员认为核算共享在提升核算合规能力（73.91%）、改善会计信息质量（69.57%）、提高核算工作效率（65.22%）方面的成效都非常显著，而在降低核算工作成本（34.78%）方面的成效相对有限；而多元化财务人员认为核算共享在提高核算工作效率（78.57%）方面的成效最为显著，在改善会计信息质量（50.00%）、提升核算合规能力（42.86%）和降低核算工作成本（35.71%）方面也有一定成效。课题组认为，这两者的差异可能源自本部和多元化财务部门核算业务的多样性和复杂性。

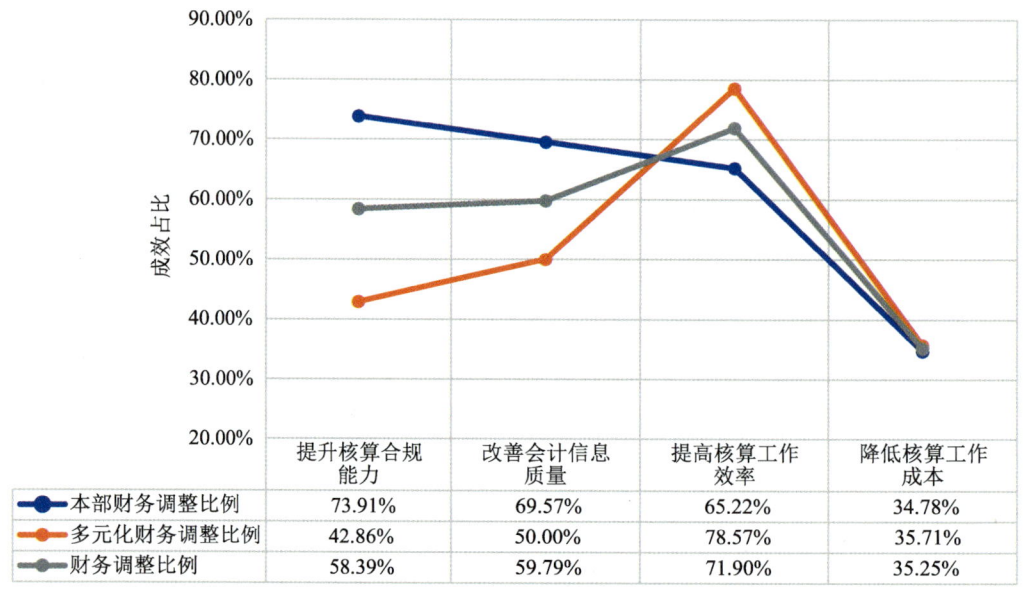

图 3-6　广西中烟核算共享的主要成效——本部财务 VS 多元化财务

2）智能报账取得的主要成效

在 261 位了解广西中烟智能报账的受访人员中，总体认为智能报账在简化财务报销的流程（61.69%）和提升财务报销的便利性（59.77%）方面成效较为显著，在提高财务报销的合规性（43.30%）和缩短财务报销的周期（41.00%）方面呈现出一定成效，在降低财务报销的成本（15.71%）方面的成效较为有限，如表 3-10 所示。也有 3 位受访人员反映，目前个别报账流程比之前更加复杂，如报账调整。

表 3-10　广西中烟智能报账取得的主要成效——总体

选项	小计	比例		调整比例
简化财务报销的流程（如只走线上流程，不用走线下流程了）	161		52.61%	61.69%
提升财务报销的便利性（如不用线下找领导签字审批了、电子票据收集和使用更方便了等）	156		50.98%	59.77%
提高财务报销的合规性（如能自动查重、自动验真等）	113		36.93%	43.30%
缩短财务报销的周期	107		34.97%	41.00%
不了解	45		14.71%	—
降低财务报销的成本（如公司总体上负责财务报销的财务人员减少了）	41		13.4%	15.71%
其他（请注明）	3		0.98%	1.15%
本题有效填写人次	306		—	

在智能报账成效这个问题上，相关岗位之间的认识存在较大偏差，如表 3-11 所示。其中，对于长期差旅人员而言，最显著的成效是财务报销流程的简化（57.50%）和财务报销便利性的提升（54.50%），其次是财务报销合规性的提高（42.00%）和财务报销周期的缩短（41.00%）。

对于普通报账人员而言，最显著的成效是财务报销便利性的提升（69.70%）和财务报销流程的简化（63.64%），其次是财务报销合规性的提高（51.52%）和财务报销周期的缩短（39.39%）。

对于财务审核人员而言，最显著的成效是财务报销流程的简化（79.17%）和财务报销便利性的提升（79.17%），其次是财务报销周期的缩短（50.00%）和财务报销合规性的提高（50.00%）。

对于报账审批人员而言，最显著的成效是财务报销流程的简化（87.50%）和财务报销便利性的提升（87.50%），其次是财务报销合规性的提高（62.50%）和财务报销周期的缩短（50.00%）。

表 3-11　广西中烟智能报账取得的主要成效——按岗位交叉分析

X\Y	简化财务报销的流程	缩短财务报销的周期	提升财务报销的便利性	降低财务报销的成本	提高财务报销的合规性	其他（请注明）	不了解	小计	调整小计
长期差旅人员	115	82	109	31	84	3	39	239	200
	57.50%	41.00%	54.50%	15.50%	42.00%	1.50%	—	—	—
普通报账人员	21	13	23	3	17	0	2	35	33
	63.64%	39.39%	69.70%	9.09%	51.52%	0	—	—	—
财务审核人员	19	12	19	5	12	0	1	25	24
	79.17%	50.00%	79.17%	20.83%	50.00%	0	—	—	—
报账审批人员	7	4	7	2	5	0	0	8	8
	87.50%	50.00%	87.50%	25.00%	62.50%	0	—	—	—
其他（请注明）	5	2	6	1	5	0	4	12	8
	62.50%	25.00%	75.00%	12.50%	62.50%	0	—	—	—

3）智能商旅取得的主要成效

在 250 位了解广西中烟智能商旅的受访人员中，总体认为智能商旅在规范差旅事前审批（60.80%）、提高差旅出行合规性（51.20%）方面成效显著，在降低差旅出行及后续财务报销相关财税风险（40.80%）和节约差旅出行总成本（40.00%）方面有一定成效，在提高差旅出行效率（24.00%）和为后续深入分析提供数据基础方面的成效（23.60%）一般，如表 3-12 所示。

表 3-12　广西中烟智能商旅取得的主要成效——总体

选项	小计	比例	调整比例
规范差旅事前审批	152	49.67%	60.80%
提高差旅出行的合规性	128	41.83%	51.20%

（续表）

选项	小计	比例	调整比例
降低差旅出行及后续财务报销相关的财税风险（无需员工自行取票）	102	33.33%	40.80%
节约差旅出行的总成本（无需员工垫付）	100	32.68%	40.00%
提高差旅出行的效率	60	19.61%	24.00%
为后续深入的差旅和报销分析提供丰富而高质的数据基础	59	19.28%	23.60%
不了解	56	18.3%	—
其他（请注明）	4	1.31%	1.60%
本题有效填写人次	306	—	

在智能商旅成效这个问题上，相关岗位之间的认识存在较大偏差，如表 3-13 所示。其中，对于长期差旅人员而言，最显著的成效是合规性的提升，包括差旅事前审批的规范性（60.00%）和差旅出行本身的合规性（49.27%），其次是差旅出行总成本的节约（39.02%）和差旅出行及后续财务报销相关财税风险的降低（39.02%）。

对于普通报账人员而言，最显著的成效是差旅出行合规性的提高（70.37%）、差旅出行总成本的节约（62.96%）和差旅出行及后续财务报销相关财税风险的降低（59.26%），其次是差旅事前审批的规范性提高（51.85%）和为后续深入的差旅和报销分析提供了丰富而高质的数据基础（33.33%）。

对于财务审核人员而言，最显著的成效是差旅事前审批的规范性提高（71.43%）、差旅出行合规性的提高（57.14%）、为后续深入的差旅和报销分析提供了丰富而高质的数据基础（50.00%），其次是差旅出行总成本的节约（35.71%）和差旅出行及后续财务报销相关财税风险的降低（35.71%）。

对于报账审批人员而言，最显著的成效是差旅出行合规性的提高（80.00%）和差旅出行及后续财务报销相关财税风险的降低（80.00%），其次是差旅事前审批的规范性提高（60.00%）和为后续深入的差旅和报销分析提供了丰富而高质的数据基础（40.00%）。

表 3-13　广西中烟智能商旅取得的主要成效——按岗位交叉分析

X\Y	规范差旅事前审批	提高差旅出行的效率	提高差旅出行的合规性	节约差旅出行的总成本	降低差旅出行及后续财务报销相关的财税风险	为后续深入的差旅和报销分析提供丰富而高质的数据基础	其他（请注明）	不了解	小计	调整小计
长期差旅人员	123	52	101	80	80	41	4	34	239	205
	60.00%	25.37%	49.27%	39.02%	39.02%	20.00%	1.95%	—	—	—
普通报账人员	14	5	19	17	16	9	0	8	35	27
	51.85%	18.52%	70.37%	62.96%	59.26%	33.33%	0			
财务审核人员	10	2	8	5	5	7	0	11	25	14
	71.43%	14.29%	57.14%	35.71%	35.71%	50.00%	0			
报账审批人员	3	1	4	1	4	2	0	3	8	5
	60.00%	20.00%	80.00%	20.00%	80.00%	40.00%	0			
其他（请注明）	8	2	4	1	3	3	0	4	12	8
	100.00%	25.00%	50.00%	12.50%	37.50%	37.50%	0			

4）电子会计档案管理取得的主要成效

在 154 位了解广西中烟电子会计档案管理的受访人员中，总体认为电子会计档案管理在提高会计档案管理效率（61.04%）、减少纸质会计档案存储占用空间（50.00%）、降低会计档案管理成本（46.75%）和防范会计档案管理风险（44.81%）方面的成效最为显著，其次是在提高会计档案的安全性（38.96%）、增强会计档案管理的合规性（37.01%）和提高会计档案的利用价值（34.42%）方面取得一定成效，如表 3-14 所示。

表 3-14　广西中烟电子会计档案管理取得的主要成效——总体

选项	小计	比例	调整比例
不了解	152	49.67%	—
提高会计档案管理效率	94	30.72%	61.04%
减少纸质会计档案存储占用空间	77	25.16%	50.00%
降低会计档案管理成本	72	23.53%	46.75%
防范会计档案管理风险	69	22.55%	44.81%
提高会计档案的安全性	60	19.61%	38.96%

（续表）

选项	小计	比例	调整比例
增强会计档案管理的合规性	57	18.63%	37.01%
提高会计档案的利用价值	53	17.32%	34.42%
其他（请注明）	0	0	0
本题有效填写人次	306	—	

在电子会计档案管理成效这个问题上，财务部门和业务部门的认识存在一定差异，如图 3-7 所示。

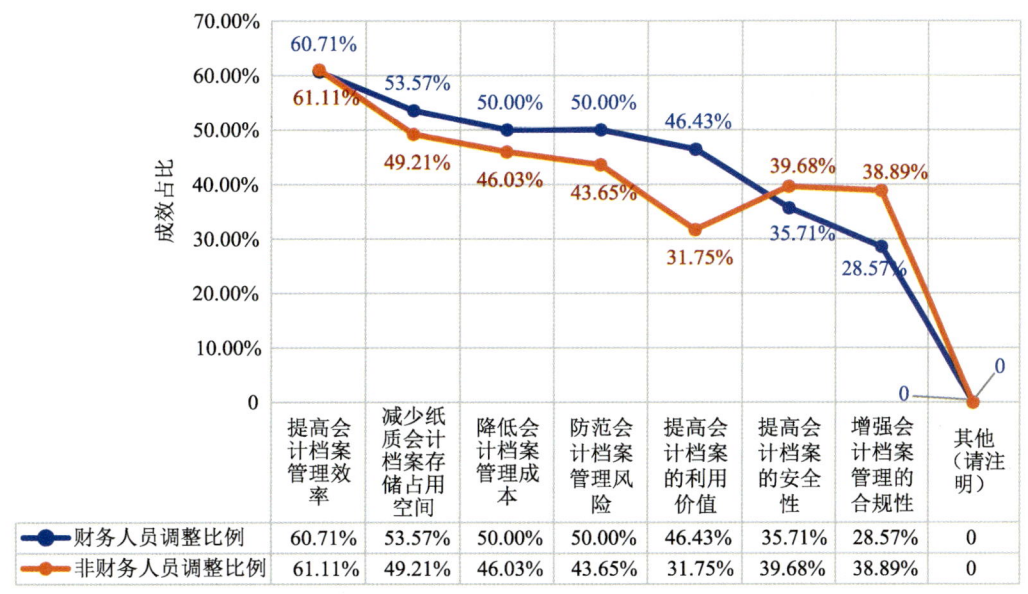

图 3-7　广西中烟电子会计档案管理取得的主要成效——财务人员 VS 业务人员

由图 3-7 可见，财务人员和业务人员都认为提高会计档案管理效率是电子会计档案管理最为显著的成效。对于财务人员，在减少纸质会计档案存储占用空间、降低会计档案管理成本、防范会计档案管理风险、提高会计档案的利用价值等方面，电子会计档案管理的成效更为显著；对于业务人员，在提高会计档案的安全性、增强会计档案管理的合规性方面，电子会计档案管理的成效更为显著。课题组认为，这种认识差异主要源于两类人员对于电子会计档案的利用方式和利用频率方面的差异。

第二篇

业务流程篇

篇首语

  本篇首先概述财务共享的业务流程设计,包括设计思路、设计工具、流程图绘制要点、设计说明、设计示例和设计清单,进而全面展示广西中烟财务共享涉及的会计核算、费用报销、税务管理、往来账款管理、资产管理、财务报告、财务稽核和会计档案管理等业务流程,旨在为烟草工业企业及其他企业设计和优化财务共享相关业务流程提供参考和借鉴。

第 4 章

业务流程设计概述

本章概述广西中烟财务共享模式下业务流程设计的方法论,包括设计思路、设计工具和设计清单,并展示广西中烟业务流程图的绘制要点和设计示例,以为读者阅读本篇的后续章节奠定基础。

4.1 业务流程设计思路

广西中烟"财务共享服务中心建设实施咨询服务项目"中的业务流程设计,旨在基于财务共享模式改造和优化广西中烟现有业务流程。业务流程设计的总体思路如下:第一阶段梳理业务流程清单,在梳理过程中体现业务流程优化思路;第二阶段绘制业务流程图,即绘制财务共享模式下的业务流程(体现信息系统和相关业务岗位或执行单元);第三阶段在智能财务共享落地和运营过程中持续优化业务流程清单和业务流程图。在此次咨询项目中,课题组仅需要完成前两个阶段的工作。

梳理业务流程清单的步骤如下:

(1)根据行业经验和广西中烟调研概况,确定业务流程清单模板。

(2)在系统性调研基础上,起草业务流程清单初稿。

(3)在业务流程图绘制过程中,根据业务流程图的实际绘制情况,对业务流程清单进行持续更新和阶段性定稿。

(4)在业务流程图持续优化过程中,根据业务流程图的实际优化情况,对业务流程清单进行持续优化。

绘制业务流程图的步骤如下:

(1)根据行业经验和广西中烟调研概况确定提供业务流程图绘制模板和绘制说明。

(2)通过现场调研,确定智能财务相关信息系统清单,逐一绘制业务流程图。

(3)业务流程图经过咨询方和企业方负责人共同确认和审核。

(4)就业务流程图在公司范围内征求意见,并在此基础上进一步修正、审核和审定业务流程图。

后续,将业务流程图嵌入财务共享平台并持续优化。

4.2 业务流程设计工具

广西中烟业务流程设计过程中,涉及业务流程清单、财务相关信息系统清单和业务流程图。其中,为了便于列示、修改和交互,对于业务流程清单和财务相关信息系统清单,课题组使用 Excel 进行制作;为了便于绘制、修改和交互,对于业务流程图,课题组使用 Office Visio 进行绘制。根据项目定位,课题组绘制了广西中烟财务以及与财务直接相关的业务流程,即财务本身的业务流程以及与财务有直接单据交互或直接数据交互的业务流程。

Office Visio 是 office 软件中专长于绘制流程图和示意图的软件,是一款便于信息技术人员和业务人员就复杂信息、系统和流程进行可视化处理、分析和交互的软件。为保持广西中烟智能财务建设三方团队(咨询方牵头的专家团队、软件厂商牵头的技术团队和公司本部财务牵头的公司团队)业务流程绘制工具的先进性和一致性,以实现业务流程文件的可用性、易用性和共享性,三方团队初始统一使用 Office Visio 的 2013 版本,后续根据需要和可能升级到兼容版本。

4.3 业务流程图绘制要点

为确保广西中烟财务共享业务流程图绘制的标准化和规范化,使得业务流程图具备一致的风格和美观展现,也便于广西中烟财务共享业务流程的后续持续优化,课题组制定了"广西中烟财务共享业务流程图绘制要点"(以下简称绘制规则),包括图形约定、命名规则、位置规则和系统名称规则等内容,详见"附录 1 缩略语表、附录 2 广西中烟财务共享业务流程图绘制要点"。

绘制规则的形成过程如下:在流程图绘制之前先做基本规范,然后在流程图绘制过程中进行持续优化。例如,在一开始绘制流程图时,课题组仅规范了一行文字的图形高度(如流程和文档,宽为 25 mm,高为 7.5 mm),但在绘制过程中我们发现,为保持绘制符号宽度的一致性和布局的美观性,在个别流程图中还有需要两行、三行甚至四行文字的流程图图形,于是就在绘制规则中增加了相应的绘制规范,如"流程和文档多行高度规范:两行为 10 mm,三行为 12.5 mm,四行为 17 mm"。

4.4 流程设计示例

为让课题组人员更好地掌握流程图的绘制要点,也为确保不同课题组人员所绘制流程图的一致性,课题组选取了大家都熟悉的、具有典型代表性的业务流程——费用报销及付款流程作为示例,共同绘制了广西中烟财务共享业务流程图模板,如图 4-1 所示。

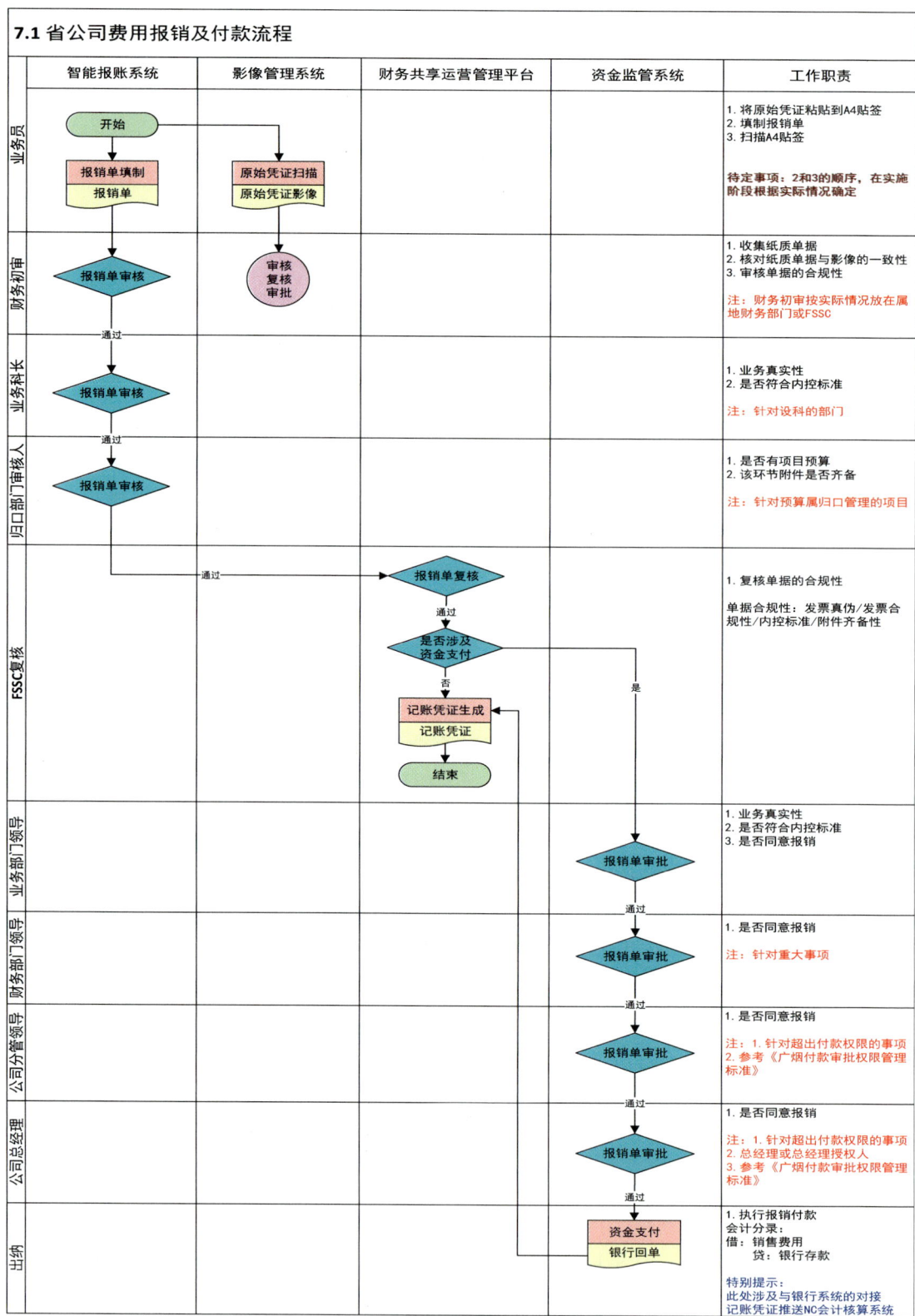

图 4-1 广西中烟财务共享业务流程图模板

模板采用国际上通用的矩阵式流程图版式(黄成日,2010),这种流程图分纵向和横向两个方向,纵向泳道为财务相关信息系统的标准名称,横向分隔为业务处理人员或业务处理单元。利用矩阵式流程图,既可展现各业务环节的先后顺序和主要成果,也可展现各业务环节处理所依赖的财务相关信息系统和相应的责任人员或责任单元。

4.5　流程设计清单

上海国家会计学院和广西中烟联合课题组共计绘制了 13 类 66 张流程图,对应的流程清单如表 4-1 所示。需要注意的是,最终定稿的流程清单与初始流程清单可能存在一定差异,这种差异主要源自以下几种情形:一是过于简单且已经实现的业务流程不再绘制,如固化在核算管理模块中的一些成熟流程——结转业务流程、结账业务流程、关账业务流程等,以确保课题组将有限的时间和精力聚焦于关键工作;二是合并一些相似或相近的业务流程,以尽可能实现业务流程的标准化和一致性,如将报销及付款流程统一为三张流程图,分别适用于广西中烟省公司本部、烟厂和多元化企业,细微差异可在流程图备注栏或流程图脚注中予以标注;三是流程图颗粒度调整,业务流程图作为咨询团队、企业现场团队和软件厂商沟通和交流的工具,没有固定的颗粒度要求,以满足沟通交流需要为准,而流程颗粒度又决定了流程清单及具体的流程图表达颗粒度。

表 4-1　广西中烟财务共享流程清单

一级流程编号	流程名称	明细流程编号及名称
1&2	原料/辅料/ 备品备件/ 其他物品核算流程	1.1　暂估入库流程
		1.2　冲暂估-暂估后取消采购结算流程
		1.3　收到发票后结算
		1.4　辅料委外加工出库
		1.5　辅料委外加工入库
		1.6　收到加工费发票后记账
		1.7　材料领用
		1.8　原料委外加工出库
		1.9　原料委外加工入库
4	生产成本核算流程	4.1　工业成本核算流程
		4.2　服务成本核算流程
		4.3　物流成本核算流程
		4.4　商业成本核算流程
5	研发业务核算流程	5　研发业务核算流程
6	工资核算流程	6　工资核算流程
7	费用报销及付款流程	7.1　省公司费用报销及付款流程
		7.2　两厂费用报销及付款流程
		7.3　多元化费用报销及付款流程

（续表）

一级流程编号	流程名称	明细流程编号及名称
3&8	往来账款管理流程	8.1.1 应收账款——卷烟销售流程
		8.1.2 应收账款——原辅料销售流程
		8.1.3 应收账款——卷烟/原辅料销售退货流程
		8.1.4 应收账款——提供服务流程
		8.2 应付账款流程
		8.3 其他应收款流程
		8.4 预付账款流程
		8.5 其他应付款流程
9	资金管理流程	9.1 付款流程——网银
		9.2 付款流程——支票（本级）
		9.3 付款流程——支票（多元化企业）
		9.4 付款流程——委托代扣
		9.5 收款流程——内部结算
		9.6 收款流程——银行托收
		9.7 收款流程——票据（多元化企业）
		9.8 对账流程
10	资产管理流程	10.1 资产投入使用流程
		10.2 固定资产改建、改良、大修流程
		10.3 资产基础信息变动流程——固定资产/无形资产
		10.4 固定资产移动流程——跨部门
		10.5 资产抽查、盘点流程——固定资产/无形资产
		10.6 资产损失流程——固定资产/无形资产
		10.7 资产处置流程——有偿转让
		10.8 资产处置流程——无偿转让
		10.9 资产出租管理流程
11	税务管理流程	11 税务管理整体流程
		11.1 进项税管理流程
		11.2 销项税管理流程
		11.3 增值税及其附加税管理流程
		11.4 企业所得税管理流程
		11.5 个人所得税管理流程
		11.6 消费税及其附加税管理流程
		11.7 印花税管理流程
		11.8 小规模纳税人代开增值税专票流程
		11.9 其他税费管理流程
12	预算管理流程	12 预算控制流程

（续表）

一级流程编号	流程名称	明细流程编号及名称
13	财务报告流程	13.1　单体财务报表生成及发布流程
		13.2　合并财务报表生成及发布流程
		13.3　财务报表使用流程
		13.4　财务分析报告生成及发布流程
14	财务稽核流程	14.1　财务稽核细节流程
15	会计档案管理流程	15.1　档案管理机构确定流程
		15.2　会计档案界定流程
		15.3　会计档案归档流程
		15.4　无纸化存档判定——内部
		15.5　无纸化存档判定——外部
		15.6　会计档案交接流程
		15.7　会计档案利用流程
		15.8　鉴定和销毁流程

第 5 章

会计核算流程

会计核算流程的总体优化目标是,在财务共享模式下实现会计核算的标准化和自动化。下文将其分为原辅备核算、生产成本核算、研发业务核算和工资核算进行逐一阐释。

5.1 原辅备核算流程

原辅备核算是指原料、辅料、备品备件和其他物品的核算。原辅备核算流程的优化目标是,在财务共享模式下实现原辅备核算的自动化。原辅备核算的流程清单如表 5-1 所示。

表 5-1 原料/辅料/备品备件/其他物品核算流程清单

流程名称	明细流程编号及名称
原料/辅料/备品备件/其他物品核算流程	1.1 原料/辅料/备品备件暂估入库流程
	1.2 原料/辅料/备品备件冲暂估入库流程
	1.3 原料/辅料/备品备件收到发票后结算流程
	1.4 辅料委外加工出库流程
	1.5 辅料委外加工入库流程
	1.6 收到委外加工费发票后记账流程
	1.7 材料领用流程
	1.8 原料委外加工出库流程
	1.9 原料委外加工入库流程

5.1.1 原料/辅料/备品备件暂估入库流程

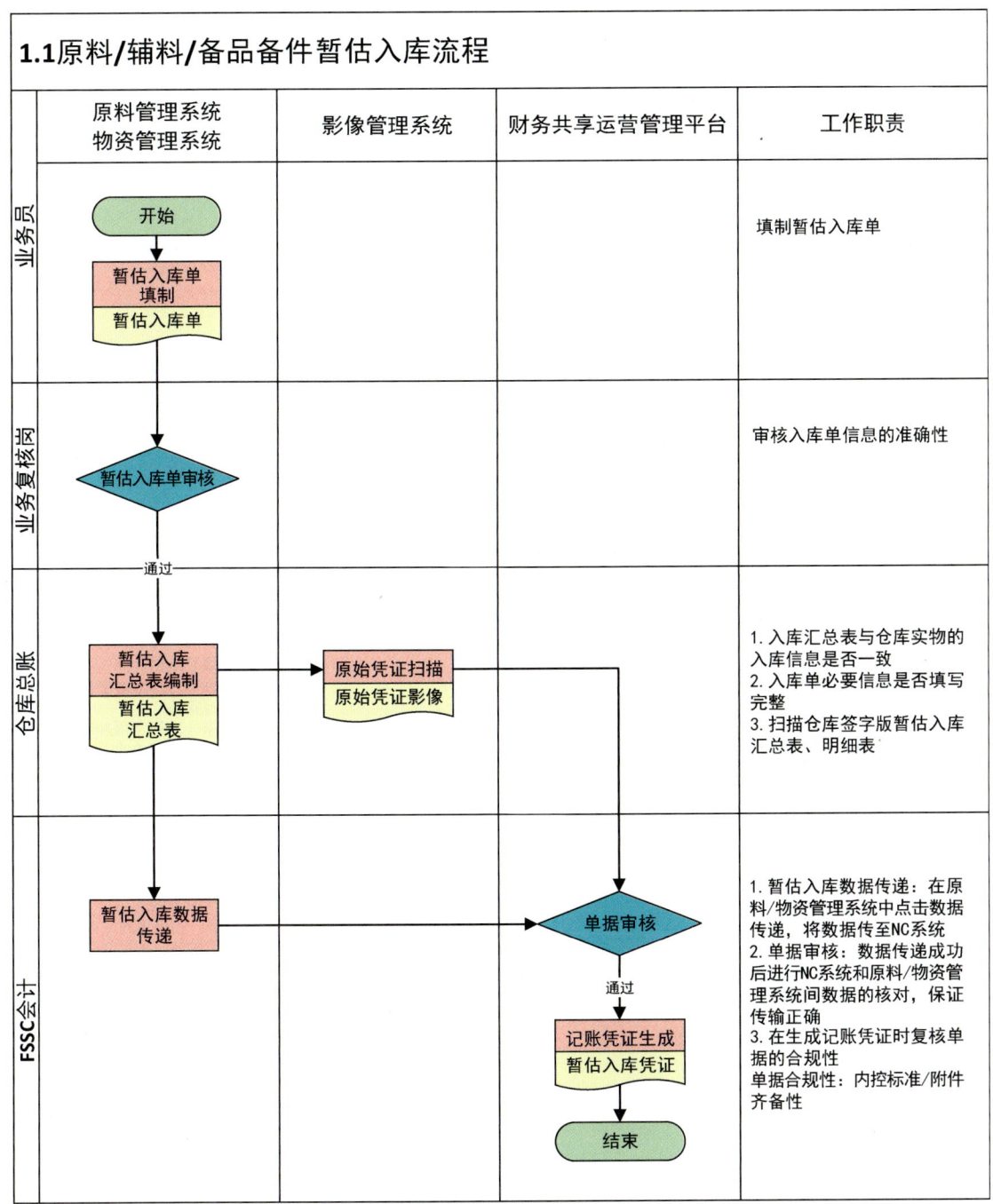

图 5-1 原料/辅料/备品备件暂估入库流程①

---

① 图中用"/"分隔的单据合规性,表示并列关系,需要同时满足。

5.1.2 原料/辅料/备品备件冲暂估入库流程

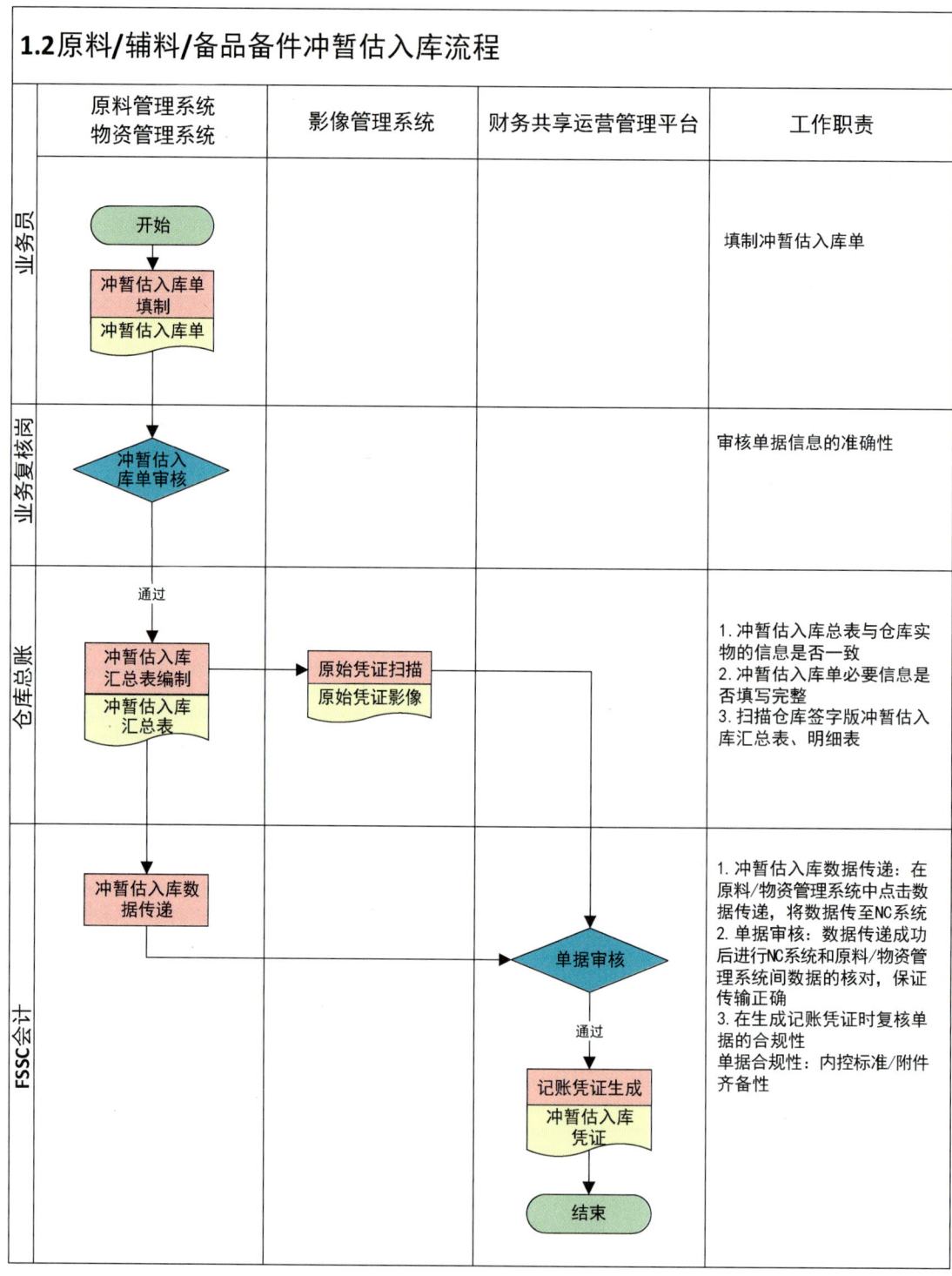

图 5-2 原料/辅料/备品备件冲暂估入库流程

5.1.3　原料/辅料/备品备件收到发票后结算流程

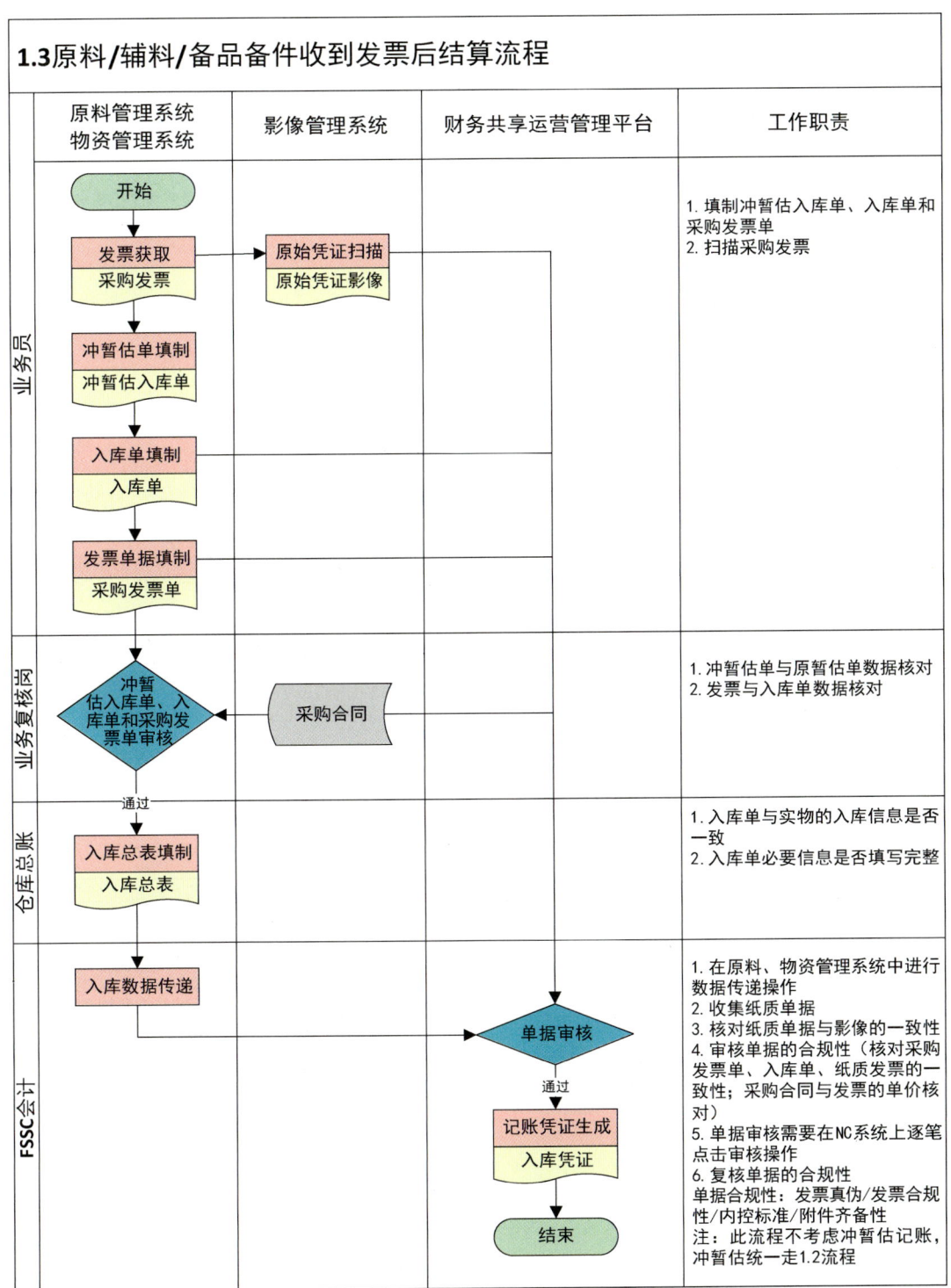

图 5-3　原料/辅料/备品备件收到发票后结算流程

5.1.4 辅料委外加工出库流程

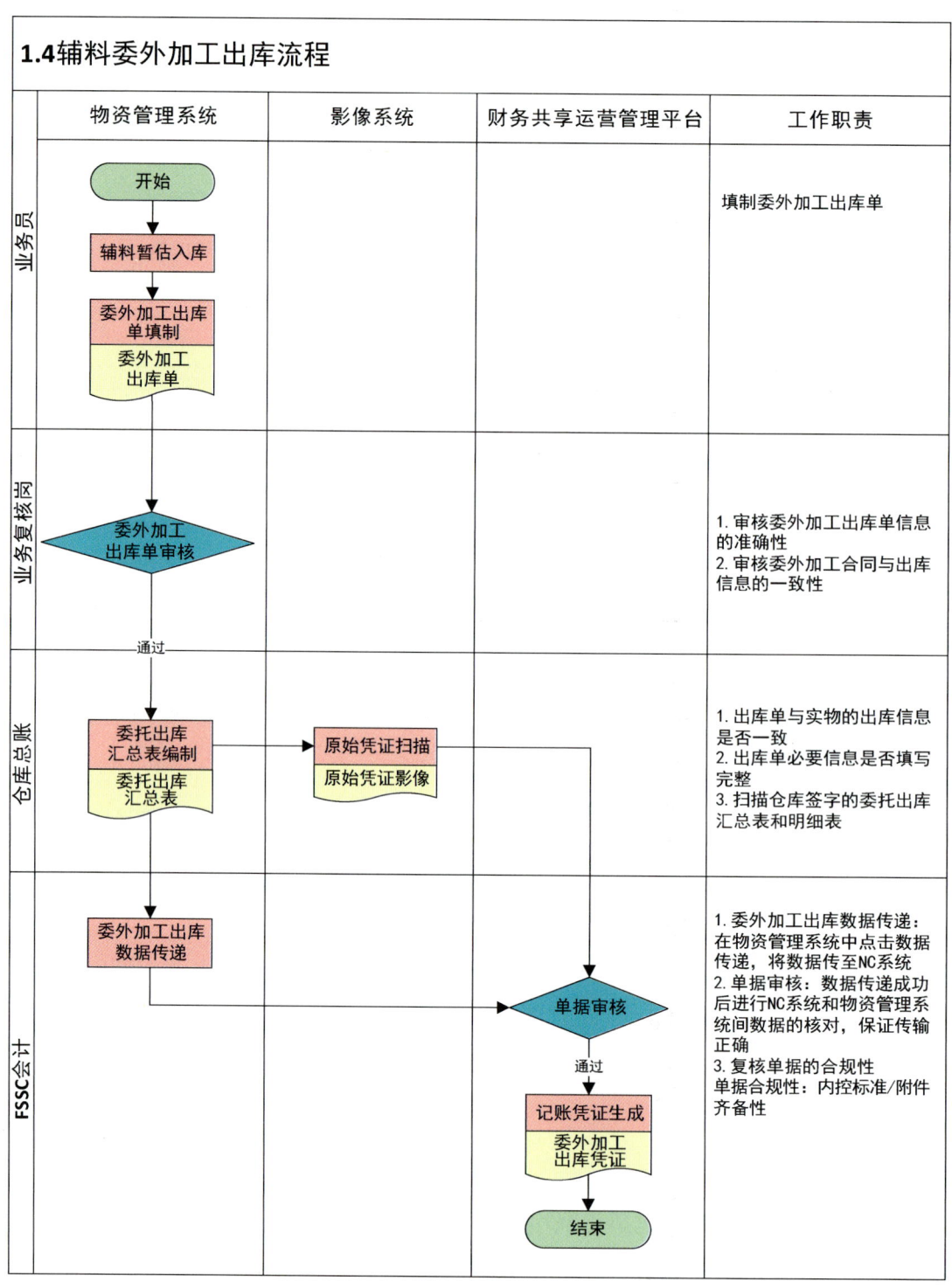

图 5-4　辅料委外加工出库流程

5.1.5　辅料委外加工入库流程

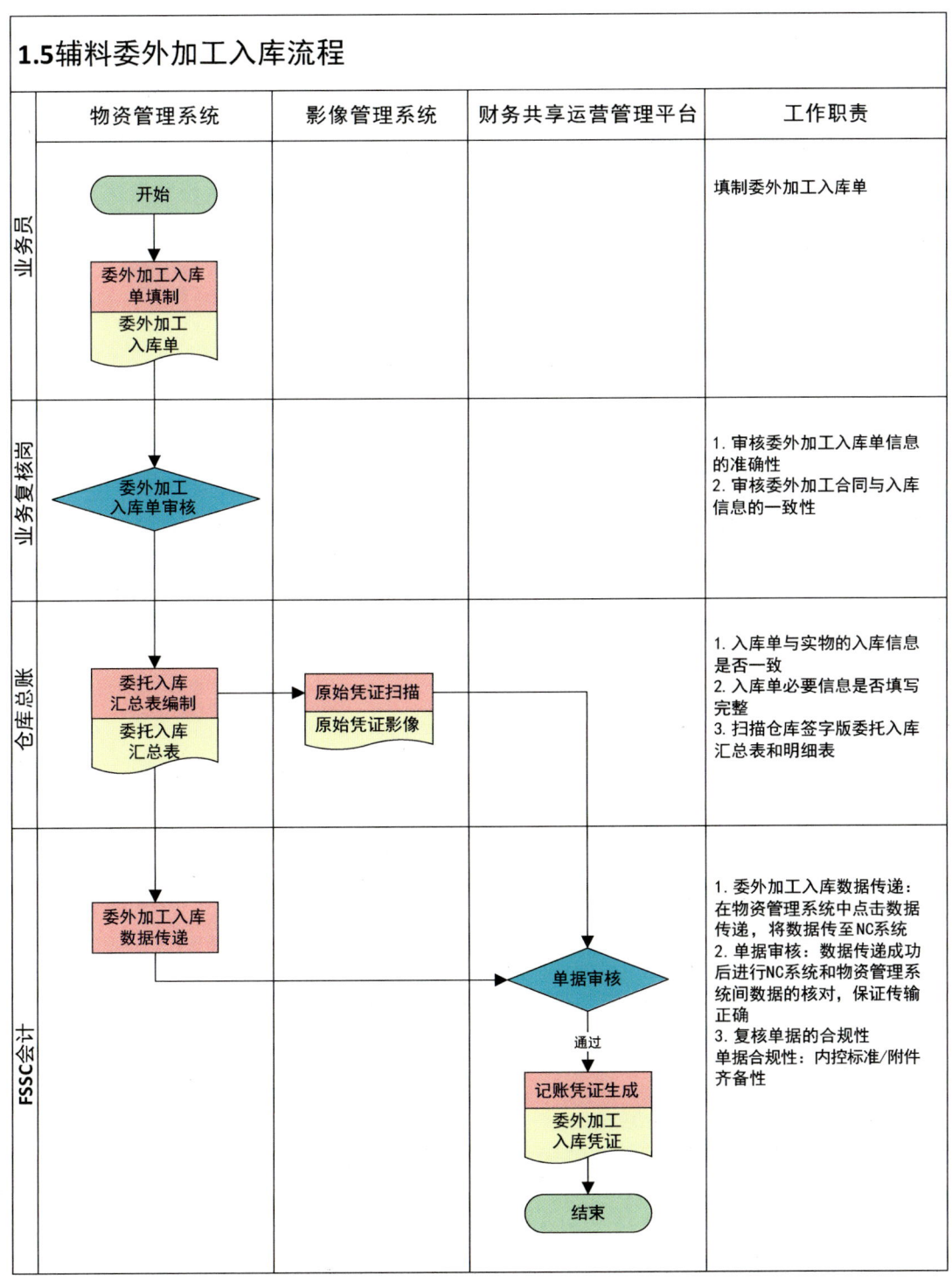

图 5-5　辅料委外加工入库流程

5.1.6 收到委外加工费发票后记账流程

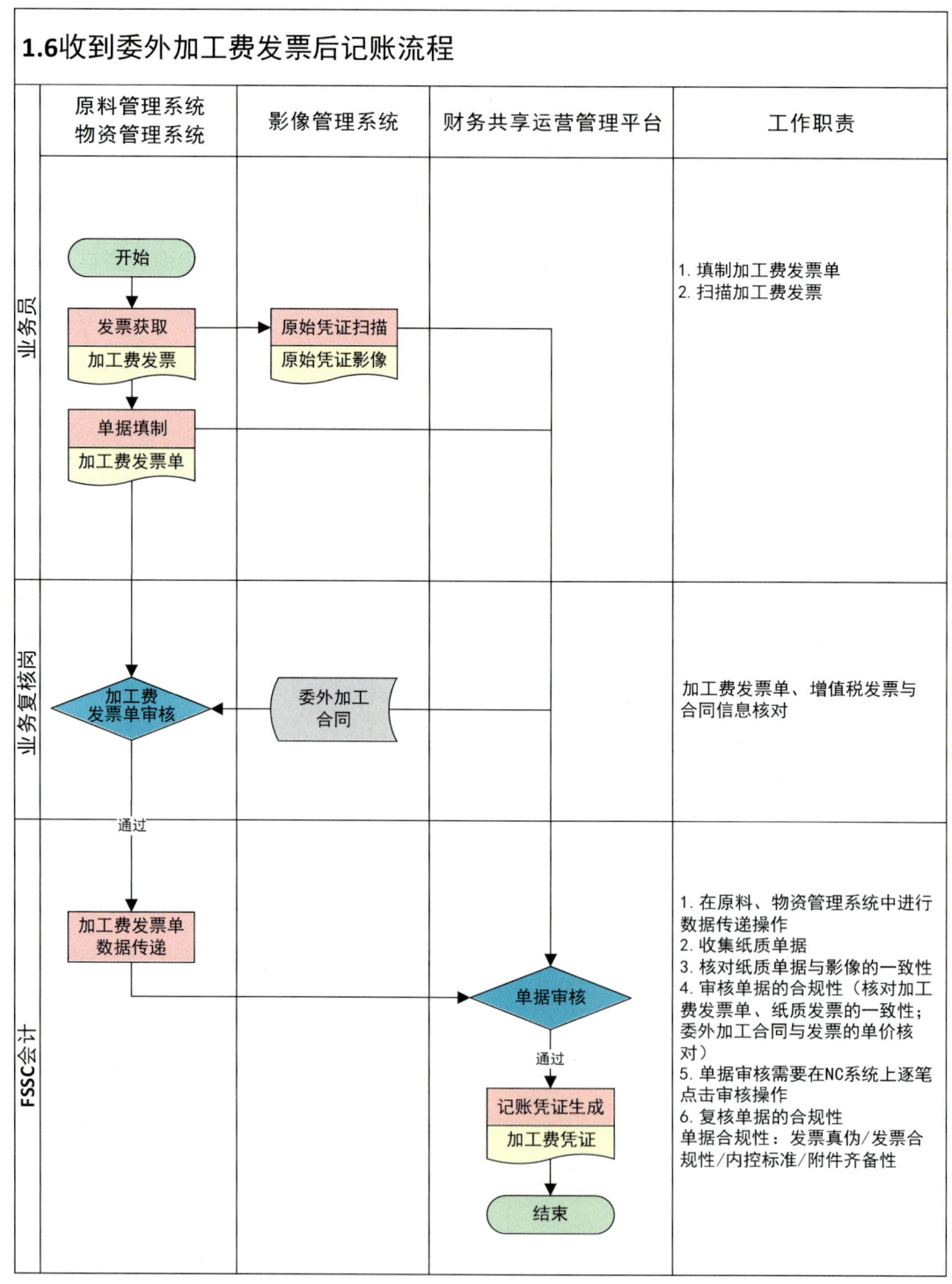

图 5-6 收到委外加工费发票后记账流程

5.1.7　材料领用流程

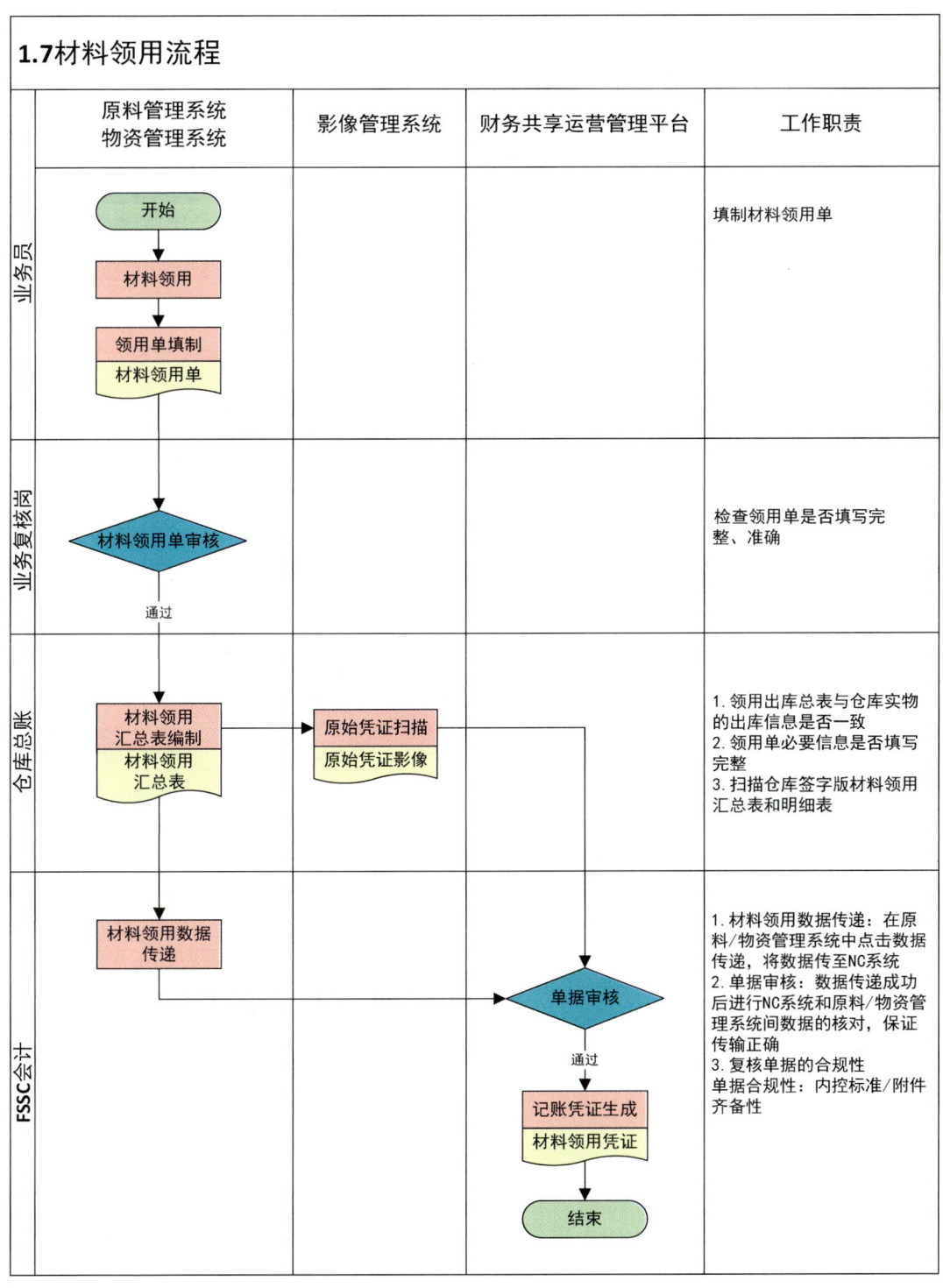

1.7材料领用流程

	原料管理系统 物资管理系统	影像管理系统	财务共享运营管理平台	工作职责
业务员	开始 ↓ 材料领用 ↓ 领用单填制 材料领用单			填制材料领用单
业务复核岗	材料领用单审核 通过			检查领用单是否填写完整、准确
仓库总账	材料领用 汇总表编制 材料领用 汇总表	原始凭证扫描 原始凭证影像		1.领用出库总表与仓库实物的出库信息是否一致 2.领用单必要信息是否填写完整 3.扫描仓库签字版材料领用汇总表和明细表
FSSC会计	材料领用数据 传递		单据审核 通过 ↓ 记账凭证生成 材料领用凭证 ↓ 结束	1.材料领用数据传递：在原料/物资管理系统中点击数据传递，将数据传至NC系统 2.单据审核：数据传递成功后进行NC系统和原料/物资管理系统间数据的核对，保证传输正确 3.复核单据的合规性 单据合规性：内控标准/附件齐备性

图 5-7　材料领用流程

5.1.8 原料委外加工出库流程

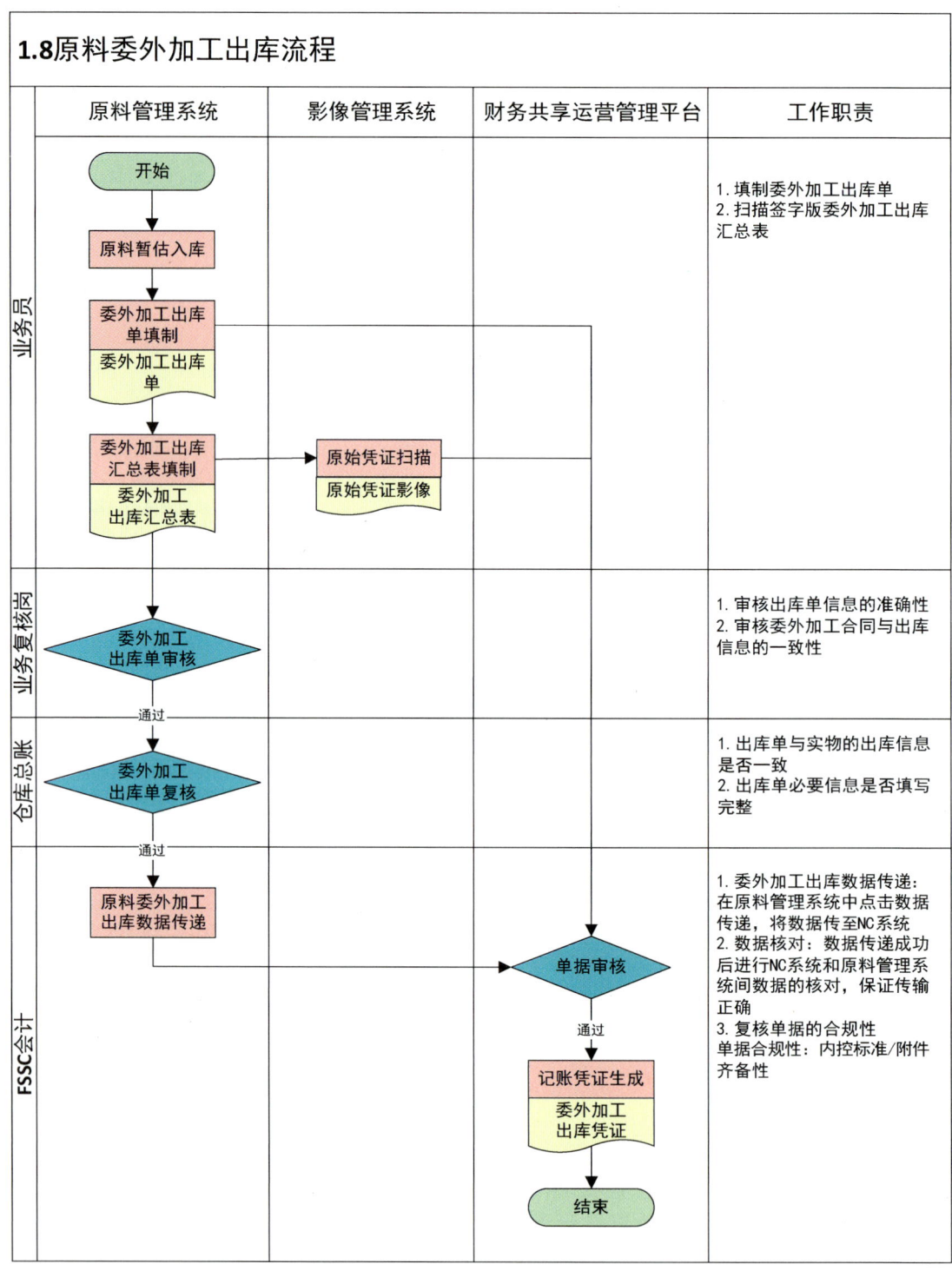

图 5-8 原料委外加工出库流程

5.1.9　原料委外加工入库流程

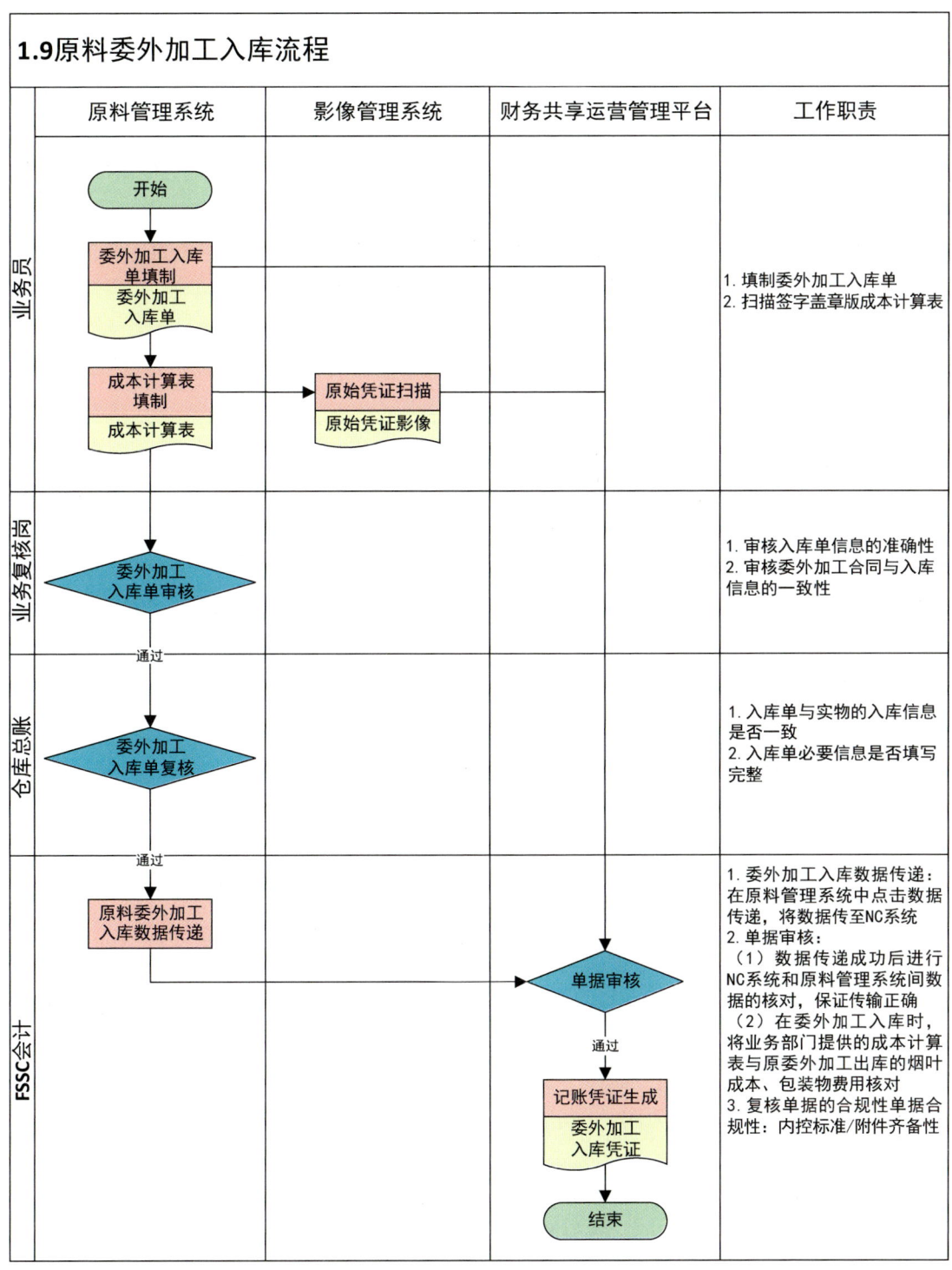

图 5-9　原料委外加工入库流程

5.2 生产成本核算流程

广西中烟的生产成本分为工业成本、服务成本、物流成本和商业成本四类。生产成本核算流程的优化目标是,在财务共享模式下实现直接生产成本的自动归集、间接生产成本的自动分摊,生产成本的自动计算和自动核算。生产成本核算流程清单如表 5-2 所示,工业成本核算流程、服务成本核算流程、物流成本核算流程、商业成本核算流程分别如图 5-10、图 5-11、图 5-12、图 5-13 所示。

表 5-2 生产成本核算流程清单

流程名称	明细流程编号及名称
生产成本核算流程	4.1 工业成本核算流程
	4.2 服务成本核算流程
	4.3 物流成本核算流程
	4.4 商业成本核算流程

5.2.1 工业成本核算流程

5.2.2 服务成本核算流程

5.2.3 物流成本核算流程

5.2.4 商业成本核算流程

5.3 研发业务核算流程

广西中烟研发核算流程的优化目标是,在财务共享模式下实现研发核算的自动化,研发业务核算流程清单如表 5-3 所示,研发业务核算流程如图 5-14 所示。

表 5-3 研发业务核算流程清单

流程名称	明细流程编号及名称
研发业务核算流程	5 研发业务核算流程

5.4 工资核算流程

广西中烟工资核算流程的优化目标是,在财务共享模式下实现工资核算的自动化,工资核算流程清单如表 5-4 所示,工资核算流程如图 5-15 所示。

表 5-4 工资核算流程清单

流程名称	明细流程编号及名称
工资核算流程	6 工资核算流程

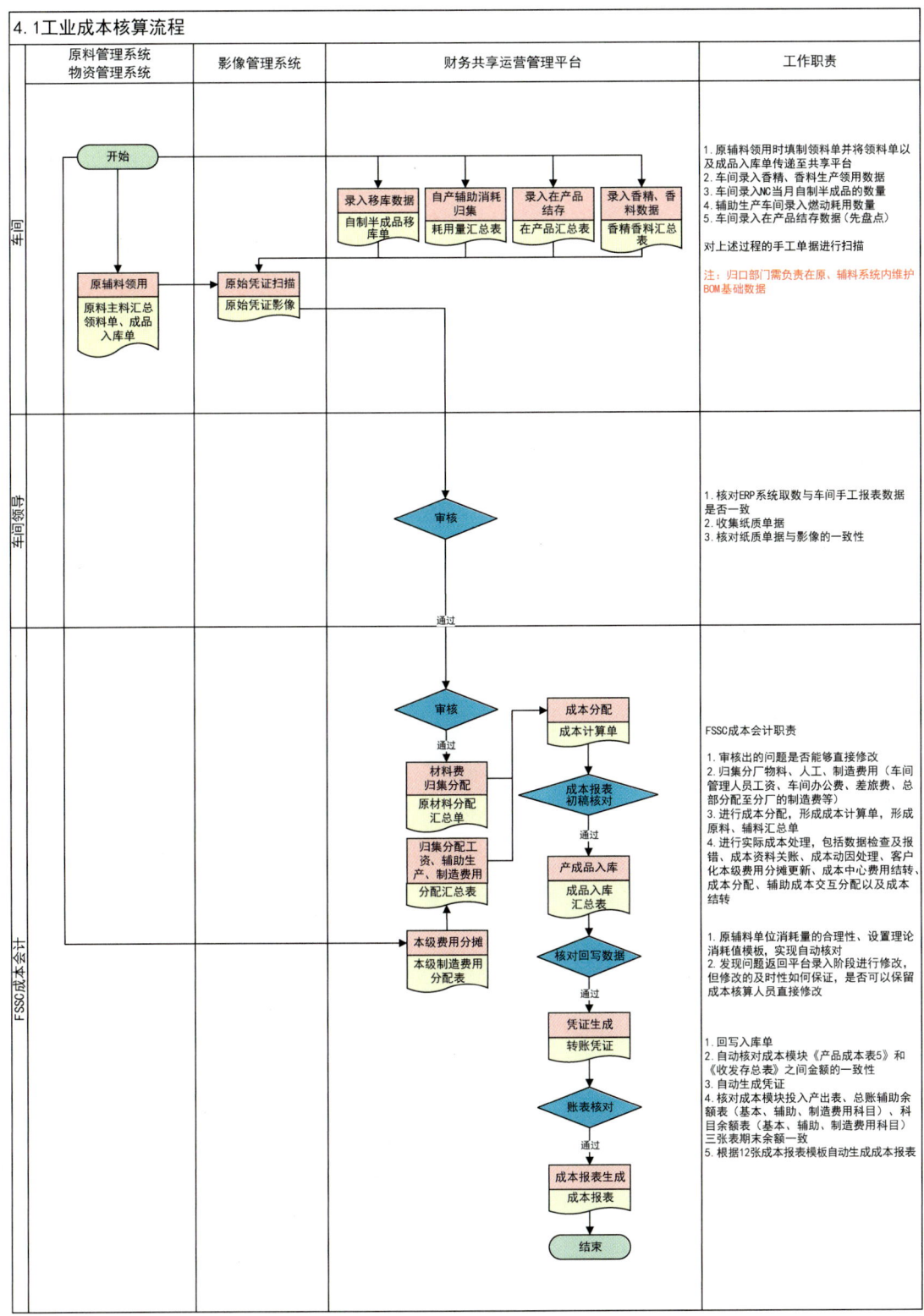

图 5-10　工业成本核算流程

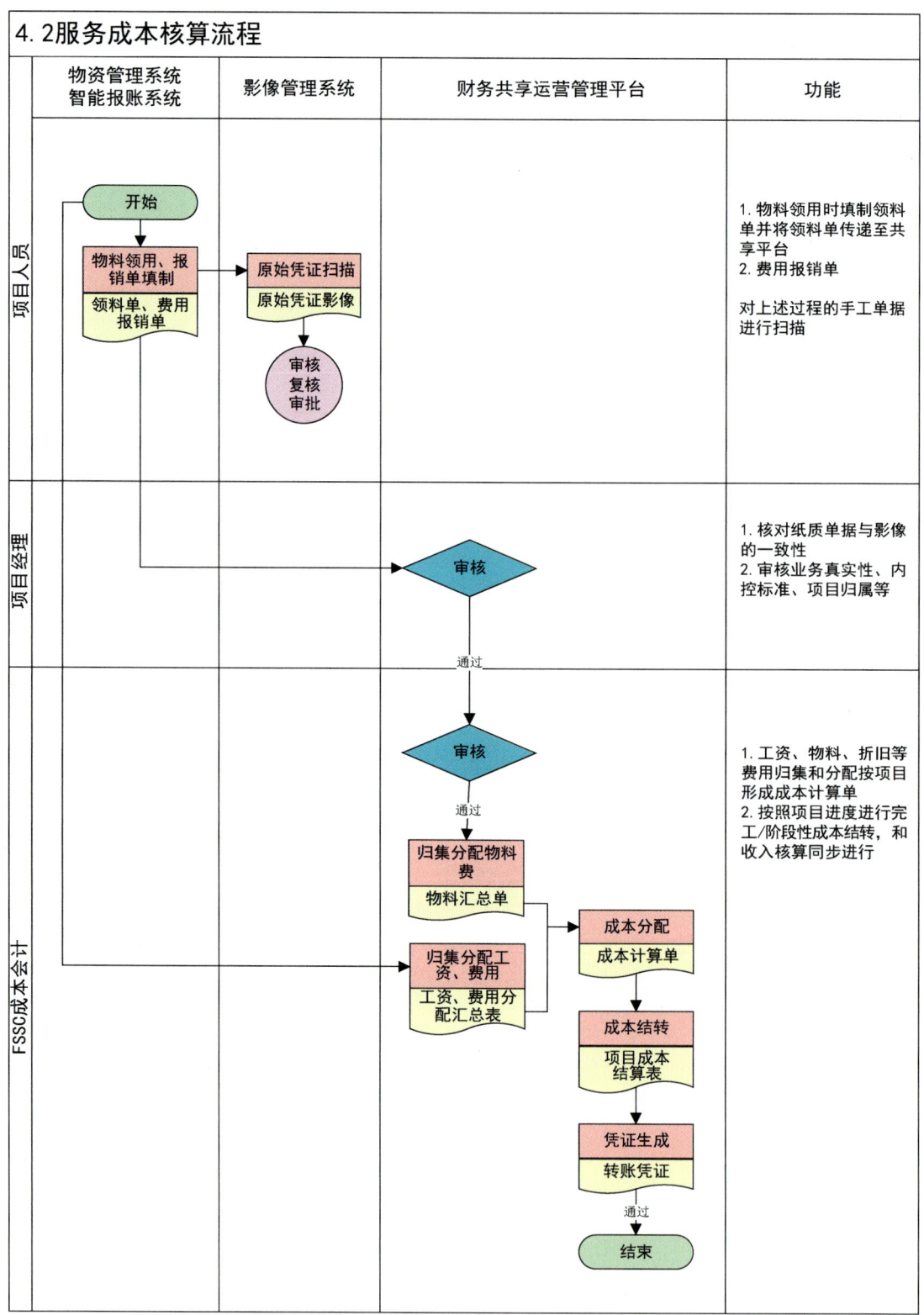

图 5-11　服务成本核算流程

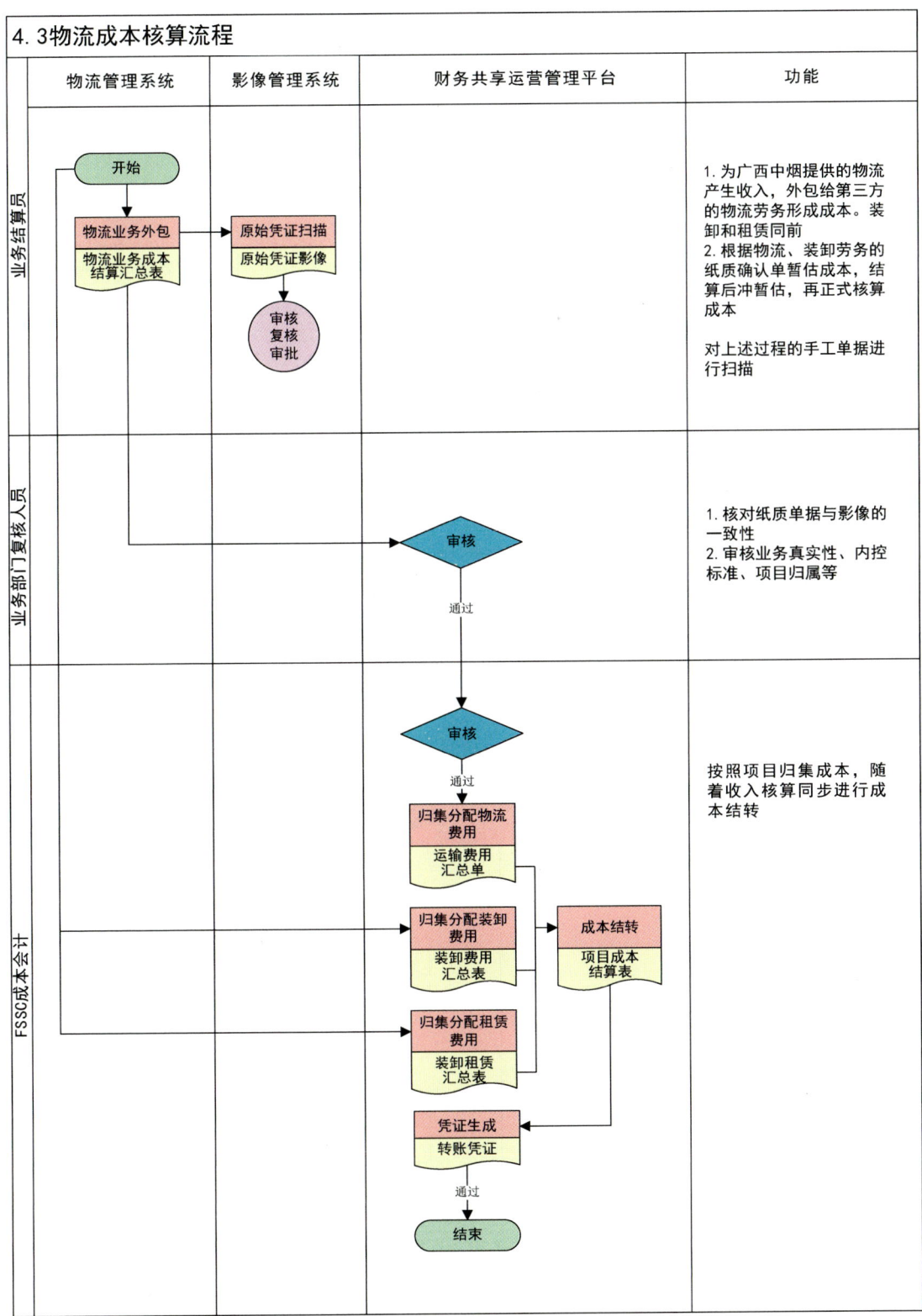

图 5-12　物流成本核算流程

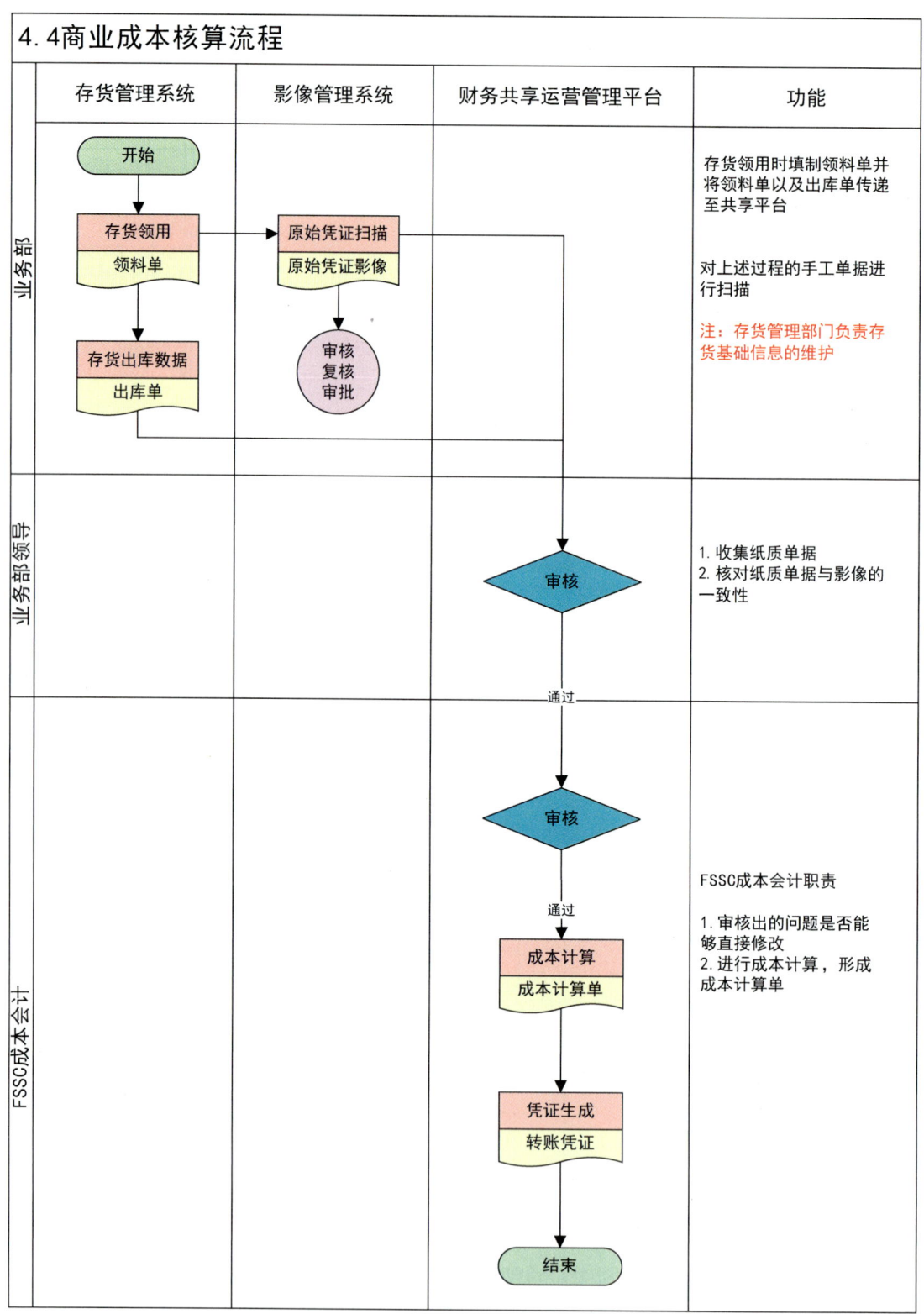

图 5-13　商业成本核算流程

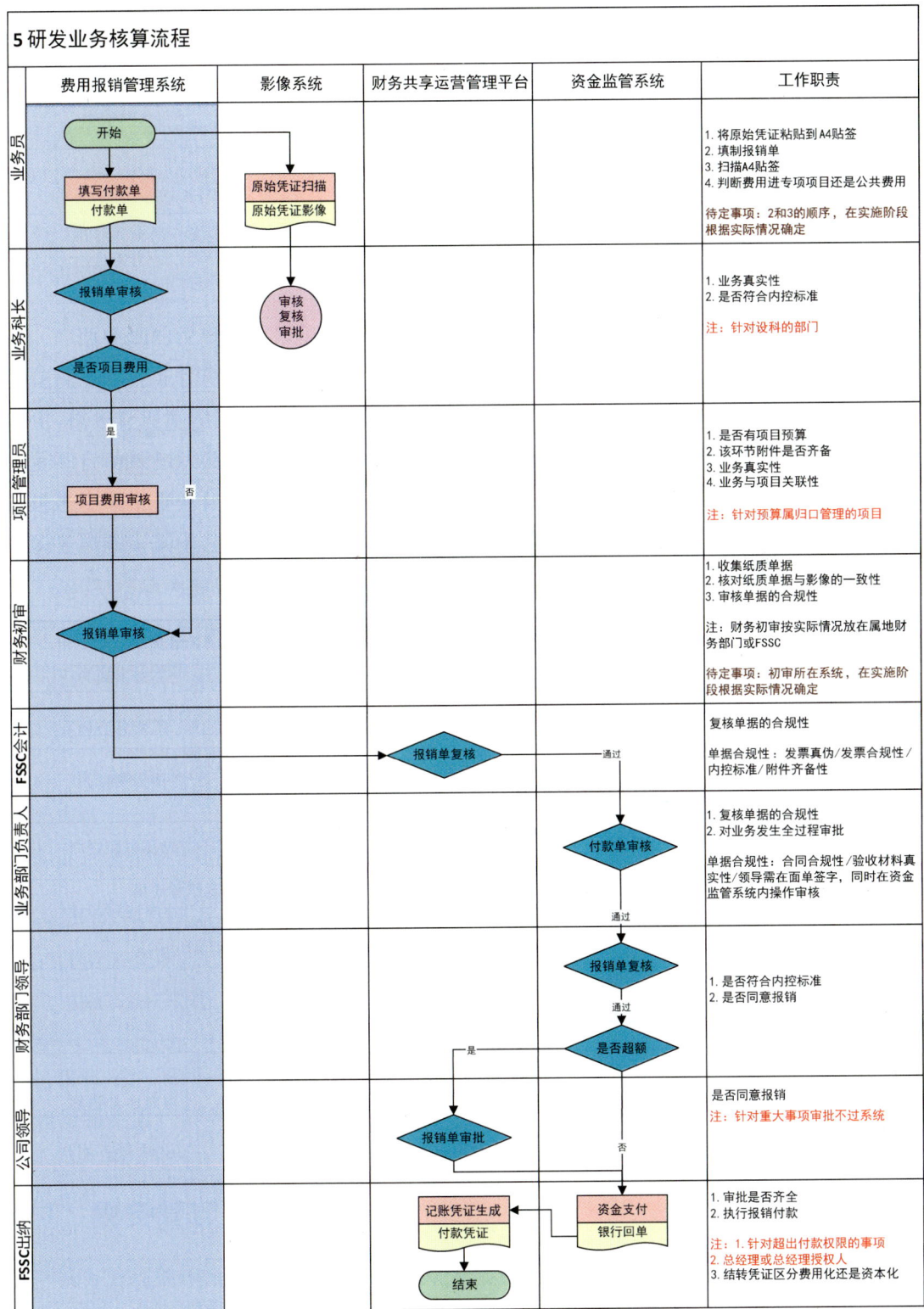

图 5-14　研发业务核算流程

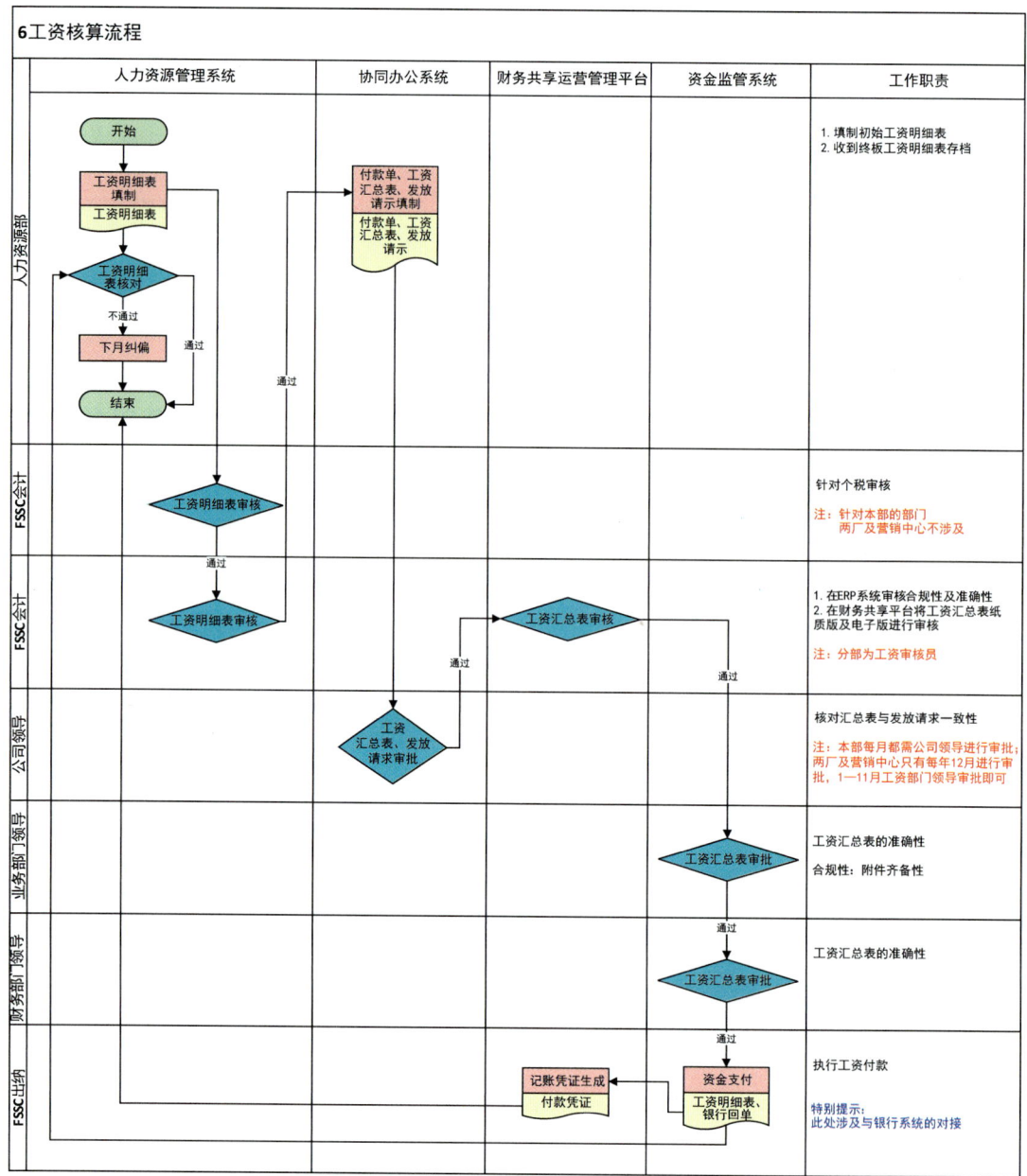

图 5-15　工资核算流程

第 6 章

费用报销流程

6.1 费用报销及付款流程

费用报销流程的优化目标是,在财务共享模式下实现员工报销和对公报账的标准化、自动化和智能化。广西中烟的费用报销及付款流程清单如表 6-1 所示,按流程差异可分为省公司费用报销及付款流程、两厂费用报销及付款流程、多元化费用报销及付款流程三类,分别如图 6-1、图 6-2、图 6-3 所示。

表 6-1　费用报销及付款流程清单

流程名称	明细流程编号及名称
费用报销及付款流程	7.1　省公司费用报销及付款流程
	7.2　两厂费用报销及付款流程
	7.3　多元化费用报销及付款流程

6.1.1 省公司费用报销及付款流程

6.1.2 两厂费用报销及付款流程

6.1.3 多元化费用报销及付款流程

6.2 预算管理流程

广西中烟预算管理流程的优化目标是,在财务共享模式下实现与费用报销相关的预算管理的自动化,以及预算执行数的自动收集、预实分析的自动化、预算调整的规范化,预算管理流程清单如表 6-2 所示,预算控制流程如图 6-4 所示。

表 6-2　预算管理流程清单

流程名称	明细流程编号及名称
预算管理流程	12　预算控制流程

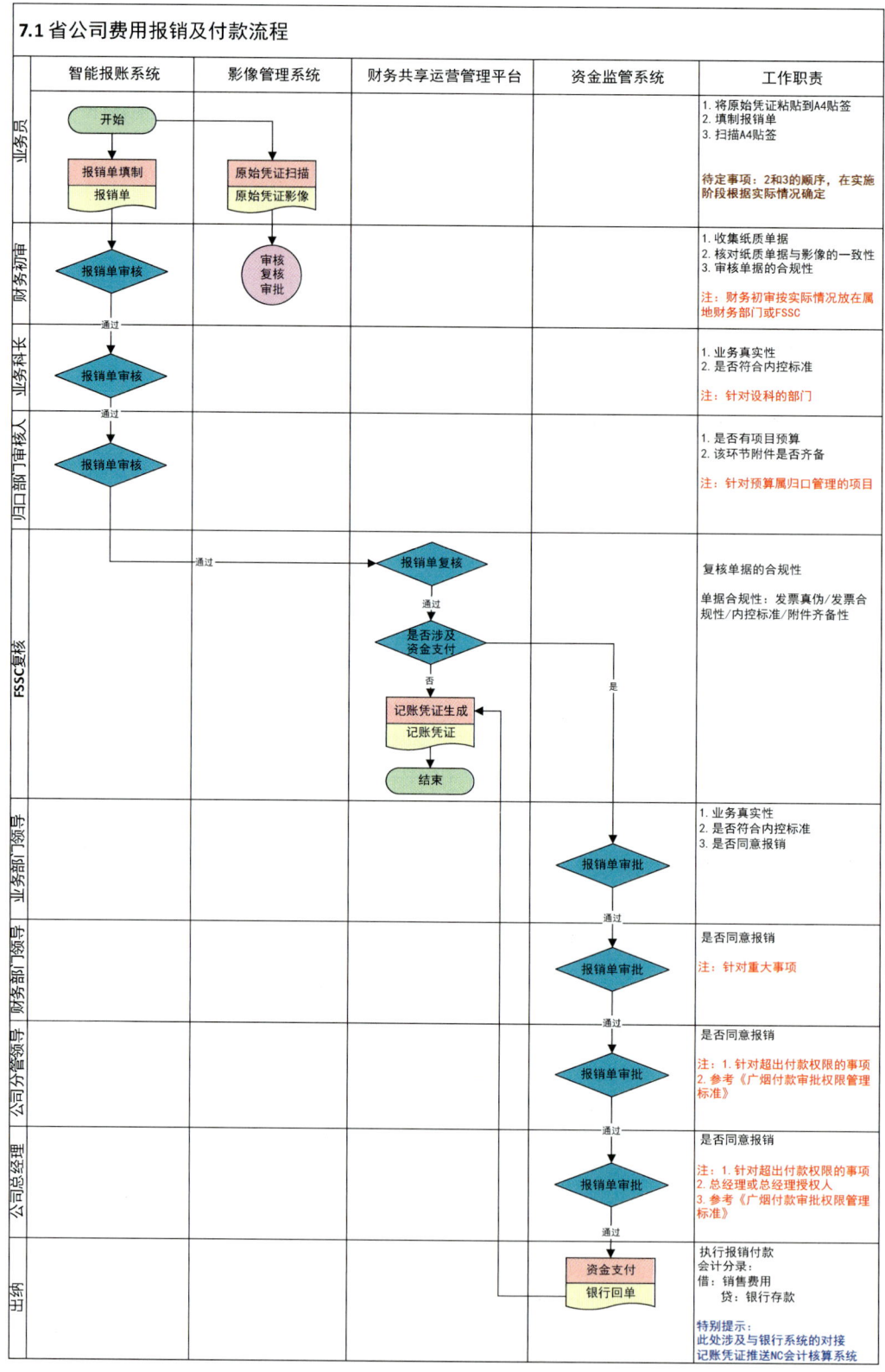

图 6-1　省公司费用报销及付款流程

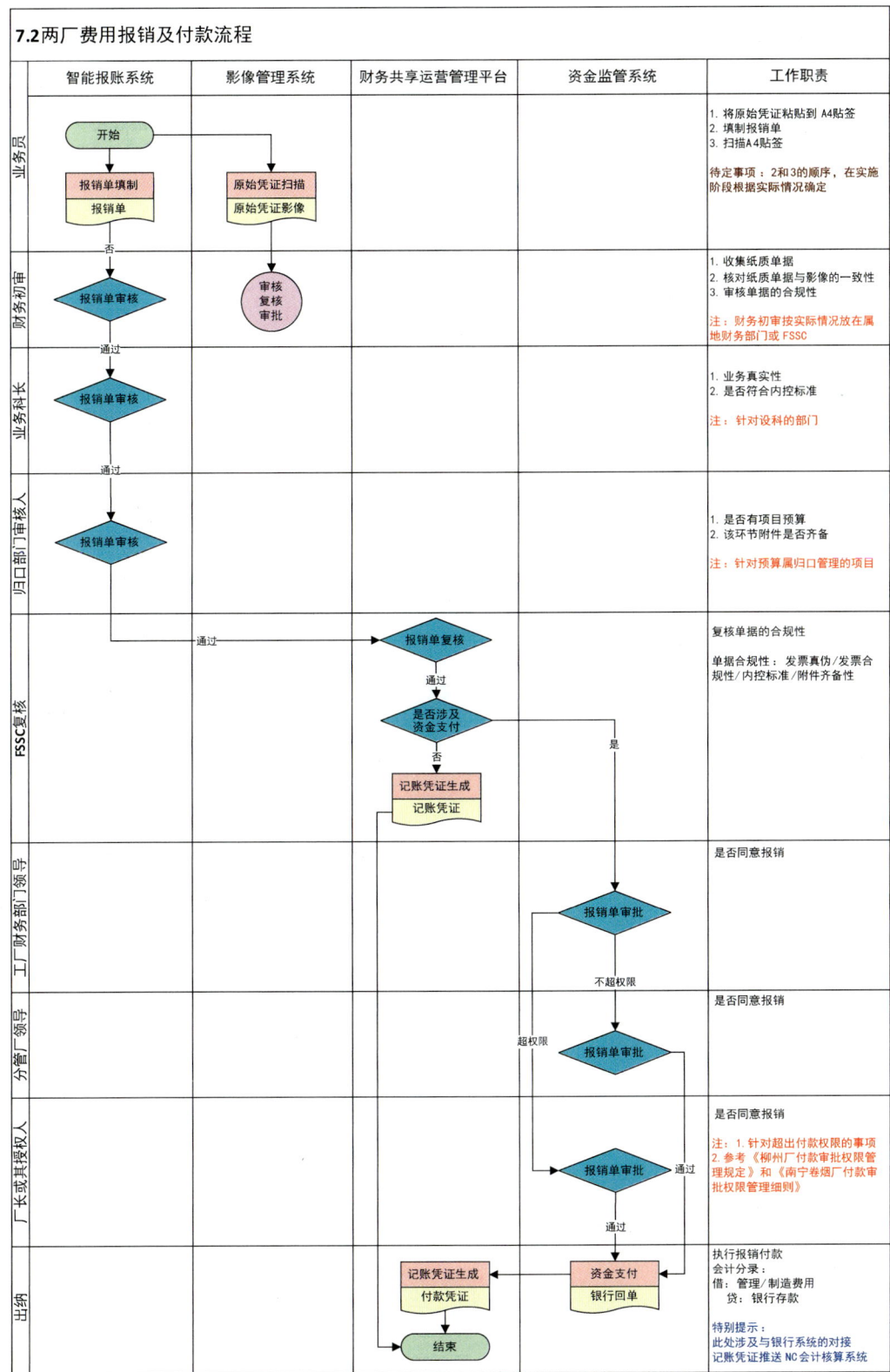

图 6-2　两厂费用报销及付款流程

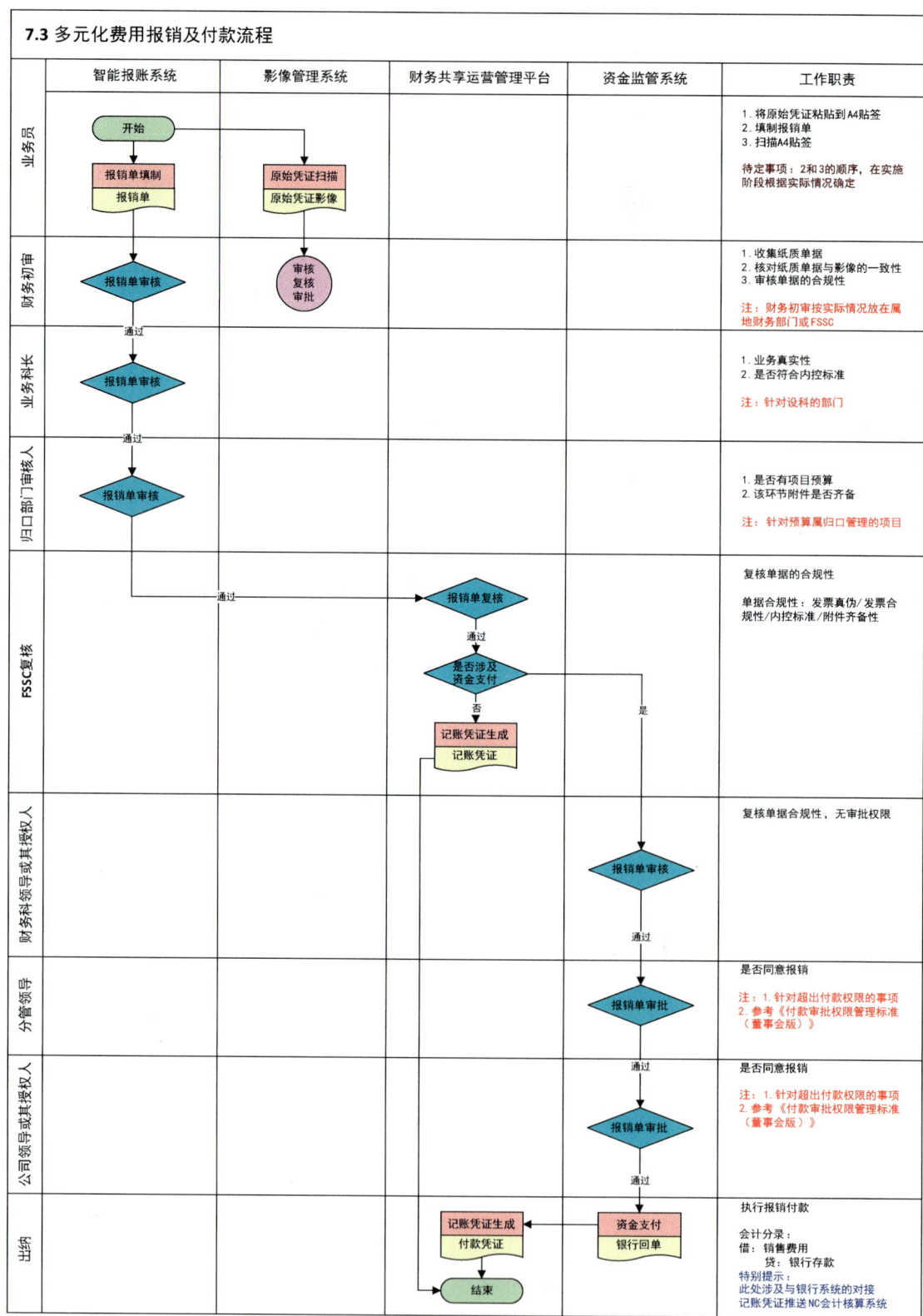

图 6-3 多元化费用报销及付款流程

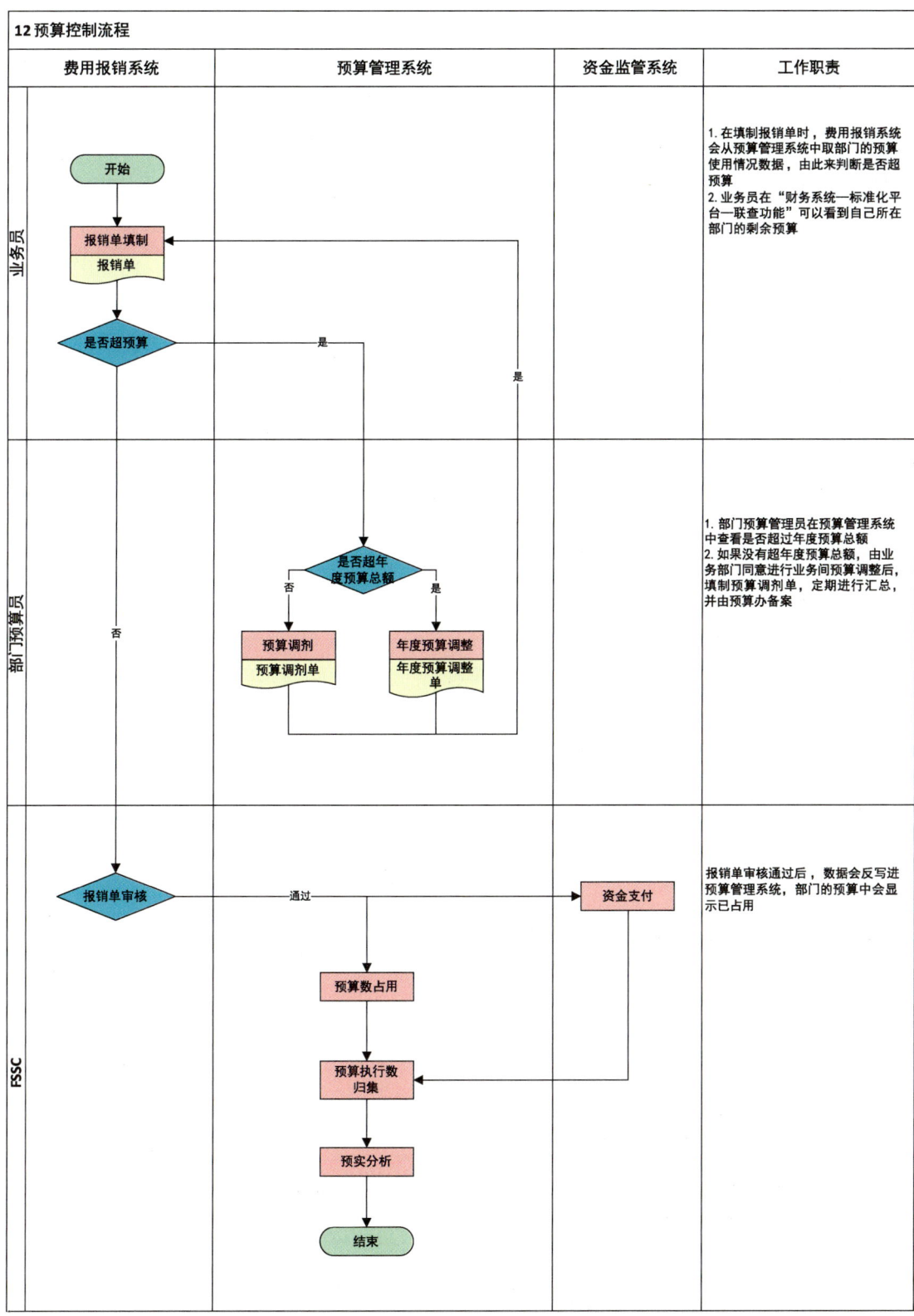

图 6-4 预算控制流程

6.3　资金管理流程

　　广西中烟资金管理流程的优化目标是，在财务共享模式下实现资金管理的自动化，包括付款、收款和对账，资金管理流程清单如表6-3所示。其中，付款区分网银、支票（本级）、支票（多元化企业）和委托代扣，流程如图6-5、图6-6、图6-7和图6-8所示；收款分为内部结算、银行托收和票据（多元化企业）三种方式，流程如图6-9、图6-10和图6-11所示；对账涵盖支付指令与支付结果的核对、银行日记账与银行明细账的核对，以及银行对账单与银行明细账的核对，对账流程如图6-12所示。

表6-3　资金管理流程清单

流程名称	明细流程编号及名称
资金管理流程	9.1　付款流程——网银
	9.2　付款流程——支票（本级）
	9.3　付款流程——支票（多元化企业）
	9.4　付款流程——委托代扣
	9.5　收款流程——内部结算
	9.6　收款流程——银行托收
	9.7　收款流程——票据（多元化企业）
	9.8　对账流程

6.3.1 付款流程——网银

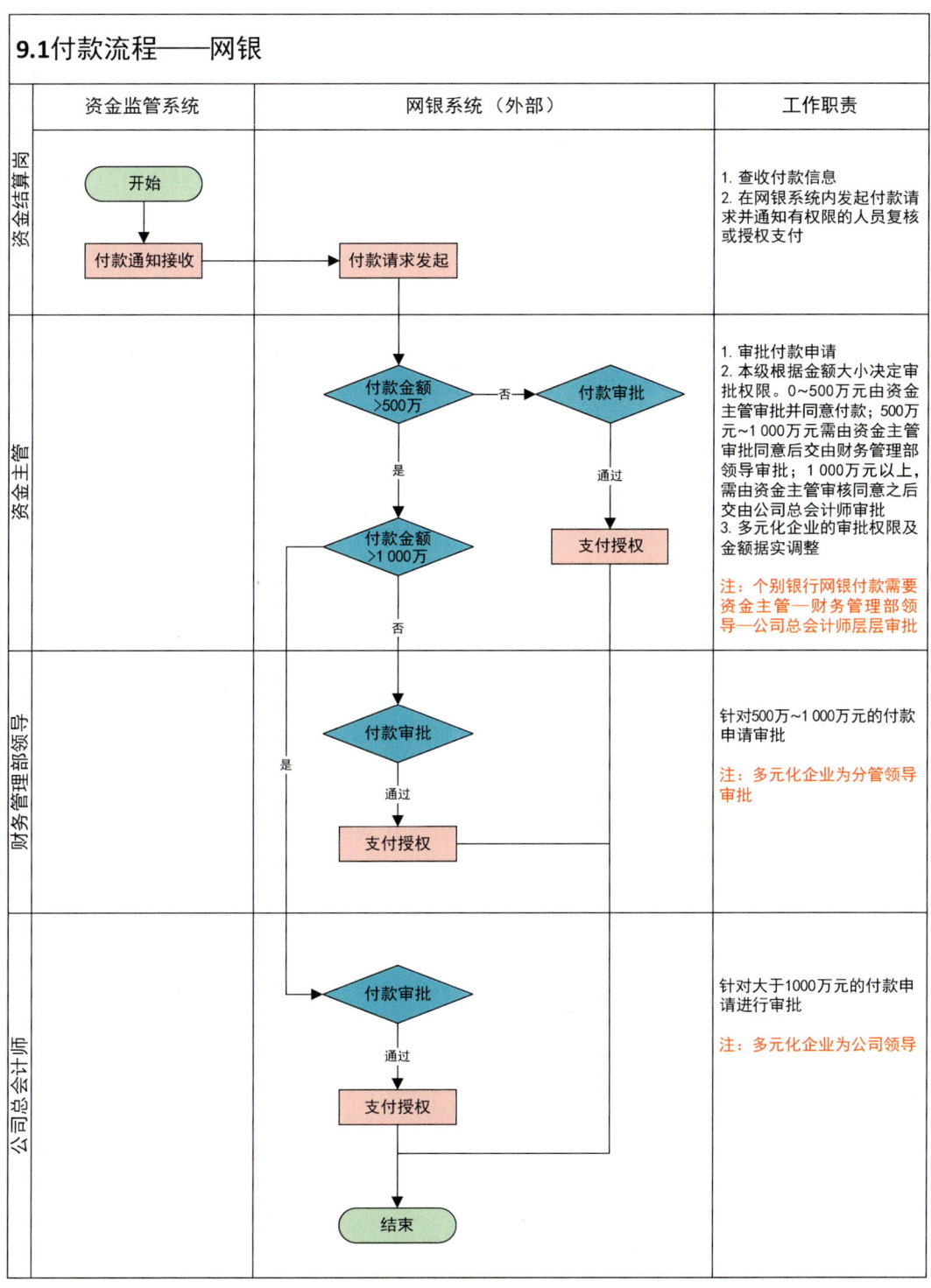

图 6-5 付款流程——网银

6.3.2 付款流程——支票(本级)

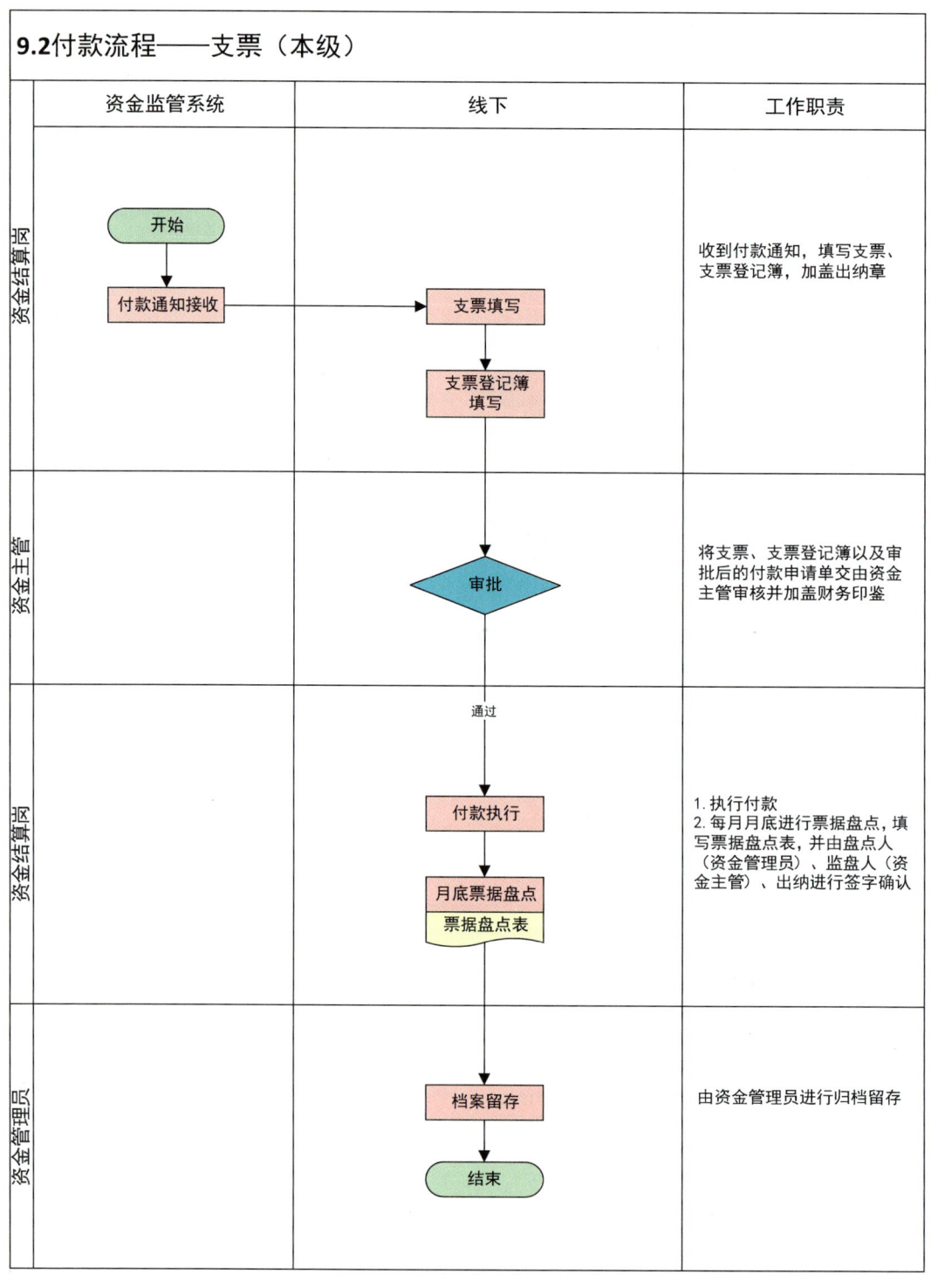

图 6-6 付款流程——支票(本级)

6.3.3　付款流程——支票(多元化企业)

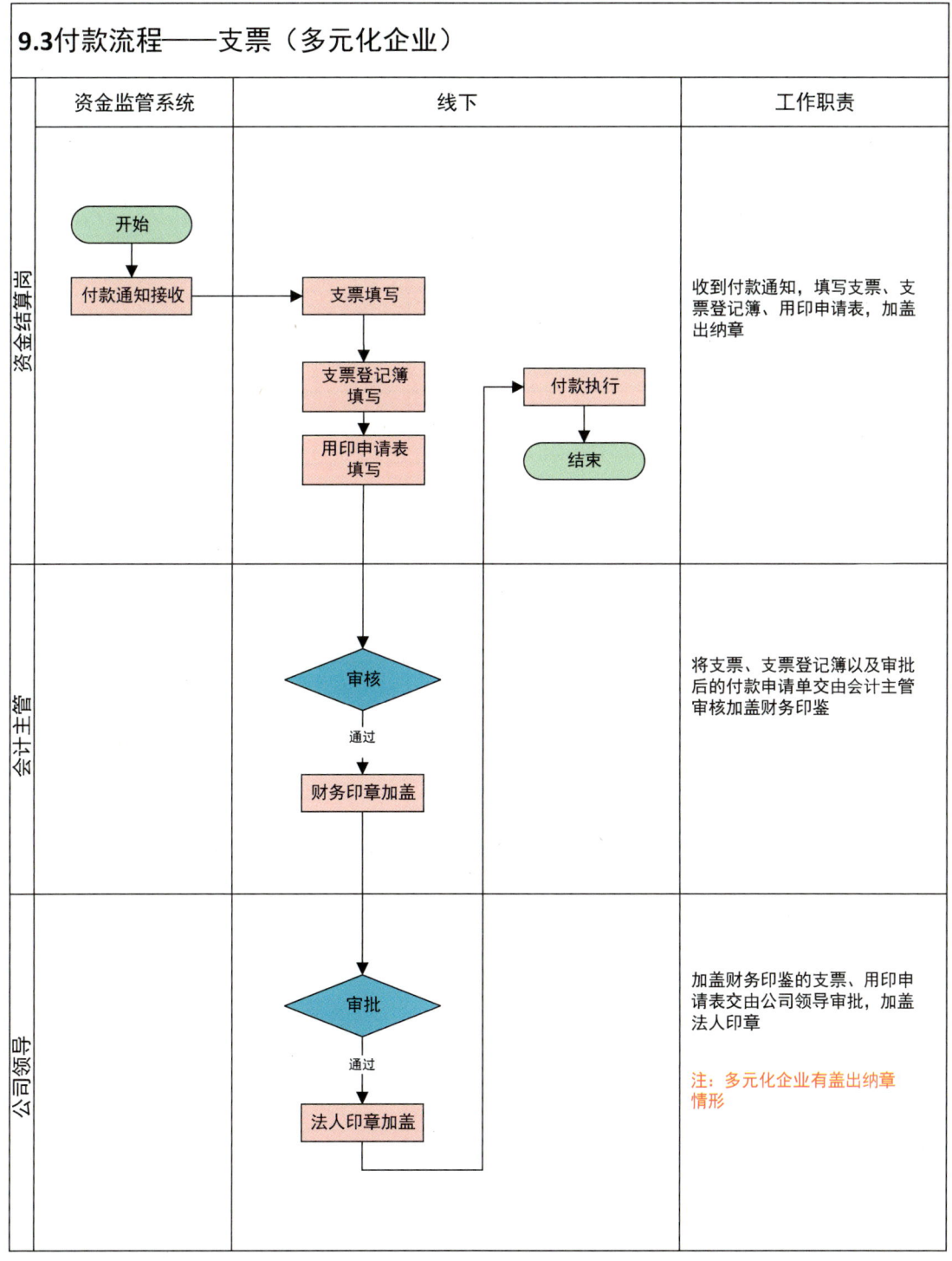

图 6-7　付款流程——支票(多元化企业)

6.3.4 付款流程——委托代扣

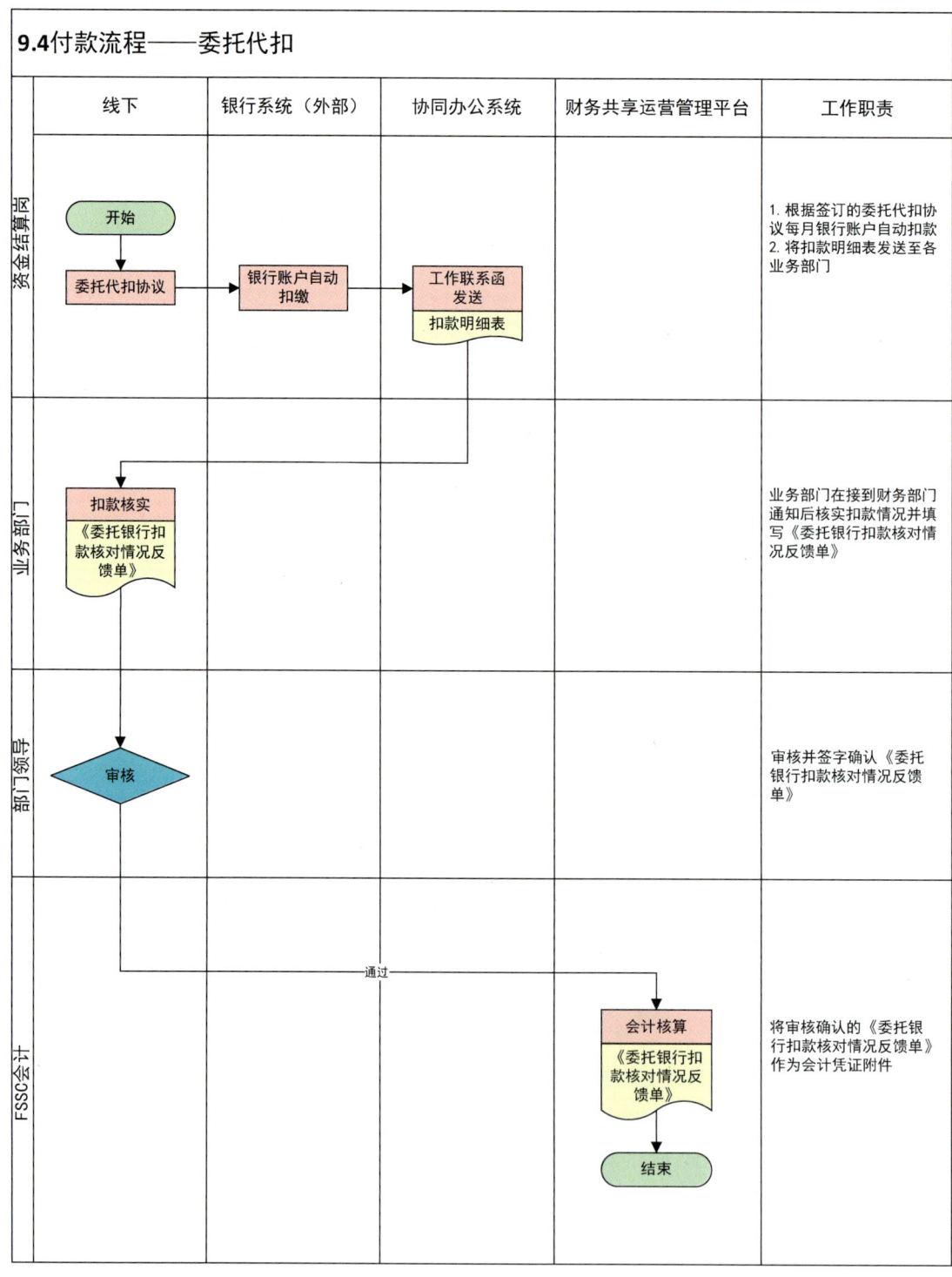

图 6-8 付款流程——委托代扣

6.3.5 收款流程——内部结算

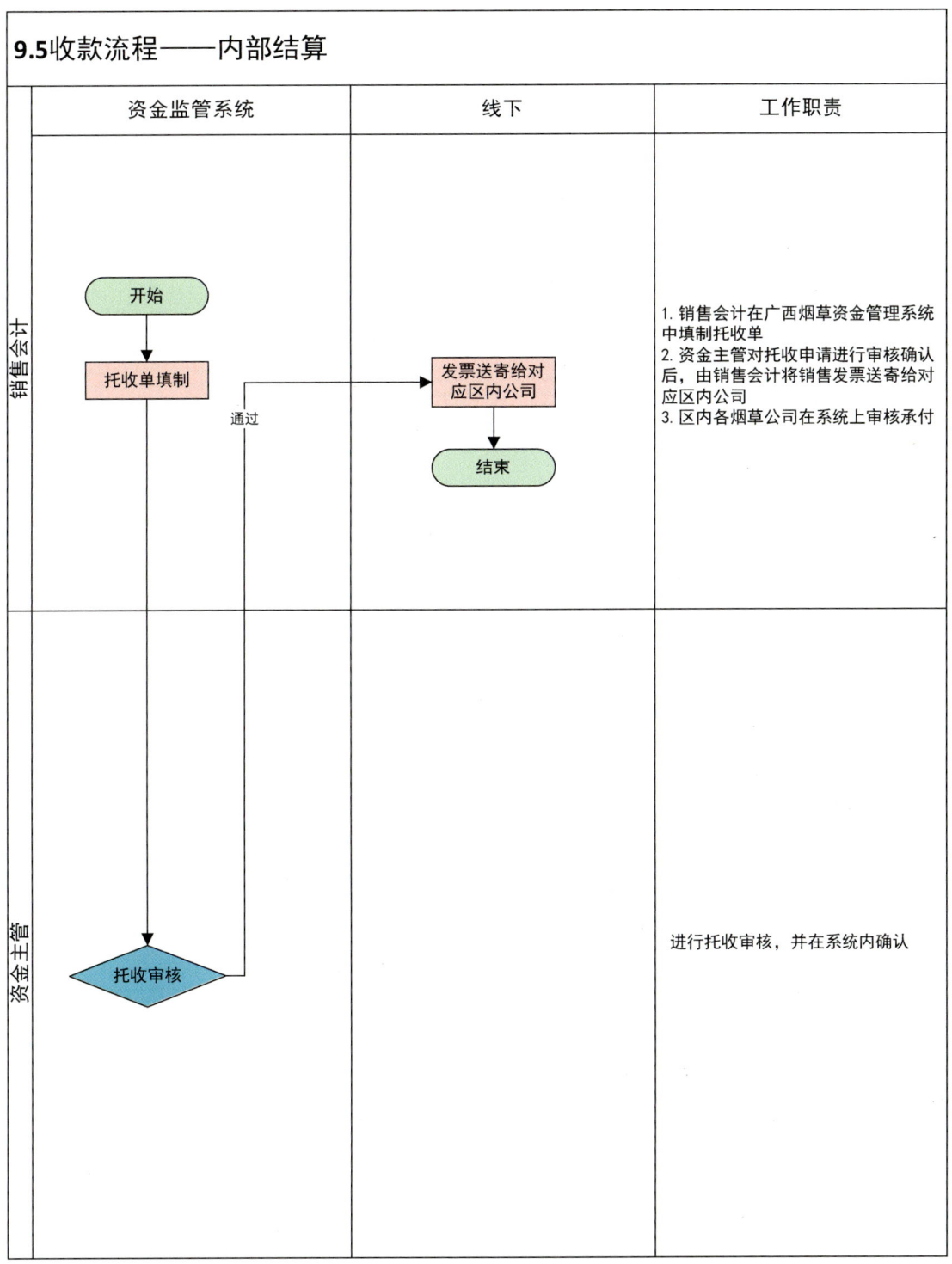

图 6-9 收款流程——内部结算

6.3.6 收款流程——银行托收

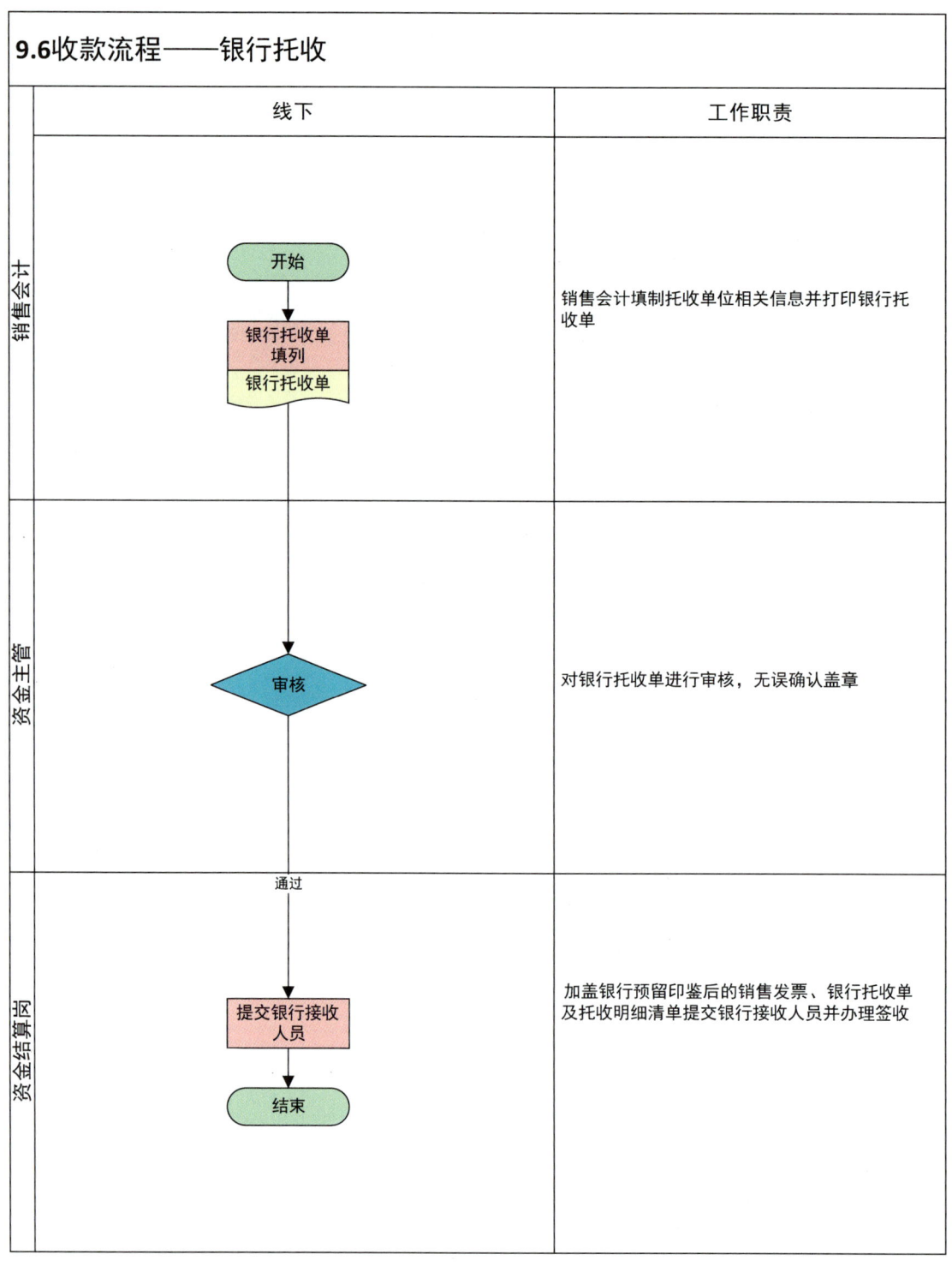

图 6-10 收款流程——银行托收

6.3.7 收款流程——票据(多元化企业)

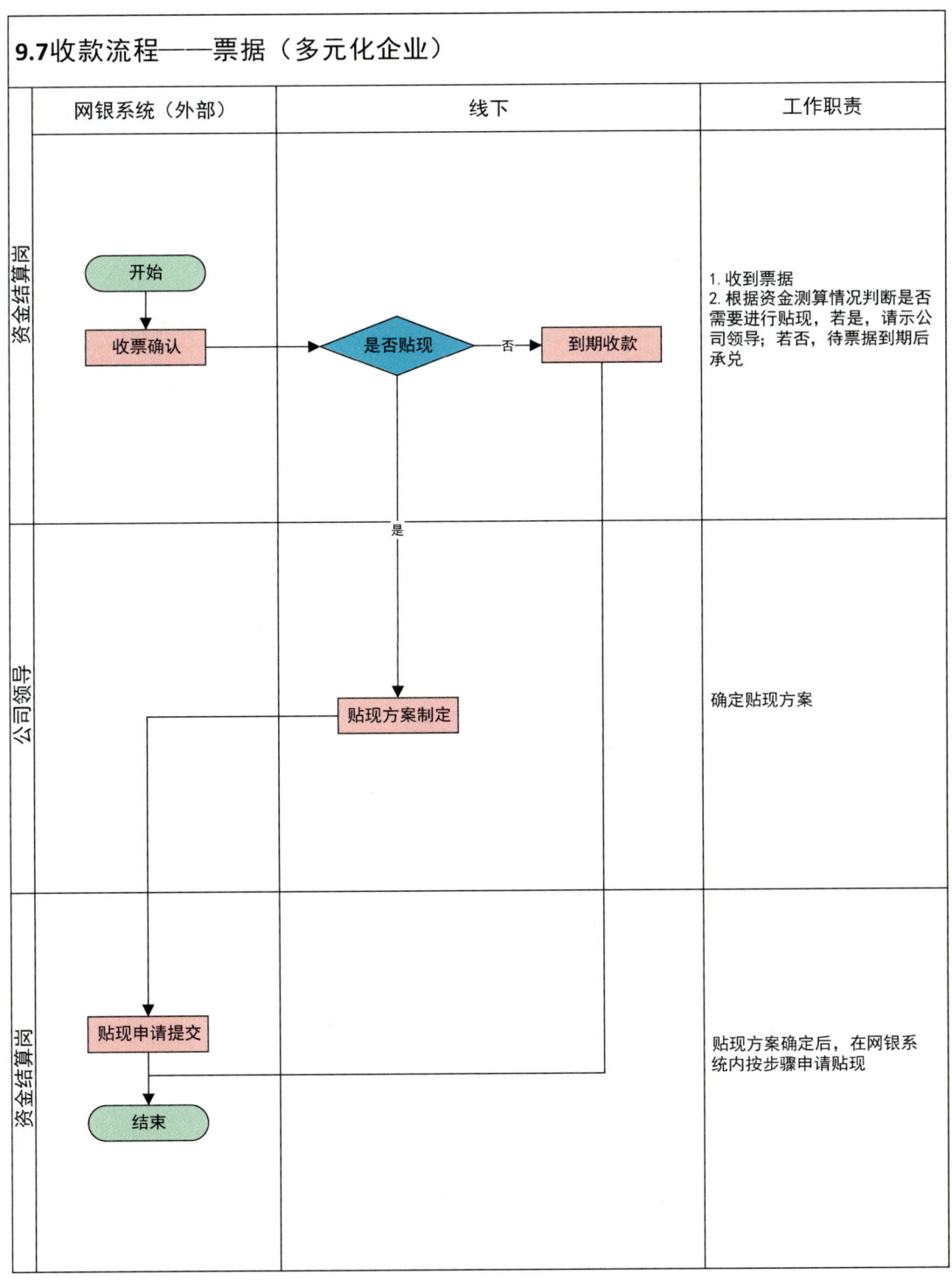

图 6-11 收款流程——票据(多元化企业)

6.3.8 对账流程

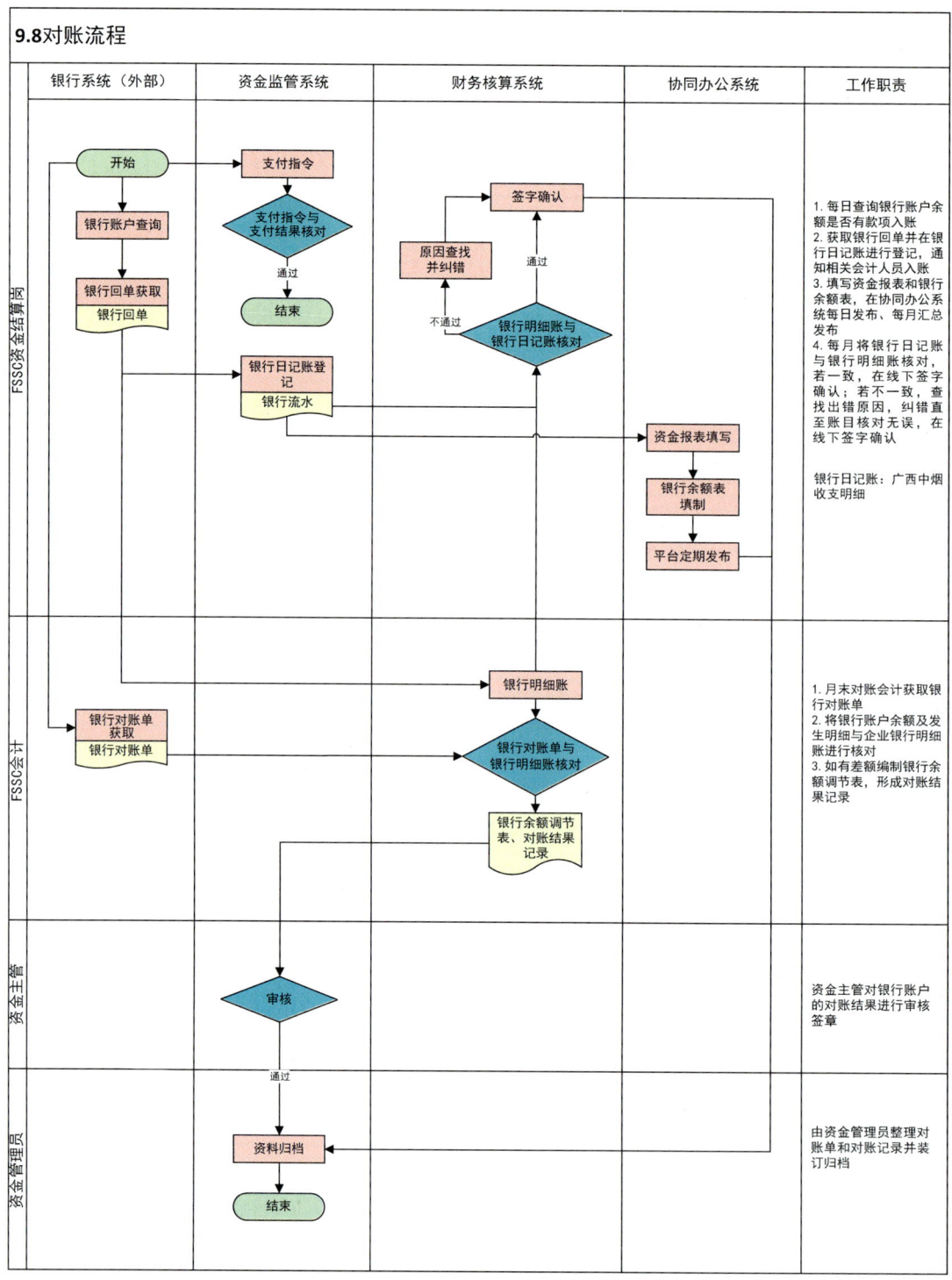

图 6-12 对账流程

第 7 章

税务管理流程

广西中烟的税费包括增值税及其附加、企业所得税、个人所得税、消费税及其附加、印花税等。税务管理流程的优化目标是,在财务共享模式下实现税务会计的标准化和自动化,税务管理流程清单如表 7-1 所示。其中,针对进项专票,实现系统自动验真、自动查重和自动抵扣认证;针对电子发票,实现接收端自动验真、自动查重,根据国家政策和推进进度确定多元化电子普票开具方式;实现全税种自动计算、自动生成申报表、自动检测税务风险。其中,印花税的计算将与合同管理直接关联。

表 7-1 税务管理流程清单

流程名称	明细流程编号及名称
税务管理流程	11 税务管理整体流程
	11.1 进项税管理流程
	11.2 销项税管理流程
	11.3 增值税及其附加税管理流程
	11.4 企业所得税管理流程
	11.5 个人所得税管理流程
	11.6 消费税及其附加税管理流程
	11.7 印花税管理流程
	11.8 小规模纳税人代开增值税专票流程
	11.9 其他税费管理流程

7.1 税务管理整体流程

税务管理整体流程需要多个系统的参与,包括预算管理系统、采购管理系统、卷烟销售管理系统、财务共享运营管理平台、外部系统、协同办公系统、影像系统等,具体流程如图 7-1 所示。

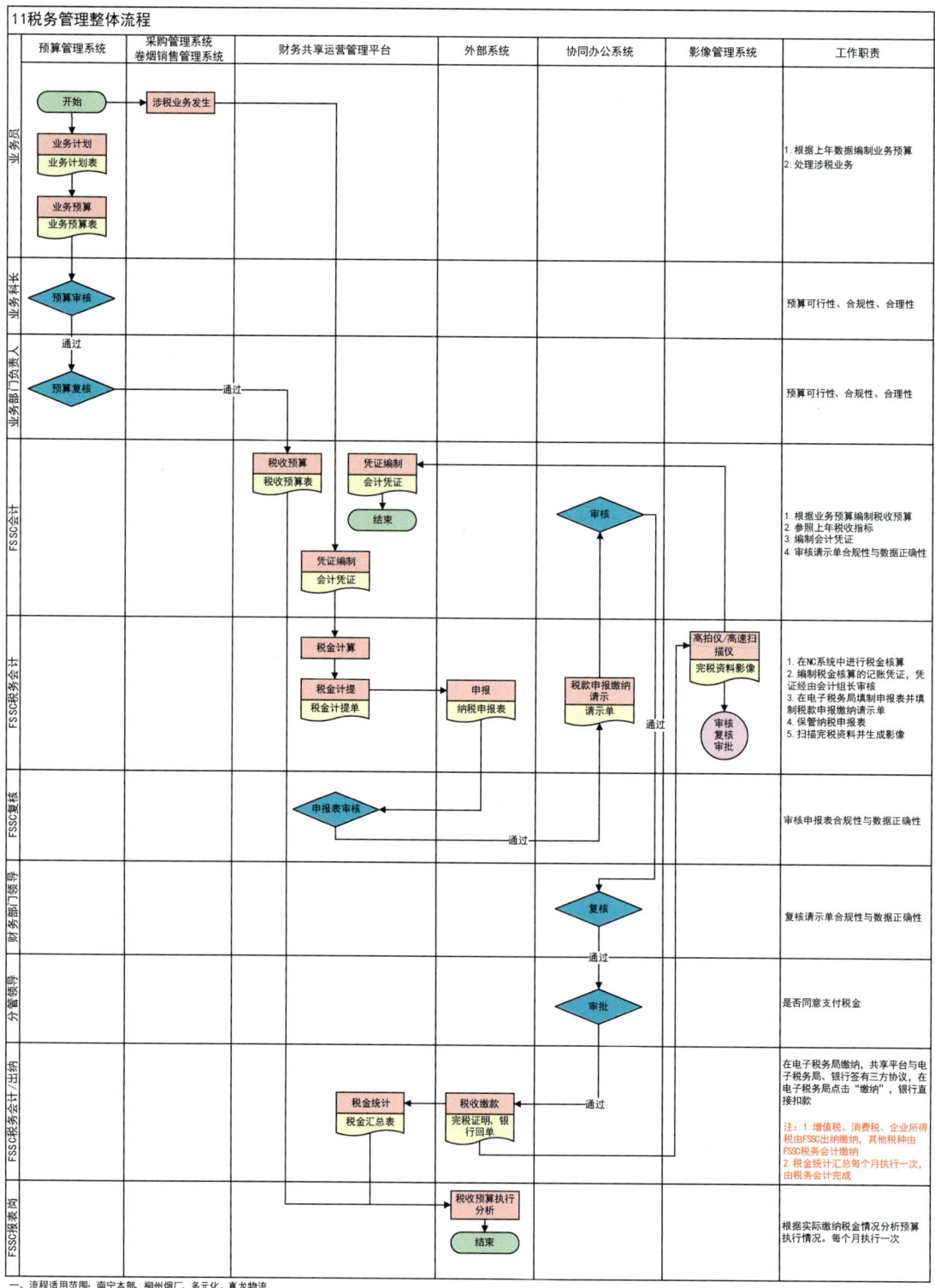

图 7-1 税务管理整体流程

7.2 进项税管理流程

进项税管理的主要流程是,业务员线下查验发票并填制申请单,传至财务共享平台和税务管理系统后,对已认证的发票进行转出或抵扣,并生成会计凭证,具体环节和注意事项如图 7-2 所示。

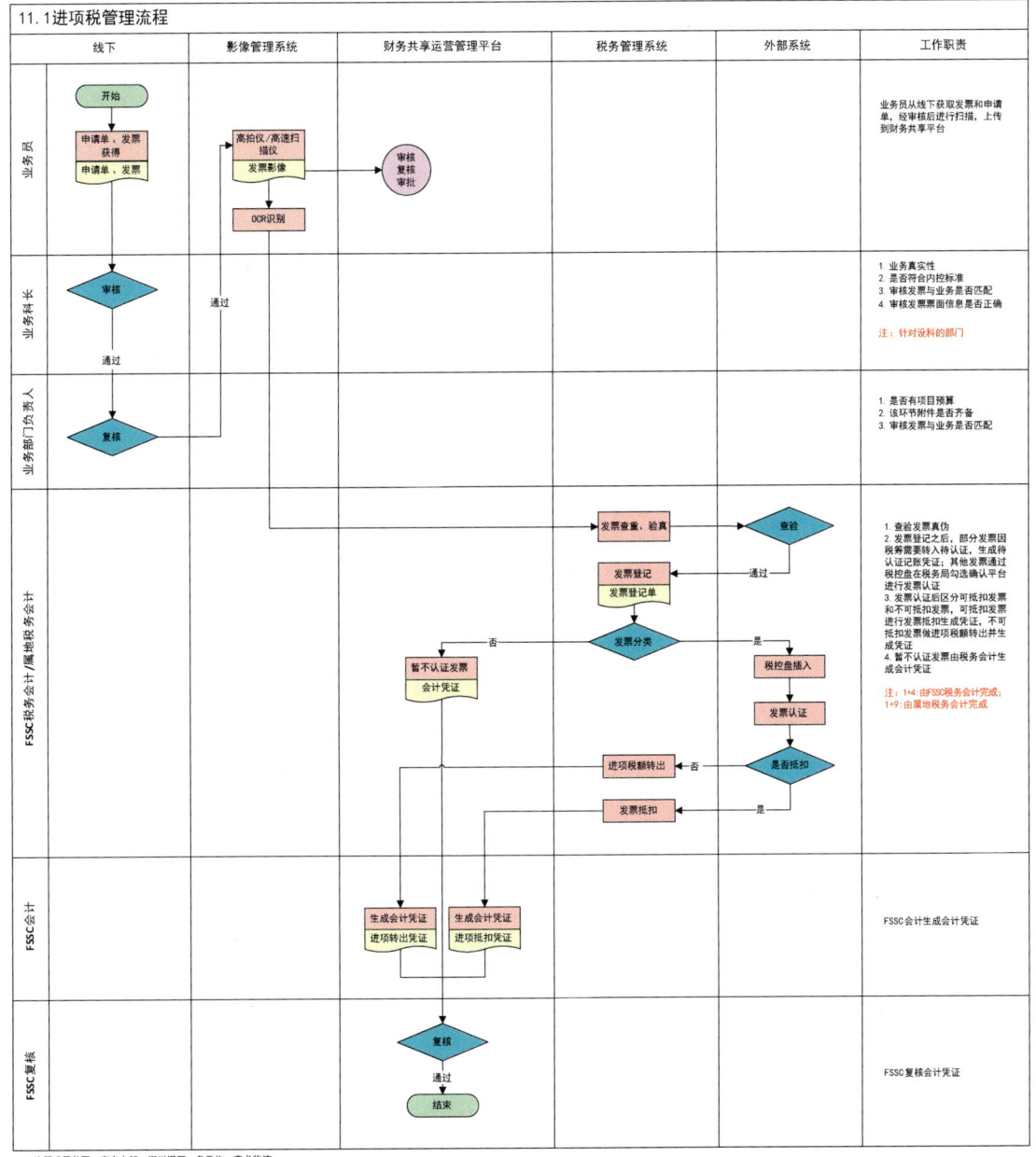

图 7-2 进项税管理流程

7.3 销项税管理流程

销项税管理主要规范发票的申请及开具工作，具体流程节点及相应工作职责如图7-3所示。

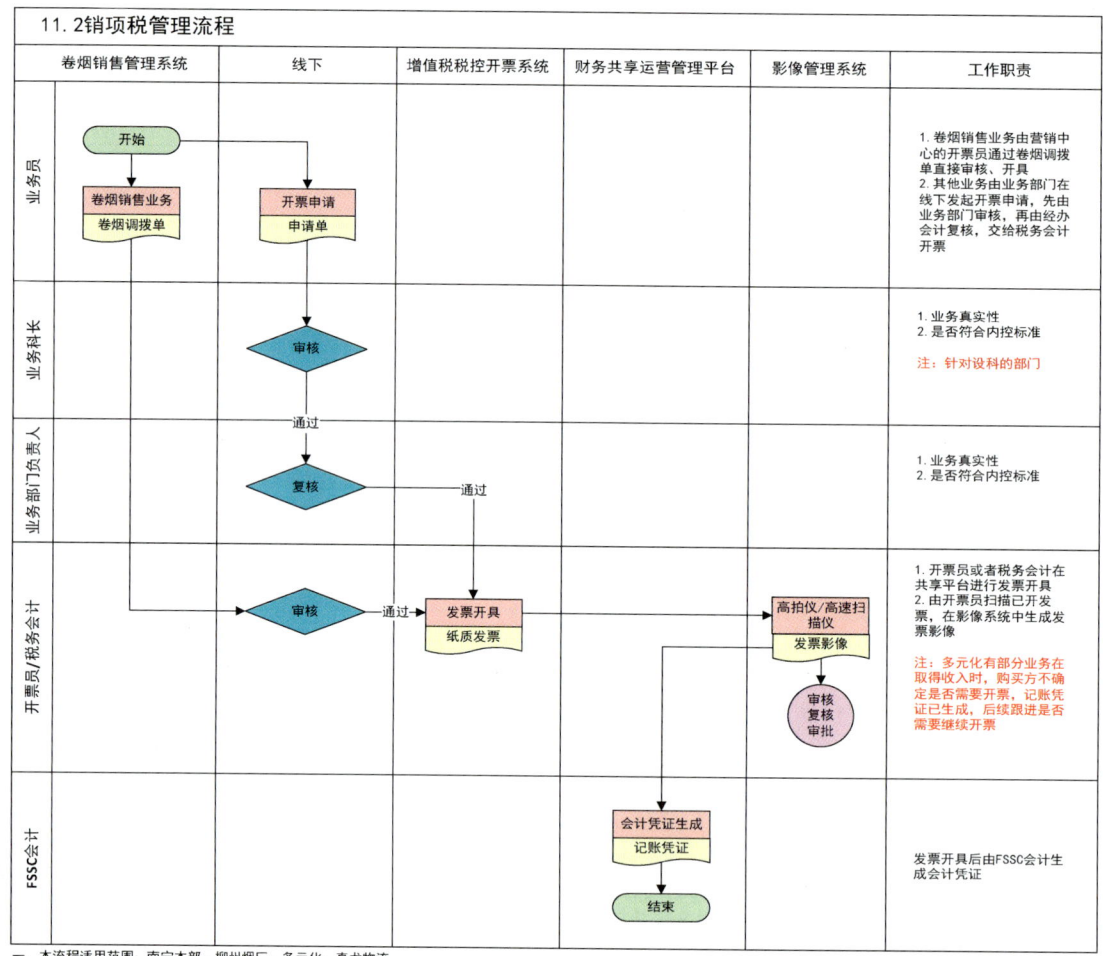

图7-3 销项税管理流程

7.4 增值税及其附加税管理流程

增值税及其附加税管理是在上述进项税和销项税管理的基础上，对增值税及其附加税的结转、核算及申报缴纳涉及的流程。该流程主要在财务共享运营平台完成，由影像系统、协同办公系统等系统辅助，涉及税金计提单填制、应交增值税会计凭证编制、付款审批等环节，如图7-4所示。

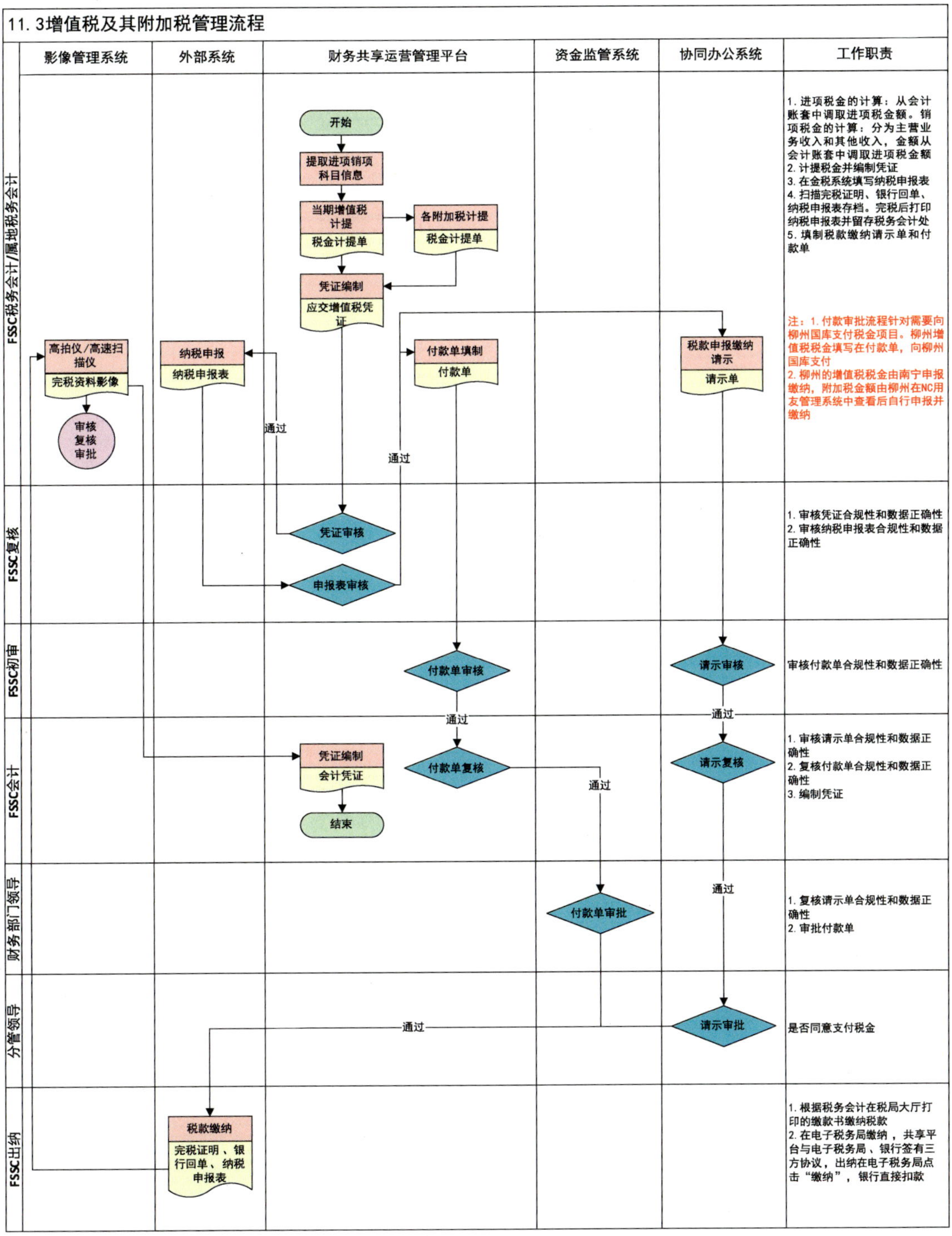

11.3 增值税及其附加税管理流程

影像管理系统	外部系统	财务共享运营管理平台	资金监管系统	协同办公系统	工作职责

FSSC税务会计/属地税务会计

开始 → 提取进项销项科目信息 → 当期增值税计提（税金计提单）→ 各附加税计提（税金计提单）→ 凭证编制（应交增值税凭证）

影像管理系统：高拍仪/高速扫描仪（完税资料影像）→ 审核/复核/审批

外部系统：纳税申报（纳税申报表）

财务共享运营管理平台：付款单填制（付款单）

协同办公系统：税款申报缴纳请示（请示单）

工作职责：
1. 进项税金的计算：从会计账簿中调取进项税金额。销项税金的计算：分为主营业务收入和其他收入，金额从会计账簿中调取销项税金额
2. 计提税金并编制凭证
3. 在金税系统填写纳税申报表
4. 扫描完税证明、银行回单、纳税申报表存档。完成后打印纳税申报表并留存税务会计处
5. 填制税款缴纳请示单和付款单

注：1. 付款审批流程针对需要向柳州国库支付税金项目。柳州增值税金填写在付款单，向柳州国库支付
2. 柳州的增值税金由南宁申报缴纳，附加税金由柳州在NC用友管理系统中查看后自行申报并缴纳

FSSC复核：凭证审核、申报表审核
1. 审核凭证合规性和数据正确性
2. 审核纳税申报表合规性和数据正确性

FSSC初审：付款单审核、请示审核
审核付款单合规性和数据正确性

FSSC会计：凭证编制（会计凭证）→ 结束；付款单复核、请示复核
1. 审核请示单合规性和数据正确性
2. 复核付款单合规性和数据正确性
3. 编制凭证

财务部门领导：付款单审批、请示复核（通过）
1. 复核请示单合规性和数据正确性
2. 审批付款单

分管领导：请示审批
是否同意支付税金

FSSC出纳：税款缴纳（完税证明、银行回单、纳税申报表）
1. 根据税务会计在税局大厅打印的缴款书缴纳税款
2. 在电子税务局缴纳，共享平台与电子税务局、银行签有三方协议，出纳在电子税务局点击"缴纳"，银行直接扣款

一、流程适用范围：南宁本部、柳州烟厂、多元化、真龙物流。
二、本流程重点关注内容：
1. 数据来源：NC用友管理系统直接生成增值税结转科目余额。
2. 税费计算：系统自动对当期增值税进行计算，并填制计提单。南宁本部负责南宁和柳州的增值税申报，其中柳州的增值税向柳州国库支付。柳州的附加税由柳州烟厂会计人员在NC用友系统取数自行申报。
3. 增值税分配（环节）：依据各烟厂的业务计算各厂增值税。
三、本流程包括内容：增值税及其附加税金的计提、核算、各烟厂申报税金、会计档案的保管。

图 7-4　增值税及其附加税管理流程

7.5　企业所得税管理流程

企业所得税管理由报表编制、填制纳税申报表及税收缴款等环节组成,如图 7-5 所示。

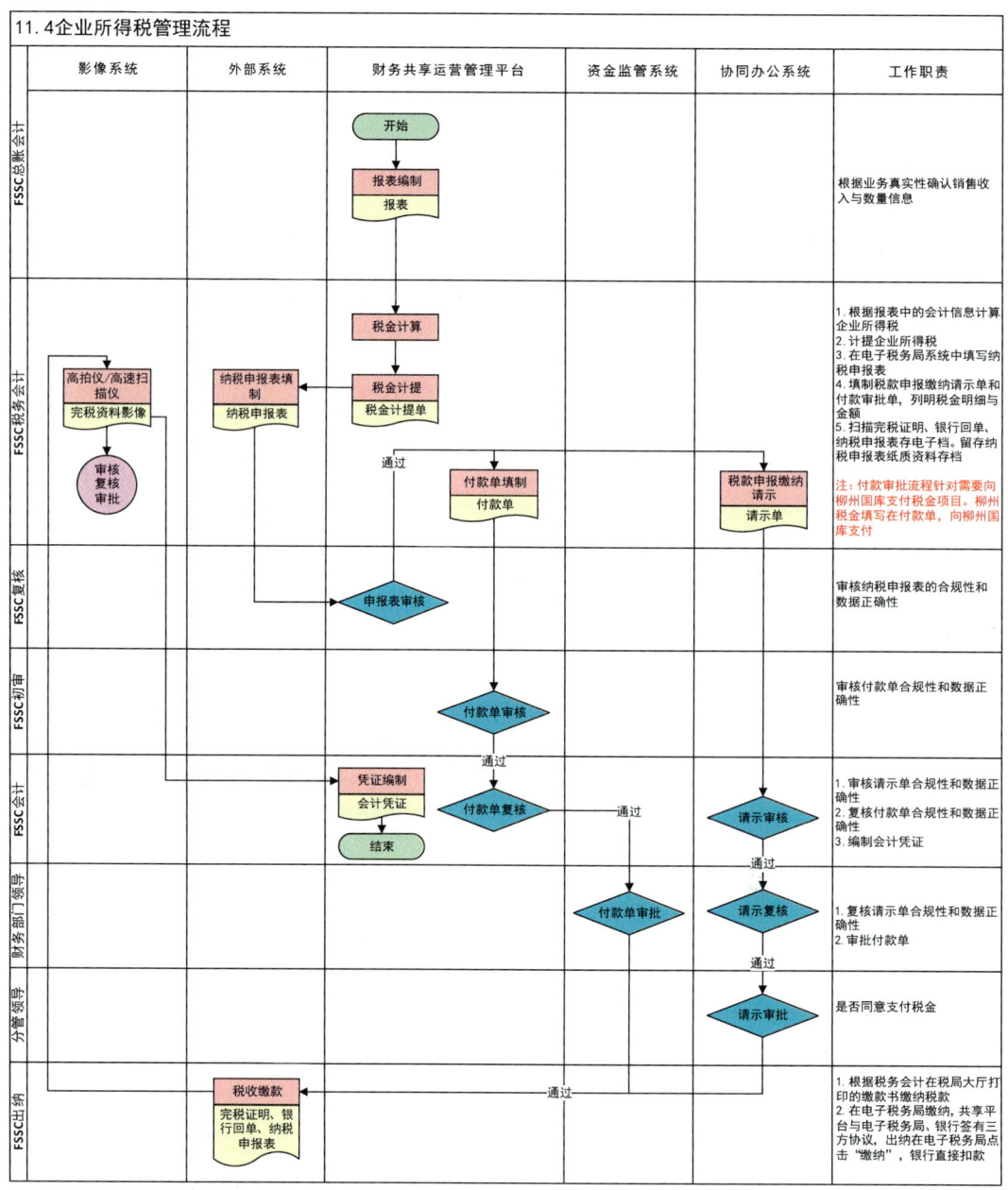

图 7-5　企业所得税管理流程

7.6　个人所得税管理流程

个人所得税流程由税金计算、FSSC复核、填制纳税申报表、缴纳税款等环节组成,涉及人力资源和工资管理,需要经多部门审核,如图7-6所示。

7.7　消费税及其附加税管理流程

消费税及其附加税管理流程先从卷烟销售管理系统提取销售收入和数量,计算税金、填写税金计提单、付款单,最后进行付款审批,如图7-7所示。

7.8　印花税管理流程

印花税管理流程由采购管理系统提取合同信息进行税金计算开始,涉及多个系统,如图7-8所示。

7.9　小规模纳税人代开增值税专票流程

小规模纳税人代开增值税专票流程需要根据合同在线下向税务局发起开票申请,业务部门需要审核业务真实性,主要由外部系统和影像系统支持,具体流程如图7-9所示。

7.10　其他税费管理流程

其他税费管理指房产税、土地使用税、环保税和车船税等其他税种。由财务共享运营管理平台、协同办公系统、影像管理系统、外部系统共同完成,涉及税金计算、纳税申报表填制、审批等多个环节,如图7-10所示。

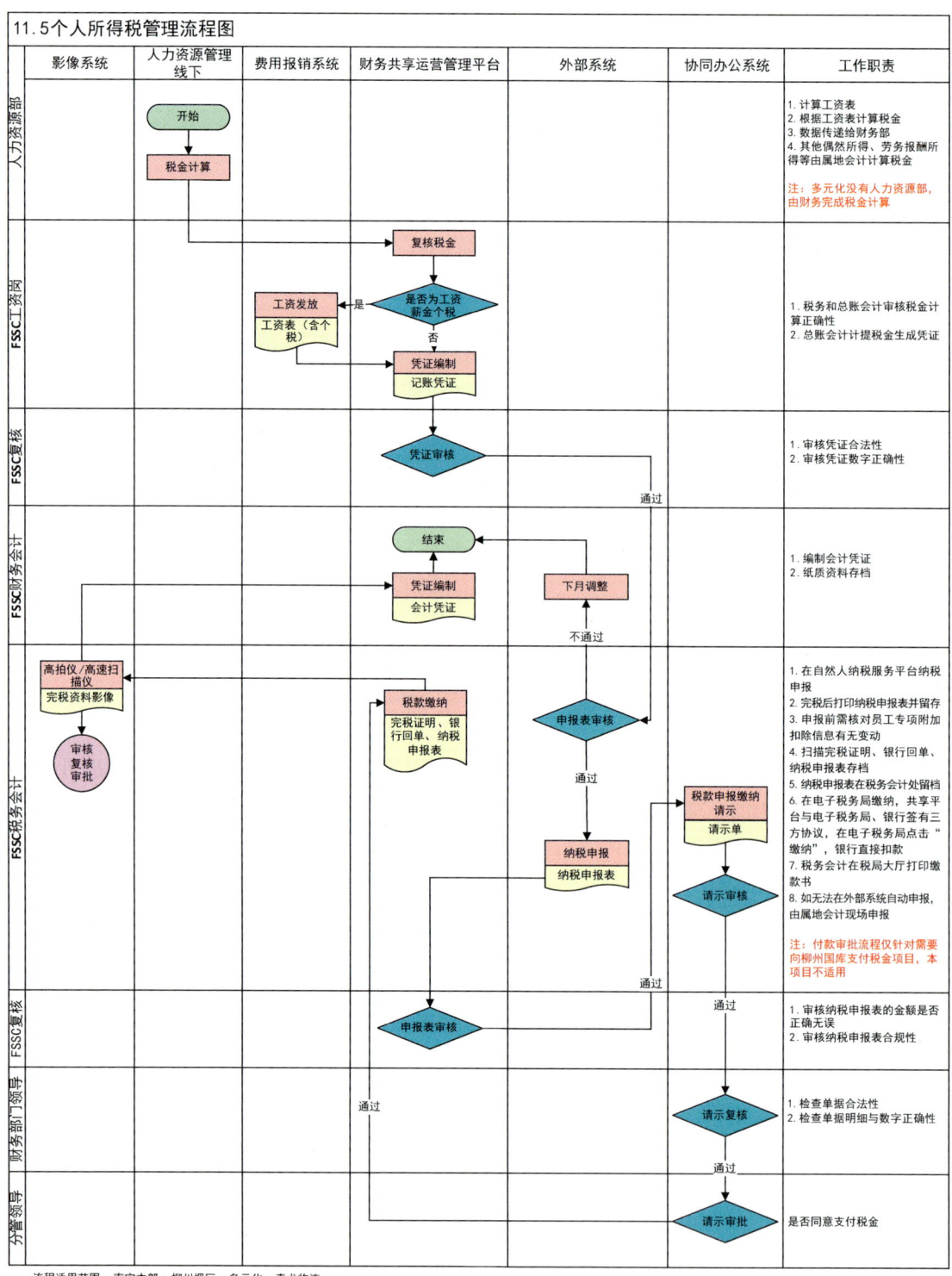

图7-6　个人所得税管理流程

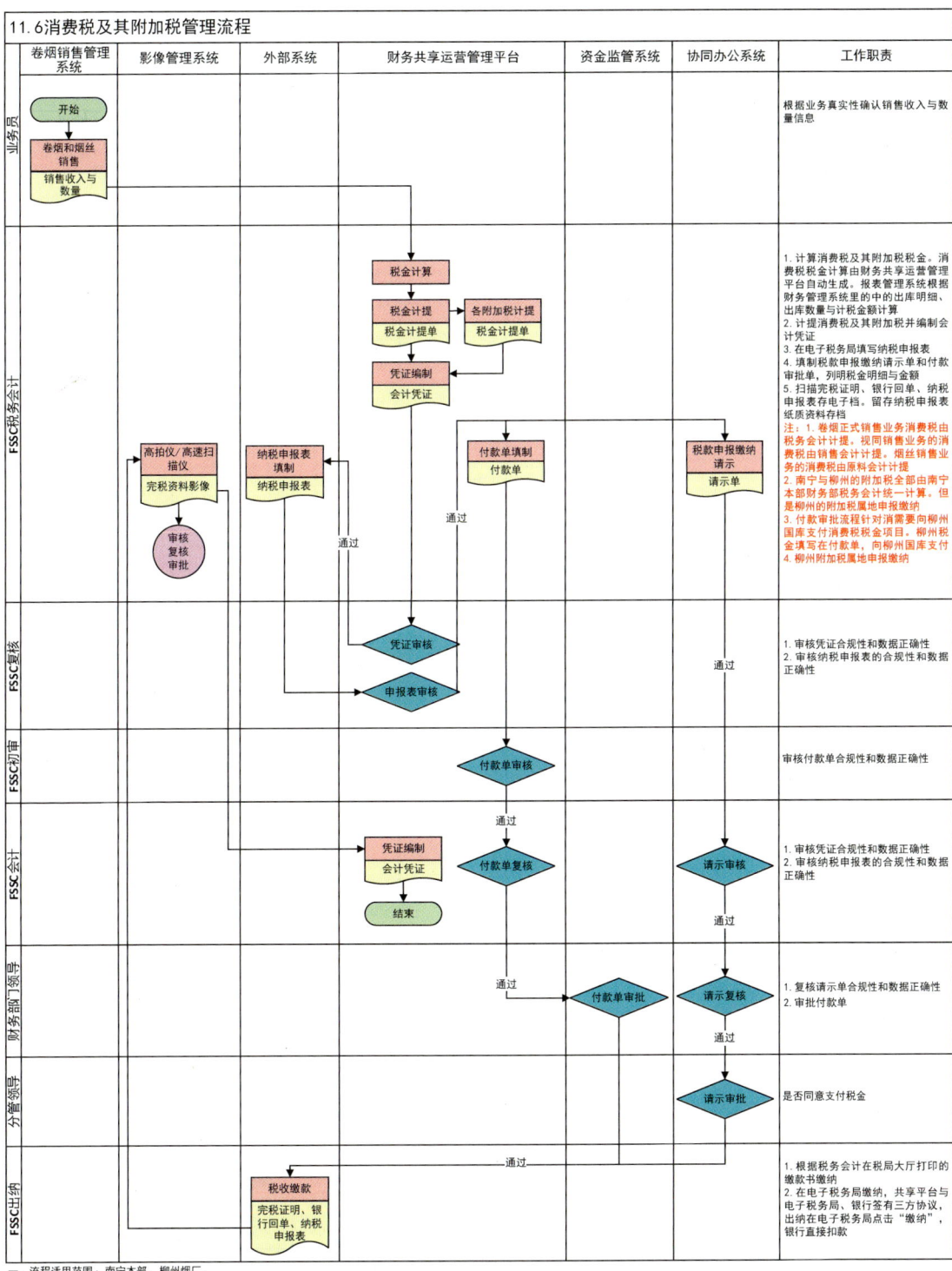

图 7-7　消费税及其附加税管理流程

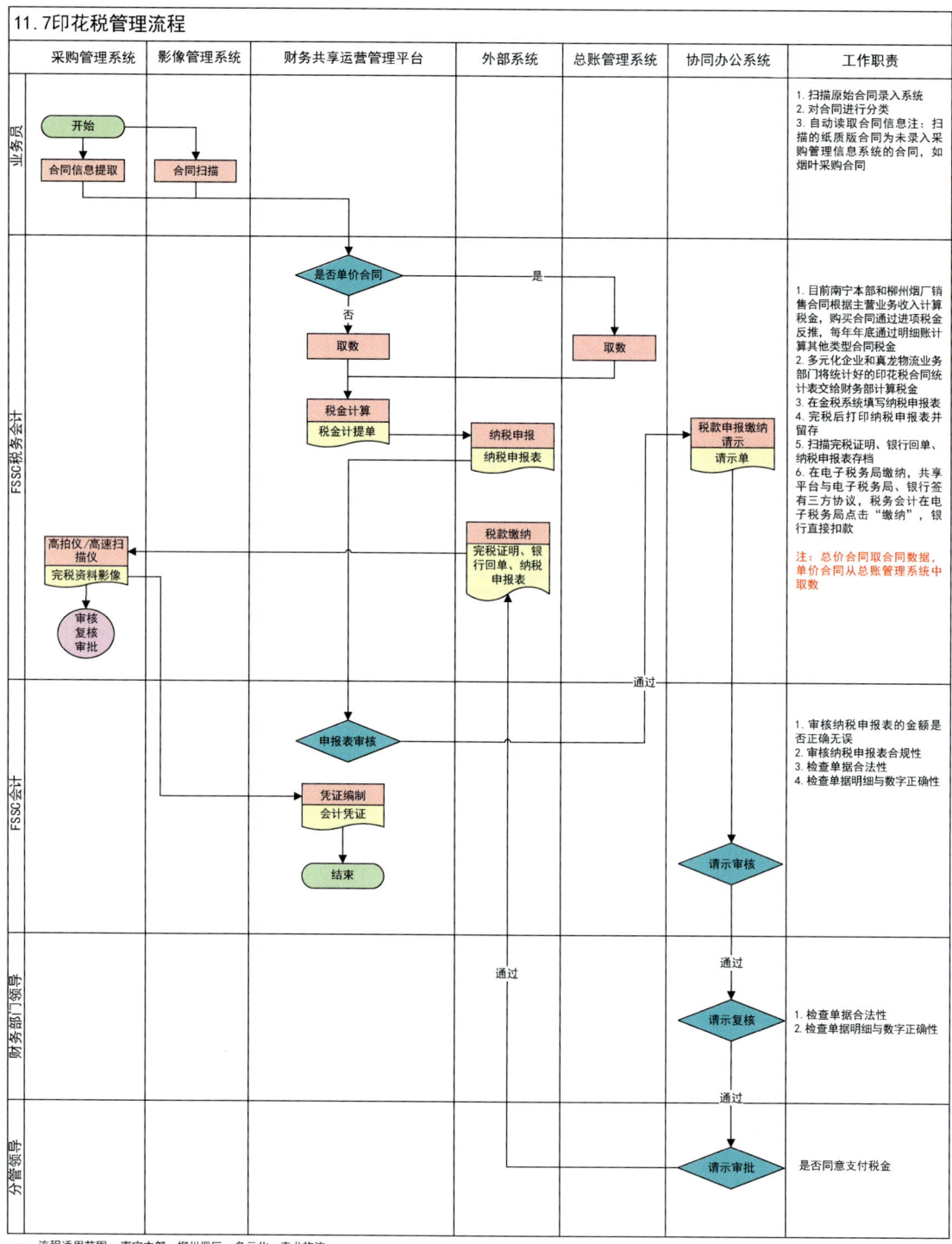

图 7-8　印花税管理流程

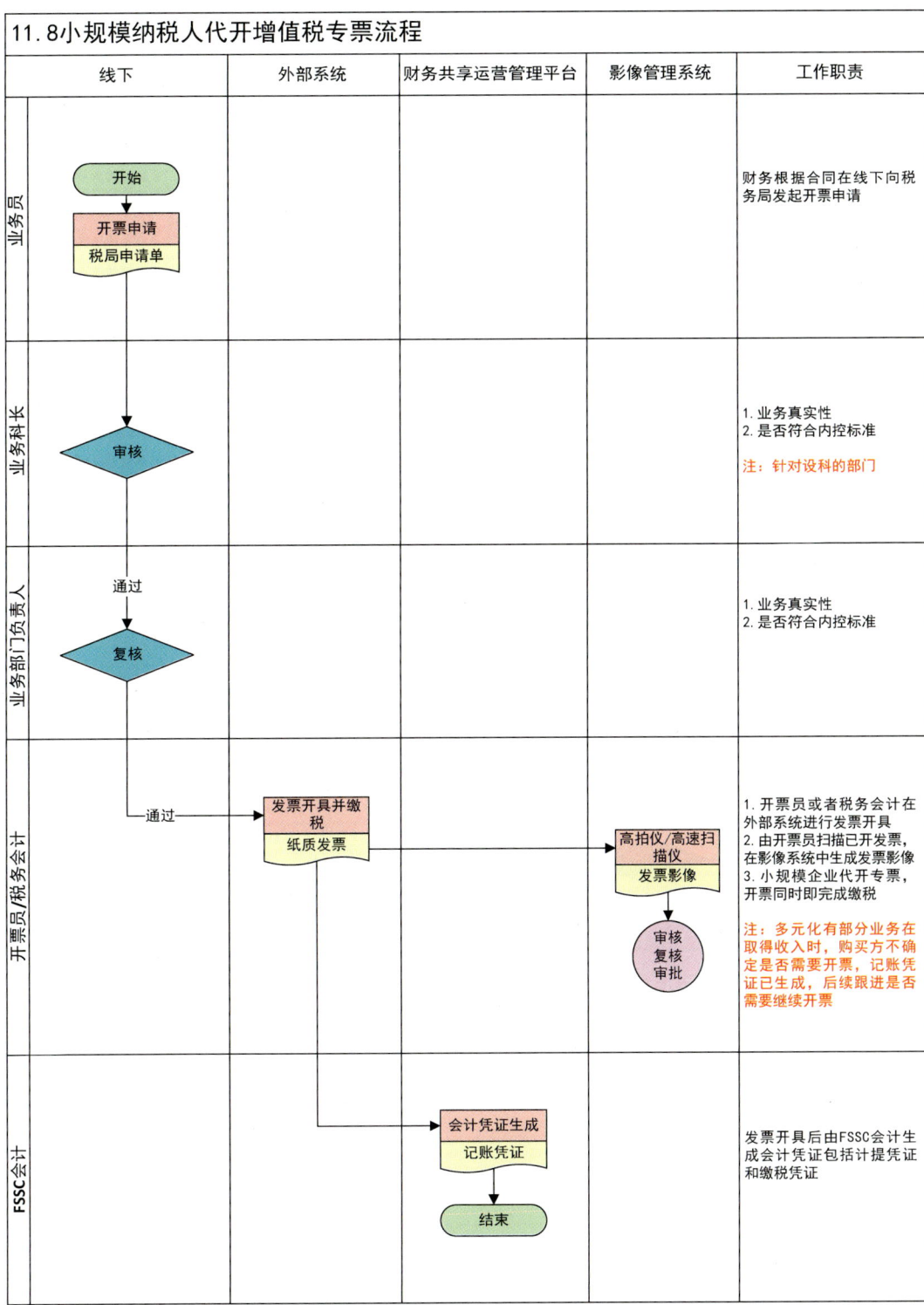

11.8小规模纳税人代开增值税专票流程

	线下	外部系统	财务共享运营管理平台	影像管理系统	工作职责
业务员	开始 → 开票申请 / 税局申请单				财务根据合同在线下向税务局发起开票申请
业务科长	审核				1. 业务真实性 2. 是否符合内控标准 注：针对设科的部门
业务部门负责人	通过 → 复核				1. 业务真实性 2. 是否符合内控标准
开票员/税务会计	通过	发票开具并缴税 / 纸质发票		高拍仪/高速扫描仪 / 发票影像 → 审核 复核 审批	1. 开票员或者税务会计在外部系统进行发票开具 2. 由开票员扫描已开发票，在影像系统中生成发票影像 3. 小规模企业代开专票，开票同时即完成缴税 注：多元化有部分业务在取得收入时，购买方不确定是否需要开票，记账凭证已生成，后续跟进是否需要继续开票
FSSC会计			会计凭证生成 / 记账凭证 → 结束		发票开具后由FSSC会计生成会计凭证包括计提凭证和缴税凭证

一、本流程适用范围：多元化小规模纳税人代开增值税专用发票。
二、本流程重点关注内容：当月开票当月缴税。
三、本流程核算内容：小规模纳税人销售业务。

图 7-9　小规模纳税人代开增值税专票流程

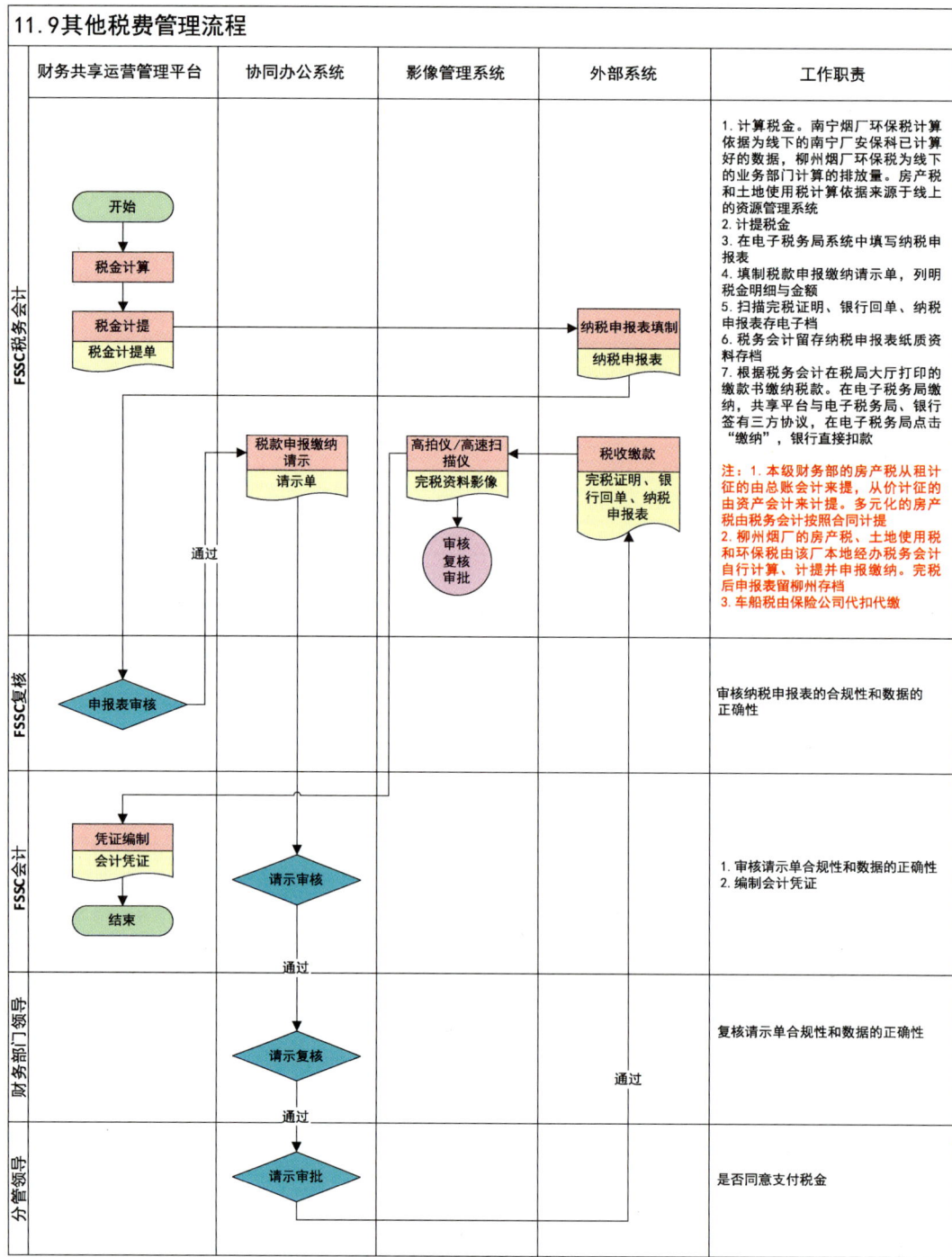

11.9其他税费管理流程

一、流程适用范围：南宁本部、柳州烟厂、多元化、真龙物流。
二、本流程重点关注内容：
1. 包括内容：南宁本部与柳州烟厂的房产税、土地使用税、环保税、车船税；多元化公司与真龙物流的房产税、土地使用税、车船税。
2. 数据来源：房产税按照资产原值、房租收入确定计税依据；土地使用税按照资产明细中城镇土地使用面积；环保税按照南宁厂烟安保科已计算好的数据或柳州烟厂的业务部门计算的排放量。
3. 税费计算：房产税按照从价/从租计税方式，确定计算应纳税额，并按照税率计算税额并填制税金计提单，自动完成房产税计提核算；土地使用税按土地所在地区别计算税级次计算土地使用税税额；环保税根据排放量等污染信息计算。
三、本流程包括内容：其他税金的核算、计提、税款申报缴纳以及会计档案的保管。

图 7-10 其他税费管理流程

第 8 章

会计管理相关业务流程

广西中烟管理性质的会计工作,包括往来账款管理、资产管理、财务报告、财务稽核、会计档案管理等。

8.1 往来账款管理流程

广西中烟的往来账款管理包括应收账款、应付账款、其他应收款、预付账款和其他应付款。往来账款管理流程的优化目标是,在财务共享模式下实现往来管理的标准化和自动化,往来账款管理流程清单如表 8-1 所示。其中,自动化包括可自动生成托收凭据;当货款资金回笼时,可以自动对应发票和购货单位;往来账可自动核销、自动推送收付款提示;自动生成往来报表并推送有需要的部门和人员;内部往来可自动与合并报表关联,实现关联交易自动抵消。

表 8-1　往来账款管理流程清单

流程名称	明细流程编号及名称
往来账款管理流程	8.1.1　应收账款——卷烟销售流程
	8.1.2　应收账款——原辅料销售流程
	8.1.3　应收账款——卷烟/原辅料销售退货流程
	8.1.4　应收账款——提供服务
	8.2　应付账款流程
	8.3　其他应收款流程
	8.4　预付账款流程
	8.5　其他应付款流程

应收账款管理优化后的流程图如图 8-1、图 8-2、图 8-3 和图 8-4 所示;应付账款管理优化后的流程图如图 8-5 所示;其他应收款管理优化后的流程图如图 8-6 所示;预付款管理优化后的流程图如图 8-7 所示;其他应付款管理优化后的流程图如图 8-8 所示。

8.1.1 应收账款流程

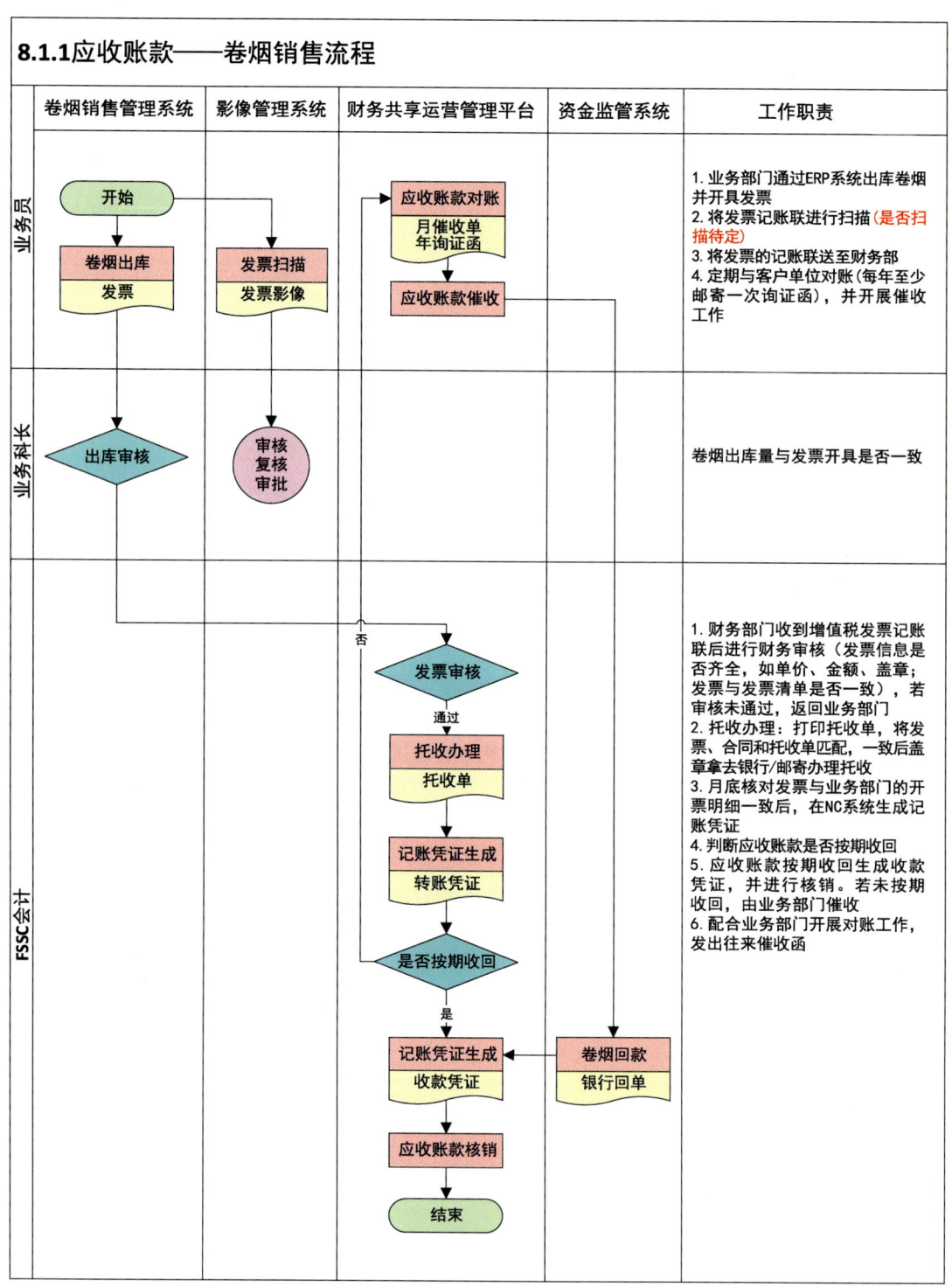

图 8-1 应收账款——卷烟销售流程

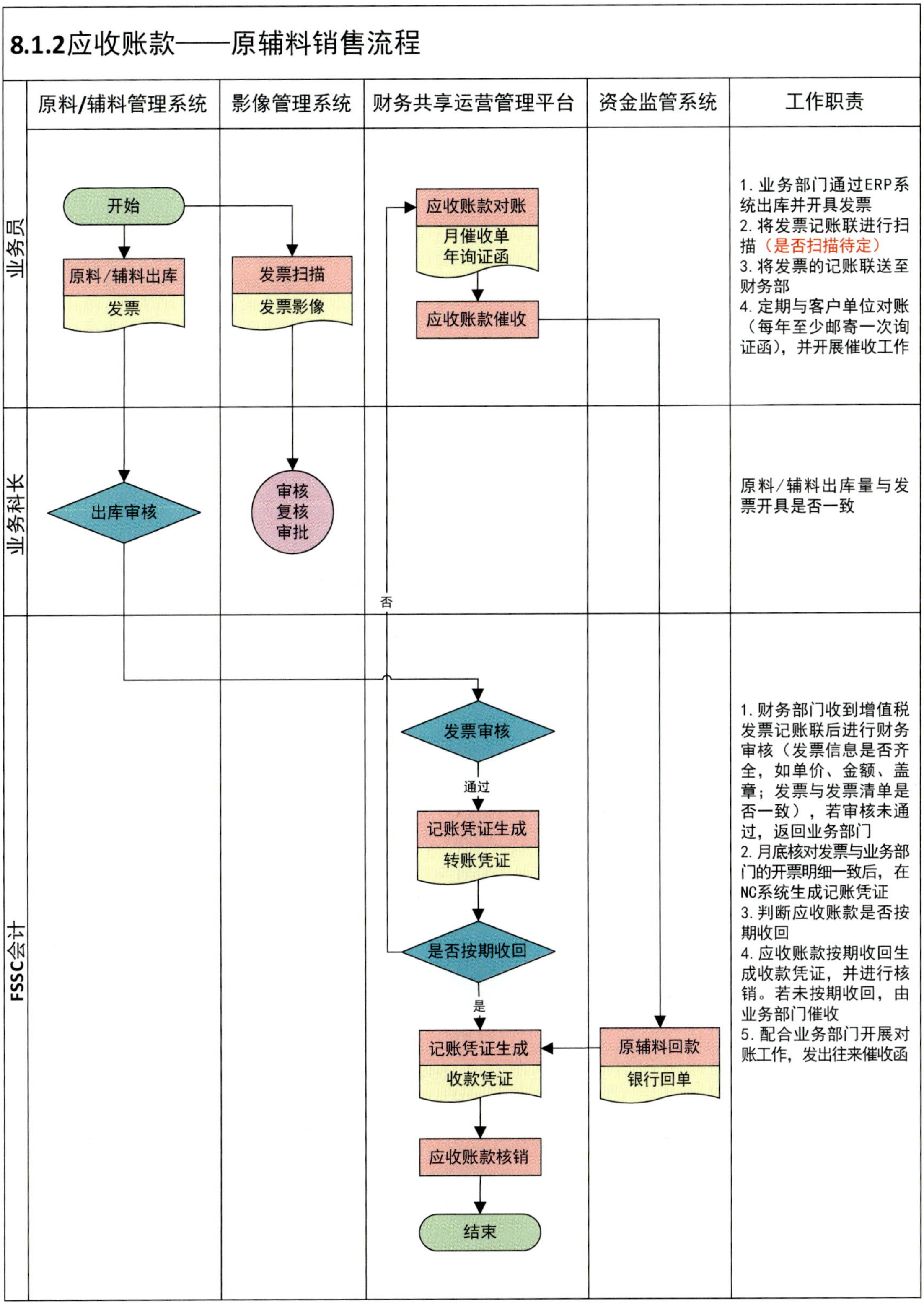

图 8-2 应收账款——原辅料/商品销售

8.1.3 应收账款——卷烟/原辅料销售退货流程

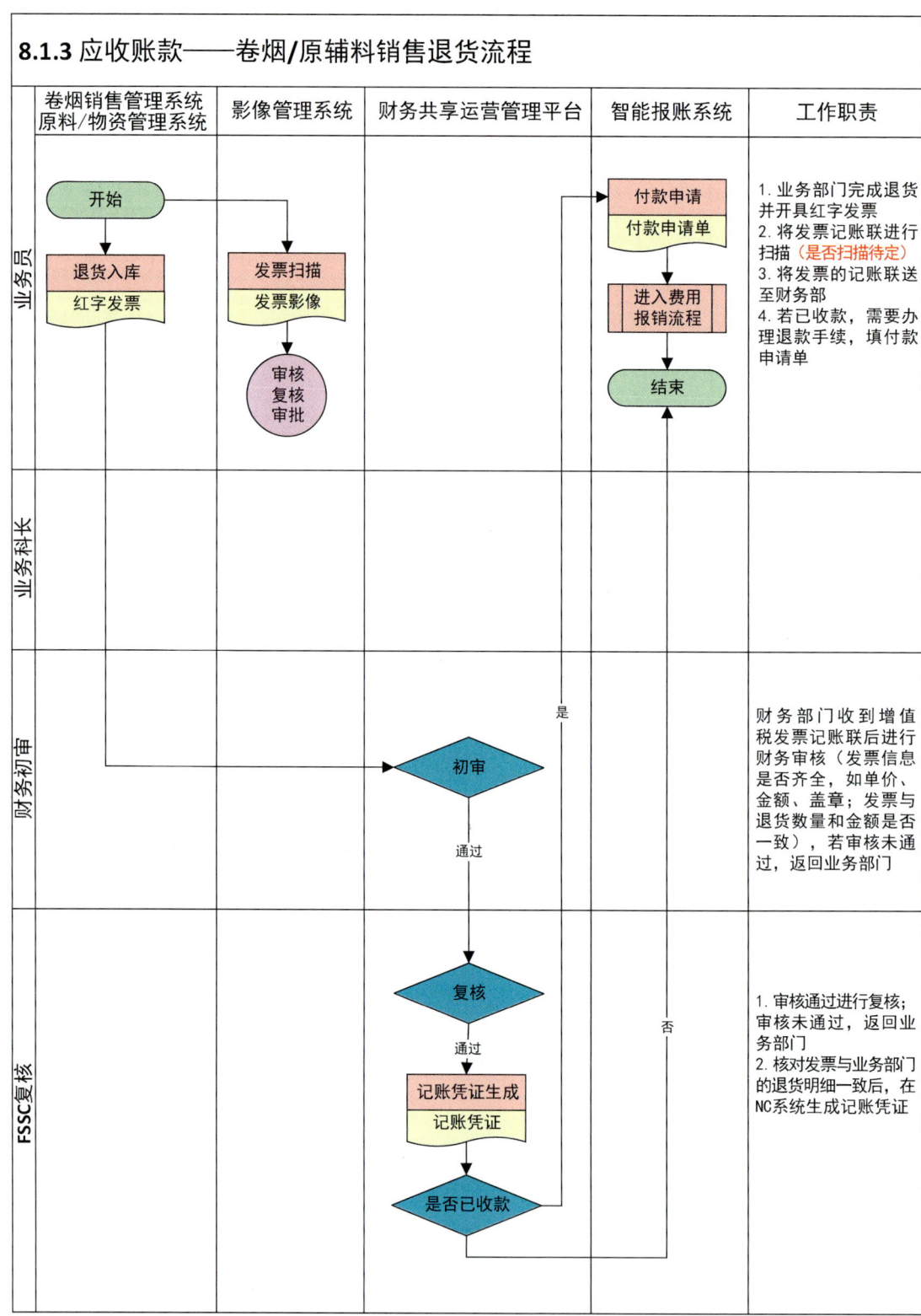

图 8-3　应收账款——卷烟/原辅料销售退货流程

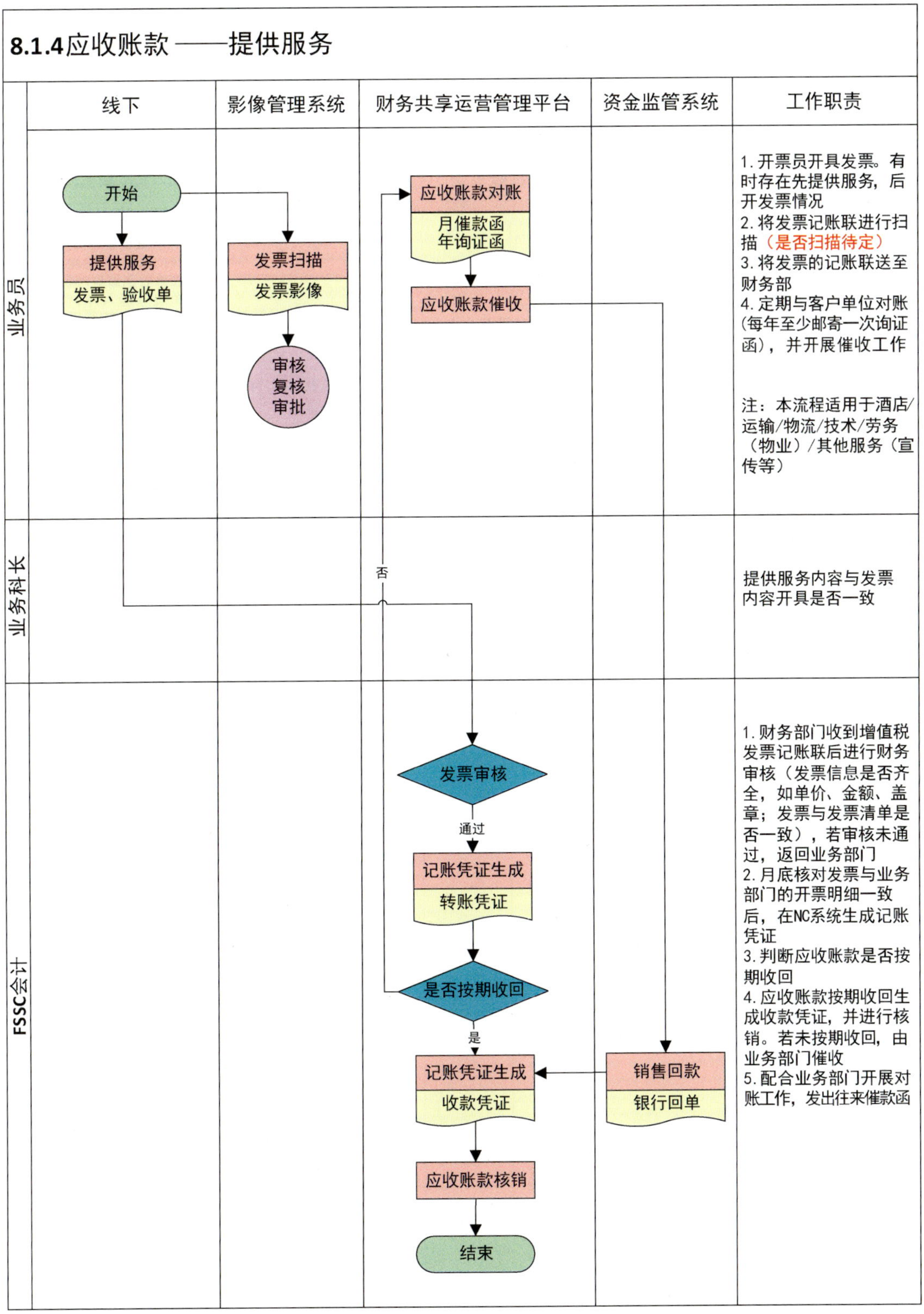

8.1.4 应收账款 ——提供服务

	线下	影像管理系统	财务共享运营管理平台	资金监管系统	工作职责
业务员	开始 → 提供服务（发票、验收单）	发票扫描（发票影像）→ 审核 复核 审批	应收账款对账（月催款函 年询证函）→ 应收账款催收		1.开票员开具发票。有时存在先提供服务，后开发票情况 2.将发票记账联进行扫描（是否扫描待定） 3.将发票的记账联送至财务部 4.定期与客户单位对账（每年至少邮寄一次询证函），并开展催收工作 注：本流程适用于酒店/运输/物流/技术/劳务（物业）/其他服务（宣传等）
业务科长			否		提供服务内容与发票内容开具是否一致
FSSC会计			发票审核 → 通过 → 记账凭证生成（转账凭证）→ 是否按期收回 → 是 → 记账凭证生成（收款凭证）→ 应收账款核销 → 结束	销售回款（银行回单）	1.财务部门收到增值税发票记账联后进行财务审核（发票信息是否齐全，如单价、金额、盖章；发票与发票清单是否一致），若审核未通过，返回业务部门 2.月底核对发票与业务部门的开票明细一致后，在NC系统生成记账凭证 3.判断应收账款是否按期收回 4.应收账款按期收回生成收款凭证，并进行核销。若未按期收回，由业务部门催收 5.配合业务部门开展对账工作，发出往来催款函

图 8-4　应收账款——服务流程

8.1.2 应付账款流程

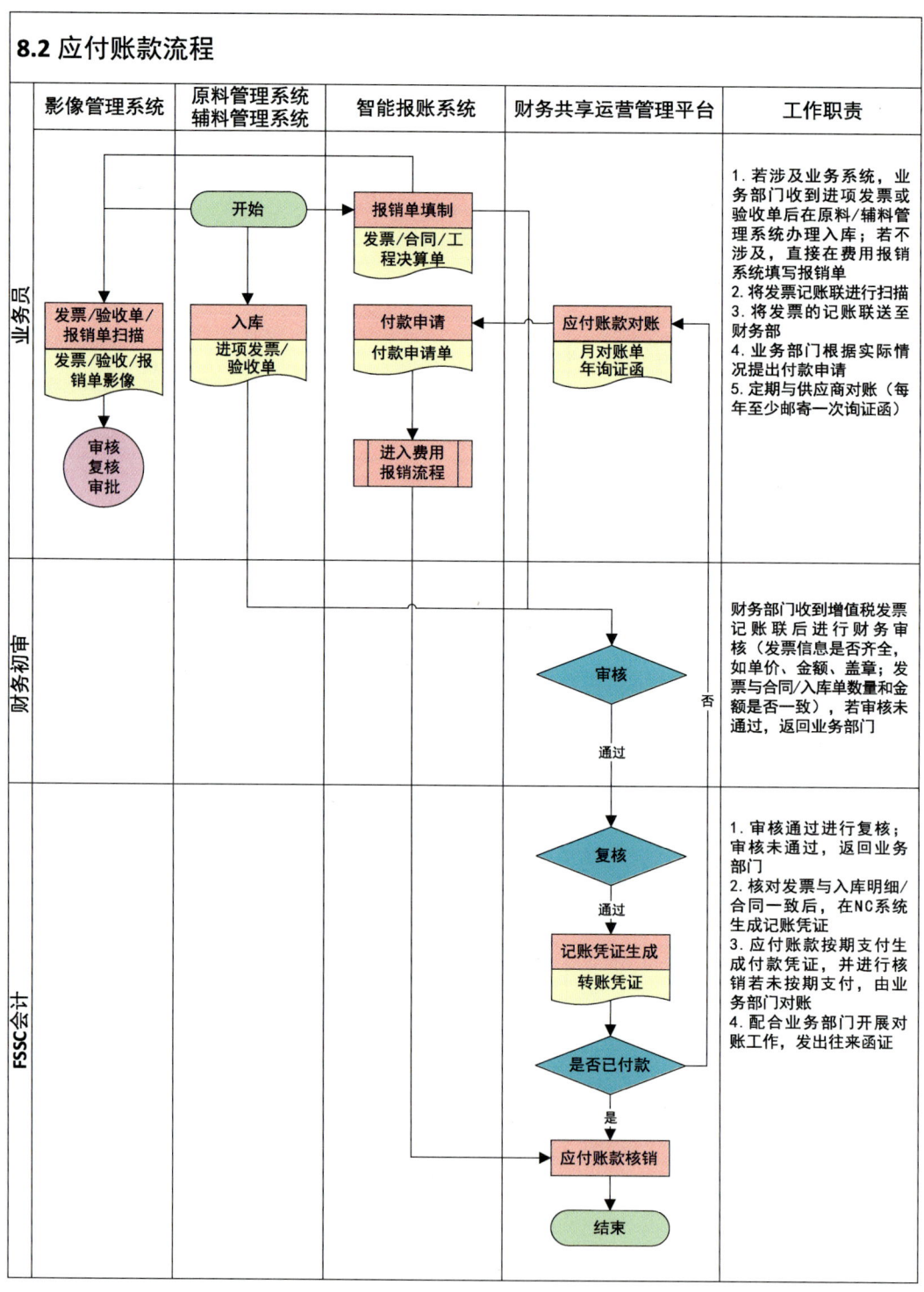

图 8-5　应付账款管理流程

8.1.3　其他应收款流程

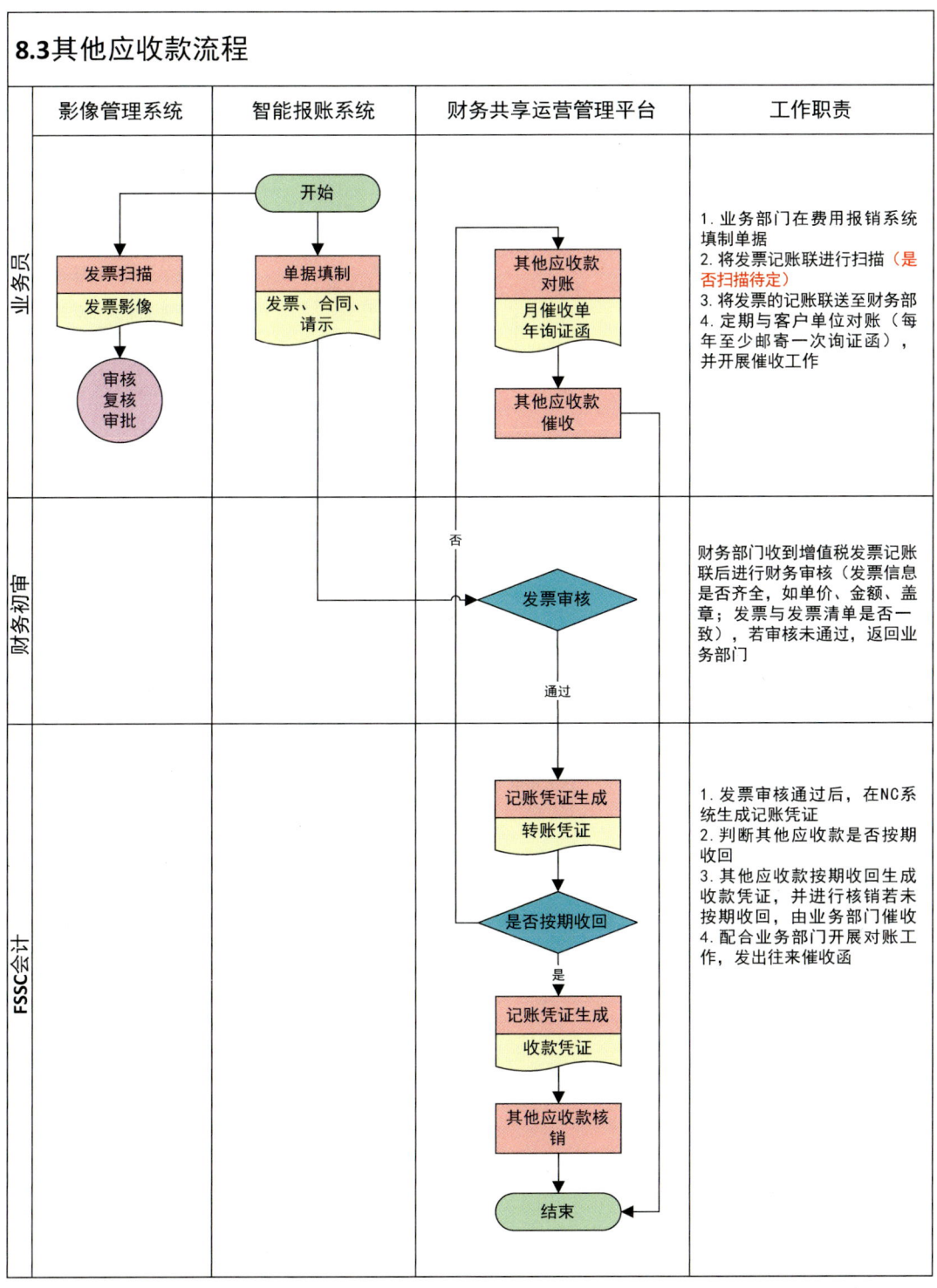

图 8-6　其他应收款流程

8.1.4 预付账款流程

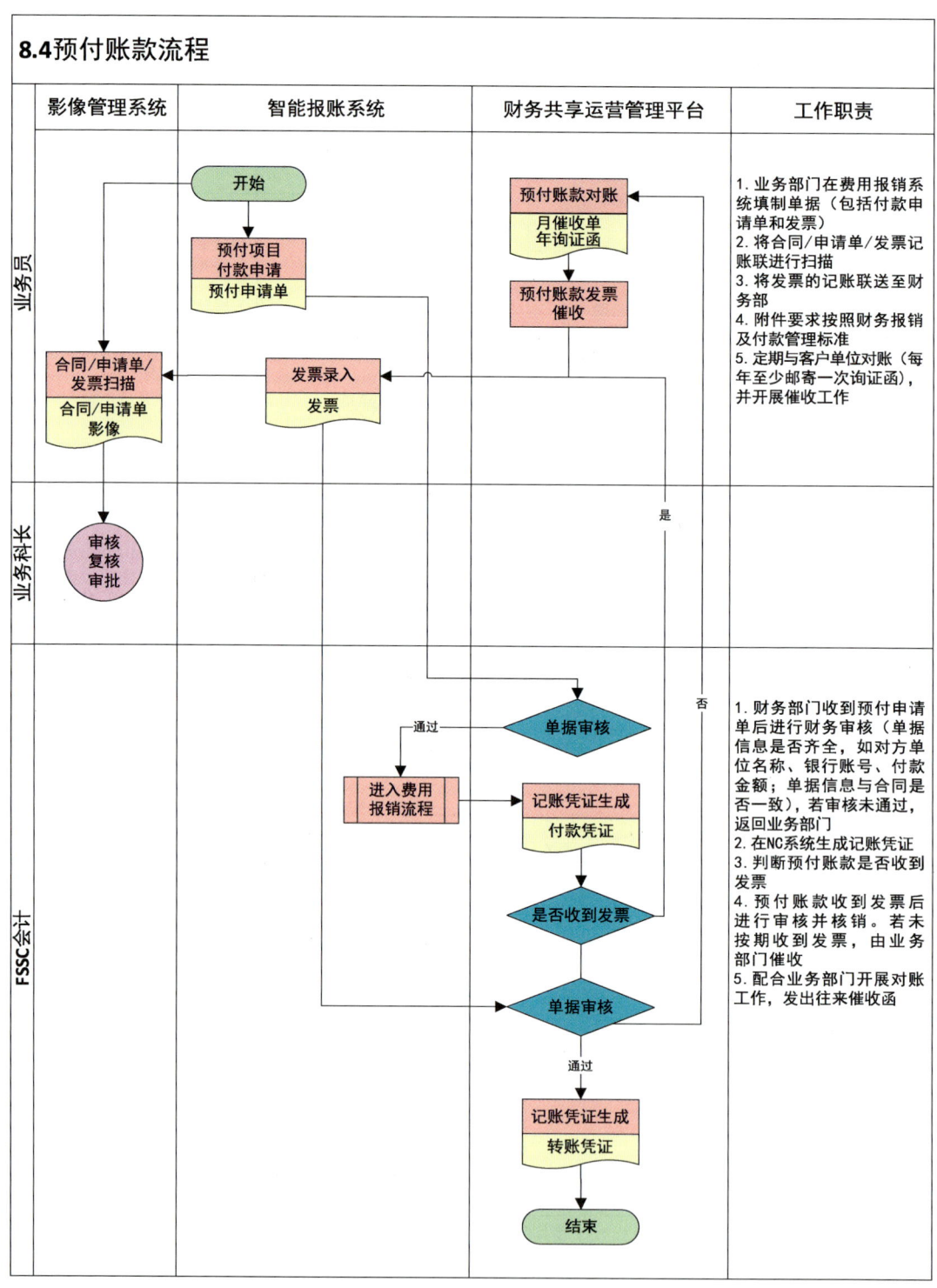

图 8-7 预付账款流程

8.1.5　其他应付款流程

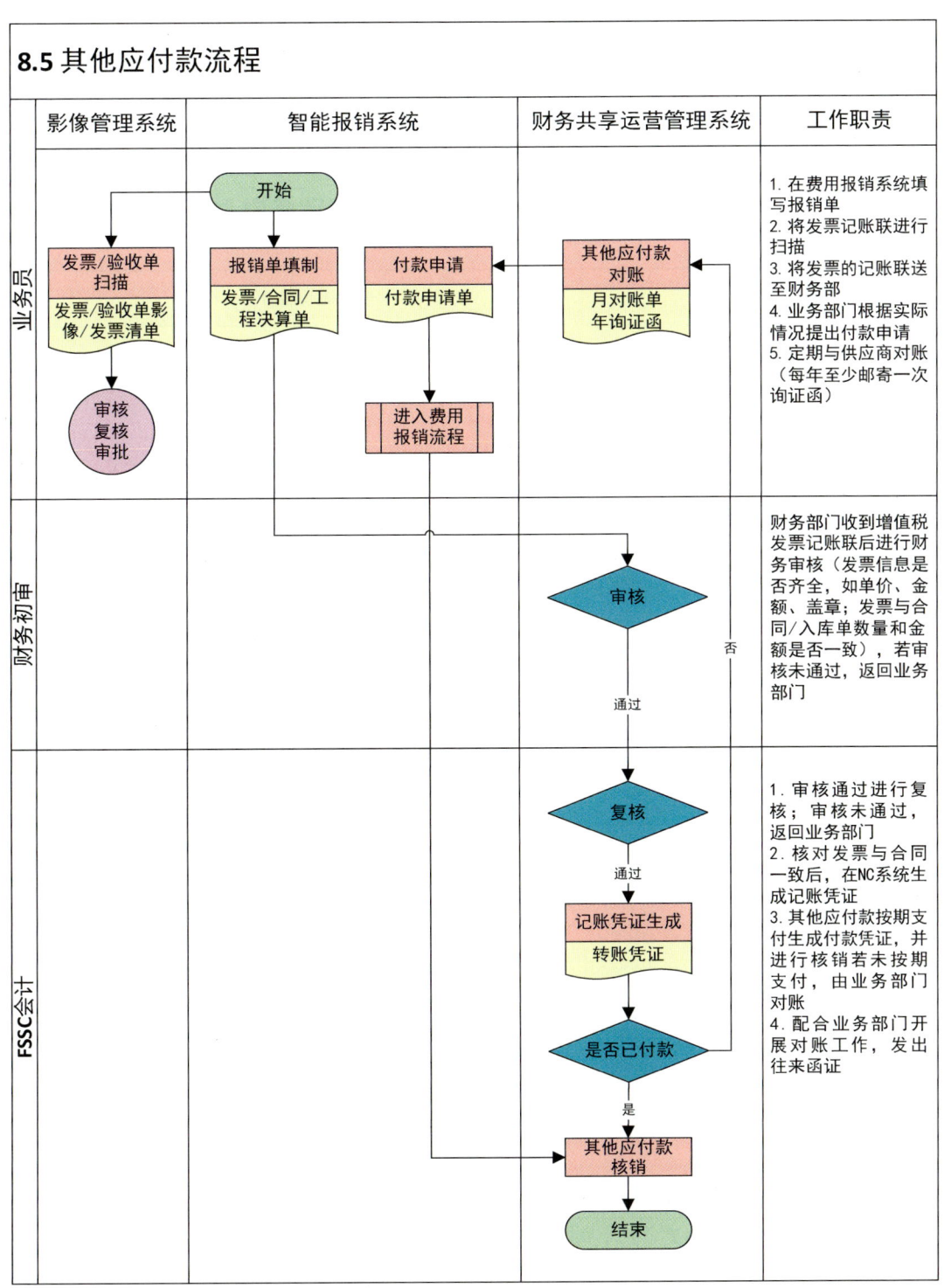

图 8-8　其他应付款流程

8.2 资产管理流程

广西中烟资产管理流程的优化目标是,在财务共享模式下实现资产全生命周期管理的标准化和核算的自动化,资产管理流程清单如表 8-2 所示。全生命周期涵盖从资产投产、移动、盘点、维修改造到资产损失、处置、置换、出租等环节,优化后的流程如图 8-9 至图 8-17 所示。

表 8-2　资产管理流程清单

流程名称	明细流程编号及名称
资产管理流程	10.1　资产投入使用流程
	10.2　固定资产改建、改良、大修流程
	10.3　资产基础信息变动流程——固定资产/无形资产
	10.4　固定资产移动流程——跨部门
	10.5　资产抽查、盘点流程——固定资产/无形资产
	10.6　资产损失流程——固定资产/无形资产
	10.7　资产处置流程——有偿转让
	10.8　资产处置流程——无偿转让
	10.9　资产出租管理流程

8.2.1　资产投入使用流程

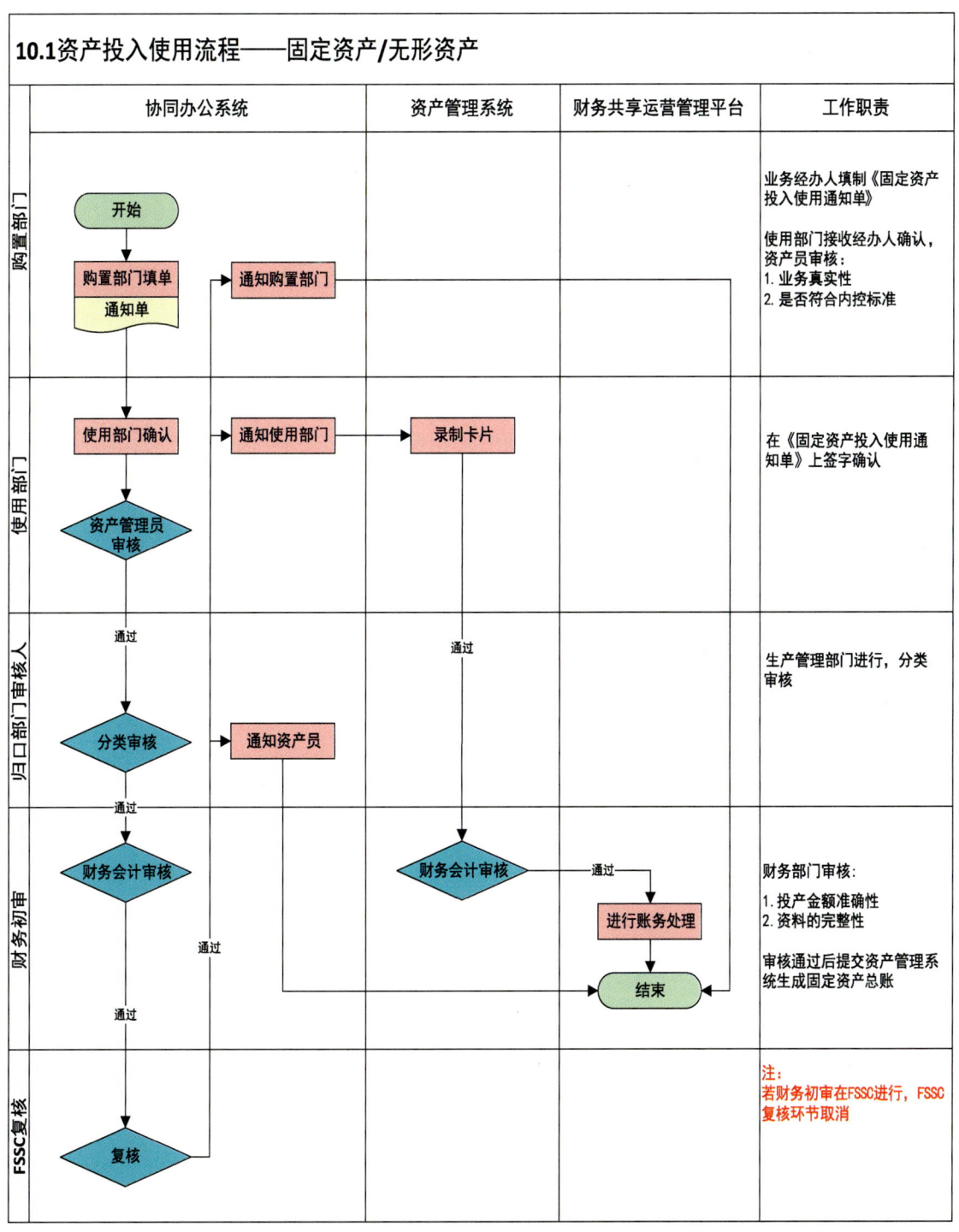

图 8-9　资产投入使用流程

8.2.2 固定资产改建、改良、大修流程

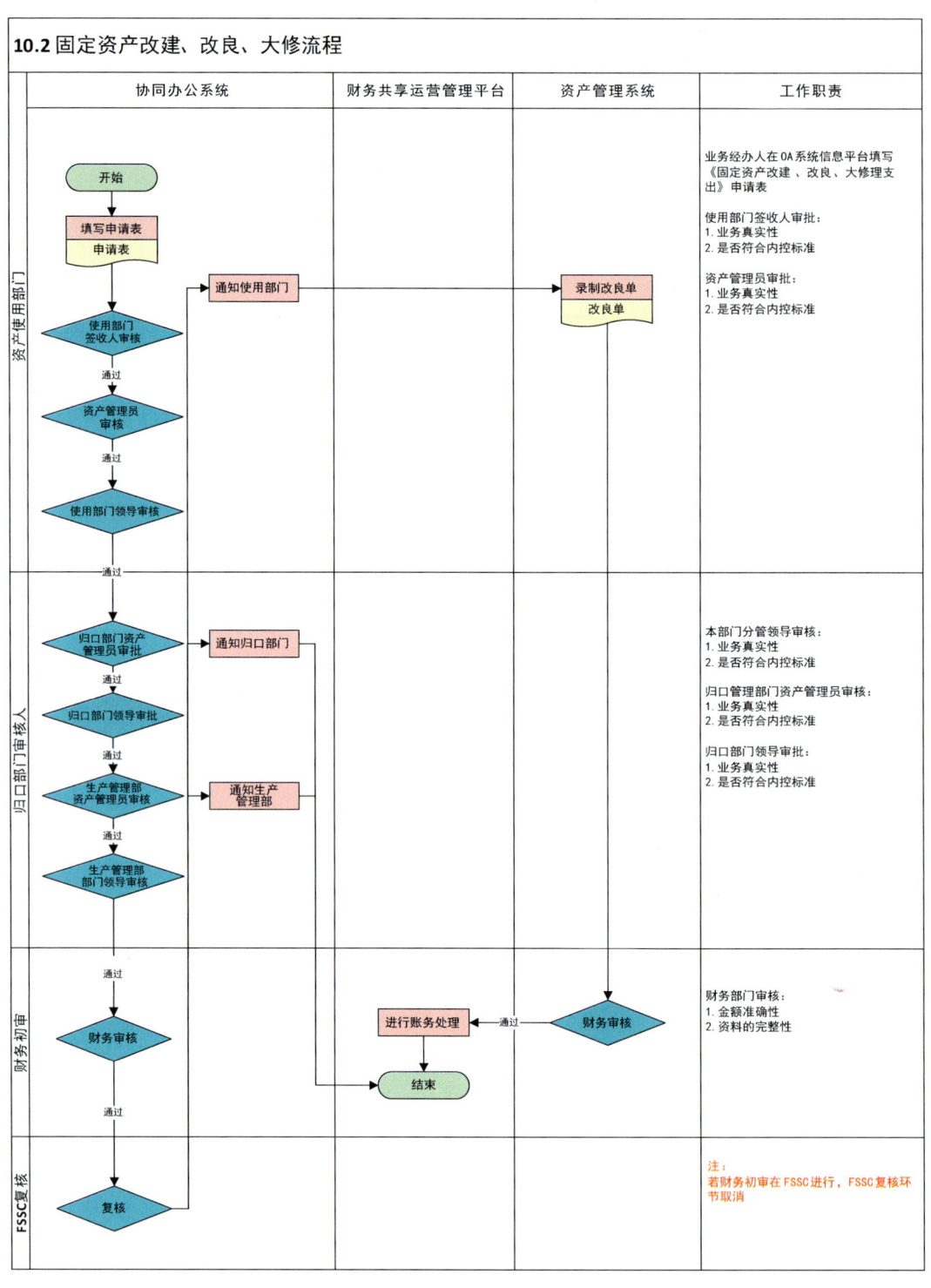

图 8-10 固定资产改建、改良、大修流程

8.2.3　资产基础信息变动流程

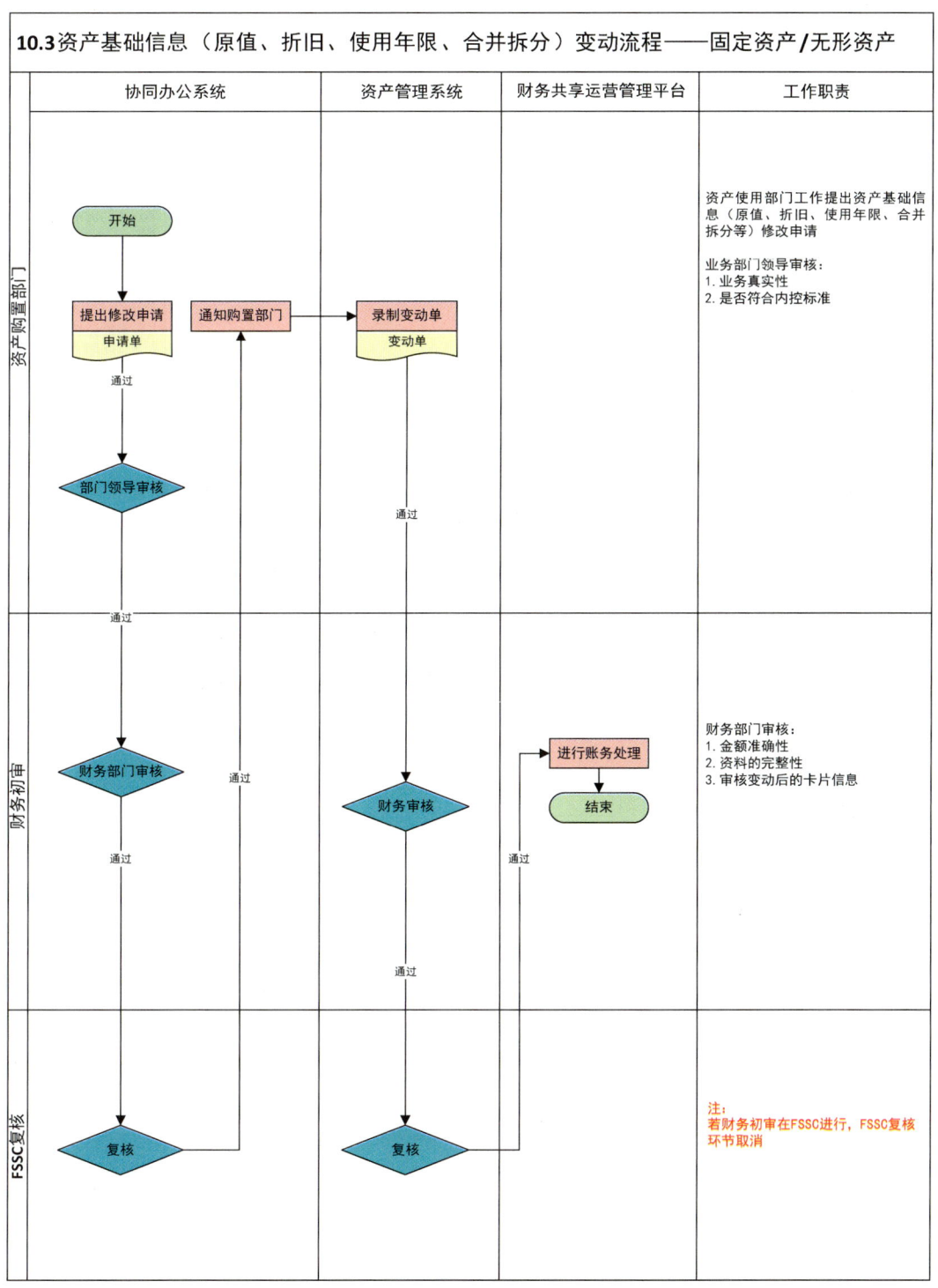

图 8-11　资产基础信息变动流程

8.2.4 固定资产移动流程——跨部门

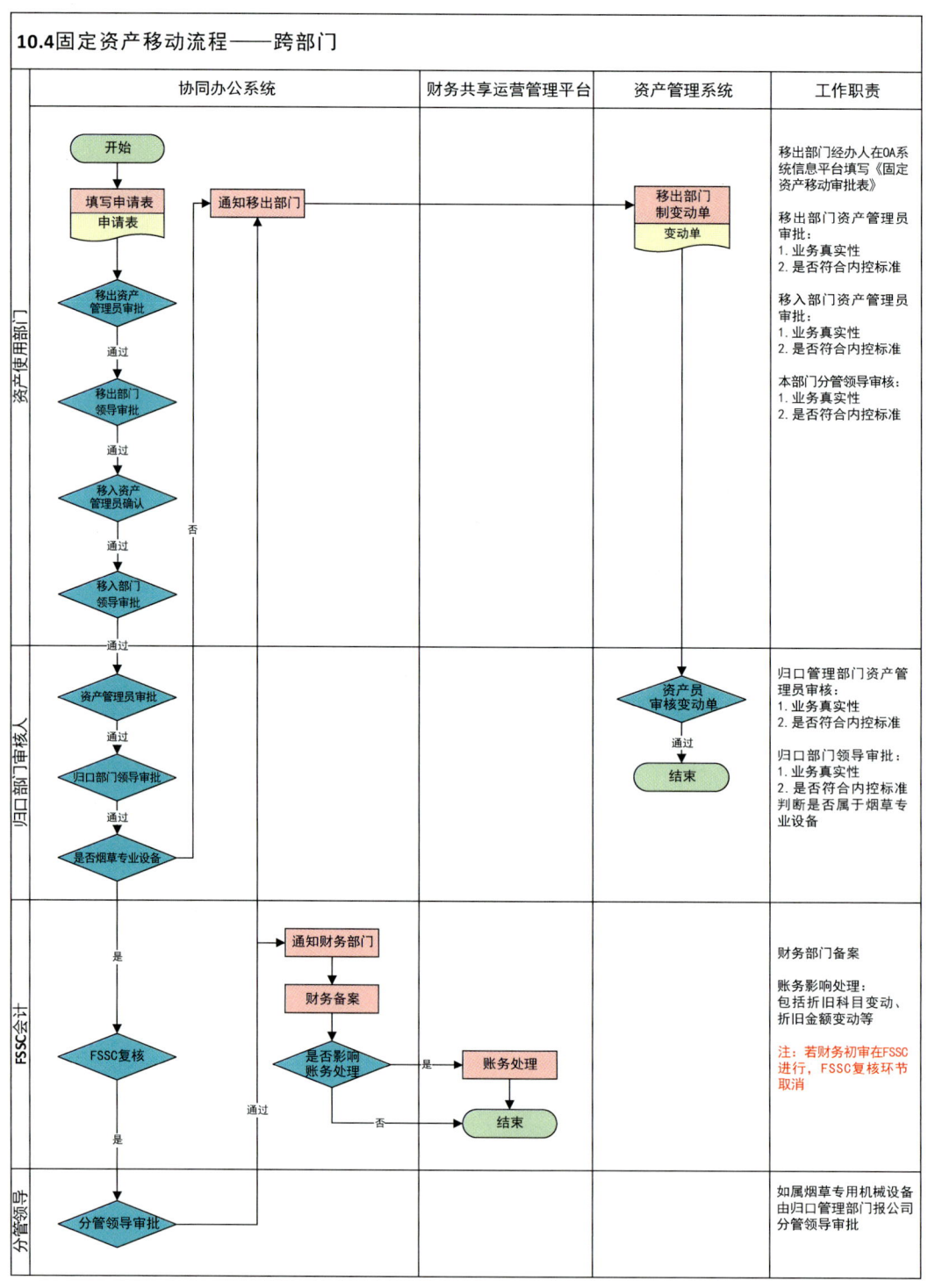

图8-12 固定资产移动流程——跨部门

8.2.5　资产抽查、盘点流程

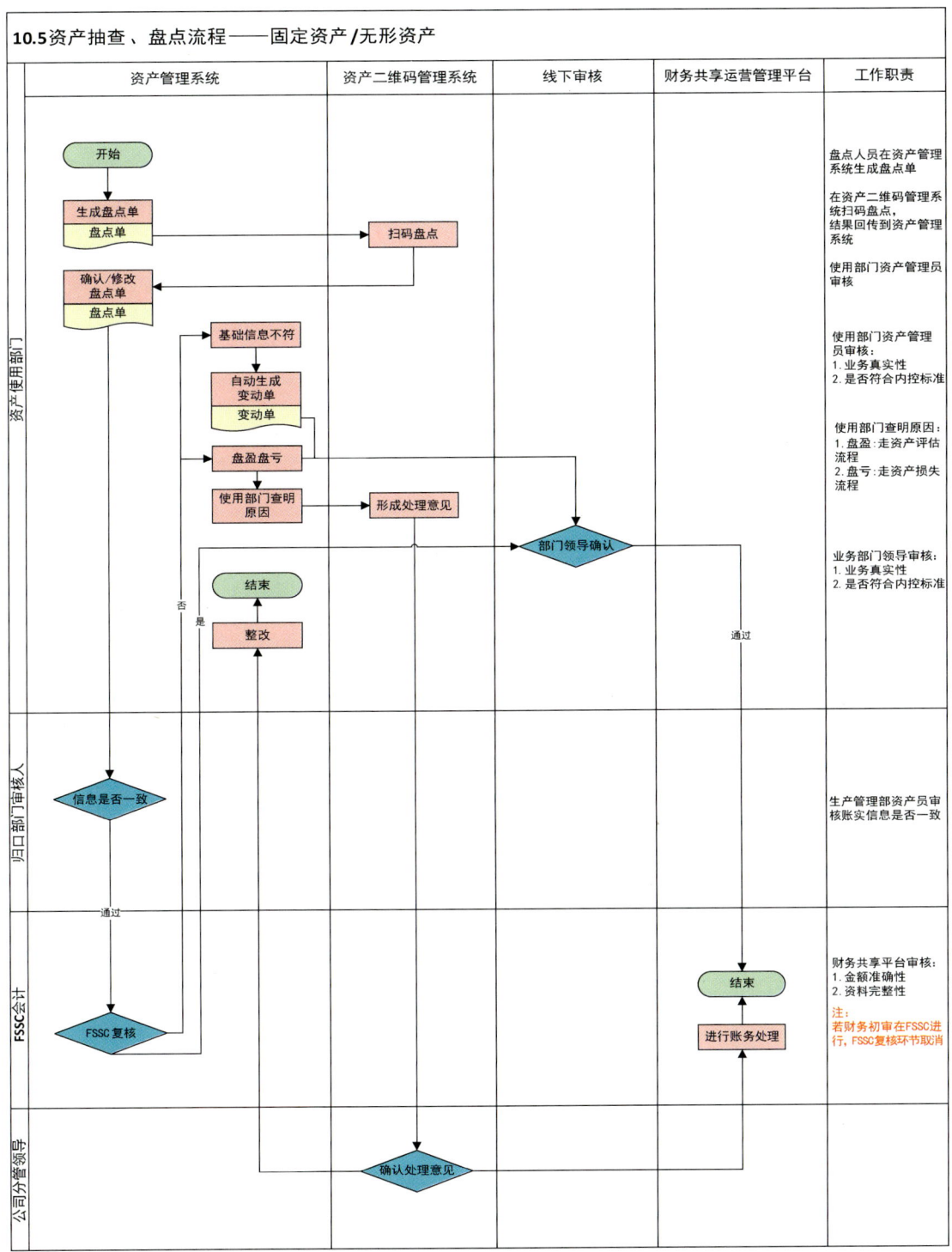

图 8-13　资产抽查、盘点流程

8.2.6 资产损失流程

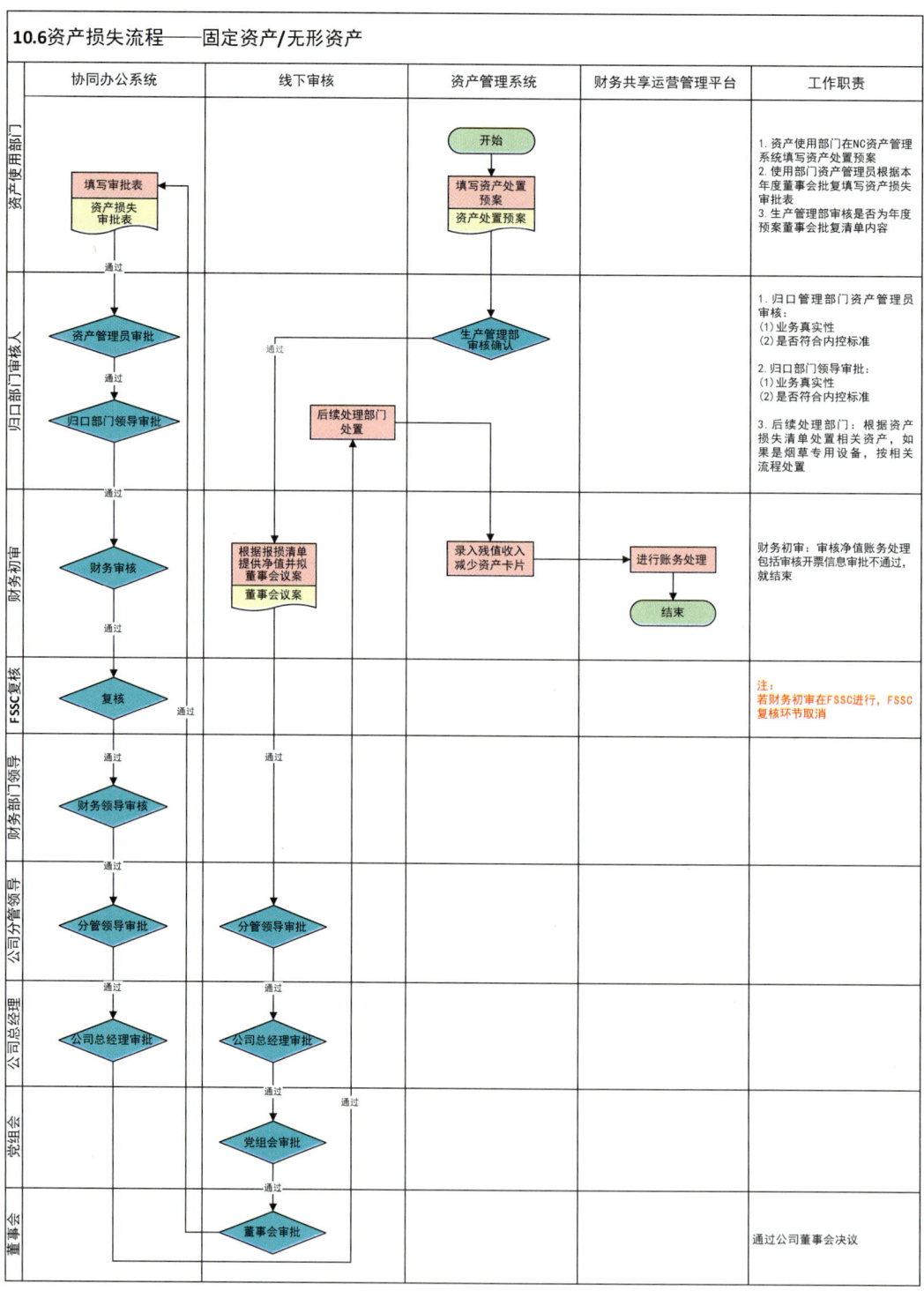

图 8-14 资产损失流程

8.2.7 资产处置流程

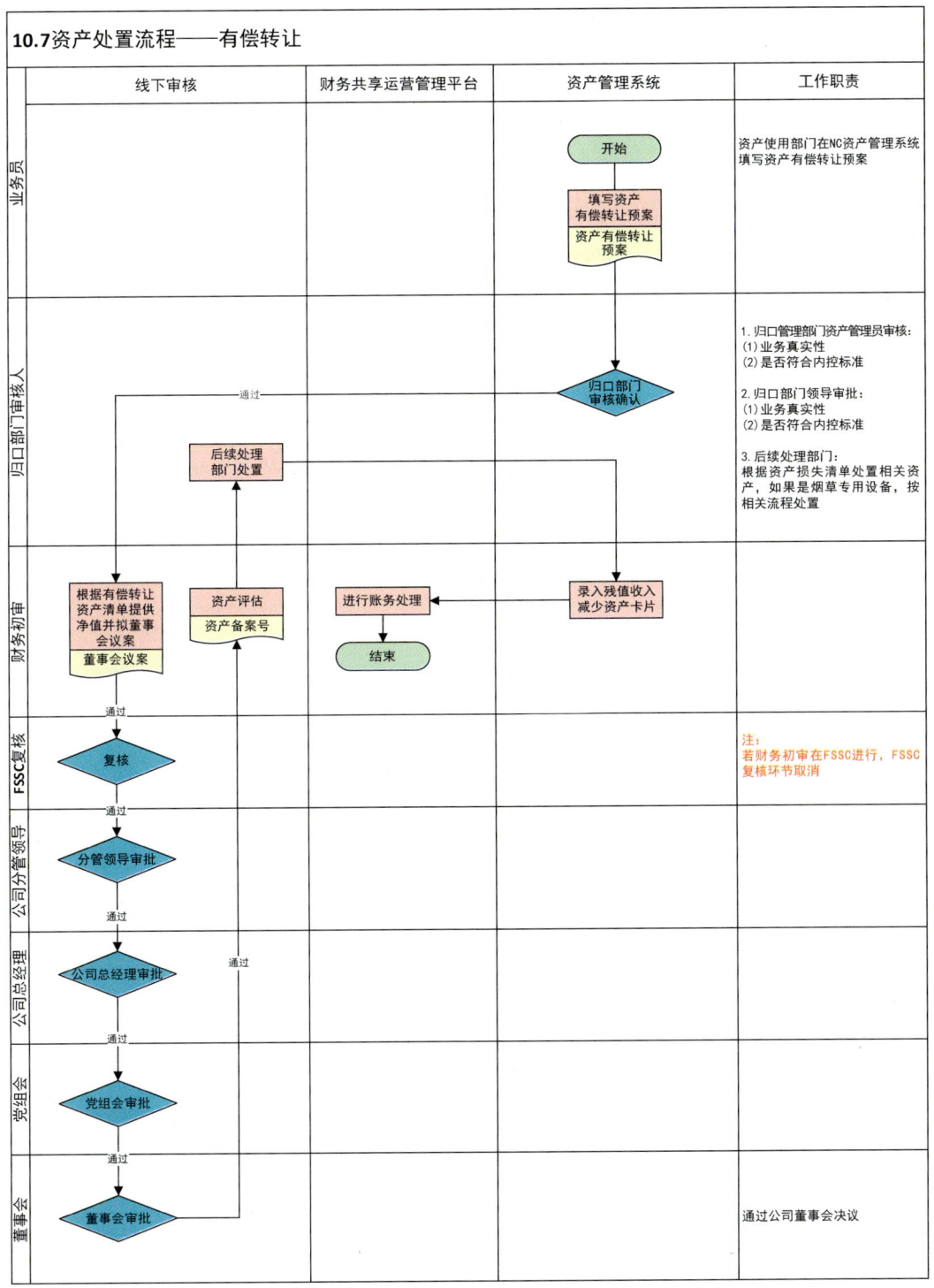

图 8-15 资产处置流程——有偿转让

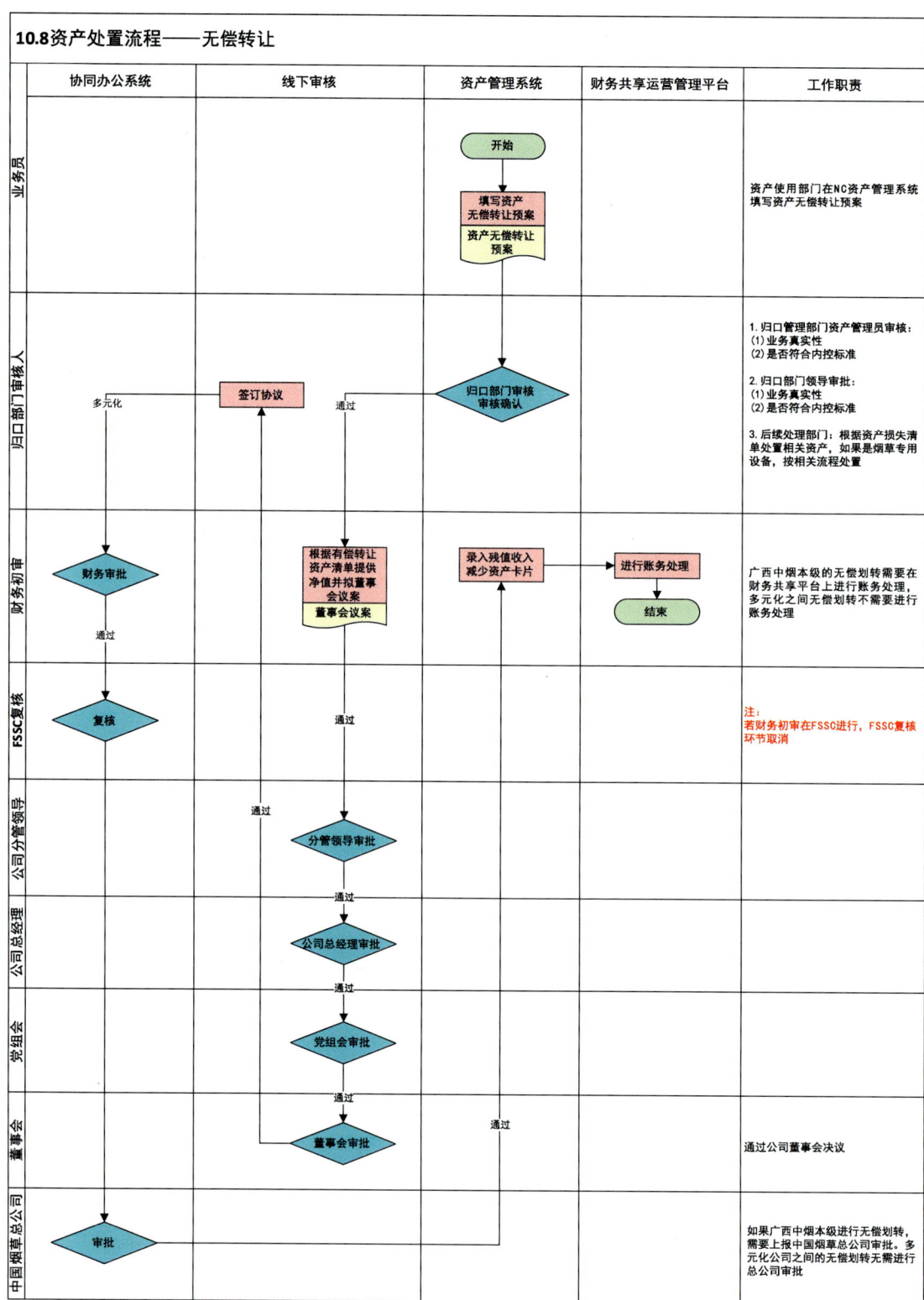

图 8-16　资产处置流程——无偿转让

8.2.8　资产出租管理流程

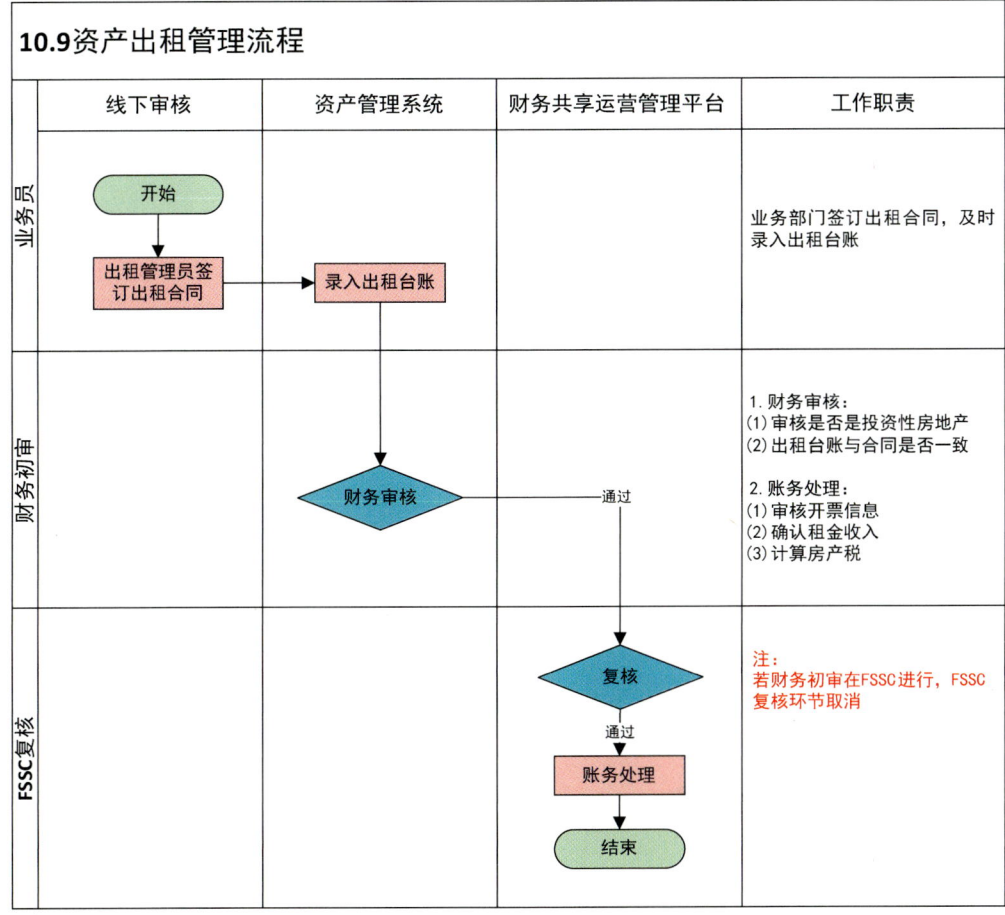

图 8-17　资产出租管理流程

8.3　财务报告流程

广西中烟财务报告流程的优化目标是,在财务共享模式下实现会计报表和财务报告的自动化,包括自动采集报表数据源、自动计算报表数据、自动核销内部往来,从而自动生成单体财务报表、合并财务报表和财务分析报告,并自动推送给需求用户,财务报告流程清单如表 8-3 所示。

表 8-3　财务报告流程清单

流程名称	明细流程编号及名称
财务报告流程	13.1　单体财务报表生成及发布流程
	13.2　合并财务报表生成及发布流程
	13.3　财务报表使用流程
	13.4　财务分析报告生成及发布流程

广西中烟财务报告管理分为单体财务报表生成及发布、合并财务报表生成及发布、财务报表使用、财务分析报告生成及发布,主要涉及数据来源系统、报表管理系统、数据中心等,具体流程如图 8-18 至图 8-21 所示。

8.3.1 单体财务报表生成及发布流程

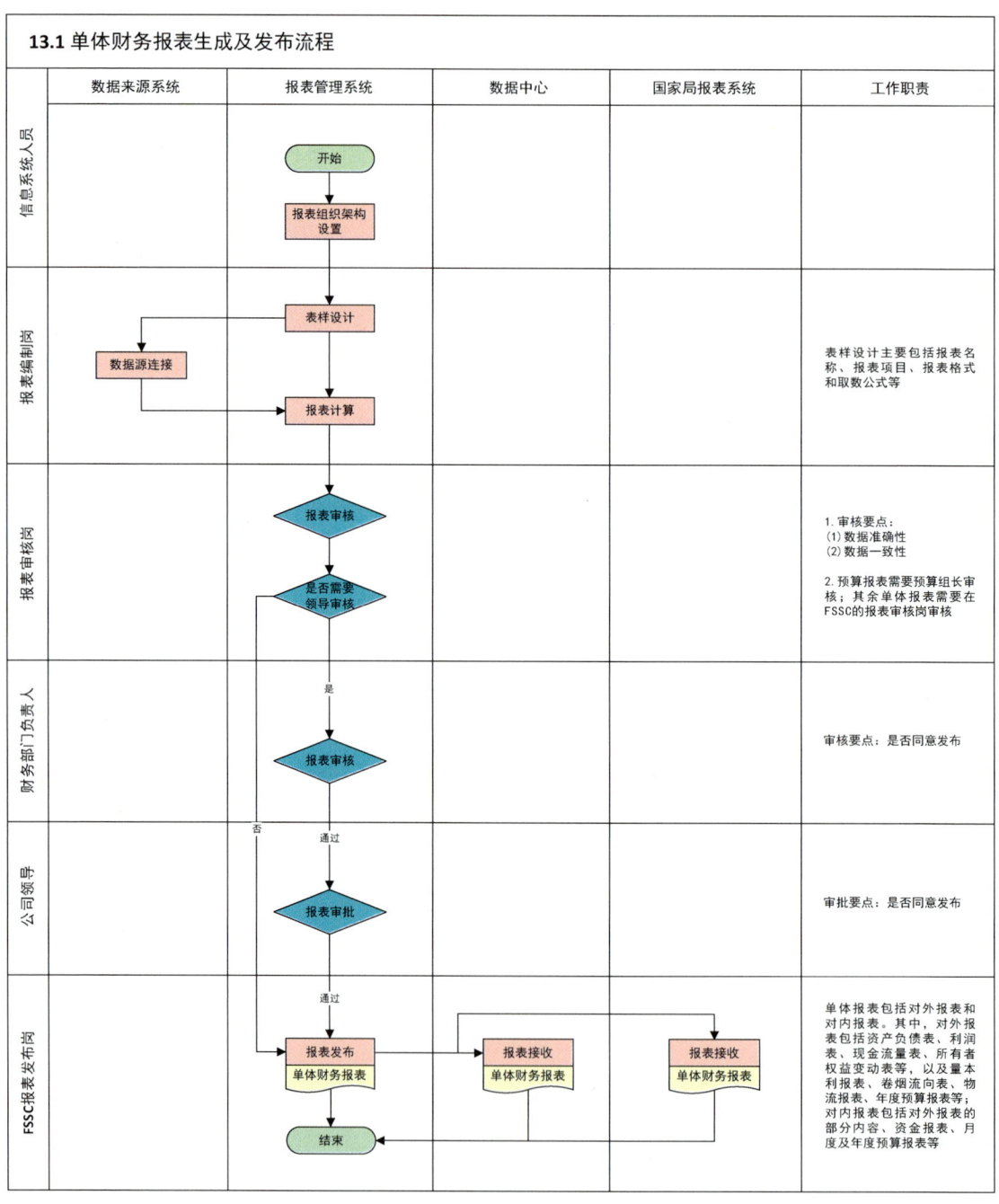

图 8-18 单体财务报表生成及发布流程

8.3.2　合并财务报表生成及发布流程

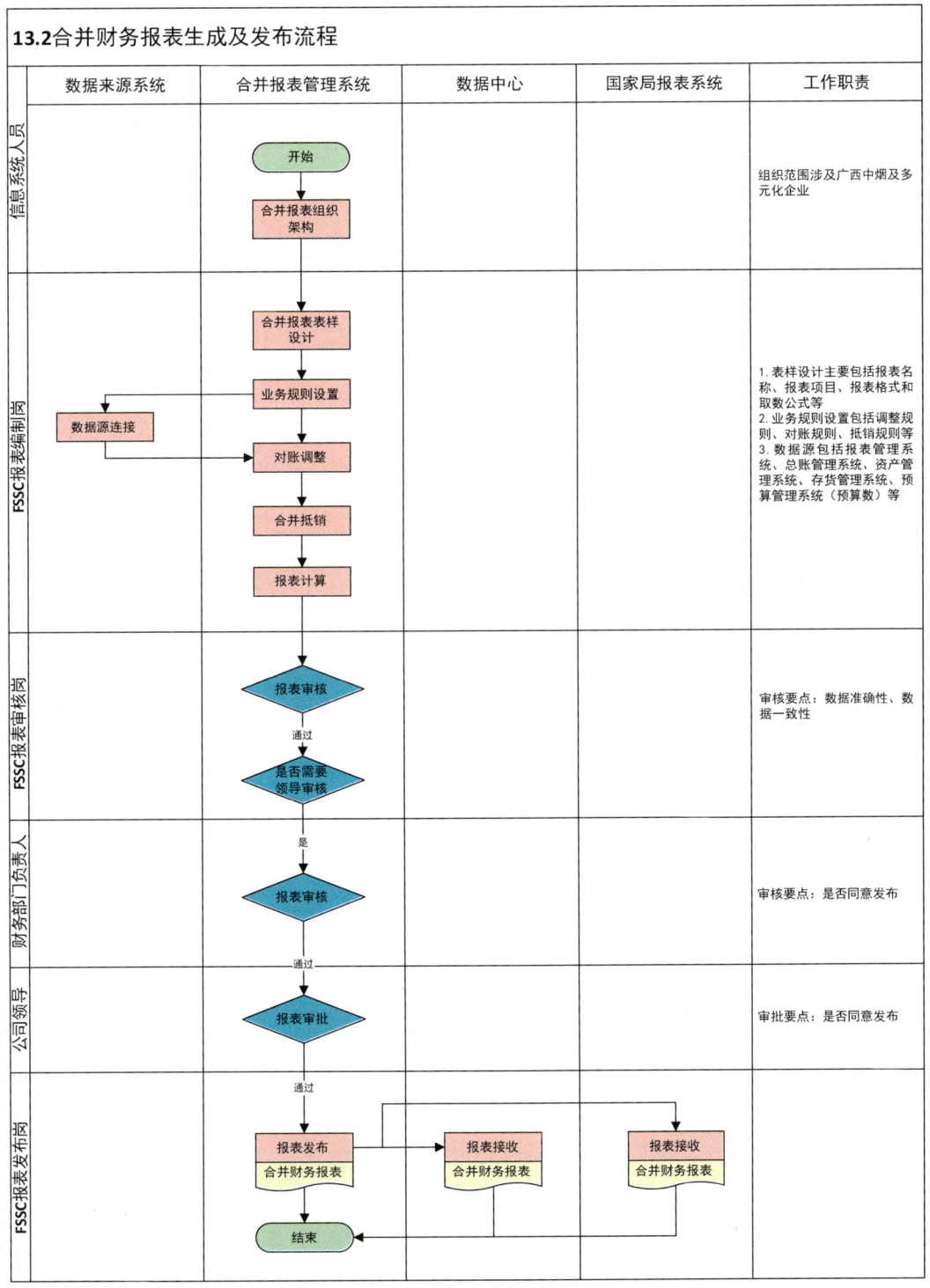

图 8-19　合并财务报表生成及发布流程

8.3.3 财务报表使用流程

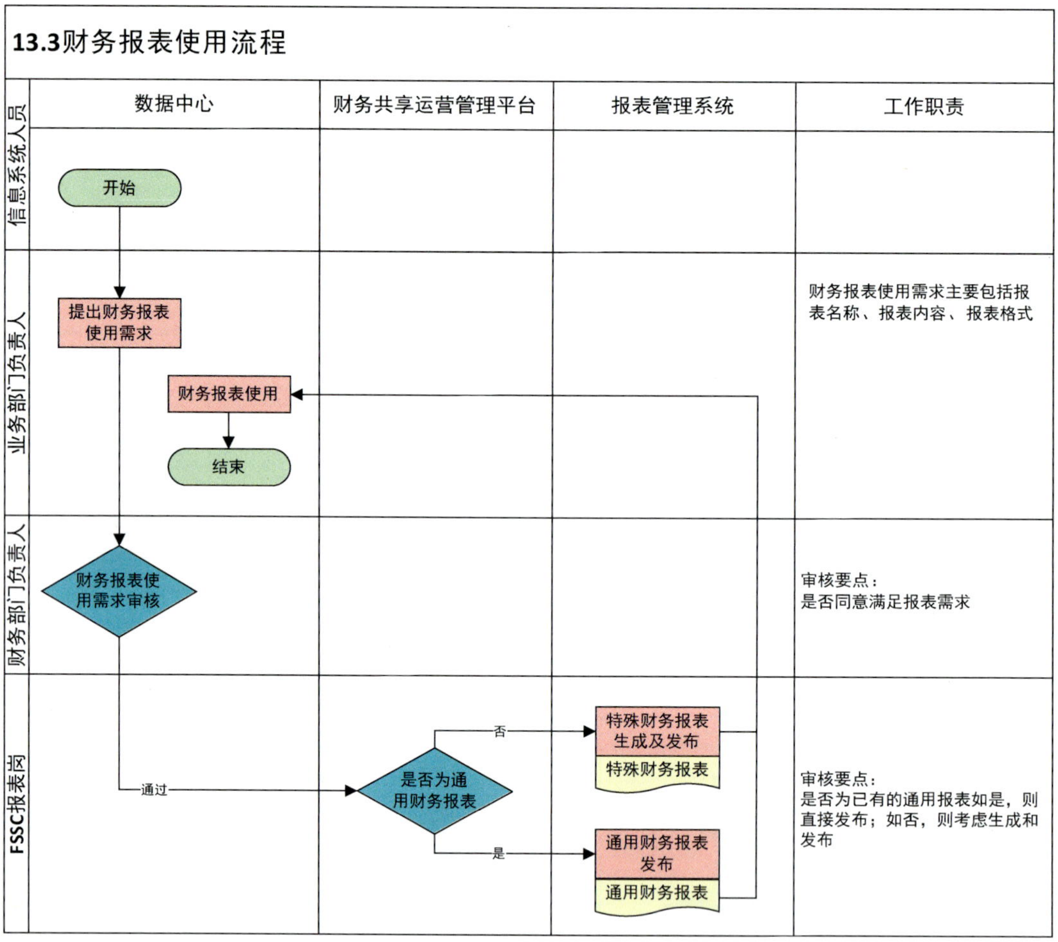

图 8-20 财务报表使用流程

8.3.4 财务分析报告生成及发布流程

财务分析报告生成及发布流程如图 8-21 所示。

8.4 财务稽核流程

广西中烟财务稽核流程的优化目标是，在财务共享模式下实现财务稽核全流程的线上化、自动化和可视化。内部财务稽核需要先成立稽核小组、制订稽核计划，系统自动提取稽核所需文档资料，包括凭证、文件等，稽核小组执行稽核、编写稽核报告，并通报稽核情况，跟进稽核问题整改等。被稽核单位包括公司以及下属多元化公司的财务部、财务科和业务部，具体流程如图 8-22 所示。

13.4财务分析报告生成及发布流程

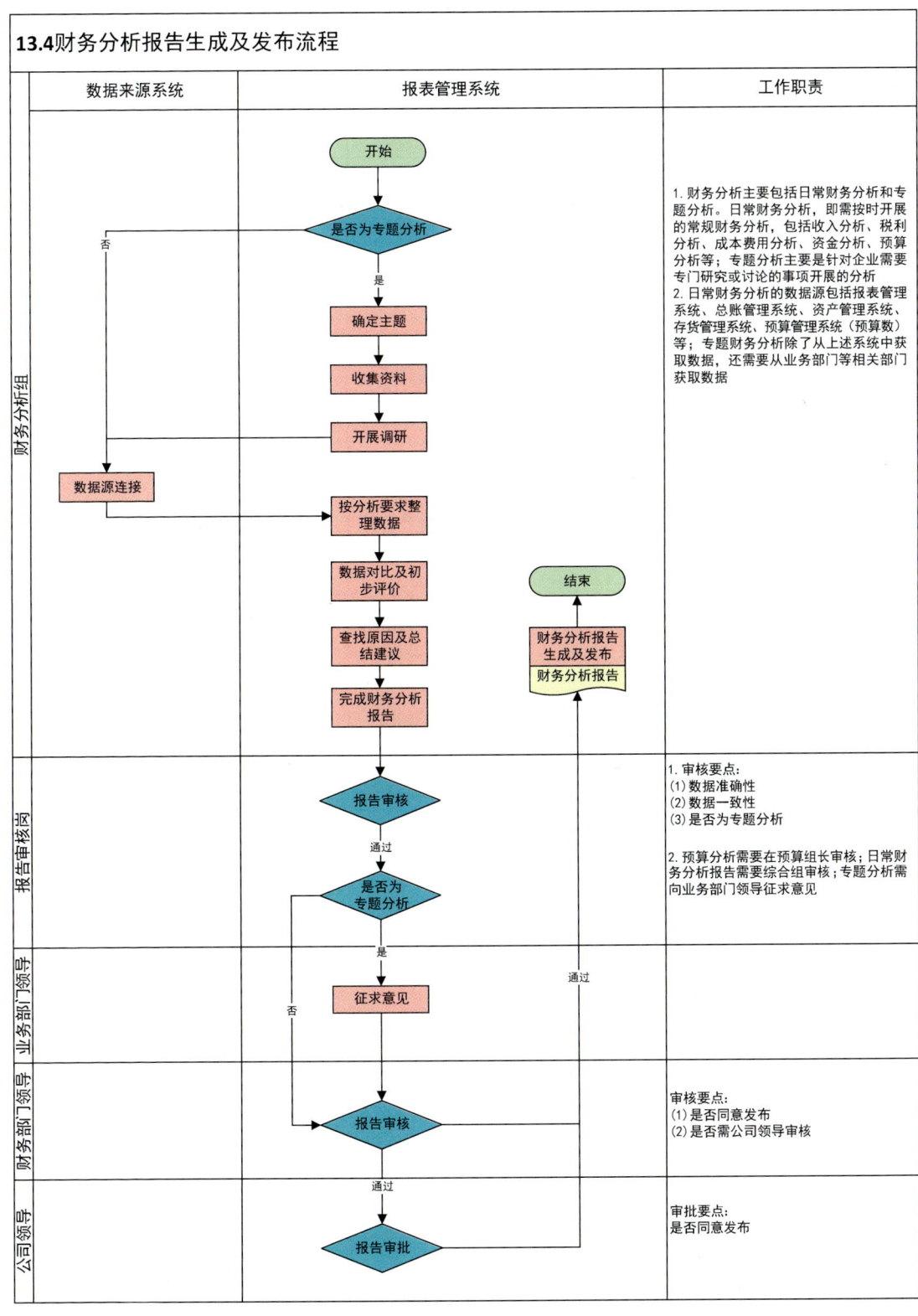

图 8-21　财务分析报告生成及发布流程

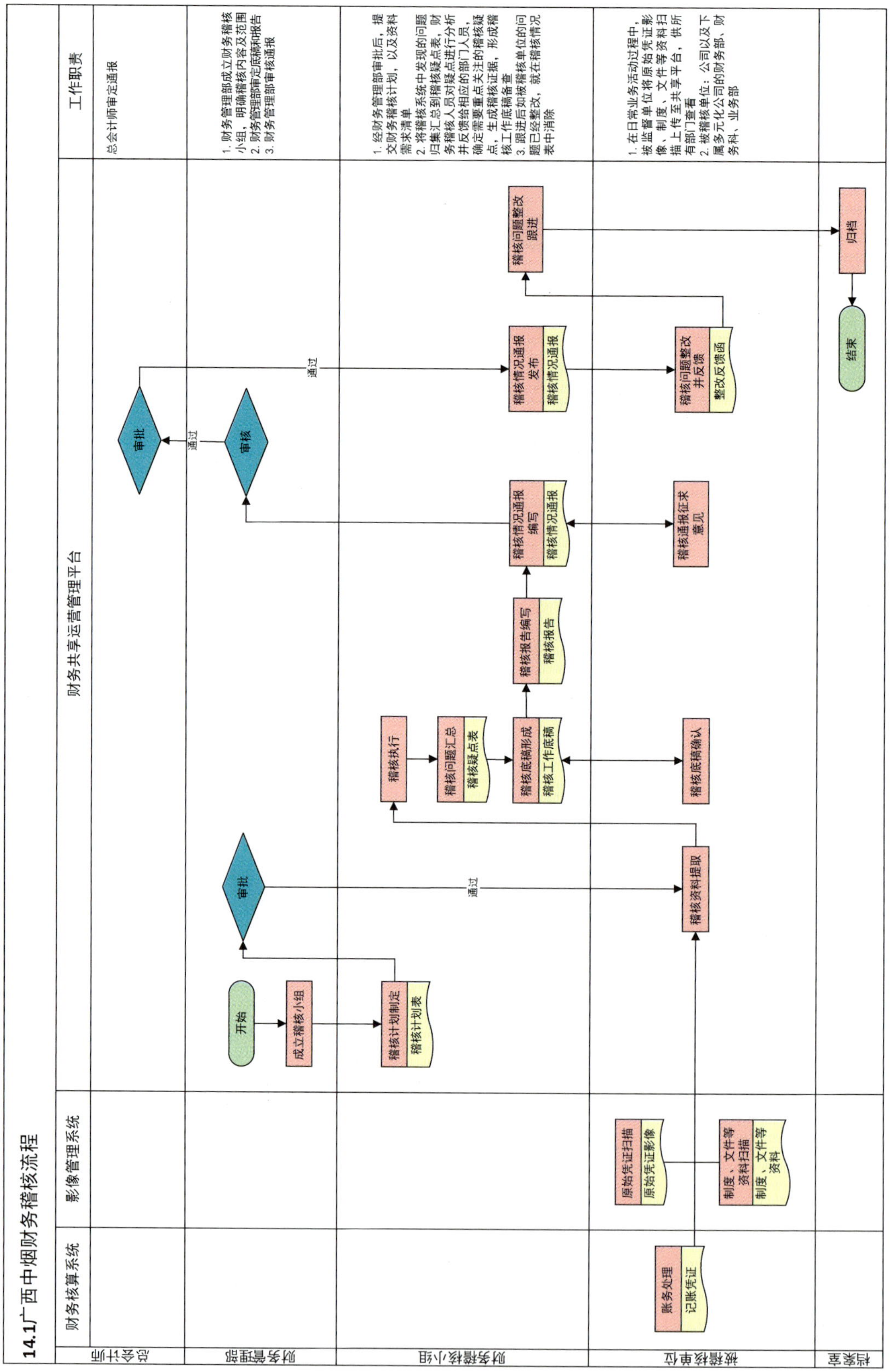

图 8-22 财务内部稽核细节流程

14.1广西中烟财务稽核流程						工作职责
	财务核算系统	影像管理系统	财务共享运营管理平台			
财务管理部			总会计师审定通报			
财务管理部稽核小组			开始 → 成立稽核小组 → 稽核计划制定（稽核计划表） → 审批			1.财务管理部成立财务稽核小组，明确稽核内容及范围 2.财务管理部审定底稿和报告 3.财务管理部审核稽核通报
影像/稽核小组			稽核执行 → 稽核问题汇总（稽核疑点表） → 稽核底稿形成（稽核底稿工作底稿） → 稽核报告编写（稽核报告） → 稽核情况通报编写（稽核情况通报） → 审核[通过] → 稽核情况通报发布（稽核情况通报）			1.经财务管理部审批后，提交财务稽核计划，以及资料需求清单 2.将稽核系统中发现的问题归集到稽核疑点表，财务稽核人员对疑点进行分析并反馈给相应的部门人员，确定稽核重点关注的稽核疑点，生成稽核证据，形成稽核核工作底稿复查 3.跟踪整改后如稽核单位的问题已经整改，就在稽核情况表中消除
稽核被查单位业务部	账务处理（记账凭证）	原始凭证扫描（原始凭证影像） 制度、文件等资料扫描（制度、文件等资料）	稽核资料提取 ← 审批[通过] 稽核底稿确认 ← 稽核通报征求意见 稽核问题整改并反馈（整改反馈函）	稽核问题整改跟进		1.在日常业务活动过程中，被监督单位将原始凭证影像、制度、文件等资料扫描上传至共享平台，供所有部门查看 2.被稽核单位：公司以及下属多元化公司的财务部、业务部
稽核部				归档 → 结束		

8.5　会计档案管理流程

广西中烟会计档案管理流程的优化目标是,在财务共享模式下实现会计档案管理的标准化、线上化和可视化。其中,电子会计档案实现图像、电子结构化数据及电子文件等无纸化档案存档,并可以与相关纸质文档之间进行相互检索。

8.5.1　档案管理机构确定流程

档案管理机构确定主要是线下判断,如图 8-23 所示。

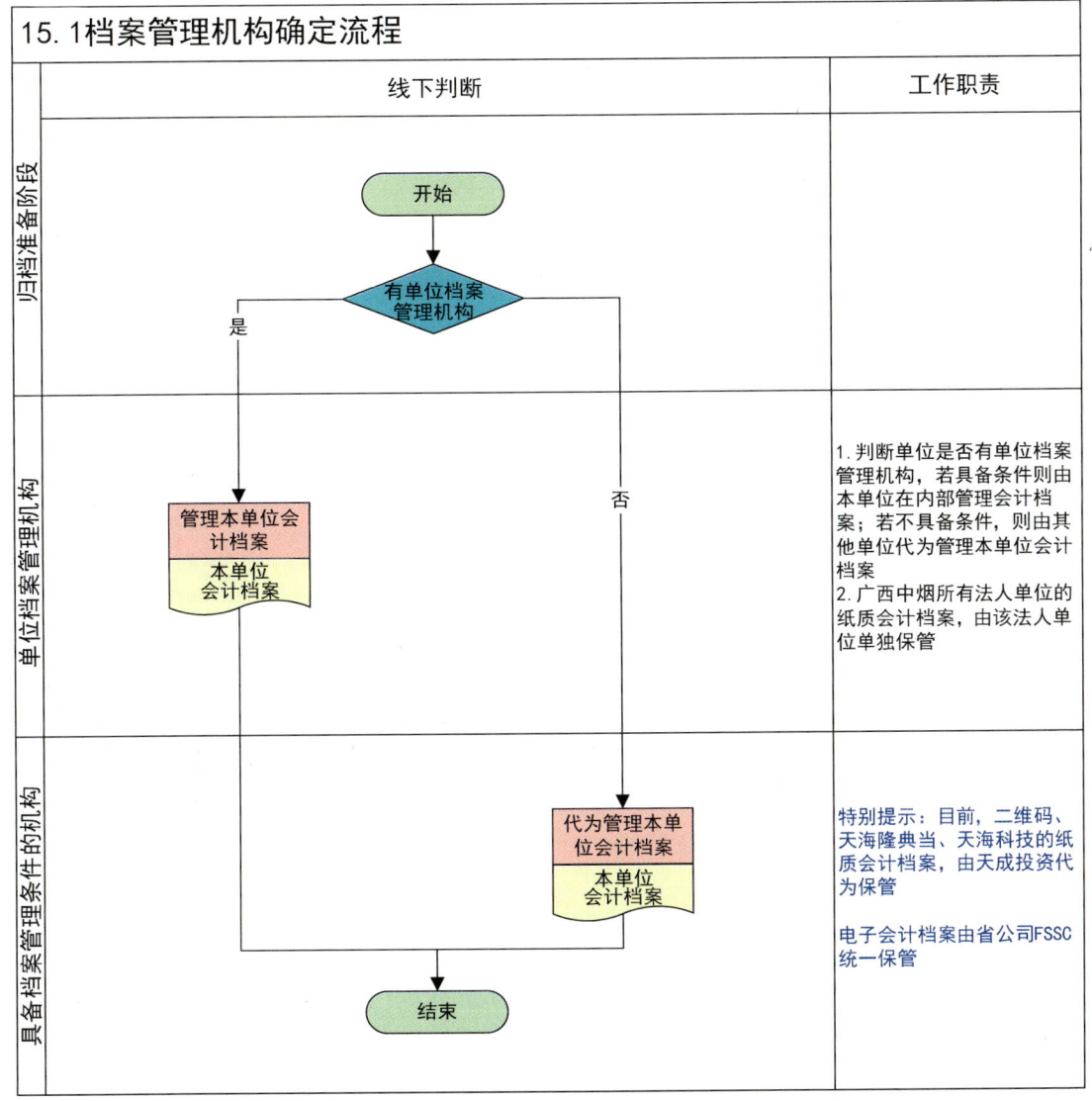

图 8-23　档案管理机构确定流程

8.5.2 会计档案界定流程

会计档案的界定是指对所获取的会计核算资料进行界定,需要结合《202 317 会计档案管理标准》细化判断标准,如图 8-24 所示。

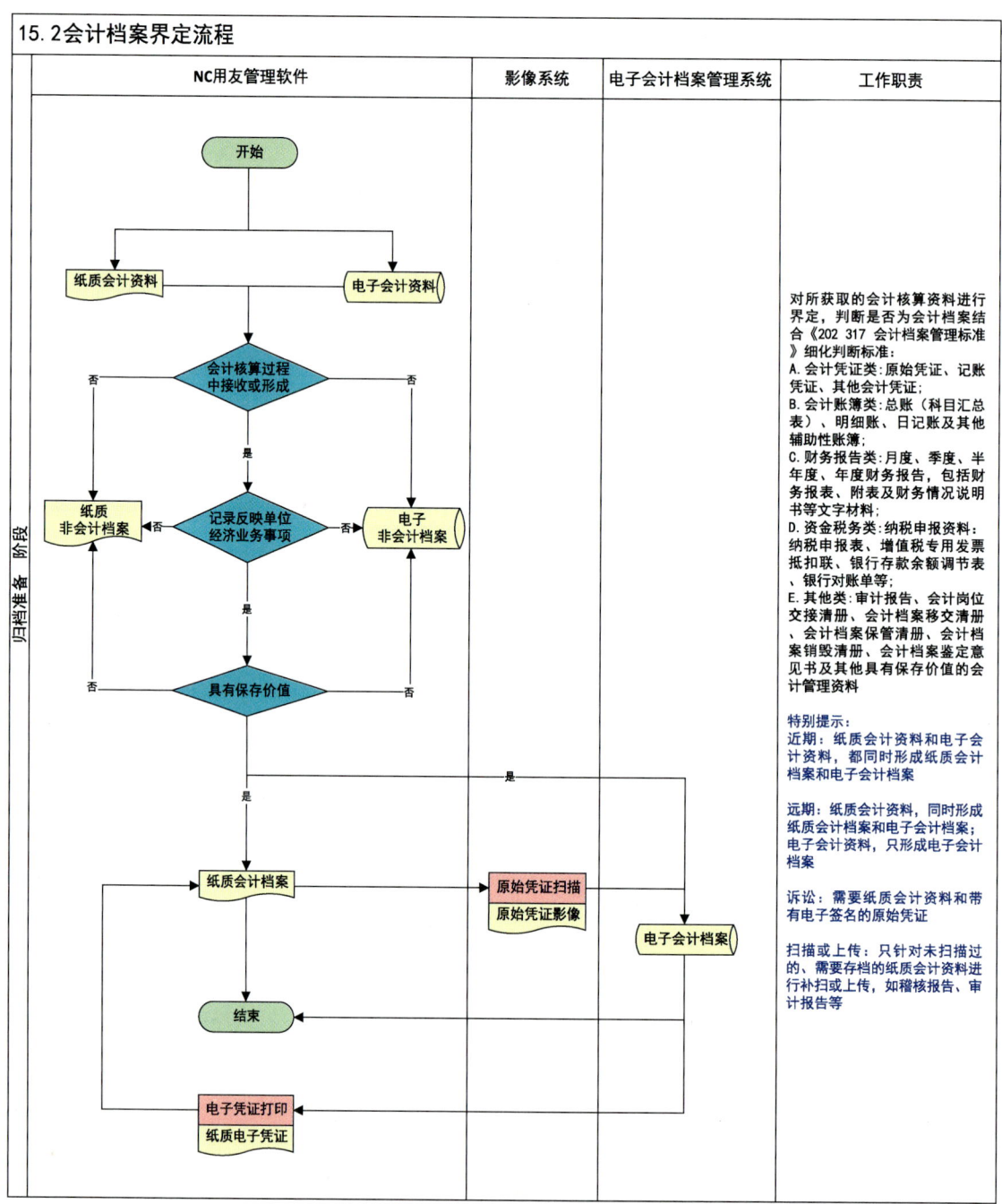

图 8-24 会计档案界定流程

8.5.3　会计档案归档流程

会计档案的归档主要分为纸质档案存档和无纸化存档，无纸化档案还需区分内外部的不同来源情况，主要流程如图 8-25（纸质）、图 8-26（内部无纸化档案）、图 8-27（外部无纸化档案）所示。

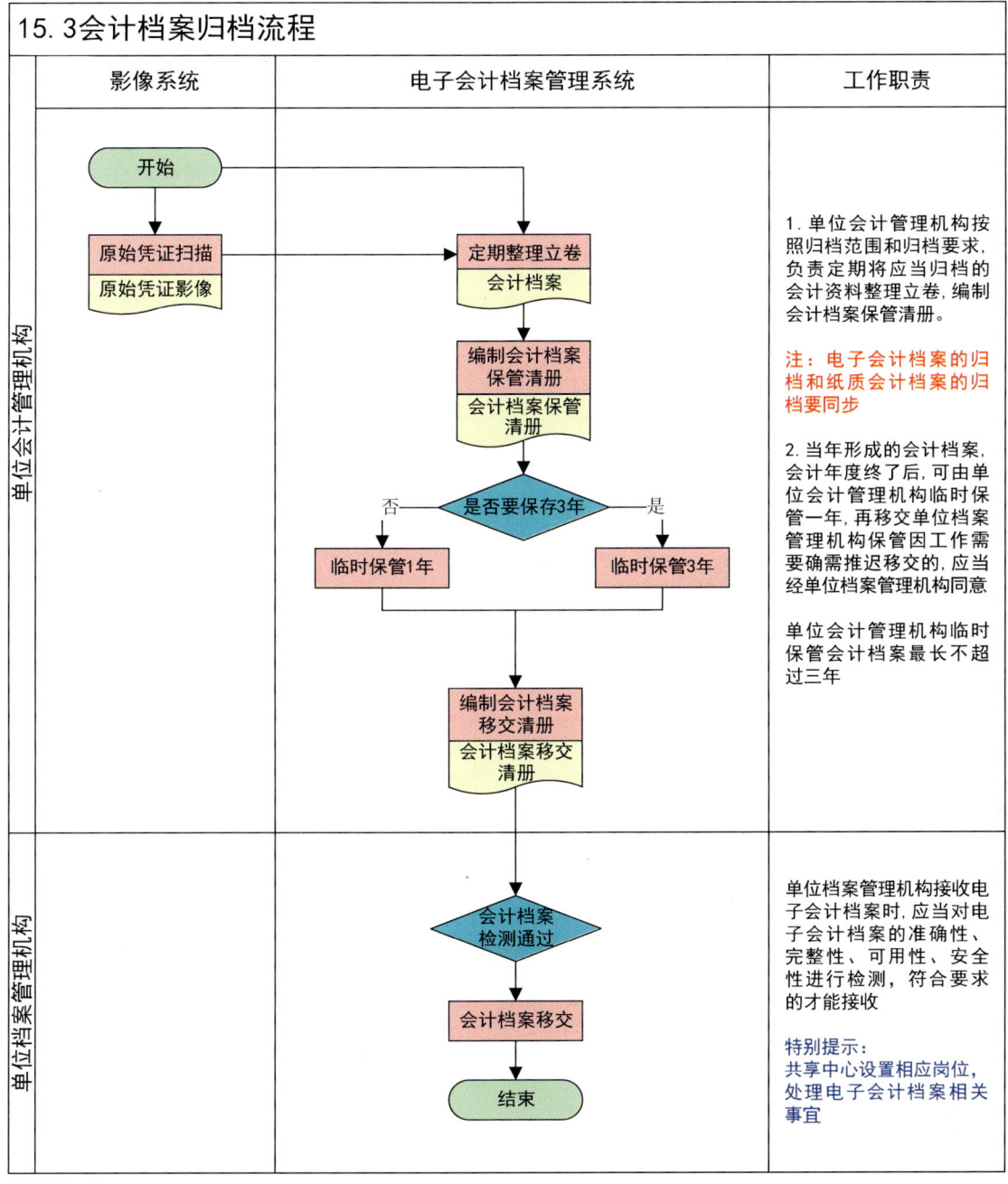

图 8-25　会计档案归档流程

15.4内部生成会计资料无纸化存档判定

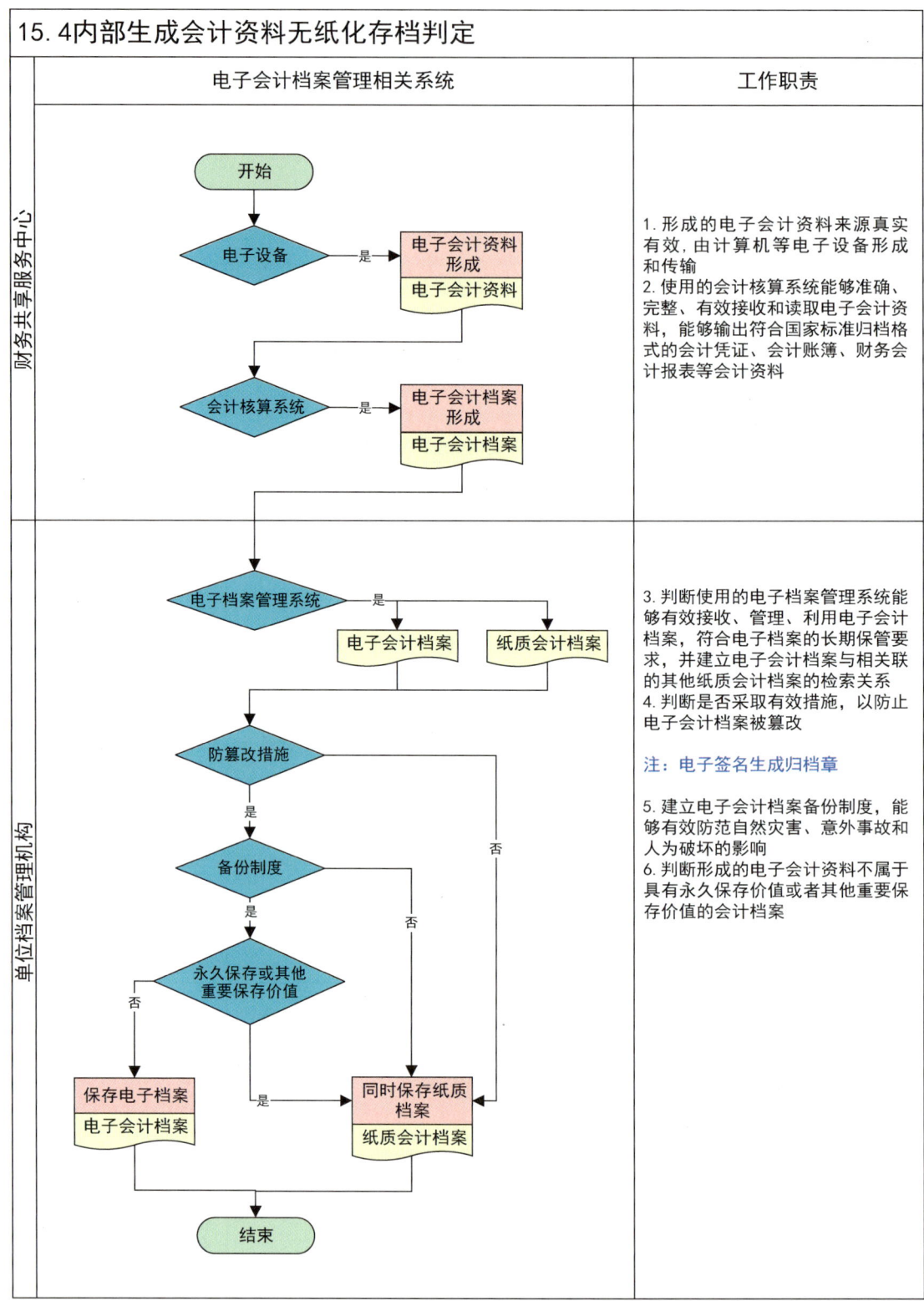

图 8-26　内部生成会计资料无纸化存档判定流程

15.5外部接收会计资料无纸化存档判定

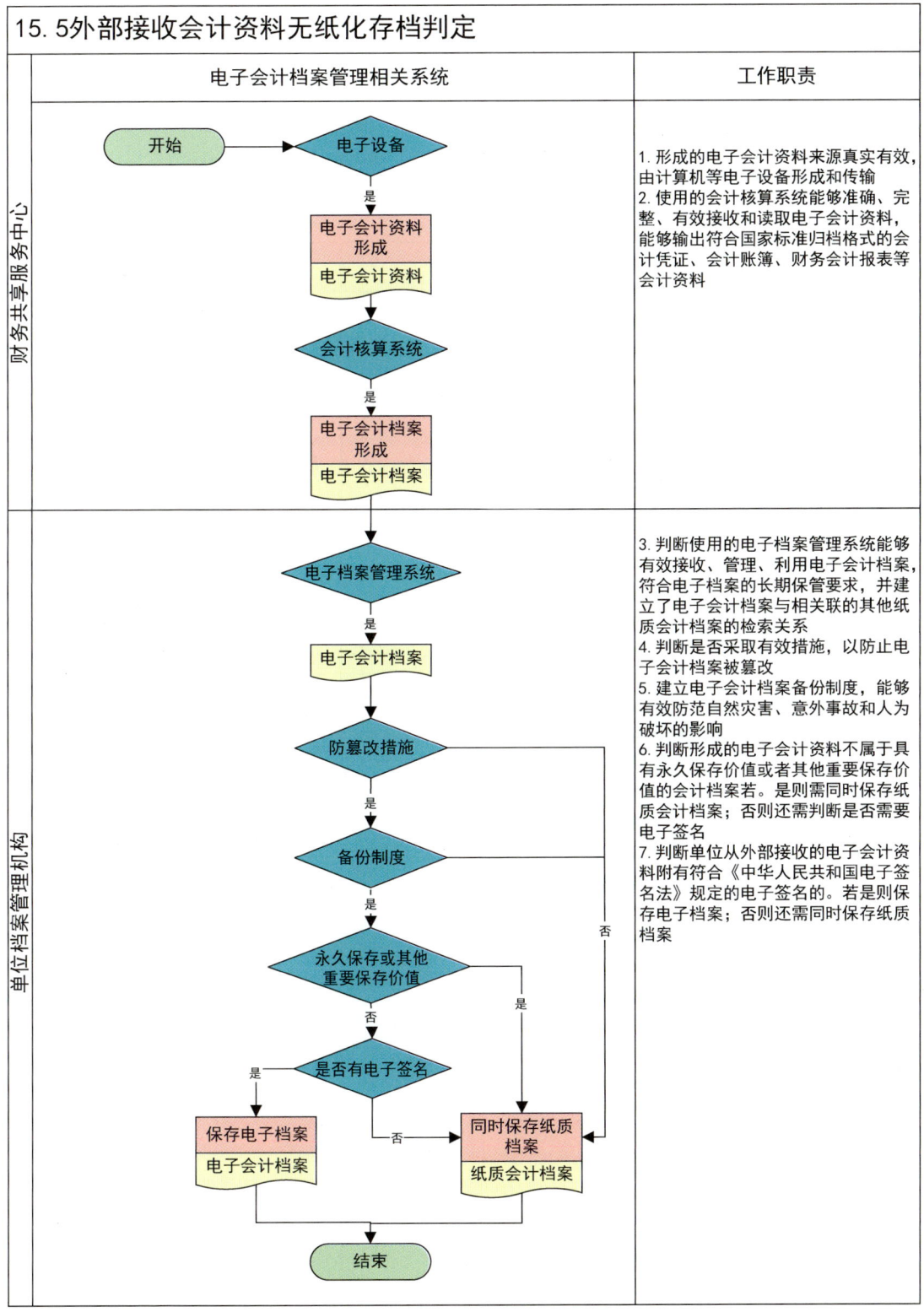

图 8-27　外部接收会计资料无纸化存档判定流程

8.5.4 会计档案交接、利用和鉴定销毁流程

会计档案的交接、利用和鉴定销毁流程都需要在电子档案管理系统中进行,具体流程如图 8-28(交接)、图 8-29(利用)、图 8-30(鉴定销毁)所示。

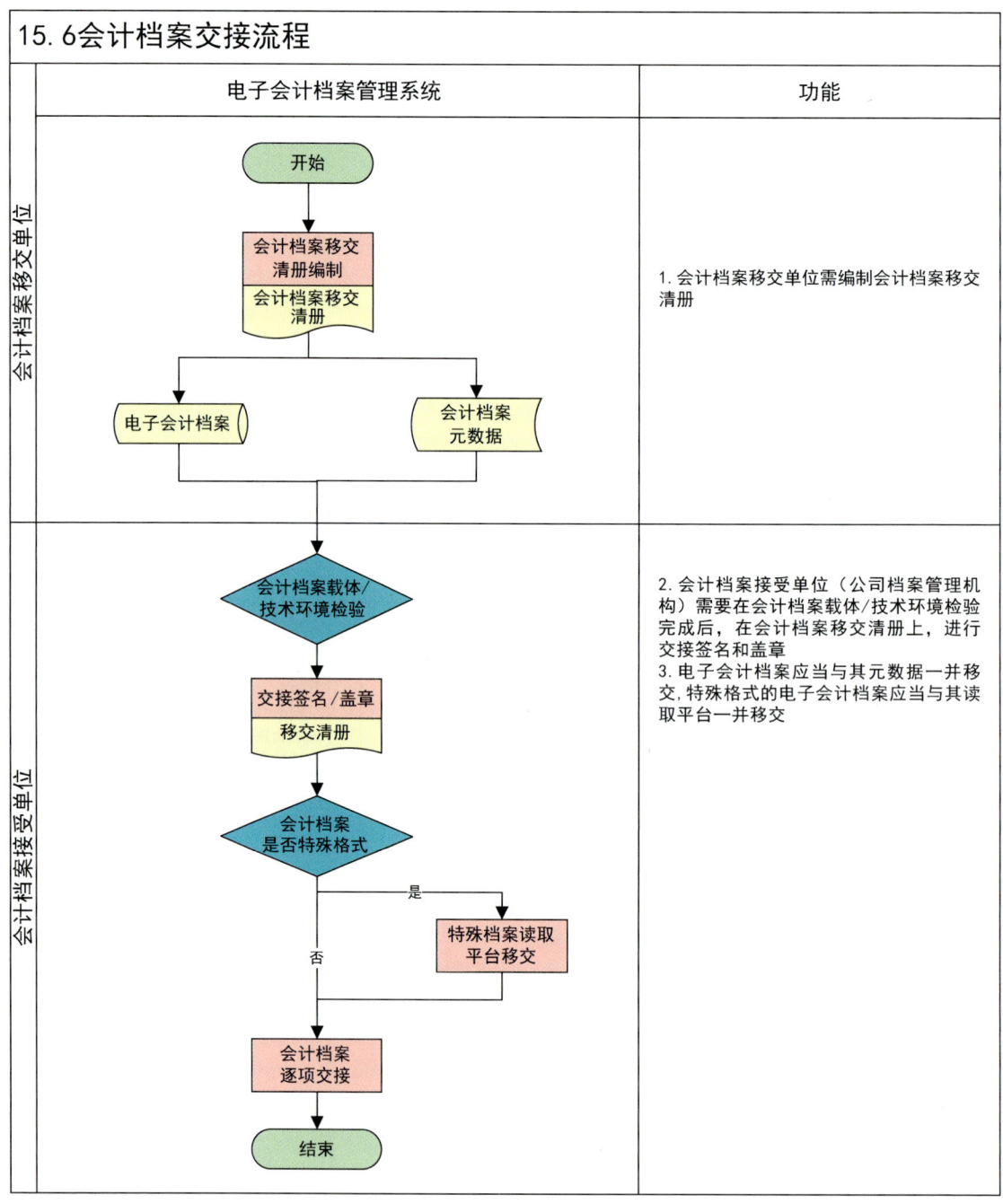

图 8-28　会计档案交接流程

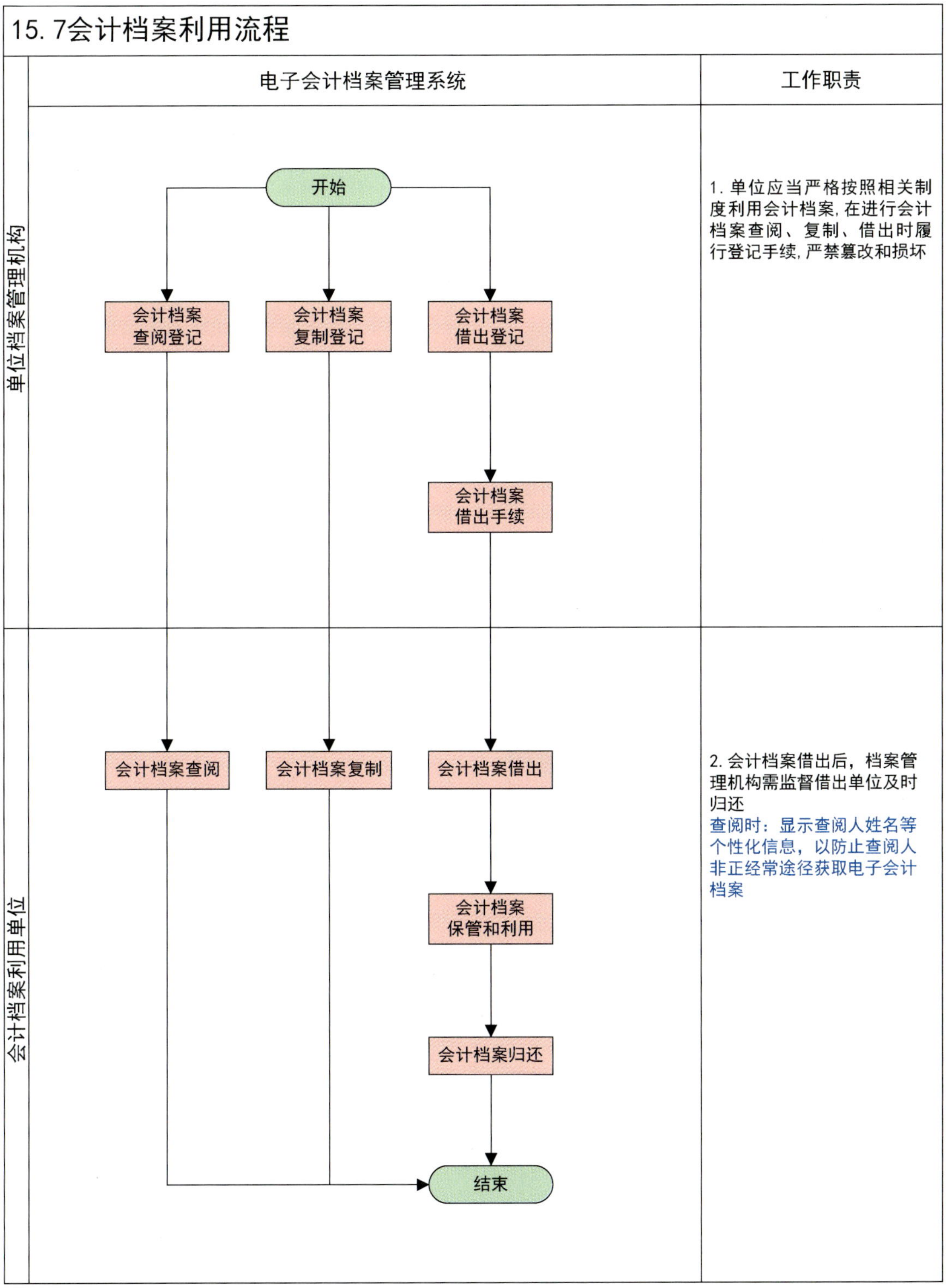

15.7会计档案利用流程

	电子会计档案管理系统	工作职责

单位档案管理机构

开始

会计档案查阅登记　会计档案复制登记　会计档案借出登记

会计档案借出手续

1. 单位应当严格按照相关制度利用会计档案,在进行会计档案查阅、复制、借出时履行登记手续,严禁篡改和损坏

会计档案利用单位

会计档案查阅　会计档案复制　会计档案借出

会计档案保管和利用

会计档案归还

结束

2. 会计档案借出后,档案管理机构需监督借出单位及时归还
查阅时:显示查阅人姓名等个性化信息,以防止查阅人非正经常途径获取电子会计档案

图 8-29　会计档案利用流程

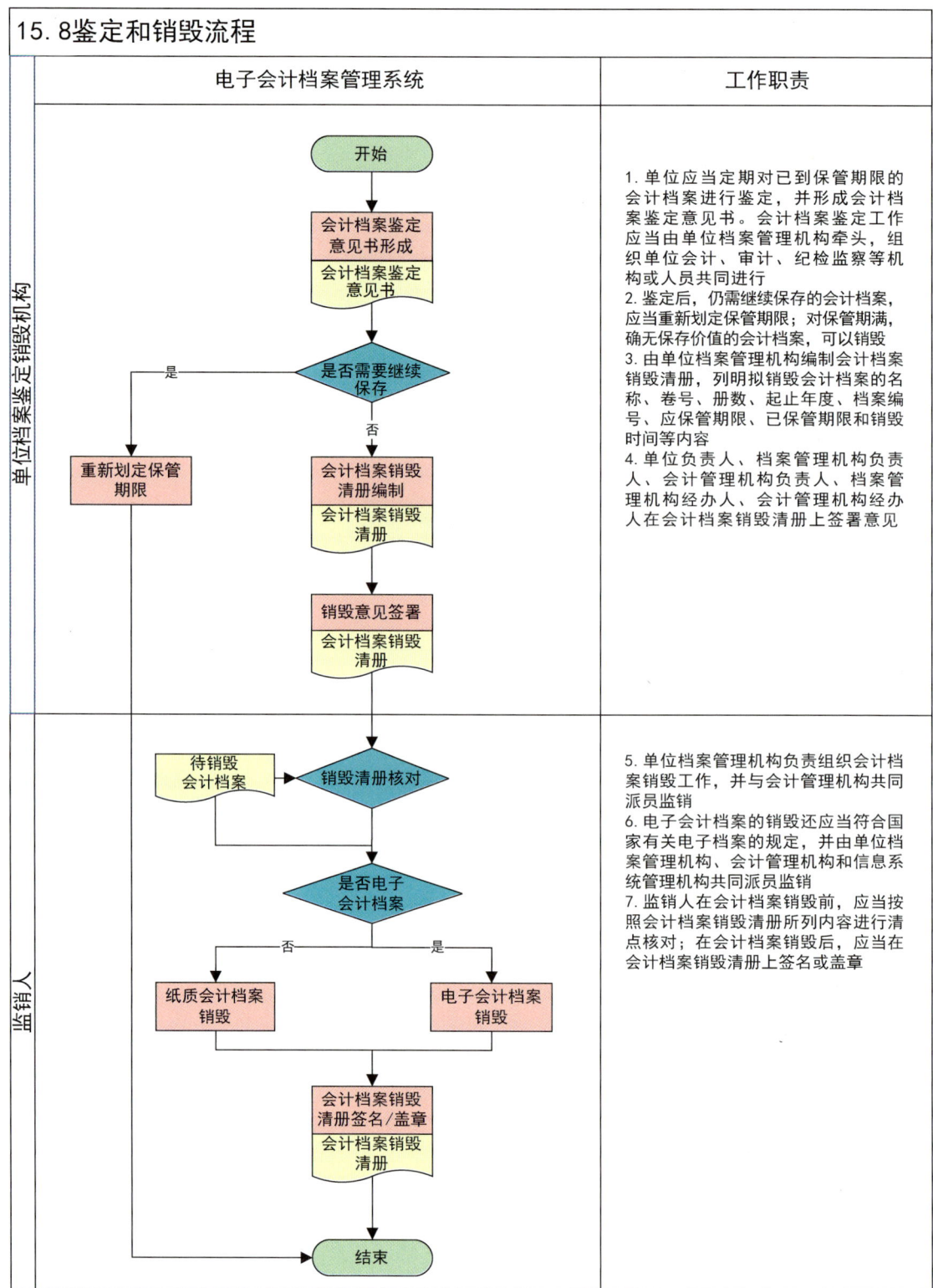

图 8-30　会计档案鉴定和销毁流程

第三篇

审核规则篇

篇首语

　　本篇首先概述智能财务建设过程中的审核规则梳理,包括现状评估、模式确定、梳理要点、梳理结果和运行设计等,进而全面展示广西中烟智能财务涉及的通用类审核规则、智能报账涉及的支出类审核规则、智能收款涉及的收入类审核规则,以及智能核算涉及的凭证类审核规则和报表类审核规则,旨在为烟草工业企业及其他企业在建设智能财务过程中梳理财务审核规则提供参考和借鉴。

第9章

审核规则梳理概述①

智能化审核是无纸化报销过程中的核心环节,有助于大幅提升财务报销的质量和效率,是当前企业财务共享升级及智能财务建设的首要任务,而审核规则的梳理和运用则是实现智能化审核的必要基础和重要前提。本章以广西中烟为例,着重探讨报销审核规则的梳理要点、梳理结果和运用思路,旨在为更多的单位实现无纸化报销和智能化审核提供思路和方法。

9.1 财务报销现状的评估

根据"广西中烟 FSSC 建设年度实施评估报告(2020.6)"可知,在财务报销(含对私报销和对公支付)方面,广西中烟 FSSC 建设和运营初期已经实现了基于影像的线上审批、共享审核和自动化核算,但同时也还存在一些现实问题,如审核标准把握和执行尺度问题、初审人员与复审人员审核职责划分问题、OCR 与审核的自动化问题、业务人员满意度问题等。其中,前两个问题计划在广西中烟 FSSC 的持续运营过程中予以解决,后两个问题计划在本咨询项目和相应落地项目中予以解决。

9.2 财务报销模式的确定

课题组认为,广西中烟可在现行财务共享的基础上,通过"原始票据采集—结构化数据转换—自动填单—自动审核—自动核算—自动结算—批量税务处理"七个步骤,实现财务报销的共享化、移动化和智能化。

1)通过广泛连接实现原始票据采集

原始票据采集,需要区分初始格式进行分类处理:对于报账涉及的纸质单据,可通过手机、高拍仪、高扫仪等设备,实现将纸质原件转换成为影像复印件;对于报账涉及的

---

① 本章核心内容已发表在《财务与会计》2022 年第 21 期,文章题目为"广西中烟智能报账审核规则的梳理与运用"。

电子文件,涉及 PDF 版式文件、OFD 版式文件和其他电子文件,可通过与微信卡包、支付宝管家、邮箱、短信等发票生态进行对接,实现电子文件的统一归集;对于报账涉及的结构化数据,可通过系统集成,实现结构化数据的高效优质传递。

2）通过 OCR 技术实现结构化数据转换

结构化数据转换,针对的是非结构化数据,也需要区分初始格式进行分类处理:对于报账涉及的纸质单据,可通过 OCR 技术和机器学习技术,以及人工补充确认,实现将影像复印件识别转换为结构化数据;对于报账涉及的电子文件,涉及 PDF 版式文件、OFD 版式文件和其他电子文件,可通过 OCR 技术和机器学习技术,以及人工补充确认,将电子文件识别转换为结构化数据。有先进企业在该环节采用了定制识别技术,实现了对个性票据和规范合同的结构化数据采集。

3）通过数据对接实现报账自动填单

报账自动填单,是指基于标准业务事项,以及相关业务和核算附件的结构化数据,在智能报销系统中实现标准报销表单数据的自动填列。自动填列的数据字段越多,填列的方式越灵活,填列的结果越准确,说明报账自动填单的智能化程度越高。有先进企业在该环节采用了机器学习技术,实现自动填单准确率的不断提高。

4）通过规则嵌入实现报账自动审核

报账自动审核,是指基于票据、业务和资金的结构化数据,借助内嵌的报账审核规则,在智能报销系统中实现票据的自动审核、合同的自动审核、支出的自动审核、收入的自动审核、记账凭证的自动审核和会计报表的自动审核。其中,报账审核规则的梳理是本咨询项目的核心成果,具体参见"9.4 报账审核规则梳理结果"。

5）通过模板设置实现报账自动核算

自动化核算,是指基于标准经济业务事项,基于标准表单、最小核算附件清单、记账凭证模板、稽核规则,借助智能化财务共享平台中的业务事项中心和核算自动化引擎两个模块,实现记账凭证全要素的自动生成和核算附件的全自动归集,实现报账业务的核算自动化,即自动化生成报账相关的证(即记账凭证)账(即账簿)表(即报表)。

6）通过银企直联实现资金自动结算

资金自动结算,涵盖资金自动支付和资金自动收取两个方面。其中,资金自动支付,是指对于涉及资金支付的报销单,在通过审核、复核和审批之后,通过银企直联完成资金自动支付、电子回单自动回传、自动匹配付款记账凭证以及自动对账;资金自动收取,是指通过银企直联完成资金自动收取、电子回单自动回传、自动匹配销售记录并生成收款单或人工认领后填制收款单、自动生成收款记账凭证以及自动对账。

7）通过模型设置实现批量税务处理

批量税务处理，主要是指在智能报账过程中，通过内外部系统对接和票税相关 RPA 使用，自动完成与税相关的票据采集、票据查重、票据查验、票据认证抵扣、税费计算、税费计提，以及后续的自动纳税调整、自动生成纳税申报表、自动纳税申报和自动税费缴纳等税务会计工作。其中部分工作可以批量自动完成，如票据认证抵扣、税费计算和税费计提等。

9.3 报账审核规则梳理要点

审核规则梳理最重要的目标是形成审核规则库。

9.3.1 三项基础工作

审核规则梳理需要做好以下三项基础工作，以形成审核规则模板。

1）做好审核规则的多层分类

分类是人类认识世界和解决问题的重要方法。在进行智能报账审核规则梳理的过程中，要先解决审核规则的分类问题。根据广西中烟报账业务的实际情况，课题组将广西中烟的智能报账审核规则按业务类型分为票据类审核规则、合同类审核规则、支出类审核规则、收入类审核规则、凭证类审核规则和报表类审核规则，共计六大类。每一大类审核规则下面，再根据实际报账业务情况进行细分，如收入类审核规则可细分为卷烟销售、其他销售、租金收入、利息收入和其他收入五类审核规则，其中其他销售类审核规则又可细分为原料销售和辅料销售两类审核规则。

2）备好审核规则梳理的模板

审核规则梳理的模板是统一审核规则梳理行为的重要载体。在进行智能报账审核规则梳理的过程中，审核规则的梳理模板确定是非常基础性的工作，需要先完成。根据广西中烟报账业务的实际情况，课题组讨论确定了广西中烟审核规则梳理模板，包括15 个字段：一是序号，即审核规则分类编号；二是报销编号，取自末级报账业务分类编号；三是报销类型，取自末级报账业务分类名称；四是发票类型，取自 NC 财务系统内置发票类型；五是审核细类名称，即校验的对象；六是审核规则名称，提炼自校验对象的校验要点，提炼顺序为从左到右、自上而下；七是审核规则要点，将校验内容变成"是否"问句表达，或提炼更为精准的校验点；八是参照文件，填写内部已有标准或外部政策文件，细至条款号；九是执行时点，是指执行规则的时间节点，可能有多个；十是执行方式，包括系统自动判断、系统自动提示＋人工判断、人工判断三种；十一是人工执行要点或系统实现要点,需要细化到校验的对象;十二是异常提示信息,即校验不通过时,报账系统界面中显示的提示信息;十三是抵扣税率,区分为按票面税率和加计扣除两种情形;十四是系统落地计划,区分为近期实现和远期实现两种情形;十五是备注,即前十四个字段以外的其他需要说明的事项。

3) 定好审核规则梳理的分工

分工协作是团队完成复杂工作的常用方式。在进行智能报账审核规则梳理的过程中,通常涉及以下三类职责分工:一是专家团队,主要提供审核规则的多层分类和梳理模板,指导审核规则的梳理过程,审阅审核规则的梳理结果,可由外聘专家和企业报账业务专家及领导共同担任;二是现场团队,主要承担审核规则的具体梳理工作,即根据所分配的审核规则分类逐一梳理审核规则,针对每一条审核规则填充审核模板中的 15 个字段,并根据专家团队的审阅意见进行审核规则修正;三是技术团队,主要承担审核规则执行时点和执行方式的确认问题,以及负责系统落地计划的完成。三方团队需要通力配合,缺一不可。

9.3.2 五项核心工作

审核规则梳理需要做好以下五项核心工作,以形成审核规则库。

1) 尽量提取通用审核规则

在按照业务类型对报账审核规则进行梳理的过程中,一定会遇到审核规则多处复用的情形,即多类业务共用某一类审核规则或某一条审核规则。例如,日常差旅、外部会议差旅、长期出差、探亲等都会涉及飞机票、火车票、出租车票等交通类票据,而各类物资采购都会涉及增值税专用发票和普通发票等采购类票据。因此,为避免审核规则被重复梳理,也为保持审核规则的高度一致性,课题组统一提取并逐渐丰富通用审核规则供具体报账业务参考使用。截至 2020 年 10 月,课题组已经提取票据类、费用通用类、合同类、凭证类和报表类共计五类 119 条通用审核规则。

2) 指定审核规则执行时点

执行时点是指审核主体执行审核规则的时间节点。其中,审核主体是指信息系统或财务审核人员。在智能报账过程中,典型的执行时点包括票据归集时(包括 OCR 识别后和电子票据采集保存时)、报销单提交时、财务初审时、财务复审时、凭证复审时、记账后、结账前和报表生成后等。一条审核规则可能有一个或多个执行时点。执行时点的设置原则有两条:一是能赶早不赶晚,即能在前承环节中执行的审核规则,不压到后续环节执行,以降低报账审核不通过的修正成本;二是能自动不手工,即能让系统执行的审核规则,先让系统自动执行,以提高报账审核的工作效率和工作质量。

3) 确定审核规则执行方式

执行方式是指审核主体执行审核规则的具体方式,可分为系统自动判断、系统自动提示＋人工判断、人工判断三种。其中，系统自动判断又称为系统刚性校验，是指仅由信息系统在指定执行时点自动校验审核规则：若校验通过，则标识为"通过"并进入下一步操作；若校验不通过，则标识为"不通过"，并将详细提示信息显示给系统操作人员，且不允许进入下一步操作。系统自动判断通常是针对一些规则明确且无需人工干预的审核规则，如"电子票据重复报销校验"等。系统自动提示＋人工判断又称为系统柔性校验，是指先由信息系统在指定执行时点自动校验审核规则：若校验通过，则标识为"通过"并进入下一步操作；若校验不通过，则标识为"不通过"，并将详细提示信息显示给系统操作人员（包括本步骤操作人员和后续步骤操作人员），由后续步骤操作人员根据审核规则进行补充判断是否能够校验通过。系统自动提示＋人工判断通常是针对一些规则明确但需要人工干预的审核规则，如"报销时效校验"等。人工判断是指，仅由人工在指定执行时点手动校验审核规则：若校验通过，则标识为"通过"并进入下一步操作；若校验不通过，则标识为"不通过"，并将详细提示信息显示给该操作步骤的前承操作人员，且不允许进入下一步操作。人工判断通常是针对一些规则明确但因涉及实物而信息系统无法自动执行的审核规则，如纸质票据粘贴校验等。

4）明确报账异常提示信息

异常提示信息，即系统自动判断不通过时、系统自动校验发现异常时、人工判断不通过时，在报账系统界面中显示给报账相关人员的提示信息。为提高报账效率、提升报账用户体验，该异常提示信息可从审核规则要点中提取，并应尽可能详尽，且简洁亲民，如"发票重复报销""发票专用章无效""请提交《现金结算说明》"等。异常提示信息应秉承最大范围共享原则，让该步骤、该步骤的前承步骤和该步骤的后续步骤的所有处理人员都可以共享，且做到一目了然，以提高报账工作效率，降低报账沟通成本。

5）做好审核规则的文件整理

因审核规则梳理是多方团队协作完成的工作，为此，在审核规则梳理的过程中，可以通过 Excel 文档和 Word 文档等方式来传递。其中，Excel 文档可用于审核规则的日常梳理工作，按审核大类建立工作表（sheet 页），并建立审核规则汇总表（sheet 页），在汇总表中体现所有审核规则分类、审核规则数量、各方团队负责人，以及各类审核规则的完成情况、审阅情况和定稿情况等，以便所有相关人员了解审核规则梳理的整体情况。此外，在审核规则具体梳理时，允许某一小组在 Excel 文档中只保留自己负责部分的审核规则，并以审核规则分类和各方团队负责人为 Excel 文档命名。而 Word 文档，因其能够使用修订模式，体现修订前和修订后的行文变化，为此，比较适用于审核规则的多方审阅和最终结果呈现。

9.3.3　三项后续工作

在审核规则梳理完成之后，需要做好以下三项后续工作，以确保审核规则体系的生命力、持续实现有效的智能审核。

1）确保审核规则嵌入系统

在审核规则定稿之后，要考虑通过智能报账实施项目，将审核规则嵌入智能报账平台和财务共享运营管理平台。在嵌入规则的过程中，应以审核规则为中心，与标准经济业务事项形成多对多的映射关系，即一条审核规则可以适用于多个标准经济业务事项，而一个标准经济业务事项需要用到多条审核规则，以确保每条审核规则的唯一性和最大限度复用性。需要注意的是，审核规则需要根据智能报账系统的逐步优化，以及智能报账系统与周边系统的逐步集成而逐步嵌入系统，这是一个长期工程，不可能一蹴而就。

2）力争清晰显示审核规则

审核规则的核心内容是审核规则要点，以及人工执行要点或系统实现要点。其中，审核要点指明校验内容，如"发票专用章校验"这一条审核规则，审核要点是"是否盖有有效发票专用章"，OCR 识别后的系统实现要点为"发票专用章的颜色与红色比对，以及发票专用章的形状与椭圆形比对"，财务初审的人工执行要点为"发票专用章中的单位名称、纳税人识别号应与票面购买方信息一致"。在审核规则落地过程中，应力争在财务初审、财务复审和凭证审核界面显示审核规则名称、审核规则要点和人工执行要点，以提升用户体验，最大限度确保审核标准的一致性和审核质量的可靠性。

3）持续完善审核规则体系

世界上唯一不变的是变化本身。审核规则也一样，它会随着我国财税政策、内控制度等的要求及企业内部管理的需要而不断变化。为此，审核规则体系的建立，不是一件一劳永逸的事情，需要持续不断地进行维护。为了便于后续维护，以及相应标准制度的修订，课题组在审核规则梳理模板中设立"参照文件"这一列，以区分目前已有的、待修订的、待拟定的政策、法规、标准和制度。在梳理审核规则过程中，要求填写已有的政策、法规、标准和制度，细至条款号，以便后续进行持续更新。此外，企业应尽快更新智能报账相关的标准制度，保持报账审核规则库与企业智能报账相关标准制度的一致性，从而确保审核规则在报账实务工作中的可执行性。

9.4　报账审核规则梳理结果

9.4.1　梳理结果统计

经过三方团队两个半月的密切合作，广西中烟梳理出来的审核规则共计 681 条，统计结果如表 9-1 所示。其中，票据类审核规则 68 条，合同类审核规则 23 条，支出类审核规则 508 条,收入类审核规则 58 条,凭证类审核规则 15 条,报表类审核规则 9 条。

表 9-1　广西中烟智能报账审核规则统计表

审核大类编码	审核大类名称	审核细类名称	审核规则数量
01	票据类审核	—	68
0101	—	票据基本	—
0102	—	票据基本(除 OFD)	—
0103	—	交通票据基本	—
0104	—	电子票据基本 PDF	—
0105	—	电子票据基本 OFD	—
0106	—	电子票据	—
0107	—	增值税专用发票	—
0108	—	增值税电子专用发票 OFD	—
0109	—	增值税普通发票	—
0110	—	增值税电子普通发票 PDF	—
0111	—	增值税电子普通发票 OFD	—
0112	—	财政票据	—
0113	—	财政电子票据 PDF	—
0114	—	发票分割单	—
0115	—	通行费专用发票/收据	—
0116	—	增值税电子普通发票(通行费)	—
0117	—	出租车票(平台)	—
0118	—	出租车票(卷式)	—
0119	—	定额发票/卷式发票	—
0120	—	飞机票	—
0121	—	飞机票退票费报销凭证	—
0122	—	火车票	—
0123	—	火车票退票费报销凭证	—
0124	—	轮船票	—
0125	—	汽车票/轮船票	—
0126	—	增值税电子普通发票(客运汽车)	—
0127	—	定额发票	—
0128	—	通用机打发票	—
0129	—	国外票据	—
02	合同类审核	—	23
0201	—	合同中的付款条件	—
0202	—	税目	—
0203	—	税率	—
0204	—	采购项目名称	—

（续表）

审核大类编码	审核大类名称	审核细类名称	审核规则数量
0205	—	采购项目单价	—
0206	—	金额（不含税）	—
0207	—	金额（含税）	—
0208	—	开票方名称	—
0209	—	开票方纳税人识别号	—
0210	—	银行账户信息	—
0211	—	合同有效期（采购类）	—
03	支出类审核	—	508
0301	卷烟回购	—	7
0302	卷烟退货	—	9
0303	物资	—	44
	—	物资采购	—
	—	物资移库	—
	—	物资出库	—
0304	投资项目	经营性资产投资	58
	—	其他固定资产投资	—
	—	信息化投资	—
	—	多元化投资项目	—
	—	其他项目投资	—
	—	计算机软、硬件购置	—
	—	维护性工程	—
	—	车辆购置	—
	—	其他资产购置	—
0305	研发项目/市场营销项目	项目专属论文版面费	3
0306	费用通用	—	4
0307	差旅	—	36
	—	日常差旅	—
	—	自办会议差旅	—
	—	外部会议差旅	—
	—	外部培训差旅	—
	—	内部培训差旅	—
	—	长期出差	—
	—	全员营销差旅	—
	—	党建活动差旅	—
	—	探亲	—
	—	第一书记差旅	—

（续表）

审核大类编码	审核大类名称	审核细类名称	审核规则数量
—		交流干部差旅	—
0308	自办会议	—	8
0309	内部培训	—	11
0310	薪酬	工资	31
—		福利	27
—		社保/公积金/年金/其他	41
0311	招待	—	14
—		公务招待	—
—		商务招待	—
0312	办公费	—	19
0313	修理费	—	3
—		房屋维修	—
—		机器设备维修	
—		车辆维修	10
—		其他维修	—
0314	租赁费	—	6
0315	市场营销费	—	7
0316	捐赠支出	—	5
0317	涉外费	—	4
0318	利息支出	—	15
0319	水电费支出	—	92
0320	税收	—	
—		税收申报	—
—		税费支出	6
—		税收凭证	22
0321	固定资产	—	22
—		资产投产	
—		资产改良改建	
0322	资产报废	—	4
—		固定资产报废	
—		无形资产报废	
—		流动资产报废	
0323	往来业务核销	—	
—		应收款项核销（含预付）	—
—		应付款项核销（含预收）	—
4	收入类审核	—	58
0401	卷烟销售	—	—
—		卷烟销售	14

（续表）

审核大类编码	审核大类名称	审核细类名称	审核规则数量
—		卷烟出库	4
0402	其他销售	—	—
—		原料销售	13
—		辅料销售	7
0403	租金收入	—	8
0404	利息收入	—	6
0405	其他收入	—	3
—		补贴收入	3
05	凭证类审核	—	15
0501	会计科目	—	—
0502	辅助核算	—	—
0503	摘要	—	—
0504	制单日期	—	—
0505	金额（税费）	—	—
0506	附件完整性	—	—
06	报表类审核	—	9
0601	单体报表	勾稽关系	—
0602	合并报表（报告）	合并底稿	—
—		附注	—
合计		—	681

9.4.2　梳理结果示例

在具体的审核规则中，区分报销编号、报销类型、发票类型、审核细类名称、审核规则名称、审核规则要点、参照文件（已有、修订或新拟）、执行时点（汇总）、执行方式、人工执行要点/系统实现要点、系统提示信息、抵扣税率、系统落地情况和备注，如表 9-2 所示。

在智能报账审核规则明细表中具体来看：

（1）"序号"是审核规则分类编号，每类审核规则从 1 开始按顺序编号。如票据类审核规则"报销时效校验"的序号为"8"。

（2）"报销编号"取自末级报账业务分类编号。如票据类审核规则"报销时效校验"没有预设的报销编号，标识为"通用"。

（3）"报销类型"取自末级报账业务分类名称。如票据类审核规则"报销时效校验"的报销类型为"通用票据类审核"。

（4）"发票类型"是 NC 财务系统内置发票类型。如票据类审核规则"报销时效校验"的发票类型为"所有票据"，这意味着该条审核规则适用于所有票据。

表 9-2 广西中烟智能报账账审核规则明细表示例（通用票据）

序号 审核规则分类编号	报销编号 取自末级报账业务分类编号	报销类型 取自末级报账业务分类名称	发票类型 NC财务系统内置发票类型	审核细类名称 取自"审核规则汇总表"审核细类名称"列	审核规则名称 提炼校验要点,提炼要点,顺序为从左到右,自上而下	审核规则要点 将校验内容变成问句	参照文件(已有、修订或新拟) 填写已有标准或外部政策文件、细至条款号;无出处的,可暂时空白	执行时点(汇总) 执行审核规则时间节点,可多个	执行方式 系统自动判断/系统自动提示人工判断/人工判断	人工执行要点/系统实现要点 细到需要校验的最小颗粒	系统提示信息 校验不通过时系统显示信息:从审核规则要点提取;简洁亲民,具体到发票号码	抵扣税率 按票面税率/加计扣除	系统落地情况 近期实现/近期实现	备注 其他需要说明的事项
1	通用	通用票据审核	所有票据	票据基本	纸质票据粘贴校验	纸质票据粘贴是否合格	差旅费报销指南(企业微信)	财务初审时	人工判断	分类平铺粘贴;单张五点(四角+中间)粘贴	纸质票据粘贴不合格	—	近期实现	—
2	通用	通用票据审核	所有票据	票据基本	纸质票据签字校验	纸质票据是否签字	原始凭证管理标准5.2.1.1	财务初审时	人工判断	纸质票据需逐张签字	纸质票据缺少签字	—	近期实现	—
3	通用	通用票据审核	所有票据	票据基本	纸质票据和影像一致性校验	纸质票据和影像信息是否一致	—	财务初审时	人工判断	纸质票据与影像比对	纸质票据影像不一致	—	近期实现	—
4	通用	通用票据审核	所有票据	票据基本	纸质票据和影像票面信息一致性校验	纸质票据和影像票面信息是否一致	—	财务初审时	人工判断	纸质票据与OCR识别信息比对	纸质票据影像识别信息不一致	—	近期实现	—

（续表）

序号	报销编号	报销类型	发票类型	审核细类名称	审核规则名称	审核规则要点	参照文件（已有、修订或新拟）	执行时点（汇总）	执行方式	人工执行要点/系统实现要点	系统提示信息	抵扣税率	系统落地情况	备注
5	通用	通用票据类审核	所有票据	票据基本	是否可抵扣判断	票据是否可抵扣	—	OCR识别后	系统自动判断	根据票据类型和税目判断：专票、机票、火车票、轮船票、长途汽车票、旅客运输电子普通发票；带身份证信息	本票据可抵扣	—	近期实现	获取影像数据票据类型和税目的结构化数据，系统自动判断
6	通用	通用票据类审核	所有票据	票据基本（除OFD）	发票专用章校验	是否盖有有效发票专用章	—	OCR识别后财务初审时	系统自动提示+人工判断	系统：发票专用章的颜色比对；发票红色比对；专用章的形状与椭圆形比对；人工：发票专用章中的单位名称、纳税人识别号是否与票面购买方信息一致	发票专用章无效	—	近期实现	—
7	通用	通用票据类审核	所有票据	票据基本	发票监制章校验	是否盖有新版发票监制章	—	OCR识别后财务初审时	系统自动提示+人工判断	根据发票监制章版本判定；参考国家税务总局、财政部文件	发票监制章无效	—	近期实现	仅限监制章中的具体信息
8	通用	通用票据类审核	所有票据	票据基本	报销时效校验	是否符合跨年报销时间要求	财务报销及付款管理标准5.1.7.2	报销单提交时	系统自动提示+人工判断	根据开票日期和报销日期判定	跨年报销时间超期	—	近期实现	可能存在部分领导审批后允许报销的跨年业务

（5）"审核细类名称"取自"审核规则汇总"表的"审核细类名称"列。如票据类审核规则"报销时效校验"的审核细类名称为"票据基本"，是所有票据都需要审核的基本内容。

（6）"审核规则名称"是从票据中提炼的校验要点，提炼顺序为从左到右，自上而下。如票据类第 8 条审核规则的审核规则名称为"报销时效校验"。

（7）"审核规则要点"是将校验内容变成问句。如票据类审核规则"报销时效校验"的审核规则要点为"是否符合跨年报销时间要求"。

（8）"参照文件"是指本条审核规则的出处，填写已有标准或外部政策文件，细至条款号；无参照文件出处的，可暂时空白。如票据类审核规则"报销时效校验"的参照文件为"财务报销及付款管理标准 5.1.7.2"。

（9）"执行时点"是执行审核规则的时间节点，可有多个。如票据类审核规则"报销时效校验"的执行时点为"报销单提交时"。

（10）"执行方式"可分为系统自动判断、系统自动提示＋人工判断、人工判断三种方式。如票据类审核规则"报销时效校验"的执行方式为"系统自动提示＋人工判断"。

（11）"人工执行要点/系统实现要点"要求细到需要校验的最小颗粒。如票据类审核规则"报销时效校验"的人工执行要点/系统实现要点为"根据开票日期和报销日期判定"。

（12）"系统提示信息"是指校验不通过时系统的显示信息，从审核规则要点提取，需要简洁亲民，并具体到发票号码等票面要素。如票据类审核规则"报销时效校验"的系统提示信息为"跨年报销时间超期"。

（13）"抵扣税率"是指根据税收政策法规可以抵扣的票据税率，区分为按票面税率和加计扣除两种方式。如根据《关于进一步完善研发费用税前加计扣除政策的公告》（财政部、税务总局公告 2021 年第 13 号）[①]，制造业企业开展研发活动中实际发生的研发费用，未形成无形资产计入当期损益的，在按规定据实扣除的基础上，自 2021 年 1 月 1 日起，再按照实际发生额的 100% 在税前加计扣除；形成无形资产的，自 2021 年 1 月 1 日起，按照无形资产成本的 200% 在税前摊销。

（14）"系统落地情况"是指审核规则的系统嵌入情况，区分为近期实现和远期实现两种情形。如票据类审核规则"报销时效校验"的系统落地情况为"近期实现"。

（15）"备注"是指其他需要说明的事项。如票据类审核规则"报销时效校验"的备注为"可能存在部分领导审批后允许报销的跨年业务"。

---

① 财政部，税务总局. 关于进一步完善研发费用税前加计扣除政策的公告［EB/OL］.（2021-03-31）［2022-03-14］. http://www.gov.cn/zhengce/zhengceku/2021-04/07/content_5598193.htm.

9.5　报账审核规则运行设计

9.5.1　审核规则的运用思路

广西中烟审核规则的运用思路如图 9-1 所示。由此可见,同一条审核规则可能存在多个执行时点,可在不同载体系统中执行。如在智能报账过程中,票据类审核规则可用于票据归集时、报销单提交时、财务初审时、财务复审时和凭证审核时五个执行时点。其中,对于"票据归集时"和"报销单提交时"这两个执行时点,审核规则在智能报账系统中执行;对

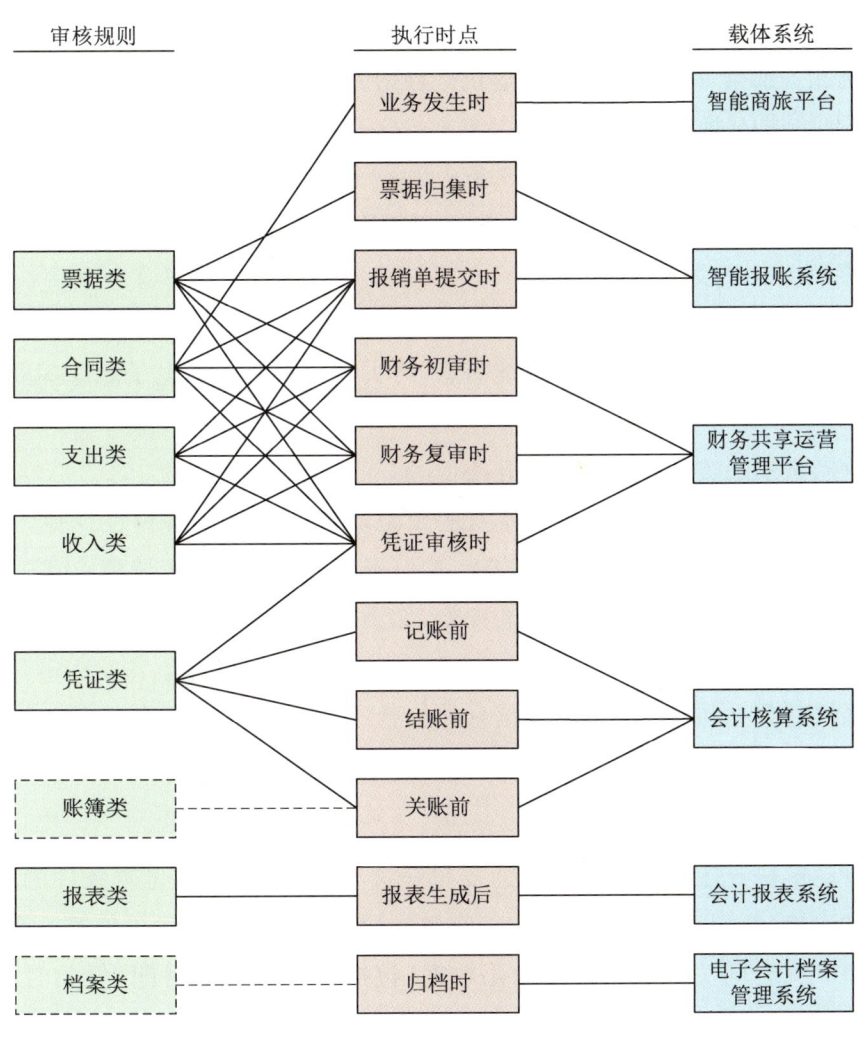

图 9-1　审核规则的运用思路①

---

① 图中虚线,表示广西中烟未直接梳理的审核规则。

于"财务初审时""财务复审时"和"凭证审核时"这三个执行时点,审核规则在财务共享运营管理平台中执行。而审核规则在相应载体系统中自动执行和人工手动执行的效果,则依赖于审核规则本身梳理的精细程度,以及审核规则嵌入这些载体系统的精细程度。

9.5.2 报账自动审核的设计

系统自动审核重在完成刚性控制规则的校验,初步完成部分柔性控制规则的校验。就费用报销业务而言,自动审核具体可分为票据自动审核、合同自动审核、支出自动审核、收入自动审核、凭证自动审核和报表自动审核。

1) 票据自动审核

票据自动审核旨在确保票据的真实性、合法性、合规性,业务的真实性、合规性,以及报销的合规性。票据自动审核的前提是获得票据的结构化数据,包括票据票面要素及票据相关附件的结构化数据。

获得票据的结构化数据的途径有三条:

(1) 通过将纸质票据扫描成影像,再用 OCR 技术获得结构化数据,如纸质的增值税专用发票。

(2) 直接从票面获取电子票据的结构化数据,如 OFD 格式的电子普票。

(3) 先从票面获得电子票据的关键信息,再去国家税务总局电子底账库获得全票面信息,如 PDF 格式的电子普票。

票据自动审核的实现思路主要有五条:

(1) 系统对同一张票据票面信息本身的校验,如票面要素的完整性校验。

(2) 系统对不同票据票面信息的校验,如电子票据的重复报销校验。

(3) 系统对票据及票据附件信息的校验,如滴滴打车的电子普票和电子行程单的一致性校验。

(4) 系统对票据和已有库表文件信息的校验,如票面姓名是否在公司白名单内。

(5) 系统对票据和某一标准值的校验,如住宿费税率(6%)校验。

2) 合同自动审核

合同自动审核旨在确保基于合同的支付合法合规,包括合同付款条件的达成、合同付款金额的正确、合同开票单位信息的正确和合同收款单位信息的正确等。合同自动审核的前提是获得合同关键信息的结构化数据,包括合同的有效时间、付款时间、付款金额、付款条件,开票单位的单位名称、纳税人识别号,以及收款单位的开户行、银行账号等信息。限于当前 OCR 技术,获得合同结构化数据的途径主要是:在合同管理系统或智能报账系统,将合同的关键信息一次性录入,多系统共享复用。

合同自动审核的实现思路主要有三条:

（1）系统对合同关键信息的校验，如合同执行时间的有效性、合同付款时间的正确性、合同付款金额的正确性、履约附件的完整性和合规性等。

（2）系统对合同关键信息与关联附件信息一致性的校验，如合同与采购发票的一致性、合同与采购清单的一致性等。

（3）系统对合同关联附件之间一致性的校验，如采购发票与采购清单的一致性等。

3）支出自动审核

支出自动审核旨在确保费用报销合法合规，包括费用报销的合规性（符合费用标准且不超预算）、支付方式的合规性和支付信息的正确性等。支出自动审核的前提是获得报销附件信息的结构化数据、预算的结构化数据和费用标准的结构化数据。

获得报销附件（不含票据）结构化数据的途径有三条：

（1）通过系统集成，从业务系统中直接获取报销附件的结构化数据，如消费平台中的消费流水。

（2）通过拍照或扫描以及 OCR 识别，将影像文件识别为结构化数据，如纸质的会议通知。

（3）通过录入界面，人工将关键信息录入系统，如合同。而预算的结构化数据来源于预算管理系统，费用标准的结构化数据来源于相关费用管理标准，通过系统设置进行嵌入。

4）收入自动审核

收入自动审核旨在确保收入确认合法合规，包括付款人信息的正确性、收款金额的正确性、对应发票的正确性、对应合同的正确性、客商的正确性，以及与银行电子回单的一致性、与 ERP 出库的一致性、记账凭证的正确性等，涉及卷烟销售、其他销售、租金收入、利息收入和其他收入。

收入自动审核过程中需要特别注意四项基础工作：

（1）客商结构化数据的及时维护与自动校验。

（2）通过银企直联或银企连云实现电子回单的自动下载和自动匹配。

（3）通过系统对接获取库存数据的变化与自动校验。

（4）通过 OCR 识别或手工录入，获得合同、发票等从外部接收的附件的结构化数据和自动校验。

5）凭证自动审核

凭证自动审核旨在确保记账凭证要素的完整性、记账凭证附件的完整性和记账凭证附件张数的正确性等。凭证自动审核的前提是获取记账凭证的结构化数据和记账凭证附件的结构化数据。记账凭证本身已是结构化数据。

获得记账凭证附件结构化数据的主要途径有两条：

（1）获取智能报账环节的结构化数据。

（2）通过系统集成或少量人工录入获得非报账业务的结构化数据。

记账凭证自动审核的实现思路是：在财务共享运营管理平台及会计核算系统中自动校验记账凭证要素的完整性、记账凭证附件的完整性和记账凭证张数的正确性，特别是先生成记账凭证后补记账凭证附件的情形。

6）报表自动审核

报表自动审核旨在确保报表数据的正确性，校验重点包括记账凭证空号校验、会计科目期末余额方向校验、收款归属收入类现金流校验、付款归属支出类现金流校验、报表之间的勾稽关系校验等。

单体报表自动审核的前提是获得校验所涉及的记账凭证的结构化数据、辅助表的结构化数据、单体报表本身的结构化数据。自动审核的实现思路是在报表管理系统中采集并存储单体报表校验所需要的所有证账表结构化数据，通过校验逻辑的系统设置和系统执行，实现单体报表的自动校验。需要注意的是，校验逻辑应不同于单体报表数据的计算逻辑。

合并报表自动审核的前提是获得校验所涉及的单体报表的结构化数据、关联交易的结构化数据和投资关系的结构化数据等。自动审核的实现思路是在合并报表管理系统中采集并存储合并报表校验所需要的所有单体报表、关联交易和投资关系的结构化数据，通过校验逻辑的系统设置和系统执行实现合并报表的自动校验。需要注意的是，校验逻辑应不同于合并报表数据的计算逻辑。

第 10 章

通用类审核规则梳理

通用类审核规则是适用于所有业务场景的审核规则。广西中烟的通用类审核规则,包括通用票据类审核规则和通用合同类审核规则。

10.1 通用票据类审核规则梳理

通用票据类审核规则,是适用于所有业务场景的票据审核规则,即遇到票据便要校验票据是否满足这些审核规则。广西中烟梳理的与通用票据相关的审核规则有 68 条,如表 10-1 所示。

10.2 通用合同类审核规则梳理

通用合同类审核规则,是指适用于所有业务场景的合同审核规则,即遇到合同便要校验是否满足这些审核规则。广西中烟梳理的与通用合同相关的审核规则有 23 条,如表 10-2 所示。

表10-1 智能报账审核规则——通用票据类

序号	报销编号	报销类型	发票类型	审核细类名称	审核规则名称	审核规则要点	参照文件（已有、修订或新拟）	执行时点（汇总）	执行方式	人工执行要点/系统实现要点	系统提示信息	抵扣税率	系统落地情况	备注
1	通用	通用票据类审核	所有票据	票据基本	纸质票据粘贴校验	纸质票据粘贴是否合格	差旅费报销指南（企业微信）	财务初审时	人工判断	分类平铺粘贴；单张五点（四角+中间）粘贴	纸质票据粘贴不合格	—	—	—
2	通用	通用票据类审核	所有票据	票据基本	纸质票据签字校验	纸质票据是否签字	原始凭证管理标准5.2.1.1	财务初审时	人工判断	纸质票据需逐张签字	纸质票据缺少签字	—	—	—
3	通用	通用票据类审核	所有票据	票据基本	纸质和影像一致性校验	纸质票据和影像信息是否一致	—	财务初审时	人工判断	纸质票据与影像比对	纸质票据和影像信息一致	—	—	—
4	通用	通用票据类审核	所有票据	票据基本	纸质和影像全票面信息一致性校验	纸质票据和影像全票面信息是否一致	—	财务初审时	人工判断	纸质票据与OCR识别信息比对	纸质票据和影像识别信息不一致	—	—	—
5	通用	通用票据类审核	所有票据	票据基本	是否可抵扣判断	票据是否可抵扣	—	OCR识别后	系统自动判断	根据票据据类型和税目判断：专票、机票、火车票、轮船票、长途汽车票、旅客运输电子普通发票；带身份证信息	本票据可抵扣	—	—	获取影像类票据的类型和税目的结构化数据，系统自动判断
6	通用	通用票据类审核	所有票据	票据基本（除OFD）	发票专用章校验	是否有发票专用章	—	OCR识别后财务初审时	系统自动提示+人工判断	系统：发票专用章的颜色与红色比对；发票专用章的形状与椭圆形比对；人工：发票专用章中识别纳税人识别号与购买方票面信息是否一致	发票专用章无效	—	—	—

（续表）

序号	报销编号	报销类型	发票类型	审核细类名称	审核规则名称	审核规则要点	参照文件（已有、修订或新拟）	执行时点（汇总）	执行方式	人工执行要点/系统实现要点	系统提示信息	抵扣税率	系统落地情况	备注
7	通用	通用票据类审核	所有票据	票据基本	发票监制章校验	是否盖有新版发票监制章	—	OCR识别后财务初审时	系统自动提示+人工判断	根据发票监制章版本判定；国家税务总局、财政部	发票监制章无效	—	—	仅限监制章中的具体信息
8	通用	通用票据类审核	所有票据	票据基本	报销时效校验	是否符合跨年报销时间要求	财务报销及付款处理标准5.1.7.2	报销单提交时	系统自动提示+人工判断	根据开票日期判定	跨年报销时间超期	—	—	可能存在部分审批后允许报销的跨年业务
9	通用	通用票据类审核	所有票据	票据基本	重复报销校验	发票是否重复报销	—	票据采集保存时	系统自动判断	发票代码+发票号码是否已存在	发票重复报销	—	—	—
10	通用	通用票据类审核	交通票（火车票/飞机票/轮船票/汽车票）	交通票据基本	乘坐人员校验	有个人信息是否为本公司员工	—	OCR识别后	系统自动判断	乘坐人员在"公司"内方能"采集成功"	乘坐人员不在"公司"白名单人员，无法报销	—	—	—
11	通用	通用票据类审核	电子票据	电子票据基本PDF	电子签章（发票）专用章校验	电子签章（发票）专用章是否有效	—	电子票据采集保存时	系统自动判断	借助PDF阅读器技术，判定电子签章（发票专用章）有效性	电子签章（发票专用章）无效	—	—	—
12	通用	通用票据类审核	电子票据	电子票据基本OFD	电子签章（发票）监制章校验	电子签章（发票）监制章是否有效	—	电子票据采集保存时	系统自动判断	借助OFD阅读器技术，判定电子签章（发票监制章）有效性	电子签章（发票监制章）无效	—	—	—

（续表）

序号	报销编号	报销类型	发票类型	审核细类名称	审核规则名称	审核规则要点	参照文件（已有、修订或新拟）	执行时点（汇总）	执行方式	人工执行要点/系统实现要点	系统提示信息	抵扣税率	系统落地情况	备注
13	通用	通用票据类审核	电子票据	电子票据	电子文件上传校验	是否上传PDF原文件	—	电子票据采集保存时	系统自动判断	是否未上传PDF原文件	未上传电子票据原文件，包括增值税电子普通发票，增值税电子专用发票，财政电子票据，海关进口增值税专用税书，海关进口增值税专用缴款书，税收完税证明（电子）、电子银行回单	—	—	—
14	通用	通用票据类审核	增值税专用发票	增值税专用发票	发票号码正确性校验	印刷发票号码和打印发票号码是否一致	—	OCR识别后	系统自动判断	印刷发票号码和打印发票号码比对	印刷发票号码和打印发票号码不一致	—	—	—
15	通用	通用票据类审核	增值税专用发票	增值税专用发票	开票日期校验	开票日期是否在出差日期范围内	—	OCR识别后	系统自动提示+人工判断	开票日期和出差申请单中的行程日期比对	开票日期不在出差日期范围	—	—	1.若报销规则要求写说明，则提示补充上传说明；2.若报销规则不要求写说明，则人工审核通过

（续表）

序号	报销编号	报销类型	发票类型	审核细类名称	审核规则名称	审核规则要点	参照文件（已有、修订或新拟）	执行时点（汇总）	执行方式	人工执行要点/系统实现要点	系统提示信息	抵扣税率	系统落地情况	备注
16	通用	通用票据类审核	增值税专用发票	购买方信息校验	购买方信息是否正确	—	OCR 识别后	系统自动判断	名称；纳税人识别号；地址、电话；开户行及账号	购买方信息不正确	—	—	—
17	通用	通用票据类审核	增值税专用发票	发票的项目名称校验	货物名称是否正确	—	OCR 识别后	系统自动判断	发票的项目名称与合同比对	购买方信息不正确	—	—	—
18	通用	通用票据类审核	增值税专用发票	发票的项目名称校验	应税劳务、服务名称是否正确	—	财务复核时	人工判断	发票的项目名称与合同比对	购买方信息不正确	—	—	—
19	通用	通用票据类审核	增值税专用发票	规格正确性校验	规格是否正确	—	OCR 识别后	系统自动判断	发票的规格与合同比对	发票的规格与合同不吻合	—	—	—
20	通用	通用票据类审核	增值税专用发票	数量正确性校验	数量是否正确		OCR 识别后	系统自动判断	发票的数量/清单数量与订单/出单比对	发票的数量与订单/清单合；数量与出单不吻合；数量申请单的数量与清单与订单出差不吻合	—	—	—
21	通用	通用票据类审核	增值税专用发票	单价正确性校验	单价是否正确	—	OCR 识别后	系统自动判断	发票的单价与合同/费用标准比对	发票的单价与合同合；发票与费用与标准不吻合	—	—	—

（续表）

序号	报销编号	报销类型	发票类型	审核细类名称	审核规则名称	审核规则要点	参照文件（已有、修订或新拟）	执行时点（汇总）	执行方式	人工执行要点/系统实现要点	系统提示信息	抵扣税率	系统落地情况	备注
22	通用	通用票据类审核	增值税专用发票	增值税专用发票	金额正确性校验	金额（不含税）是否正确	—	OCR识别后	系统自动判断	发票的金额（不含税）与合同验收书/履约验收申请表比对	发票的金额（不含税）与合同验收书不吻合；发票的金额（不含税）与履约验收申请表不吻合	—	—	—
23	通用	通用票据类审核	增值税专用发票	增值税专用发票	税率正确性校验	税率是否正确	—	OCR识别后	系统自动判断	发票的税率与合同比对	发票的税率与合同不合	—	—	—
24	通用	通用票据类审核	增值税专用发票	增值税专用发票	价税合计正确性校验	价税合计是否正确	—	OCR识别后	系统自动判断	发票的价税合计与合同验收书/履约验收申请表比对	发票的价税合计不正确	—	—	—
25	通用	通用票据类审核	增值税专用发票	增值税专用发票	销售方信息正确性校验	销售方信息是否正确	—	OCR识别后	系统自动判断	发票的销售方信息与合同比对	发票的销售方信息不正确	—	—	—
26	通用	通用票据类审核	增值税专用发票	增值税专用发票	发票专用章信息校验	发票专用章信息与销售方信息是否一致	—	OCR识别后	人工判断	发票专用章信息与销售方信息比对	专用章信息与销售方信息不一致	—	—	—
27	通用	通用票据类审核	增值税专用发票	增值税专用发票	发票验真	票据全面信息是否与税局信息一致	—	OCR识别后	系统自动判断	票据全面信息与税局信息比对	发票验真不通过	—	—	—
28	通用	通用票据类审核	增值税电子专用发票	增值税电子专用发票OFD	参照"增值税专用发票"	—	—	—	—	—	—	—	目前不支持	—

（续表）

序号	报销编号	报销类型	发票类型	审核细类名称	审核规则名称	审核规则要点	参照文件（已有、修订或更新托）	执行时点（汇总）	执行方式	人工执行要点/系统实现要点	系统提示信息	抵扣税率	系统落地情况	备注
29	通用	通用票据类审核	增值税电子专用发票OFD	增值税电子专用发票OFD	参照"电子票据基本OFD"	—	—	—	—	—	—	—	目前不支持	—
30	通用	通用票据类审核	增值税普通发票	增值税普通发票	参照"增值税专用发票"	—	—	—	—	—	—	—	—	—
31	通用	通用票据类审核	增值税普通发票	增值税普通发票	住宿费6%税率校验	税率是否为6%	—	报销单提交时	系统自动判断	大于6%税率部分的税金不允许报销	普票大于6%等的税率，税金全部分不报销，若不同意，请点击下一步；若同意，请重新开票，并重新提交	—	—	—
32	通用	通用票据类审核	增值税电子普通发票	增值税电子普通发票PDF	参照"增值税普通发票"	—	—	电子票据采集时	电子票据采集时	—	—	—	—	—
33	通用	通用票据类审核	电子票据	电子票据	电子文件上传校验	是否上传PDF原文件	—	电子票据采集时	系统自动判断	是否未上传PDF原文件	未上传电子票据原文件，包括增值税电子普通发票、增值税电子专用发票、财政电子票据、海关进口关税专用缴款书、海关进口增值税专用缴款书、税收完税证明（电子）	—	—	—

（续表）

序号	报销编号	报销类型	发票类型	审核细类名称	审核规则名称	审核规则要点	参照文件（已有、修订或新拟）	执行时点（汇总）	执行方式	人工执行要点/系统实现要点	系统提示信息	抵扣税率	系统落地情况	备注
34	通用	通用票据类审核	增值税电子普通发票	增值税电子普通发票OFD	参照"增值税普通发票"		—	—	—	—	—	—	—	—
35	通用	通用票据类审核	增值税电子普通发票	增值税电子普通发票OFD	参照"电子票据基本OFD"	—	—	—	—	—	—	—	—	—
36	通用	通用票据类审核	其他	财政票据	购买方信息校验	购买方信息是否正确，包括入一社会统一信用代码	—	OCR识别后	系统自动判断	名称：统一社会信用代码	购买方信息不正确	—	—	—
37	通用	通用票据类审核	其他	财政票据	项目名称校验	项目名称是否正确	—	OCR识别后	人工判断	财政票据与合同比对	项目名称不正确	—	—	—
38	通用	通用票据类审核	其他	财政票据	销售方信息正确性校验	销售方信息是否正确	—	OCR识别后	系统自动判断	财政票据与合同比对	销售方信息不正确	—	—	—
39	通用	通用票据类审核	其他	财政票据	财务专用章校验	是否盖有财务专用章	—	OCR识别后	系统自动判断	财务专用章的颜色与红色比对；财务专用章的形状与圆形比对	财务专用章无效	—	—	—
40	通用	通用票据类审核	其他	财政电子票据PDF	参照"财政票据"	—	—	—	—	—	—	—	—	—

（续表）

序号	报销编号	报销类型	发票类型	审核细类名称	审核规则名称	审核规则要点	参照文件（已有、修订或新拟）	执行时点（汇总）	执行方式	人工执行要点/系统实现要点	系统提示信息	抵扣税率	系统落地情况	备注
41	通用	通用票据类审核	其他	财政电子票据PDF	参照"增值税电子普通发票PDF"	—	—	—	—	—	—	—	—	—
42	通用	通用票据类审核	其他	发票分割单	发票分割单校验	发票分割单是否有效	—	财务复审时	人工判断	是否有被分割发票复印件？被分割发票名称、购买方名称、单位是否一致？收款单金额是否小于等于被分割的发票金额？分割单金额是否与付款单金额一致	—	—	—	—
43	通用	通用票据类审核	高速通行费	通行费专用发票/收据	车牌号校验	车牌号是否是公司车辆	—	OCR识别后	系统自动提示	车牌号与公司车辆基础档案比对	通行费涉及非公司车辆	—	—	—
44	通用	通用票据类审核	高速通行费	增值税电子普通发票（通行费）	参照"增值税电子普通发票PDF"	—	—	—	—	—	—	—	—	—
45	通用	通用票据类审核	高速通行费	增值税电子普通发票（通行费）	"通行费"字样校验	项目名称中是否有"通行费"字样	—	OCR识别后	系统自动提示＋人工判断	系统模糊匹配"通行费"字样	票据可抵扣	—	—	—

（续表）

序号	报销编号	报销类型	发票类型	审核细类名称	审核规则名称	审核规则要点	参照文件（已有、修订或新拟）	执行时点（汇总）	执行方式	人工执行要点/系统实现要点	系统提示信息	抵扣税率	系统落地情况	备注
46	通用	通用票据类审核	高速通行费	增值税电子普票（通行费）	车牌号校验	车牌号是否车公司车辆	—	OCR识别后	系统自动提示+人工判断	发票的车牌号与公司车号白名单比对	通行费涉及非公司车辆	—	—	—
47	通用	通用票据类审核	出租车票	出租车票（平台）	参照"增值税普票"发票	—	—	OCR识别后	—	—	—	—	—	—
48	通用	通用票据类审核	出租车票	出租车票（平台）	行程单校验	是否提供行程单	—	OCR识别后	系统自动提示+人工判断	系统模糊匹配"行程单"模板（布局/字样，以滴滴为例）	请提供"电子行程单"	—	—	—
49	日常差旅	通用票据类审核	出租车票	出租车票（卷式）	出租车票日期校验	短途车票是否出差日期范围内	差旅费管理标准5.1.7	OCR识别后	系统自动提示+人工判断	与出差申请日期范围对比	开票日期不在出差日期范围	—	—	—
50	通用	通用票据类审核	定额发票/卷式发票	定额发票/卷式发票	定额发票/卷式发票连号校验	市内交通费和往返通费是否存在不合理（连号+同隔连号）	—	OCR识别后	系统自动提示+人工判断	定额发票/卷式发票与历史数据连续连号（间隔多个指定数字连号）	卷式票/定额发票存在不合理连号，是否继续提交	—	—	—
51	通用	通用票据类审核	出租车票	出租车票（卷式）	出租车牌号重复校验	市内交通费车牌号是否存在不合理重复	—	OCR识别后	系统自动提示+人工判断	出租车票与历史数据比对	车牌号存在不合理重复，是否继续提交	—	—	—

（续表）

序号	报销编号	报销类型	发票类型	审核细类名称	审核规则名称	审核规则要点	参照文件（已有、修订或新拟）	执行时点（汇总）	执行方式	人工执行要点/系统实现要点	系统提示信息	抵扣税率	系统落地情况	备注
52	日常差旅	通用票据类审核	出租车票	出租车票（卷式）	报销金额校验	市内交通费是否超标情况	差旅费管理标准5.2.1.4.3	报销单提交时	系统自动判断	合计市内交通费与标准中市内交通费80元/天比对	市内交通费超标准，请修正后提交	—	—	—
53	通用	通用票据类审核	出租车票	出租车票（卷式）	发票专用章校验	发票专用章是否完整	—	OCR识别后	系统自动判断	发票专用章的颜色与红色比对；发票专用章的形状与椭圆形比对	发票专用章不完整	—	—	—
54	日常差旅	通用票据类审核	出租车票	出租车票（卷式）	报销合理性校验	往返交通费只可报销一次	差旅费管理标准5.2.1.4.2	财务初审时	人工判断	—	—	—	—	—
55	个人报销	通用票据类审核	所有发票	票据基本	报销时效校验	是否符合年内报销时间要求（3个月）	财务报销及付款管理标准5.1.7.1	报销单提交时	系统自动提示+人工判断	根据开票日期判定、出差时间判断	报销时间距离开票日超过3个月期限，是否继续提交	—	—	—
56	通用	通用票据类审核	机票行程单	飞机票	乘坐标准校验	是否超标乘坐飞机（非经济舱）	差旅费管理标准5.2.1.1.7	OCR识别后	系统自动判断	飞机票与机票仓位代码比对	非经济舱不能报销	进项税=（票价+燃油附加）÷1.09×0.09	—	—
57	通用	通用票据类审核	机票行程单	飞机票	购买渠道校验	机票是否在定点供应商购买	差旅费管理标准5.2.5.6.2	OCR识别后	系统自动判断	飞机票上供应商名称与定点供应商名称是否一致	非定点商购票，请上传《在非定点商购买机票的请示》	—	—	—

（续表）

序号	报销编号	报销类型	发票类型	审核细类名称	审核规则名称	审核规则要点	参照文件（已有,修订或更新）	执行时点（汇总）	执行方式	人工执行要点/系统实现要点	系统提示信息	抵扣税率	系统落地情况	备注
58	通用	通用票据类审核	增值税普通发票	飞机票退票费报销凭证	退票费校验	退票费事需填写前《退票费审批表》	差旅费管理标准 5.2.1.1.5	报销单提交时	系统自动判断	是否有《退票费审批表》	请上传《退票费审批表》	—	—	专门新增退票申请事项
59	通用	通用票据类审核	火车票	火车票	交通工具标准校验	是否超标乘坐交通工具	差旅费管理标准 5.2.5.6.3	OCR识别后	系统自动提示+人工判断	乘车人级别与系统级别的人员明细表核对	超标乘坐交通工具,请上传关于超标乘坐交通工具的请示》	—	—	—
60	通用	通用票据类审核	火车票	火车票	个人信息校验	有个人信息是否为本公司员工	财政部税务总局海关总署2019年第39号公告	OCR识别后	系统自动提示+人工判断	姓名+身份证号信息是否完整,与公司人员白名单比对	查无此人,请人工审核	进项税＝票价÷1.09×0.09	—	提示: 1.识别错误,人工处理 2.请更新白名单后再提交
61	通用	通用票据类审核	其他	火车票退票费报销凭证	退票费校验	退票费事需填写前《退票费审批表》	差旅费管理标准 5.2.1.1.5	报销单提交时	系统自动判断	是否有《退票费审批表》	请上传《退票费审批表》	—	—	专门新增退票申请事项
62	通用	通用票据类审核	其他	火车票退票费报销凭证	退票费校验	火车票退票费不超过票面20%	差旅费管理标准 5.2.1.1.5	报销单提交时	系统自动判断	火车票退票金额不能超过原票面金额20%	退费金额超标,是否继续报销?(是,则按20%报销)	—	—	—

（续表）

序号	报销编号	报销类型	发票类型	审核细类名称	审核规则名称	审核规则要点	参照文件（已有,修订或新拟）	执行时点（汇总）	执行方式	人工执行要点/系统实现要点	系统提示信息	抵扣税率	系统落地情况	备注
63	通用	通用票据类审核	轮船票	轮船票	参照"火车票"	—	—	—	—	—	—	进项税＝票价÷1.03×0.03	—	—
64	通用	通用票据类审核	汽车票/轮船票	汽车票/轮船票	个人信息校验	有个人信息票据是否为本司员工	财政部 税务总局 海关总署公告 2019 年第 39 号	OCR 识别后	系统自动判断	姓名＋身份证号信息是否完整,与公司人员白名单比对	查无此人,请人工审核	进项税＝票价÷1.03×0.03	—	—
65	通用	通用票据类审核	汽车票	增值税电子普通票（客运汽车）	参照"增值税电子普通发票"	—	—	—	—	—	—	—	—	—
66	通用	通用票据类审核	定额发票	定额发票	定额票同时验校（如有）	短途车票是否出差日期范围内	差旅费管理标准 5.1.7	OCR 识别后	系统自动提示＋人工判断	与出差申请日期范围对比	开票日期不在出差日期范围,是否继续提交?	—	—	—
67	通用	通用票据类审核	通用机打发票	通用机打发票	参照"出租车票（卷式）"	公司英文名称是否正确	—	—	系统自动提示＋人工判断	如高速公路过路费发票	—	—	—	—
68	通用	通用票据类审核	国外小票	国外票据	公司英文名称校验	公司英文名称是否正确	—	—	系统自动提示＋人工判断	公司英文名称与 "China Tobacco Industrial Guangxi Co., Ltd."比对	公司英文名称不正确	—	—	—

表 10-2　智能报账审核规则——通用合同类

序号	报销编号	报销类型	发票类型	审核细类名称	审核规则名称	审核规则要点	参照文件(已有,修订或新拟)	执行时点(汇总)	执行方式	人工执行要点/系统实现要点	系统提示信息	抵扣税率	系统落地情况	备注
1	通用	通用合同类审核	合同	总价合同	总价合同时间付款校验	是否达到付款时间	—	报销单提交时	系统自动判断	履约验收时间与合同付款时间对比	未到付款期限	—	—	—
2	通用	通用合同类审核	合同	单价合同	单价合同时间付款校验	是否达到付款时间	—	报销单提交时	系统自动判断	履约验收时间与订单付款时间对比	未到付款期限	—	—	—
3	通用	通用合同类审核	合同	合同	合同履约附件完整性,合规校验	履约附件是否完整,是否合规	—	财务复审时	人工判断	附件是否完整;履约验收时间(含质保金)是否正确(含质保金额)是否正确	履约附件校验不通过	—	—	—
4	通用	通用合同类审核	合同	合同	履约保证金收款时间校验	履约保证金收款时间是否正确	—	财务复审时	人工判断	收款时间是否与合同一致	履约保证金收款时间不正确	—	—	—
5	通用	通用合同类审核	合同	合同	履约保证金收款额校验	履约保证金收金额是否正确	—	财务复审时	人工判断	收款金额是否与合约金额一致	履约保证金收款额不正确	—	—	—
6	通用	通用合同类审核	合同	合同	履约保证金付款时间校验	履约保证金付款时间是否正确	—	财务复审时	人工判断	付款时间是否与合同一致,是否完成履约条件	履约保证金付款时间不正确	—	—	—
7	通用	通用合同类审核	合同	合同	履约保证金付款额校验	履约保证金付金额是否正确	—	财务复审时	人工判断	付款金额是否与合同一致,是否提供纸质"收款证明"或相关证明	履约保证金付款额不正确	—	—	—

（续表）

序号	报销编号	报销类型	发票类型	审核细类名称	审核规则名称	审核规则要点	参照文件（已有,修订或新拟）	执行时点（汇总）	执行方式	人工执行要点,系统实现要点	系统提示信息	抵扣税率	系统落地情况	备注
8	通用	通用合同类审核	合同	合同	合同安全风险金收款时间校验	合同安全风险金收款时间是否正确	—	财务复审时	人工判断	收款时间是否与合同一致	合同安全风险金收款时间不正确	—	—	—
9	通用	通用合同类审核	合同	合同	合同安全风险金收款金额校验	合同安全风险金收款金额是否正确	—	财务复审时	人工判断	收款金额是否与合同一致	合同安全风险金收款金额不正确	—	—	—
10	通用	通用合同类审核	合同	合同	合同安全风险金付款时间校验	合同安全风险金付款时间是否正确	—	财务复审时	人工判断	付款时间是否与合同一致	合同安全风险金付款时间不正确	—	—	—
11	通用	通用合同类审核	合同	合同	合同安全风险金付款金额校验	合同安全风险金付款金额是否正确	—	财务复审时	人工判断	付款金额是否与合同一致	合同安全风险金付款金额不正确	—	—	—
12	通用	通用合同类审核	非预付款合同	非预付款合同	税目校验	税目是否正确	—	财务复审时	人工判断	发票的税目与合同标记的比对	发票的税目与合同标记的不吻合	—	—	—
13	通用	通用合同类审核	非预付款合同	非预付款合同	税率校验	税率是否正确	—	报销单提交时	系统自动提示+人工判断	发票的税率与合同税率比对	发票的税率与合同税率不吻合	—	—	—
14	通用	通用合同类审核	非预付款合同	非预付款合同	采购项目名称校验	采购项目名称是否正确	—	报销单提交时	系统自动提示+人工判断	采购项目名称(针对合同产品)与合同采购名称比对	采购项目名称不正确	—	—	—
15	通用	通用合同类审核	非预付款合同	非预付款合同	采购数量校验	采购数量是否正确	—	报销单提交时	系统自动提示+人工判断	采购项目数量与合同数量比对	采购数量不正确	—	—	—

（续表）

序号	报销编号	报销类型	发票类型	审核细类名称	审核规则名称	审核规则要点	参照文件（已有、修订或新拟）	执行时点（汇总）	执行方式	人工执行要点/系统实现要点	系统提示信息	抵扣税率	系统落地情况	备注
16	通用	通用合同类审核	非预付款合同	非预付款合同	单价校验	单价是否正确	—	报销单提交时	系统自动提示+人工判断	发票的不含税单价与合同单价中不含税单价比对	发票的单价与合同不吻合	—	—	—
17	通用	通用合同类审核	非预付款合同	非预付款合同	金额（不含税）校验	金额（不含税）是否正确	—	报销单提交时	系统自动提示+人工判断	发票的金额（不含税）与合同金额（不含税含价）比对	发票的金额（不含税）与合同不吻合	—	—	—
18	通用	通用合同类审核	非预付款合同	非预付款合同	金额（含税）校验	价税合计是否正确	—	报销单提交时	系统自动提示+人工判断	发票金额（含税）与合同（针对总价合同）比对	发票的金额（含税）与合同不吻合	—	—	—
19	通用	通用合同类审核	非预付款合同	非预付款合同	开票方名称校验	开票方名称是否正确	—	报销单提交时	系统自动提示+人工判断	开票方单位名称与合同乙方比对（代收代支除外）	开票方单位名称不正确	—	—	—
20	通用	通用合同类审核	非预付款合同	非预付款合同	开票方纳税识别号校验	开票纳税识别号是否正确	—	报销单提交时	系统自动提示+人工判断	开票方纳税识别号与合同乙方比对（代收代支除外）	开票方纳税人识别号不正确	—	—	—
21	通用	通用合同类审核	合同	合同收款单位名称	收款单位名称校验	收款单位名称是否正确	—	报销单提交时	系统自动提示+人工判断	收款单位名称与合同乙方/收款方比对	收款单位名称正确	—	—	—
22	通用	通用合同类审核	合同	合同开票方银行账户	开票方银行账户校验	收款单位银行账户信息是否正确	—	报销单提交时	系统自动提示+人工判断	收款单位银行账户信息与合同乙方/收款方比对	收款单位银行账户信息不正确	—	—	—
23	通用	通用合同类审核	合同	合同有效期（采购类）	合同有效期（采购类）校验	是否在合同有效期范围内	—	报销单提交时	系统自动提示+人工判断	履约验收时间与合同有效期双方比对	合同执行超过合同有效期	—	—	—

第 11 章

支出类审核规则梳理

11.1 卷烟回购

广西中烟梳理的与卷烟回购相关的审核规则有 7 条,如表 11-1 所示。

11.2 卷烟退货

广西中烟梳理的与卷烟退货相关的审核规则有 9 条,如表 11-2 所示。

11.3 物资

广西中烟的物资包括原料、辅料和备品备件。与物资相关的业务包括物资采购、物资移库、物资出库和原料采购。广西中烟梳理的与物资相关的审核规则有 44 条,如表 11-3 所示。

11.4 投资项目

广西中烟的投资项目涵盖建设类、无形资产类、固定资产类项目,与投资项目相关的支付包括投资项目进度款支付、投资项目监理服务款支付等。广西中烟梳理的与投资项目相关的审核规则有 58 条,如表 11-4 所示。

11.5 研发项目/市场营销项目

广西中烟研发项目和市场营销项目的支付,参照通用合同部分。广西中烟与研发项目专属论文版面费相关的报账审核规则有 3 条,如表 11-5 所示。

表11-1 智能报账审核规则——卷烟回购

序号	报销编号	报销类型	审核细类名称	审核规则要点	参照文件（已有、修订或新拟）	执行时点（汇总）	执行方式	人工执行要点/系统实现要点	系统提示信息	备注
1	—	卷烟回购	增值税专用发票	参照"增值税专用发票"	—	—	—	—	—	—
2	—	卷烟回购	增值税专用发票	开票日期校验	开票日期是否在合作生产合同范围内/是否为当月月份	—	财务复核	系统自动判断	开票日期和合作生产合同/当月日期应当一致	开票日期不在合作生产合同/不在当月范围	—
3	—	卷烟回购	增值税专用发票	进成本的运输发票审核要点	回购运输费明细表与发票总额是否正确	—	财务复核	人工判断	发票金额与回购运输费明细烟应当一致	运输地址与合作工企业地点不一致	—
4	—	卷烟回购	采购入库单	参照"采购入库单"	—	—	—	—	—	—
5	—	卷烟回购	生成应付记账凭证	参照"凭证生成"	—	—	—	—	—	—
6	—	卷烟回购	审核付款通知单	金额正确性校验	付款金额是否小于等于辅助余额	—	财务复核	系统自动提示＋人工判断	付款金额应当小于等于辅助表余额	付款金额大于辅助表余额	—
7	—	卷烟回购	审核付款通知单	收款单位信息校验	收款单位信息是否正确	—	财务复核	系统自动提示＋人工判断	收款单位信息与合同应当一致	收款单位信息与合同不一致	—

表 11-2　智能报账审核规则——卷烟退货

序号	报销编号	报销类型	审核细类名称	审核规则名称	审核规则要点	参照文件（已有、修订或新拟）	执行时点（汇总）	执行方式	人工执行要点/系统实现要点	系统提示信息	备注
1	—	卷烟退货	《关于××公司卷烟申请退货的请示》	退货请示合规性校验	退货请示是否有相关领导签字	—	财务复核	人工判断	退货请示应当有公司领导签字	退货请示没有领导签字	—
2	—	卷烟退货	增值税专用发票（红字）	参照"增值税专用发票"	—	—	—	—	—	—	—
3	—	卷烟退货	增值税专用发票（红字）	购买方信息校验	购买方信息是否正确	—	财务复核	人工判断	购买方信息与《关于××公司卷烟申请退货的请示》应当一致	发票的购买方信息不正确	—
4	—	卷烟退货	增值税专用发票（红字）	发票信息开具的准确性校验（包含卷烟名称、金额）	卷烟名称、数量、单价、金额是否正确	—	财务复核	人工判断	发票的信息与《关于××公司卷烟申请退货的请示》应当一致	发票信息（卷烟名称、数量、单价、金额）不正确	—
5	—	卷烟退货	生成卷烟退货入库凭证（包含销售成本结转&调整单）	附件完整性校验	附件是否完整	—	月末卷烟存货系统结账后	系统自动提示+人工判断	附件应当包括：1. 本单位市场部《关于××公司卷烟申请退货的请示》 2. 红字发票第一联 3. 卷烟退回仓库的入库验收单	缺少××附件	—
6	—	卷烟退货	付款审批表	附件完整性校验	附件是否完整	—	财务复核	人工判断	附件应当包括：××公司卷烟退货合同 ××入库验收单 ××销售成本结转凭证&调整单（待确认）	缺少××附件	—
7	—	卷烟退货	付款审批表	收款方信息校验（单位名称、账号）	收款方信息是否正确	—	财务复核	人工判断	收款方信息（单位名称、账号）应当与请示/合同一致	收款方信息（单位名称、账号）与合同不一致	—
8	—	卷烟退货	付款审批表	金额正确性校验	金额是否正确	—	财务复核	系统自动判断	金额应当与请示/合同一致	付款金额不正确	—
9	—	卷烟退货	参照凭证生成	—	—	—	—	—	—	—	—

表 11-3 智能报账审核规则——物资

序号	报销编号	报销类型	审核细类名称	审核规则名称	审核规则要点	参照文件（已有，修订或新拟）	执行时点（汇总）	执行方式	人工执行要点/系统实现要点	系统提示信息	备注
1	R0102090201	物资采购	预付款单	参照"合同"	—	—	—	—	—	—	—
2	R0102090201	物资采购	生成应收记账凭证	参照"凭证生成"	—	—	—	—	—	—	—
3	R0102090201	物资采购	发票	参照"票据整体"	—	—	—	—	—	—	—
4	R0102090201	物资采购	采购入库单	供应商名称校验	合同与采购入库单的供应商名称是否一致	—	财务审核采购入库单时	系统自动判断	合同与采购入库单的供应商名称要一致	合同与采购入库单的供应商名称不一致	经办人ERP系统内填写，自动生成采购入库单（标准表单），认识别出相对应结构化数据，针对结构化数据系统自动判断
5	R0102090201	物资采购	采购入库单	发票编号校验	发票的采购入库单手工填发票号是否一致	—	财务审核采购入库单时	系统自动判断	发票与采购入库单对应的发票编号要一致	发票与采购入库单对应的发票编号不一致	—
6	R0102090201	物资采购	采购入库单	材料名称校验	合同与采购入库单的材料名称是否一致	—	财务审核采购入库单时	系统自动判断	合同与采购入库单的材料名称要一致	合同与采购入库单的材料名称不一致	—
7	R0102090201	物资采购	采购入库单	材料规格校验	合同与采购入库单的材料规格是否一致	—	财务审核采购入库单时	系统自动判断	合同与采购入库单的材料规格要一致	合同与采购入库单的材料规格不一致	—
8	R0102090201	物资采购	采购入库单	材料单位校验	合同与采购入库单的材料单位是否一致	—	财务审核采购入库单时	系统自动判断	合同与采购入库单的材料单位要一致	合同与采购入库单的材料单位不一致	—

（续表）

序号	报销编号	报销类型	审核细类名称	审核规则名称	审核规则要点	参照文件（已有、修订或新拟）	执行时点（汇总）	执行方式	人工执行要点/系统实现要点	系统提示信息	备注
9	R0102090201	物资采购	采购入库单	材料数量校验	发票采购入库单的材料数量是否一致	—	财务审核采购入库单时	系统自动判断	发票与采购入库单的材料数量要一致	发票与采购入库单的材料数量不一致	—
10	R0102090201	物资采购	采购入库单	材料单价校验	合同入库单的材料单价是否一致	—	财务审核采购入库单时	系统自动判断	合同与采购入库单的材料单价要一致	合同采购入库单价不一致	—
11	R0102090201	物资采购	采购入库单	不含税金额校验	发票与入库单的含税金额是否一致	—	财务审核采购入库单时	系统自动判断	发票与采购入库单含税金额要一致	发票与采购入库单含税金额不一致	—
12	R0102090201	物资采购	进口结算单	公司名称校验	采购方名称是否与公司一致	—	财务审核采购入库单时	系统自动判断	采购方名称与公司一致	采购方名称与公司不一致	—
13	R0102090201	物资采购	采购入库单	合同编号校验	合同入库单对应的合同编号是否一致	—	财务审核采购入库单时	系统自动判断	合同与采购入库单对应的合同编号要一致	合同与采购入库单编号不一致	—
14	R0102090201	物资采购	采购入库单	时间校验	入库单对应暂估入库时间是否在合同有效期内	—	财务审核采购入库单时	系统自动判断	采购入库单对应的暂估入库时间要在合同有效期内	采购入库单对应的暂估入库时间不在合同有效期内	—
15	R0102090201	物资采购	生成应付记账凭证	参照"凭证生成"		—		—		—	—
16	R0102090201	物资采购	付款单（辅料、备品备件等）	参照"合同"	与合同审核规则点相同不再列出	—		—		—	—

（续表）

序号	报销编号	报销类型	审核细类名称	审核规则名称	审核规则要点	参照文件（已有，修订或新拟）	执行时点（汇总）	执行方式	人工执行要点/系统实现要点	系统提示信息	备注
17	R0102090201	物资采购	付款单（只辅料）	罚款金额	辅料付款单金额与罚款通知单款是否一致	—	审核采购付款单时	系统自动判断	辅料付款单的罚款金额与罚款通知单要一致	辅料付款单的罚款金额与罚款通知单不一致	—
18	R0102090201	物资采购	付款单（只辅料）	罚款通知单的公章	罚款通知单上是否有业务部门和供应商公章	—	审核采购付款单时	人工判断	罚款通知单上要有业务部门和供应商公章	罚款通知单业务部门公章	—
19	R0102090201	物资采购	生成冲应付的记账凭证	参照"凭证生成"	—	—	—	—	—	—	—
20	R0102120902	物资移库	发票	参照"票据整体"	—	—	—	—	—	—	—
21	R0102120902	物资移库	运输付款单	参照"合同"	—	—	—	—	—	—	—
22	R0102120902	物资移库	运输付款单	业务汇总表	业务汇总表的金额是否与合同一致	—	审核转账付款时	系统自动判断	业务汇总表的金额要与合同一致	业务汇总表与合同不一致	—
23	R0102120902	物资移库	生成记账凭证	参照"凭证生成"	—	—	—	—	—	—	—
24	R0102090201	物资出库	仓库报表	出库类型校验	仓库报表与ERP系统数据是否一致	—	ERP结账后	人工判断	仓库报表的出库类型数据要与ERP系统数据一致	仓库报表类型的出库类型与ERP系统数据不一致	目前，ERP系统自动生成、仓库辅料总账打印（考虑自动领导在线签字）、领导签字后，交财务核算会计处；仓库辅料总账在ERP系统打印的仓库辅料总账交核算备核，然后报表，报表交备核算会计。核算会计要将纸质的仓库报表与ERP系统一致性进行校验（纸质与系统数据出现错误）

（续表）

序号	报销编号	报销类型	审核细类名称	审核规则名称	审核规则要点	参照文件（已有、修订或新拟）	执行时点（汇总）	执行方式	人工执行要点/系统实现要点	系统提示信息	备注
25	R0102090201	物资出库	仓库报表	出库材料名称校验	仓库报表与ERP系统数据是否一致	—	ERP结账后	人工判断	仓库报表的出库材料名称与ERP系统数据要一致	仓库报表的出库材料名称与ERP系统数据不一致	—
26	R0102090201	物资出库	仓库报表	出库材料数量校验	仓库报表与ERP系统数据是否一致	—	ERP结账后	人工判断	仓库报表的出库材料数量与ERP系统数据要一致	仓库报表的出库材料数量与ERP系统数据不一致	—
27	R0102090201	物资出库	仓库报表	出库材料金额校验	仓库报表与ERP系统数据是否一致	—	ERP结账后	人工判断	仓库报表的出库材料金额与ERP系统数据要一致	仓库报表的出库材料金额与ERP系统数据不一致	—
28	R0102090201	物资出库	仓库报表	出库计提金额校验	出库计提计算金额是否正确	—	ERP结账后	系统自动判断＋人工判断	出库计提金额计算是否与人工计算一致	出库计提金额与人工计算不一致	—
29	R0102090201	物资出库	仓库报表	领用部门校验	仓库报表与ERP系统数据是否一致	—	ERP结账后	人工判断	仓库报表的领用部门与ERP系统数据要一致	仓库报表的领用部门与ERP系统数据不一致	—
30	R0102090201	物资出库	生成账凭证	参照"凭证生成"	—	—	—	—	—	—	—
31	R0102080401	原料采购	参照"增值税专用发票"	—	参考通用类（发票类子合同信息自动校验）	—	—	—	—	—	—
32	R0102080401	原料采购	采购发票单、采购结算清单	采购发票单、采购结算单正确性校验	采购发票单、采购结算信息是否正确	—	发生采购入库后3个工作日内,次月1日前	系统自动判断（两个表单与发票信息核对）	采购发票单,采购客商,含税价、不含税价,税额,含税价/不含税价,含增值税价与税值一致;税价计算是否与含税信息符合;农产品加计扣除计算金额是否正确	采购发票单,采购结算清单不含税价/不含税价;税价计算错误;农产品加计扣除金额错误	原料管理信息系统采购发票单（目前未传入NC）,采购结算清单（目前未传入NC。考虑：1.是否要这个凭证只需要采购发票信息;2.未来电子会计档案件作为电子凭证的一个附件存在。）或考虑两个表单合并为一个标准表单

（续表）

序号	报销编号	报销类型	审核细类名称	审核规则名称	审核规则要点	参照文件（已有，修订或新拟）	执行时点（汇总）	执行方式	人工执行要点/系统实现要点	系统提示信息	备注
33	R010208040l	原料采购	工商交接协议	工商交接协议合理性校验	工商交接协议数量是否合理	—	发生采购入库后3个工作日内，次月1日前	系统自动判断（通过采购批次（采购单、工商、采购结算发票清单）的一致性，判断多张发票与合同的关联关系）	工商交接协议对应货物的累计重量是否小于/等于合同约定重量	合作生产合同无重量信息；累计重量超过合同约定；	原料管理信息系统（考虑：1.出自哪个系统？2.是否标准表单？3.该需要校验哪些信息？4.该协议存在的目的是什么？5.该协议信息校验？6.一个合同对应多张发票？（一个工商交接协议可以对应多个协议中数量与发票中的数量。）
34	R010208040l	原料采购	入库单（PDF）	入库单信息合理性校验	入库信息是否合理	—	发生采购入库后3个工作日内，次月1日前	系统自动判断（业务人员填写的入库单信息与合同信息自动匹配）	入库单（PDF）客商与合同客商是否一致；采购入库的物料与合同物料名称是否匹配（如货物名称、等级、形态）；校验工商交接协议的重量是否大于合同约定重量；入库单的单价是否与合同约定的单价一致；入库单的不含税价、税额、含税价的计算是否正确	入库单客商与合同不一致；入库单物料与合同不匹配；入库单重量超出合同约定；入库单单价与合同不一致；入库单不含税价/税额/含税价计算错误	自动生成的入库单与业务人员填写的入库单自动填写
35	R010208040l	原料采购	入库单（PDF）、采购发票单	传递数据正确性校验	传递的数据是否正确	—	传递数据后	系统自动判断（考虑人的自动校验）+人工判断（考虑机器人的自动匹配和校验）	入库单（PDF）、采购发票单从原料系统提取数据比对，确认数据是否一致	信息不一致	—
36	R010208040l	原料采购	记账凭证预览	回票凭证正确性校验	生成的凭证信息是否正确	—	生成凭证时	系统自动校验（参考凭证通用）	凭证附件张数比对与实际附件张数比对，凭证金额、借贷方向，辅助核算正确性检查，相关附件是否齐全	—	—
37	R010208040l	原料采购	记账凭证复核	回票凭证正确性校验	审核凭证信息正确，附件是否齐全	—	凭证审核时	系统自动判断	凭证附件张数与实际附件张数比对，凭证金额、会计科目、借贷方向，辅助核算正确性检查，相关附件是否齐全	—	—

（续表）

序号	报销编号	报销类型	审核细类名称	审核规则名称	审核规则要点	参照文件（已有、修订或新拟）	执行时点（汇总）	执行方式	人工执行要点/系统实现要点	系统提示信息	备注
38	R010208040l	原料采购	参照"无合同付款"	—	—	—	—	—	—	—	—
39	R010208040l	原料采购	参照"合同"	—	—	—	—	—	—	—	—
40	R010208040l	原料采购	付款审批单	付款金额校验	付款金额是否正确	—	收到支付申请时	系统自动判断（与发票、付款申请单中已申请付款金额）	校验付款金额,付款金额是不大于回票金额,付款应该商应付结算款科目余额一已申请结算款支付（即正在走流程）的付款金额	付款金额超过回票金额	—
41	R010208040l	原料采购	付款审批单	审批完整性校验	支付审批手续是否齐全	—	实际付款前	系统自动判断	付款单是否按 QGY 202 319 付款审批权限管理标准要求,走完全部审批流程	支付审批手续缺漏	—
42	R010208040l	原料采购	电子回单	电子回单证账凭证匹配	电子回单与记账凭证是否匹配	—	电子回单自动下载后	系统自动判断	流水类型（支出）与回单类型（付款）比对,付款金额/付款银行/付款账号/收款单位比对	无匹配的电子回单	—
43	R010208040l	原料采购	记账凭证（通用）预览	付款凭证正确性校验	生成的付款凭证是否正确	—	生成凭证时	系统自动判断+人工判断	凭证附件张数比对;凭证日期,付款银行,付款账号,付款金额,收款单位是否与回单一致;会计科目,借贷方向,辅助核算是否正确	—	—
44	R010208040l	原料采购	记账凭证（通用）复核	付款凭证正确性校验	审核付款凭证是否正确附件是否齐全	—	凭证审核时	系统自动判断	凭证附件张数与实际附件张数比对,会计科目,凭证金额,借贷方向正确,辅助核算检查,相关附件是否齐全	—	—

表 11-4　智能报账审核规则——投资项目

序号	报销编号	报销类型	审核细类名称	审核规则名称	审核规则要点	参照文件（已有、修订或新拟）	执行时点（汇总）	执行方式	人工执行要点/系统实现要点	系统提示信息	备注
1	—	投资项目合同通用	供应商名称	参照"通用-合同"	—	—	—	—	—	—	—
2	—	投资项目合同通用	供应商开户行名称	参照"通用-合同"	—	—	—	—	—	—	—
3	—	投资项目合同通用	供应商开户行账号	参照"通用-合同"	—	—	—	—	—	—	—
4	—	投资项目合同通用	合同项目	合同项目校验	合同项目是否正确	—	提交报销单时+财务单据复审时	系统自动提示+人工判断	该付款单项目与合同项目(从两项传输过的字段)比对	所附合同附件不正确	做项目名称字段接口
5	—	投资项目合同通用	合同期限	参照"通用-合同"	—	—	—	—	—	—	—
6	—	投资项目合同通用	合同结算方式	参照"通用-合同"	—	—	—	—	—	—	—
7	—	投资项目合同通用	合同付款条件	参照"通用-合同"	—	—	—	—	—	—	—
8	—	投资项目合同通用	合同	参照"通用-合同"	—	—	—	—	—	—	—
9	—	投资项目合同通用	合同验收书(履约验收表)	履约验收项目校验	项目名称是否正确	—	财务单据复审时	人工判断	《合同验收书/履约验收表》中项目名称与合同项目名称比对	项目名称不正确	—
10	—	投资项目合同通用	票据整体	参照"通用-票据整体"	—	—	财务单据复审时	人工判断	—	—	—
11	0303	投资项目合同(建设)	工程项目进度款申报审批表(工程款)	合同名称校验	审批表中合同名称是否正确	—	财务单据复审时	人工判断	《工程项目进度款申报审批表》中"合同名称"与本次付款单合同名称比对	《工程项目进度款申报审批表》中"合同名称"与本次付款单合同名称不一致	—

（续表）

序号	报销编号	报销类型	审核细类名称	审核规则名称	审核规则要点	参照文件（已有、修订或新拟）	执行时点（汇总）	执行方式	人工执行要点/系统实现要点	系统提示信息	备注
12	0303	投资项目（建设）	工程项目进度款申报审批表（工程款）	施工方名称校验	审批表中施工方名称是否正确	—	财务单据复审时	人工判断	《工程项目进度款申报审批表》中施工方名称与本次付款单收款方名称比对	《工程项目进度款申报审批表》中"施工方名称"与本次付款单收款方名称不一致	—
13	0303	投资项目（建设）	工程项目进度款申报审批表（工程款）	施工方申报支付金额校验	审批表中施工方申报与施工方提交的《工程款支付申请表》申请本次支付金额是否一致	—	财务单据复审时	人工判断	《工程项目进度款申报审批表》中"施工方"施工方提交的《工程款支付申请表》申请支付单申请比对	《工程项目进度款申报审批表》中"施工方"与施工方提交的《工程款支付申请表》申请金额不一致	—
14	0303	投资项目（建设）	工程项目进度款申报审批表（工程款）	监理方审核支付金额校验	审批表中监理方审核《工程款支付证书》本次应付款金额是否一致	—	财务单据复审时	人工判断	《工程项目进度款申报审批表》中监理方审核《工程款支付证书》与本次付款单支付金额比对	《工程项目进度款申报审批表》中"监理方《工程款支付证书》支付金额"与本次付款单支付金额不一致	—
15	0303	投资项目（建设）	工程项目进度款申报审批表（工程款）	本期审核支付金额校验	支付金额中本期审核支付款额是否一致	—	财务单据复审时	人工判断	《工程项目进度款申报审批表》中"本期审核支付款"与本次付款单支付金额比对	《工程项目进度款申报审批表》中"本期审核支付款"与本次付款单支付金额不一致	—
16	0303	投资项目（建设）	工程项目进度款申报审批表（工程款）	本期审核支付金额校验	审批表中本期审核支付金额与审批意见中的支付金额是否一致（本表校验）	—	财务单据复审时	人工判断	《工程项目进度款申报审批表》中"本期审核支付金额"与审计部门审批意见比对（本表校验）	《工程项目进度款申报审批表》中"本期审核支付金额"与审计部门意见金额不一致	—
17	0303	投资项目（建设）	工程项目进度款申报审批表（工程款）	本期审核支付金额校验	审核金额中本期审核与《工程款支付证书》建设单位本次支付金额是否一致	—	财务单据复审时	人工判断	《工程项目进度款申报审批表》中"本期审核支付金额"与《工程款支付证书》建设单位本次支付金额比对	《工程项目进度款申报审批表》中"本期审核支付金额"与《工程款支付证书》建设单位金额不一致	—

（续表）

序号	报销编号	报销类型	审核细类名称	审核规则名称	审核规则要点	参照文件（已有、修订或新拟）	执行时点（汇总）	执行方式	人工执行要点/系统实现要点	系统提示信息	备注
18	0303	投资项目（建设）	工程项目进度款申报审批表（工程款）	本期审核支付金额校验	审批表中本期审核支付金额与《工程进度款汇总表》本期进度款应支付额是否一致	—	财务单据复审时	人工判断	《工程项目进度款申报审批表》中"工程进度款汇总额"与《工程进度款汇总表》"本期进度款应支付额合计"金额比对	《工程项目进度款申报审批表》中"本期审核支付金额"与"工程进度款汇总表"中"本期进度款应支付额合计"金额不一致	—
19	0303	投资项目（建设）	工程项目进度款申报审批表（工程款）	审计部门意见校验	审批表中是否有审计部门意见	—	财务单据复审时	人工判断	《工程项目进度款申报审批表》"审计部门意见"中审计部领导是否签署同意	审计部门未同意	—
20	0303	投资项目（建设）	工程项目进度款支付审计底稿	项目名称校验	项目名称是否正确	—	财务单据复审时	人工判断	《工程项目进度款支付审计底稿》中"项目名称"与"项目名称"名称比对	《工程项目进度款支付审计底稿》中"项目名称"与项目名称名称不一致	—
21	0303	投资项目（建设）	工程项目进度款支付审计底稿	施工方名称校验	底稿中施工方名称是否正确	—	财务单据复审时	人工判断	《工程项目进度款支付审计底稿》中"申请单位"与本次付款收款人名称比对	《工程项目进度款支付审计底稿》"申请单位"与本次付款收款人名称不一致	—
22	0303	投资项目（建设）	工程项目进度款支付审计底稿	累计已付款金额校验	底稿中累计已付款金额是否正确（累计支付）	—	财务单据复审时	人工判断	《工程项目进度款支付审计底稿》中"累计审计已付款金额"与NC中累计付款金额情况比对	《工程项目进度款支付审计底稿》中"累计审计已付款金额"与NC中累计付款金额不一致	—
23	0303	投资项目（建设）	工程项目进度款支付审计底稿	累计审付记录金额校验	底稿中累计审付记录金额是否正确（分次已支付的金额）	—	财务单据复审时	人工判断	《工程项目进度款支付审计底稿》中"累计审付审计付款进度款"与NC中累计付款金额情况比对	《工程项目进度款支付审计底稿》中"累计审付审计付款进度"与NC中累计付款金额不一致	—
24	0303	投资项目（建设）	工程项目进度款申报审批表（监理费）	合同名称校验	参考"工程项目进度款申报审批表（工程款）"	—	—	—			

（续表）

序号	报销编号	报销类型	审核细类名称	审核规则名称	审核规则要点	参照文件（已有，修订或新拟）	执行时点（汇总）	执行方式	人工执行要点/系统实现要点	系统提示信息	备注
25	0303	投资项目（建设）	工程项目进度款申报审批表（监理费）	监理单位名称校验	审批表中监理单位名称是否正确	—	财务单据复审时	人工判断	《工程项目进度款申报审批表》中监理单位名称与本次付款收款方名称比对	《工程项目进度款申报审批表》中"监理单位名称"与本次付款收款方名称不一致	—
26	0303	投资项目（建设）	工程项目进度款申报审批表（监理费）	监理方审核支付金额校验	审批表中监理方审核支付金额与《服务费用支付申请表》中"工程监理服务费金额是否一致	—	财务单据复审时	人工判断	《工程项目进度款申报审批表》中"监理方审核金额"与《服务费用支付申请表》中"工程监理服务费金额"比对	《工程项目进度款申报审批表》中"监理方审核金额"与《服务费用支付申请表》中"工程监理服务费金额"不一致	—
27	0303	投资项目（建设）	工程项目进度款申报审批表（监理费）	本期审核支付金额校验	支付金额与审批表中本期审核支付金额是否一致	—	财务单据复审时	人工判断	《工程项目进度款申报审批表》中"本期审核金额"与本期支付款付金额比对	《工程项目进度款申报审批表》中"本期审核金额"与本期支付款付金额不一致	—
28	0303	投资项目（建设）	工程项目进度款申报审批表（监理费）	本期审核支付金额校验	审批表中本期审核支付金额与审计部门意见中的支付款是否一致（本表校验）	—	财务单据复审时	人工判断	《工程项目进度款申报审批表》中"本期审核金额"与审计部门计意见支付款比对（本表校验）	《工程项目进度款申报审批表》中"本期审核金额"与审计部门计意见支付款不一致	—
29	0303	投资项目（建设）	工程项目进度款申报审批表（监理费）	本期审核支付金额校验	审批表中本期审核金额与《服务费用支付申请表》建设单位支付金额是否一致	—	财务单据复审时	人工判断	《工程项目进度款申报审批表》中"本期审核金额"与《服务费用支付申请表》建设单位本次支付金额比对	《工程项目进度款申报审批表》中"本期审核金额"与《服务费用支付申请表》建设单位支付意见不一致	—
30	0303	投资项目（建设）	工程项目进度款申报审批表（监理费）	本期审核支付金额校验	审批表中本期审核金额与《进度款审核书》审定支付金额是否一致	—	财务单据复审时	人工判断	《工程项目进度款申报审批表》中"本期审核金额"与《进度款审核书》中审定支付金额比对	《工程项目进度款申报审批表》中"本期审核金额"与《进度款审核书》中审定支付金额不一致	—

（续表）

序号	报销编号	报销类型	审核细类名称	审核规则名称	审核规则要点	参照文件（已有、修订或新拟）	执行时点（汇总）	执行方式	人工执行要点/系统实现要点	系统提示信息	备注
31	0303	投资项目（建设）	工程项目进度款申报表（监理费）	审计部门意见校验	审批表中是否有审计部门意见	—	财务单据复审时	人工判断	《工程项目进度款申报表》"审计部门意见"中审计部门是否签署同意	审计部门未同意	—
32	0303	投资项目（建设）	工程项目监理服务款审计底稿	项目名称校验	项目名称是否正确	—	财务单据复审时	人工判断	《工程项目监理服务款审计底稿》中"项目名称"与审计单名称比对	《工程项目监理服务款审计底稿》中"项目名称"与本次申请款项目名称不一致	—
33	0303	投资项目（建设）	工程项目监理服务款审计底稿	监理单位名称校验	底稿中监理单位名称是否正确	—	财务单据复审时	人工判断	《工程项目监理服务款审计底稿》中"监理单位"与本次付款收款人名称比对	《工程项目监理服务款审计底稿》中"监理单位"与本次付款收款人名称不一致	—
34	0303	投资项目（建设）	工程项目监理服务款审计底稿	累计已付款金额校验	底稿中累计审计付款金额是否正确（累计已支付）	—	财务单据复审时	人工判断	《工程项目监理服务款审计底稿》中"累计已付款"与NC中累计付款情况比对	《工程项目监理服务款审计底稿》中"累计已付款"与NC中累计付款金额不一致	—
35	0303	投资项目（建设）	工程项目监理服务款审计底稿	累计审付记录金额校验	底稿中累计审付记录金额是否正确（分次已支付的金额）	—	财务单据复审时	人工判断	《工程项目监理服务款审计底稿》中"累计审付进度金额"与NC中累计付款金额比对	《工程项目监理服务款审计底稿》中"累计审付进度金额"与NC中累计付款金额不一致	—
36	0303	投资项目（建设）	工程初步结算造价审批表	参照"工程项目进度款申报表"		—	—	—	—	—	—
37	0303	投资项目（建设）	工程初步结算造价审批表	金额校验	金额是否正确	—	财务单据复审时	人工判断	《初步结算造价审定价》金额中的"初步结算造价"金额与初步结算项目挂账NC金额一致/本次支付金额比对	《初步结算造价审定价》金额中的"初步结算造价"金额与初步结算项目挂账NC金额不一致/本次支付金额不一致	—

（续表）

序号	报销编号	报销类型	审核细类名称	审核规则名称	审核规则要点	参照文件（已有,修订或新批）	执行时点（汇总）	执行方式	人工执行要点/系统实现要点	系统提示信息	备注
38	0303	投资项目（建设）	工程最终结算造价审批表	参照"工程初步结算造价审批表"	—	—	—	—	—	—	—
39	0303	投资项目（无形资产）	工程款支付意见表	项目（工程）名称校验	项目（工程）名称是否正确	—	财务单据复审时	人工判断	《工程款支付意见表》中"工程名称"与本次付款单项目名称比对	《工程支付意见表》中"工程名称"与本次付款单项目名称不一致	—
40	0303	投资项目（无形资产）	工程款支付意见表	监理审核同意支付金额校验	监理审核同意支付金额是否正确	—	财务单据复审时	人工判断	《工程支付意见表》中"监理审核同意支付金额"与本次付款单金额比对	《工程支付意见表》中"监理审核同意支付金额"与本次付款单金额不一致	—
41	0303	投资项目（无形资产）	工程款支付意见表	业主单位审批同意支付金额校验	业主单位审批同意支付金额是否正确	—	财务单据复审时	人工判断	《工程支付意见表》中"业主单位审批同意支付金额"与本次付款单支付金额比对	《工程支付意见表》中"业主单位审批同意支付金额"与本次付款单支付金额不一致	—
42	0303	投资项目（无形资产）	工程款支付意见表	签章完整性校验	《工程》支付意见表中预留章及签字的空白处是否都有签章	—	财务单据复审时	人工判断	《工程支付意见表》中预留章及签字处的空白处都有签章	签章不完整	—
43	0303	投资项目（无形资产）	付款申请表	项目（工程）名称校验	项目（工程）名称是否正确	—	财务单据复审时	人工判断	《付款申请表》中"工程名称"与本次付款单支付项目名称比对	《付款申请表》中"工程名称"与本次付款单支付项目名称不一致	—
44	0303	投资项目（无形资产）	付款申请表	承建单位申请支付金额校验	承建单位申请支付金额是否正确	—	财务单据复审时	人工判断	《付款申请表》中"承建单位申请支付金额"与本次付款单支付金额比对	《付款申请表》中"承建单位申请支付金额"与本次付款单支付金额不一致	—
45	0303	投资项目（无形资产）	付款申请表	监理审核同意支付金额校验	监理审核同意支付金额是否正确	—	财务单据复审时	人工判断	《付款申请表》中"监理审核同意支付金额"与本次付款单支付金额比对	《付款申请表》中"监理"与"审核同意支付金额"与本次付款单金额不一致	—

（续表）

序号	报销编号	报销类型	审核细类名称	审核规则名称	审核规则要点	参照文件（已有、修订或新拟）	执行时点（汇总）	执行方式	人工执行要点/系统实现要点	系统提示信息	备注
46	0303	投资项目（无形资产）	付款申请表	业主单位审批同意支付金额校验	业主单位审批同意支付金额是否正确	—	财务单据复审时	人工判断	《付款申请表》中"业主单位审批同意本次支付金额"与本次付款单支付金额比对	《付款申请表》中"业主单位审批同意支付金额"与本次支付单支付金额不一致	—
47	0303	投资项目（无形资产）	付款申请表	签章完整性校验	《付款申请表》中预留章及签字的空白处是否都有签章	—	财务单据复审时	人工判断	《付款申请表》中有预留章及签字的空白处都有签章	签章不完整	—
48	0303	投资项目（无形资产）	监理费付款申请表	项目（工程）名称校验	项目（工程）名称是否正确	—	财务单据复审时	人工判断	《监理费付款申请表》中"工程名称"与本次付款单支付项目名称比对	《监理费付款申请表》中"工程名称"与本次付款单支付项目名称不一致	—
49	0303	投资项目（无形资产）	监理费付款申请表	合同金额校验	合同金额是否正确	—	财务单据复审时	人工判断	《监理费付款申请表》中"合同金额"与项目合同金额比对	《监理费付款申请表》中"合同金额"与项目合同金额不一致	—
50	0303	投资项目（无形资产）	监理费付款申请表	核算比例校验	核算比例是否正确	—	财务单据复审时	人工判断	《监理费付款申请表》中"监理费核算比例"与监理合同约定比例比对	《监理费付款申请表》中"监理费核算比例"与监理合同约定比例不一致	—
51	0303	投资项目（无形资产）	监理费付款申请表	监理费金额校验	监理费金额是否正确	—	财务单据复审时	人工判断	《监理费付款申请表》中监理费总额及分次支付的核算金额与监理合同约定核算比例计算出的金额是否一致	《监理费付款申请表》中"监理费总额"与监理合同约定比例计算出的金额不一致	—
52	0303	投资项目（无形资产）	监理费付款申请表	监理费支付进度校验	监理费支付进度是否正确	—	财务单据复审时	人工判断	《监理费付款申请表》中的支付进度条件是否满足（例：第一次提交监理方案；第二次初验完成；第三次为终验完成。）	《监理费付款申请表》中监理费支付进度条件不满足的支付金额	—

（续表）

序号	报销编号	报销类型	审核细类名称	审核规则名称	审核规则要点	参照文件（已有、修订或新拟）	执行时点（汇总）	执行方式	人工执行要点/系统实现要点	系统提示信息	备注
53	0303	投资项目（无形资产）	监理费付款申请表	业主单位审批同意本次支付的金额校验	业主单位审批同意本次支付的金额是否正确	—	财务单据复审时	人工判断	《监理费付款申请表》中"业主单位审批同意付款的金额"与本次付款单支付金额比对	《监理费付款申请表》中"业主单位审批同意付款的金额"与本次支付金额不一致	—
54	0303	投资项目（无形资产）	监理费付款申请表	签章完整性校验	《监理费付款申请表》中预留章及签字的空白处是否都有签章	—	财务单据复审时	人工判断	《监理费付款申请表》中预留章及签字的空白处都有签章	签章不完整	—
55	0303	投资项目（无形资产）	信息化监理工作确认表	参照"监理费付款申请表"		—	—	人工判断	—	—	—
56	0303	投资项目（无形资产）	工程概（预）算审核报告	项目定额服务费校验	项目定额服务费是否正确	—	财务单据复审时	人工判断	根据《工程概（预）算审核报告》中的审定额计算出的项目定额服务费金额是否正确	定额服务费金额正确	—
57	0303	投资项目（无形资产）	等级测评结论表	被测评对象名称校验	被测评对象名称是否正确	—	财务单据复审时	人工判断	《等级测评结论表》中"被测评对象名称"与本次付款单支付项目名称比对	《等级测评结论表》中"被测评对象名称"与本次付款单支付项目名称不一致	—
58	0303	投资项目（无形资产）	等级测评结论表	等保费金额校验	等保费金额是否正确	—	财务单据复审时	人工判断	《等级测评结论表》中的"安全保护等级"对照等保合同约定的等保费是否正确	等保费不正确	—

表 11-5 智能报账审核规则——研发项目/市场营销项目

规则序号	报销编号	报销类型	审核细类名称	审核规则名称	审核规则要点	参照文件（已有、修订或新拟）	执行时点（汇总）	执行方式	人工执行要点/系统实现要点	系统提示信息	备注
1	R0101310I	项目专属论文版面费	项目专属论文版面费	科研项目论文发票审批单校验	是否有《科研项目论文发票审批单》	—	报销单据提交时	系统自动判断	自动提示上传《科研项目论文发票审批单》	请上传《科研项目论文发票审批单》	—
2	R0101310I	项目专属论文版面费	项目专属论文版面费	科研录用证明附件校验	是否有《录用通知》或其他录用附件（比如录用邮件通知截图）（录用证明附件需有收款账户信息）	—	报销单据提交时	系统自动判断	自动提示上传《录用证明附件》	—	—
3	R0101310I	项目专属论文版面费	项目专属论文版面费	科研项目论文发票校验	是否有增值税发票（根据录用附件已支付版面费，但未开具发票除外）（参考通用票据）	—	报销单据提交时	系统自动判断	自动提示上传《科研项目论文发票审批单》	—	1. 有录用证明附件和增值税发票，然后支付版面费 2. 仅有录用证明、版面费，然后出版社开具发票，再处理

11.6　费用通用

费用通用是指费用报账通用的审核规则,覆盖面向员工的有合同报销和无合同报销,以及面向供应商和其他相关方的有合同付款和无合同付款四种情形。广西中烟费用通用的报账审核规则有 4 条,如表 11-6 所示。

11.7　差旅费

广西中烟的差旅包括日常差旅、会议差旅和培训差旅等多种情形。广西中烟与差旅费相关的报账审核规则有 42 条,如表 11-7 所示。

11.8　会议费

广西中烟会议包括自办会议和外部会议。与会议费相关的报账审核规则有 8 条,如表 11-8 所示。

11.9　培训费

广西中烟的培训包括自办培训和外部培训,与培训费相关的报账审核规则有 11 条,如表 11-9 所示。

11.10　薪酬

广西中烟薪酬包括工资、福利、社保、公积金和年金等。

11.10.1　工资

广西中烟工资发放区分为通过银企直联批量代发和通过网上银行手动发放两种方式,与工资发放相关的报账审核规则有 31 条,表 11-10 所示。

11.10.2　福利

广西中烟与福利相关的报账审核规则有 27 条,如表 11-11 所示。

表 11-6 智能报账审核规则——费用通用

序号	报销编号	报销类型	发票类型	审核细类名称	审核规则名称	审核规则要点	参照文件（已有、修订或新拟）	执行时点（汇总）	执行方式	人工执行要点/系统实现要点	系统提示信息	抵扣税率	系统落地情况	备注
1	通用	员工报销（有合同）	员工报销（有合同）	员工报销（有合同）	参照"通用合同类审核"	—			—	不含收款单位名称和收款单位银行账户信息	—	—	—	—
2	通用	员工报销	员工报销超额校验	员工报销超额校验	《现金结算说明》校验	是否有《现金结算说明》	—	报销单提交时	系统自动提示十人工判断	付款金额超1 000元提示，除差旅、培训、外出参会、工资、劳务报酬、稿费、课费，参见《货币资金管理标准》5.1.1	请提交《现金结算说明》	—	—	—
3	通用	无合同付款	无合同付款	《无书面合同事项的结算审批》	《无书面合同事项的结算审批》校验	是否有《无书面合同事项的结算审批》	财务报销及付款管理标准5.8	报销单提交时	系统自动判断	付款金额超过1万元（大于等于）要提供《无书面合同事项的结算审批》	请提供《无书面合同事项的结算审批》	—	—	—
4	通用	无合同付款	无合同付款	《无书面合同事项的结算审批》	《无书面合同的结算审批》校验	是否有《无书面合同事项的结算审批》	财务报销及付款管理标准5.8	财务复审时	人工判断	《无书面合同事项的结算审批》需由部门领导及公司领导签字	《无书面合同的结算审批》缺少签字	—	—	—

表 11-7 智能报账审核规则——差旅费

序号	报销编号	报销类型	审核细类名称	审核规则名称	审核规则要点	参照文件（已有、修订或新拟）	执行时点（汇总）	执行方式	人工执行要点/系统实现要点	系统提示信息	备注
1	—	市内交通	出租车票	参照"出租车票"	—	—	—	—	—	—	—
2	—	市内交通	定额发票/卷式发票	参照"定额发票/卷式发票连号校验"	—	—	—	—	—	—	—
3	—	市内交通	出租车票	乘车时间校验	乘车时间是否在休息时间段	—	财务复审时	人工判断	乘车时间应当在非休息时间段	乘车时间在休息时间段	—
4	—	市内交通	市内交通单	附件存在性校验	是否已上传市内交通清单	—	单据提交时	系统自动判断	应当有市内交通清单	未上传市内交通清单	—
5	—	市内交通	市内交通清单	金额校验	清单明细金额是否与票据一致	—	财务复审时	人工判断	清单明细金额应当与票据一致	清单明细金额与票据不一致	—
6	—	市内交通	市内交通清单	签字校验	是否有经办人签名	—	财务复审时	人工判断	清单应当有经办人签名	清单没有经办人签名	—
7	R0101010	日常差旅	补助校验	补助是否存在重复报账（出差时间段、出差人员、员工编号等信息校验）	—	报销单据提交时	系统自动提示	与系统历史数据比对	—	—	
8	R0101010	日常差旅	（仅有补助校验）	仅于有补助证明材料校验（是否也需与历史数据比对）	—	报销单据提交时	系统自动提示	对于仅有补助的报销单，是否有《说明》《派车单》《客房申请单》等	请上传《说明》《派车单》申请单》等	—
9	R0101010	日常差旅	出租车票（平台）	行程单时间校验	行程单时间是否合理	—	财务单据复审时	系统自动提示（电子普票、行程票据取字城市间交通票据配取行程单、金额等结构化数据）	与出差申请的日期范围对比；上车时间是否在出差日期范围；上车时间是否在前承后续票据时间内	行程单日期不在出差日期范围	—

（续表）

序号	报销编号	报销类型	审核细类名称	审核规则名称	审核规则要点	参照文件（已有、修订或新拟）	执行时点（汇总）	执行方式	人工执行要点/系统实现要点	系统提示信息	备注
10	R01010101	日常差旅	出租车票地点校验（平台）	行程单地点校验	行程单地点是否合理	—	财务单据复审时	人工判断行程单中起始地是否在出差地范围	与出差申请的地点范围对比，始终点是否在出差地范围 终点是否在出差地范围	行程单地点不在出差地范围	—
11	R01010101	日常差旅	出租车票（卷式）	出租车票日期校验	出租车票日期是否合理	差旅费管理标准5.1.7	OCR识别后	系统自动提示	出租车票日期与出差申请日期范围对比	开票日期不在出差日期范围	—
12	R01010101	日常差旅	出租车票（卷式）	市内交通费报销总额校验	市内交通费报销是否超标	差旅费管理标准5.2.1.4.3	报销单提交时	系统自动提示（获取卷式出租车票中金额的结构化数据）；市场科专项组每日市内交通费每日可超80元/天，但总金额标准不变	市内交通费80元/天×出差天数总金额比对	出差期间内交通费用已超标	—
13	R01010101	日常差旅	出租车票（卷式）	机场码头交通费校验	机场码头交通费只报销一次	差旅费管理标准5.2.1.4.2	报销单提交时	系统自动判断（识别每个城市一张）与出差时间最近的出租车票	机场码头交通费只可报销一次，系统默认离城时间交通费发生时间的一次	往返交通费报销多于一次	—
14	R01010101	日常差旅	城市间交通费（汽车票、火车票、飞机票、轮船票等）	报销合理性校验	同一人一行程存在重复城市间交通票	差旅费管理标准5.2.5.6.1	财务单据复审时	系统自动判断（获取同一行程的交通票结构化数据）同一行程的交通票自动匹配	同一人一行程只能有一次城市间交通票	请上传经部门领导审核，以及公司分管领导审批同意的《说明》	—
15	R01010102	自办会议差旅	自办会议（方案）	会议通知（方案）校验	是否有会议通知/方案	会议管理标准	报销单提交时	系统自动提示	自动提示上传会议通知/方案	请上传会议通知/方案等证明	—
16	R01010103	自办会议差旅	自办会议差旅补助	会议差旅补助校验	报销补助金额大于200元时	会议管理标准	报销单提交时	系统自动提示（会议通知上传为影像，自动识别出结构化数据"包含宿"或人工判断包含宿费是否包含宿）	会议通知明确包含宿，只可报销往返两天差旅补助	差旅补助金额不正确（只可报销往返两天补助）	—

（续表）

序号	报销编号	报销类型	审核细类名称	审核规则名称	审核规则要点	参照文件（已有，修订或新扣）	执行时点（汇总）	执行方式	人工执行要点/系统实现要点	系统提示信息	备注
17	R0101 0103	自办会议差旅	自办会议差旅	会议差旅补助校验	报销补助金额与实际会议天数对应	会议管理标准	报销单提交时	系统自动提示＋人工判断［系统自动扫描上传为影像，自动识别出结构化数据"不包含食宿"或人工判断费用是否包含食宿。］	会议通知明确不含食宿，可按实际出差天数报销差旅补助	《会议通知》未提及包含食宿	—
18	R0101 0103	外部会议差旅	外部会议差旅	会议通知校验	是否有会议通知	会议管理标准	报销单提交时	系统自动提示	自动提示上传会议通知	请上传《会议通知》	—
19	R0101 0104	外部会议差旅	行业外的外部会议校验	属于行业外的外部会议，会议通知是否经分管领导审批同意	财务报销及付款管理标准 5.2.5.2.2	财务单据复审时	人工判断（影像，自动识别会议通知出现"烟草""烟""草"，考虑是否烟草行业内规定的会议名单）	行业外的外部会议，必须提供经公司分管领导审批同意的《会议通知》(OA 在线审批)	《会议通知》未经公司分管领导审批	—
20	R0101 0103	外部会议差旅	外部会议差旅	参照"自办会议差旅补助校验"	—	—	—	—	—	—	—
21	R0101 0103	外部会议差旅	行业内外部会议费与餐费合计校验	行业内外部会议费与餐费合计是否超标	会议管理标准	财务单据复审时	人工判断（举办会议单位的烟草单位一般领导已经审核通过）	会议费与餐费合计不能超过规定的标准目用餐标准也不得超过国家、行业和公司的规定	会议费超标	—
22	R0101 0104	外部会培训差旅	培训通知校验	是否有培训通知	培训费管理标准	报销单提交时	系统自动提示	自动提示上传培训通知	请上传《培训通知》	—
23	R0101 0104	外部会培训差旅	培训送外审批表校验	是否有《培训送外审批表》	培训费管理标准	报销单提交时	系统自动提示	自动提示上传培训送外审批表	请上传《培训送外审批表》	—
24	R0101 0104	外部会培训差旅	参照"自办会议差旅补助校验"	—	—	—	—	—	—	—	—

（续表）

序号	报销编号	报销类型	审核细类名称	审核规则名称	审核规则要点	参照文件（已有修订或新拟）	执行时点（汇总）	执行方式	人工执行要点/系统实现要点	系统提示信息	备注
25	R0101010105	内部培训差旅	培训通知/方案校验	是否有培训通知/方案	培训费管理标准	报销单提交时	系统自动提示	自动提示上传培训通知/方案	请上传《培训通知》《培训方案》等	—
26	R0101010105	内部培训差旅	内部办班审批表校验	是否有《内部办班审批表》	培训费管理标准	报销单提交时	系统自动提示	自动提示上传《内部办班审批表》	请上传《内部办班审批表》	—
27	R0101010105	内部培训差旅	参照"自办/会议差旅补助"校验	参照"自办/会议差旅补助"	—	—	—	—	—	—
28		长期出差（营销中心）	营销中心长期出差人员校验	是否属于长期出差人员	市场营销中心长期出差差旅费管理细则·市场营销中心长期出差人员常驻地及岗位信息统计表	报销单提交时	系统自动提示（1.将白名单人员嵌入系统，每年名单变一次；2.营销中心提交影像完成后，自动获取白名单的结构化数据，用于匹配）	长期出差人员与系统内置《营销中心长期出差人员白名单》及《出差申请单》自动对比，比对内容包括，工号职级、常驻地信息，工作区域，考勤天数，是否为高危地区	长期出差人员不在白名单	—
29	R0101010106	长期出差	跨区域校验	是否跨区域出差	市场营销中心人员长期出差差旅费管理细则6.2.2	报销单提交时	系统自动实现（系统中已经实现不同区域的补助）	长期出差人员与系统内置《营销中心长期出差人员白名单》及《出差申请单》自动对比，比对工作区域	请上传《请示》	—
30	R0101010106	长期出差	每月工作日天数校验	每月工作日天数是否超过22天（除自然月正常工作日超过22天的）	市场营销中心人员长期出差差旅费管理细则6.2.5	报销单提交时	系统自动提示+人工判断（仅限审阅《请示》的影像附件）	每月工作日天数超过22天（除自然月正常工作日超过22天的），自动提示上传《请示》	请上传《请示》	—
31	R0101010106	长期出差	法定节假日加班校验	在法定节假日加班是否是营销中心统一安排	市场营销中心人员长期出差差旅费管理细则6.2.4	报销单提交时	系统自动+人工判断（仅限审阅《请示》动态提示）的影像附件	法定节假日加班，自动提示上传《请示》	请上传《请示》	—

（续表）

序号	报销编号	报销类型	审核细类名称	审核规则要点	参照文件（已有，修订或新拟）	执行时点（汇总）	执行方式	人工执行要点/系统实现要点	系统提示信息	备注
32	R01010106	长期出差	长期出差（原料）	原料长期出差人员校验 / 是否属于原料长期出差人员	原料供应部长期出差人员差旅费管理细则	报销单提交时	系统自动提示（参考营销中心）	长期出差人员部署《出差人员白名单》及《出差申请单》,比对内容包括干标准、考勤天数	长期出差人员不在白名单	—
33	R01010106	长期出差	长期出差（原料）	全年工作日天数校验 / 全年工作日天数最高是否超过252天。	原料供应部长期出差人员差旅费管理细则	报销单提交时	系统自动提示供应部提供的纸质签字的考勤天数表。考勤数据1.纸质质签字影像后,领取考勤数据；2.领导签字在线。或参考根据《出差申请表》自动计算全年工作日天数。	全年工作日天数最高超过252天,自动提示上传《请示》	全年工作日天数超过252天,请上传《请示》	—
34	R01010107	全员营销差旅	全员营销差旅	全员营销范围的人员校验 / 是否属于全员营销人员	市场营销中心长期出差人员差旅费管理细则	报销单提交时	系统自动提示（参考执行）	长期出差人员白名单《全员营销申请单》自动比对包括干考勤天数,是否为高危地区	出差人员不在白名单	—
35	R01010108	党建活动差旅	党建活动差旅	请示校验 / 是否有请示	—	报销单提交时	系统自动提示	保存报销单时,自动提示上传《请示》	请上传《请示》	—
36	R01010108	党建活动差旅	党建活动差旅	费用开支渠道校验 / 党建经费是否是行政党费（计提党费）	—	财务单据复审时	系统自动判断（目前实现需要影像化（1.根据请示 OA 系统请示、word 文档请示/领导签字、影像扫描,获取结构化数据"行政党费",或是"计提党费"）	党建经费进行党费计提提示	不是行政党费	—
37	R01010108	党建活动差旅	党建活动差旅	人员名单校验 / 是否有人员名单	—	报销单提交时	系统自动提示	保存报销单时,自动提示上传人员名单	请上传人员名单	—

（续表）

序号	报销编号	报销类型	审核细类名称	审核规则名称	审核规则要点	参照文件（已有、修订或新拟）	执行时点（汇总）	执行方式	人工执行要点/系统实现要点	系统提示信息	备注
38	R01010108	党建活动差旅	党建活动差旅	出差人校验	出差人是否在规定的人员名单内	—	财务单据复审时	系统自动判断（党建活动方案文件影像化，获取人员名单的结构化数据）	核对出差人是否在规定的人员名单内	出差人不在名单内人员	—
39	R01010109	探亲	探亲	时间合理性校验	往返时间与请假条请假时间是否合理	—	财务单据复审时	人工判断（与往返时间同与判断规则较多）	往返时间与请假条请假时间比对	与请假时间不一致	—
40	R01010109	探亲	允许报销金额校验	报销金额不可高于以下两者最低值：1.出发地、到达地火车硬座；2.人力核定的本人月标准工资30%以内	财政部关于颁发《关于职工探亲路费的规定》的通知	财务单据复审时	人工判断	按出发地、到达地火车硬座报销 职工探望配偶和未婚职工探望父母的往返路费，由所在单位负担，已婚职工探望父母的往返路费，在本人月标准工资30%以内的，由本人自理，超过部分由所在单位负担	报销金额高于出发地、到达地火车硬座和人力核定的本人月标准工资30%以内	—
41	R01010115	第一书记差旅	第一书记差旅	委派文件范围人员校验	是否是委派文件范围的人员	—	财务单据复审时	系统自动判断+人工判断	保存报销单时，自动提示《委派出差申请单》及比对内容 上传委派文件第一书记委派文件申请对比、比对内容包括每年12人次差申请、比对、考勤天数	出差人员不在名单	—
42	—	交流干部差旅	交流干部人员校验	是否属于交流干部	—	报销单提交时	系统自动提示	保存报销单时，自动提示《交流干部周转住房申请表》及交通费申请《交流干部人员白名单》自动交流干部人员白名单对比、比对内容或配偶12人可报销本人或异地探亲的境内异地探亲交通费用	交流干部人员不在白名单	—

表 11-8　智能报账审核规则——会议费

序号	报销编号	报销类型	审核细类名称	审核规则名称	审核规则要点	参照文件（已有，修订或新批）	执行时点（汇总）	执行方式	人工执行要点/系统实现要点	系统提示信息	备注
1	R01012601	自办会议	自办会议	会议方案/请示校验	是否有《会议方案》/《请示》	—	报销单提交时	系统自动判断	自动提示上传《会议方案》《请示》	请上传《会议方案》《请示》	—
2	R01012601	自办会议	会议方案/请示审批意见校验	《会议方案》/《请示》是否经领导审批（会议方案参考公函和接待审批单）	—	—	财务复审时	人工判断（参考执行）	《会议方案》/《请示》需部门负责人领导签字	《会议方案》/《请示》缺少部门负责人签字	—
3	R01012601	自办会议	会议通知校验	是否有《会议通知》	—	—	报销单提交时	系统自动判断	自动提示上传《会议通知》	请上传《会议通知》	—
4	R01012602	自办会议	签到表校验	是否有《会议签到表》	会议管理标准	—	报销单提交时	系统自动判断	自动提示上传《会议签到表》	请上传《会议签到表》	—
5	R01012601	自办会议	消费清单内容校验	是否有酒店开具的《结算清单》	—	—	报销单提交时	系统自动判断	会议提示上传酒店开具的《结算清单》	请上传《结算清单》	—
6	R01012601	自办会议	会议费金额校验	会议费用支出是否超标准（参会人员级别、会议人数、会议天数等）	会议管理标准	—	财务复审时	人工判断	1. 会议费用支出金额与《会议方案》《请示》、行业标准对比，会期超标准；2. 会议费用支出金额与《会议方案》《请示》、行业标准对比，会议费综合定额超标准	会期超标准；会议费综合定额超标准	—
7	R01012602	外部会议	会议通知校验	是否有《会议通知》	—	—	报销单提交时	系统自动判断	自动提示上传《会议通知》	请上传《会议通知》	—
8	R01012602	外部会议	会议通知审批意见校验	是否有经领导审批的会议通知（OA实现线上节点签字审批）	—	—	财务复审时	人工判断（参照执行）	参加行业外的外部会议，《会议通知》必须经公司分管领导审批同意	《会议通知》缺少公司分管领导审批签字	—

表11-9 智能报账审核规则——培训费

序号	报销编号	报销类型	审核细类名称	审核规则名称	审核规则要点	参照文件（已有、修订或新拟）	执行时点（汇总）	执行方式	人工执行要点/系统实现要点	系统提示信息	备注
1	R01012701	自办培训费	自办培训费	培训费方案请示校验	是否有《培训实施方案》	—	报销单提交时	系统自动判断	自动提示上传《培训实施方案》	请上传《培训实施方案》	—
2	R01012701	自办培训费	自办培训费	培训费方案请示审批意见校验	是否有经领导审批的《培训实施方案》（市场营销中心需）（OA实现线上节点签字审批）	—	财务复审时	人工判断	《培训实施方案》需经部门领导审批	《培训实施方案》缺少部门领导签字	—
3	R01012701	自办培训费	自办培训费	培训通知校验	是否有《培训通知》	—	报销单提交时	系统自动判断	自动提示上传《培训通知》	请上传《培训通知》	—
4	R01012701	自办培训费	自办培训费	内部办班审批表校验	是否有《内部办班审批表》	—	报销单提交时	系统自动判断	自动提示上传《内部办班审批表》	请上传《内部办班审批表》	—
5	R01012701	自办培训费	自办培训费	结算清单内容校验	是否有酒店开具的《结算清单》	—	报销单提交时	系统自动判断	自动提示上传酒店开具的《结算清单》	请上传酒店开具的《结算清单》	—
6	R01012701	自办培训费	自办培训费	培训费金额校验	培训费用支出是否超总额标准（培训天数、内部审核表金额等）	培训费管理标准	财务复审时	人工判断	培训费用支出与标准总额对比，超标准	培训费用总额超标准	—
7	R01012701	自办培训费	自办培训费	代开发票信息校验	师资费用代开发票金额、发票名字与授课人名字是否一致，内部审批发票执行	—	财务复审时	人工判断	代开发票实际报销金额、发票名字备注名字与授课人名字一致	金额不一致、名字不一致	—
8	R01012701	自办培训费	自办培训费	代开发票附件校验	上传附件是否完整	—	报销单提交时	系统自动判断	1. 自动提示上传《课酬签收表》 2. 自动提示上传《税金计算表》 3. 自动提示上传老师的身份证复印件	请上传《课酬签收表》《税金计算表》授课老师的身份证复印件	—
9	R01012701	自办培训费	自办培训费	报销单据填写校验	报销单据是否正确填列代缴个人所得税（经办人报销单据系内填写，自动生成标准单，个人所得税未来系统自动计算并填单）	—	财务复审时	人工判断（实现自动化）	代缴个人所得税金额要与税金计算表对比，应代扣代缴个人所得税一致	金额不一致	—
10	R01012702	外部培训费	外部培训费	培训通知校验	是否有培训通知	—	报销单提交时	系统自动判断	自动提示上传《培训通知》	请上传《培训通知》	—
11	R01012702	外部培训费	外部培训费	培训送外审批表校验	是否有《送外培训审批表（行业外）》	—	报销单提交时	系统自动判断	自动提示上传《送外培训审批表（行业外）》	请上传《送外培训审批表（行业外）》	—

表 11-10　智能报账审核规则——工资发放

序号	报销编号	报销类型	审核细类名称	审核规则名称	审核规则要点	参照文件（已有,修订或新拟）	执行时点（汇总）	执行方式	人工执行要点/系统实现要点	系统提示信息	备注
1	R01031801	发放职工工资（批量代发）	薪酬——工资	工资发放汇总表个人所得税金额校验	审核个人所得税是否计算正确	—	业务员审核/财务初核	人工判断	从 ERP 中导出,使用 Excel 电子表格,按照税法要求计算	个人所得税金额不正确【线下完成】	—
2	R01031801	发放职工工资（批量代发）	薪酬——工资	工资明细表平衡规则校验	应发减扣款数是否等于实发	—	业务员审核/财务初核	人工判断	使用 Excel 电子表格,应发减各项扣款,应等于实发工资数	金额不正确【线下完成】	—
3	R01031801	发放职工工资（批量代发）	薪酬——工资	工资发放汇总表平衡规则校验	应发减扣款数是否等于实发	—	业务员审核/财务初核	人工判断	应发减扣款数等于实发数	金额不正确【线下完成】	—
4	R01031801	发放职工工资（批量代发）	薪酬——工资	工资发放汇总表属性校验	成本费用属性是否齐全	—	财务初核	人工判断	成本费用属性应齐全,不应出现 0 或负数	成本费用属性不正确【线下完成】	—
5	R01031801	发放职工工资（批量代发）	薪酬——工资	工资发放单附件	附件是否上传,包括工资发放请示单、工资发放汇总表	—	业务员提交付款单时	系统自动提示+人工判断	保存付款单时,自动提示上传两项附件:工资发放请示单、工资发放汇总表	请上传附件（工资发放请示单/工资发放汇总表）	—
6	R01031801	发放职工工资（批量代发）	薪酬——工资	工资发放请示单是否审批通过	请示单是否已经过总(分)管人力副总)、厂(柳州,南宁)分管领导)或营销中心分管领导审批	—	财务复核	人工判断	是否完成领导审批流程,有相关领导签字	—	—
7	R01031801	发放职工工资（批量代发）	薪酬——工资	工资发放请示单审批通过时间	领导审批时间是否在工资发放之前	—	财务复核	人工判断	领导审批时间应在工资发放之前	—	—
8	R01031801	发放职工工资（批量代发）	薪酬——工资	工资发放单-总金额校验	工资发放金额是否与请示单中实发金额一致	—	财务复核	人工判断	工资发放金额应等于请示单中工资实发金额	—	—
9	R01031801	发放职工工资（批量代发）	薪酬——工资	工资发放单-总金额校验	工资发放金额是否与工资发放汇总表是否一致	—	业务员提交付款单时/财务复核	系统自动提示+人工判断	工资发放单金额应等于工资发放汇总表中工资发放总金额	金额与汇总表不一致,请核实	—

（续表）

序号	报销编号	报销类型	审核细类名称	审核规则名称	审核规则要点	参照文件（已有、修订或新拟）	执行时点（汇总）	执行方式	人工执行要点/系统实现要点	系统提示信息	备注
10	R01031801	发放职工工资（批量代发）	薪酬——工资	工资发放单-拆单分银行金额校验	工资发放金额是否与清示单中实发金额一致	—	财务复核	人工判断	工资发放金额应等于工资发放单中工资实发金额	—	—
11	R01031801	发放职工工资（批量代发）	薪酬——工资	工资发放单-拆单分银行金额校验	每张发放单与发放汇总表中对应的各银行发放金额是否一致	—	业务员提交付款单时/财务复核	系统自动提示+人工判断	工资发放汇总表备注信息识别，对应不同工资发放单（字段：工资付款行）	金额与汇总表不一致，请核实	—
12	R01031801	发放职工工资（批量代发）	薪酬——工资	收款账户审核	收款账户是否为"网银批量代发"	—	业务员提交付款单时/财务复核	系统自动判断	收款账户等于"网银批量代发"	请修改收款账户信息	—
13	R01031801	发放职工工资（批量代发）	薪酬——工资	结算方式审核	结算方式是否为"网银批量代发"	—	业务员提交付款单时/财务复核	系统自动判断	结算方式等于"网银代发"（工资），嵌入系统	—	—
14	R01031801	发放职工工资（批量代发）	薪酬——工资	年终奖结算方式审核	结算方式是否为"网银批量代发"	—	业务员提交付款单时/财务复核	系统自动判断	结算方式等于"网银代发"，嵌入系统	—	—
15	R01031802	发放职工工资（网上银行）	薪酬——工资	工资发放汇总表个人所得税审核	参见"发放职工工资（批量代发）"	—	—	—	—	—	—
16	R01031802	发放职工工资（网上银行）	薪酬——工资	工资明细表平衡规则校验	参见"发放职工工资（批量代发）"	—	—	—	—	—	—
17	R01031802	发放职工工资（网上银行）	薪酬——工资	工资发放汇总表平衡校验	参见"发放职工工资（批量代发）"	—	—	—	—	—	—
18	R01031802	发放职工工资（网上银行）	薪酬——工资	工资发放汇总表属性校验	参见"发放职工工资（批量代发）"	—	—	—	—	—	—
19	R01031802	发放职工工资（网上银行）	薪酬——工资	工资发放单附件	参见"发放职工工资（批量代发）"	—	—	—	—	—	—

（续表）

序号	报销编号	报销类型	审核细类名称	审核规则名称	审核规则要点	参照文件（已有、修订或新拟）	执行时点（汇总）	执行方式	人工执行要点/系统实现要点	系统提示信息	备注
20	R01031802	发放职工工资（网上银行）	薪酬—工资	工资发放请示单是否审批通过	参见"发放职工工资（批量代发）"	—	—	—	—	—	—
21	R01031802	发放职工工资（网上银行）	薪酬—工资	工资发放请示单审批通过时间	参见"发放职工工资（批量代发）"	—	—	—	—	—	—
22	R01031802	发放职工工资（网上银行）	薪酬—工资	工资发放单-未拆单-总金额校验	参见"发放职工工资（批量代发）"	—	—	—	—	—	—
23	R01031802	发放职工工资（网上银行）	薪酬—工资	工资发放单-未拆单-分银行金额校验	见"发放职工工资（批量代发）"	—	—	—	—	—	—
24	R01031802	发放职工工资（网上银行）	薪酬—工资	工资发放单-拆单-总金额校验	参见"发放职工工资（批量代发）"	—	—	—	—	—	—
25	R01031801	发放职工工资（批量代发）	薪酬—工资	工资发放单-拆单-分银行金额校验	参见"发放职工工资（批量代发）"	—	—	—	—	—	—
26	R01031802	发放职工工资（网上银行）	薪酬—工资	收款账户名称审核	收款账户应为"财付通"/"收款方姓名"	—	业务员提交付款单时/财务复核	系统自动判断	收款账户等于"财付通"/"收款方姓名"	请修改收款账户信息	—
27	R01031802	支付职工工资（过渡户）	薪酬—工资	结算方式审核	结算方式是否为"网上银行"	—	业务员提交付款单时/财务复核	系统自动判断	结算方式等于"网上银行"，嵌入系统	—	—
28	R01031806	转出调出人员工资差额	薪酬—工资	停用	—	—	—	—	—	—	—
29	R01031807	支付职工工资（过渡户）	薪酬—工资	停用	—	—	—	—	—	—	—
30	R01031809	代发天成投资所属元化公司员工工资	薪酬—工资	参见"发放职工工资（批量代发）"	—	—	—	—	—	—	—
31	R01031810	发放扶贫人员工资	薪酬—工资	停用	—	—	—	—	—	—	—

表 11-11　智能报账审核规则——福利兑现

序号	报销编号	报销类型	审核细类名称	校验规则名称	审核规则要点	参照文件（已有,修订或新拟）	执行时点（汇总）	执行方式	人工执行要点/系统实现要点	系统提示信息	备注
1	—	福利费	票据基本	参照"票据基本"	—	—	—	—	—	—	—
2	—	福利费	通用合同类审核	参照"通用合同类审核"	—	—	—	—	—	—	—
3	—	福利费	无合同付款	参照《无书面合同事项的结算审批》校验	—	—	—	—	—	—	—
4	—	福利费	员工报销	参照《现金结算说明》校验	—	—	—	—	—	—	—
5	—	福利费	实物采购	实物采购校验	采购发票内容是否为实物采购	—	财务初审时	人工判断	采购发票内容应为实物采购	采购发票内容非实物采购	—
6	—	福利费	实物采购	票据签字校验	实物类采购发票是否有两人以上签字	—	财务初审时	人工判断	采购发票应有两人以上签字	采购发票没有两人以上签字	—
7	—	福利费	发放汇总表	附件存在性校验	是否有发放汇总表	—	单据提交时	系统刚性	需要有发放汇总表	未上传发放汇总表	—
8	—	福利费	发放汇总表	金额校验	发放汇总表金额是否与请示金额一致	—	财务复审时	人工判断	发放汇总表金额与请示一致	发放汇总表金额与请示不一致	—
9	—	福利费	发放汇总表	签字校验	发放汇总表是否有部门领导签名或加盖部门门章	—	财务复审时	人工判断	发放汇总表有部门领导签名或加盖部门门章	发放汇总表缺部门领导签名或请示不一致加盖部门门章	—
10	—	福利费	发放方式审核	批量代发校验	是否采用批量代发方式付款	—	单据提交时	系统刚性（慰问费、困难补助采用批量代发）	应采用批量代发方式付款	未采用批量代发方式付款	—

（续表）

序号	报销编号	报销类型	审核细类名称	校验规则名称	审核规则要点	参照文件（已有、修订或新拟）	执行时点（汇总）	执行方式	人工执行要点/系统实现要点	系统提示信息	备注
11	—	丧葬补助费	丧葬慰问金申请表	附件存在性校验	是否有丧葬慰问金申请表	—	单据提交时	系统刚性	需要有福利费丧葬慰问金申请表	未上传丧葬慰问金申请表	—
12	—	丧葬补助费	丧葬慰问金申请表	金额校验	是否与付款金额一致	—	财务复审时	人工判断	与付款金额应当一致	与付款金额不一致	—
13	—	丧葬补助费	丧葬慰问金申请表	签字校验	是否有部门领导审批	—	财务复审时	人工判断	应有部门领导审批	缺部门领导审批	—
14	—	计划生育	疾病证明	附件存在性校验	是否有疾病证明	—	单据提交时	系统刚性	应当有福利费疾病证明	未上传疾病证明	—
15	—	计划生育	疾病证明	疾病内容校验	疾病是否符合文件标准报销范围	—	财务复审时	人工判断	疾病符合文件标准报销范围	疾病不符合文件标准报销范围	—
16	—	其他福利（住院慰问）	员工姓名审核	慰问次数校验	一个自然年内慰问次数是否不超过2次	—	单据提交时	系统刚性	一个自然年内慰问次数不超过2次	一个自然年内慰问次数超过2次	—
17	—	其他福利（住院慰问）	增值税普通发票	金额校验	票据金额是否小于等于300元，超出核减至300元	—	财务复审时	系统柔性、人工判断	报销金额不得超过300元	报销金额超过300元，并核减至300元	—
18	—	其他福利（住院慰问）	增值税普通发票	附件存在性校验	采购内容是否符合文件标准	—	财务复审时	系统柔性、人工判断	采购内容必须符合文件规定	采购内容不符合文件规定	—
19	—	其他福利（物业费、收视费、网络费、燃气费）	票据审核	销售方校验	销售方名称是否与证明文件相对应	—	财务复审时	人工判断	销售方名称与证明文件相对应	销售方名称与证明文件不对应	—

（续表）

序号	报销编号	报销类型	审核细类名称	校验规则名称	审核规则要点	参照文件（已有,修订或新拟）	执行时点（汇总）	执行方式	人工执行要点/系统实现要点	系统提示信息	备注
20	—	其他福利（物业费、收视费、网络费、燃气费）	证明文件	附件存在性校验	是否有证明文件	—	单据提交时	系统刚性	需要有证明文件（例如房产证或租赁合同）	未上传证明文件	—
21	—	其他福利（物业费、网络费、燃气费）	证明文件	证明文件内容校验	证明文件是否与票据开具信息相对应	—	财务复审时	人工判断	证明文件（例如房产证或租赁合同）与发票开具信息相对应	证明文件与发票开具信息不对应	—
22	—	医药费及医疗补贴	财政票据	附件存在性校验	是否有财政票据	—	单据提交时	系统刚性	需要有福利费财政票据	未上传财政票据	—
23	—	医药费及医疗补贴	医疗费用清单	附件存在性校验	是否有医疗费用清单	—	单据提交时	系统刚性	需要有福利费医疗费用清单	未上传医疗费用清单	—
24	—	医药费及医疗补贴	疾病证明	附件存在性校验	是否有疾病证明	—	单据提交时	系统刚性	需要有福利费疾病证明	未上传疾病证明	—
25	—	医药费及医疗补贴	内部报销核定表	附件存在性校验	是否有内部报销核定表	—	单据提交时	系统刚性	需要有福利费内部报销核定表	未上传内部报销核定表	—
26	—	医药费及医疗补贴	内部报销核定表	金额校验	核定金额是否与报销金额一致	—	财务复审时	人工判断	核定金额与报销金额一致	核定金额与报销金额不一致	—
27	—	医药费及医疗补贴	内部报销核定表	指定制表人校验	核定表有指定制表人签字确认	—	财务复审时	人工判断	有指定制表人签字确认	缺指定制表人确认	—

11.10.3　社保/公积金/年金/其他

广西中烟与社保、公积金、年金等相关的报账审核规则有 41 条,如表 11-12 所示。

11.11　招待费

招待费是指企业因业务经营的合理需要招待客人而支付的费用。广西中烟业务招待包括公务接待和商务接待。广西中烟与招待费相关的报账审核规则有 14 条,如表 11-13 所示。

11.12　办公费(含邮寄快递费)

办公费是指企业管理部门发生的各项办公费用。广西中烟与办公费(含邮寄快递费)相关的报账审核规则有 13 条,如表 11-14 所示。

11.13　修理费

修理费是指固定资产普通维修产生的费用。广西中烟与修理费相关的报账审核规则有 13 条,如表 11-15 所示。

11.14　租赁费

租赁费是指企业管理部门采用经营租赁方式租入各类管理用资产而支付的租金。广西中烟与租赁费相关的报账审核规则有 6 条,如表 11-16 所示。

11.15　市场营销费

市场营销费是指国内市场营销费。广西中烟与市场营销费相关的报账审核规则有 7 条,如表 11-17 所示。

11.16　捐赠支出

捐赠支出是指企业对外捐赠的各种财产的价值。广西中烟与捐赠支出相关的报账审核规则有 5 条,如表 11-18 所示。

表 11-12　智能报账审核规则——社保/公积金/年金/其他

序号	报销编号	报销类型	审核组类名称	审核规则名称	审核规则要点	参照文件（已有修订或新拟）	执行时点（汇总）	执行方式	人工执行要点/系统实现要点	系统提示信息	备注
1	R01031803	缴纳医疗保险	社保/公积金/年金/其他	医疗保险转款单（付款单）附件上传校验	是否上传缴费通知单	—	业务员提交付款单时	系统自动提示+人工判断	保存付款单时，自动提示上传缴费通知单	请上传缴费通知单	—
2	R01031803	缴纳医疗保险	社保/公积金/年金/其他	缴费通知单审批校验	缴费通知单是否经科长审批	—	业务员提交付款单时/财务初审	人工判断	附件影像化的缴费通知单，是否有科长签名	—	—
3	R01031803	缴纳医疗保险	社保/公积金/年金/其他	缴费通知单审批时间校验	领导审批时间是否在付款前	—	业务员提交付款单时/财务初审	人工判断	附件缴费通知单审批时间应在付款时间之前	—	—
4	R01031803	缴纳医疗保险	社保/公积金/年金/其他	缴费通知单单位名称校验	是否为"广西中烟工业有限责任公司"	—	业务员提交付款单时	系统自动判断	缴费通知单影像化，提取单位名称字段，应为广西中烟工业有限责任公司	单位名称有误，请核实	—
5	R01031803	缴纳医疗保险	社保/公积金/年金/其他	医疗保险转款单（付款单）金额校验	付款金额与缴费通知单金额是否一致	—	业务员提交付款单时	系统自动判断	缴费通知单影像化，提取缴费金额字段，付款金额应与缴费通知单金额一致	付款金额有误，请核实	—
6	R01031803	缴纳医疗保险	社保/公积金/年金/其他	收款账户校验	付款单中"收款账户"是否为社保部门/社保费部门/税费征收部门/医保等公共部门	—	业务员提交付款单时/财务初审	系统自动提示+人工判断	系统提取付款单"收款账户"字段，判断是否为社会保险基金收入户"等相关公共部门，辅助人工判断	请核实收款户是否正确	—
7	R01031803	缴纳医疗保险	社保/公积金/年金/其他	结算方式校验	结算方式是否为"网上银行"	—	业务员提交付款单时	系统自动判断	结算方式"网上银行"已嵌入系统	系统刚性	—
8	R01031803	缴纳医疗保险	社保/公积金/年金/其他	医保金额分摊表金额校验	分摊表与付款金额是否一致	—	财务复核	系统自动判断	结构化后的分配表中，金额应与付款单中的付款金额一致	付款金额与分配表中金额不一致，请核实	—

（续表）

序号	报销编号	报销类型	审核细类名称	审核规则名称	审核规则要点	参照文件（已有、修订或新拟）	执行时点（汇总）	执行方式	人工执行要点/系统实现要点	系统提示信息	备注
9	R0103803	缴纳医疗保险	社保/公积金/年金/其他	医保分摊表属性校验	表中填列的成本费用属性是否齐全	—	财务复核	系统自动判断	成本费用属性应齐全，不应出现0或负数	成本费用属性未填写完整	—
10	R0103804	缴纳企业年金	社保/公积金/年金/其他	年金付款单附件上传校验	是否上传年金支付请示单、缴存汇总表	—	业务员提交付款单时	系统自动提示+人工判断	保存付款单时，自动提示上传请示单及缴存汇总表两项附件	请上传年金支付请示单及年金缴存汇总表	—
11	R0103804	缴纳企业年金	社保/公积金/年金/其他	年金支付请示单审批	是否经公司领导审批	—	业务员提交付款单时/财务初审	人工判断	附件影像化的支付请示单，是否有公司领导签名	—	—
12	R0103804	缴纳企业年金	社保/公积金/年金/其他	年金支付请示单批时间	领导审批时间是否在付款前	—	业务员提交付款单时	人工判断	领导审批时间应小于付款时间	—	—
13	R0103804	缴纳企业年金	社保/公积金/年金/其他	附件金额校验	支付请示单与缴存汇总表金额是否一致	—	业务员提交付款单时	系统自动判断	附件中的支付金额，与缴存汇总表金额应一致	附件金额不一致，请核实	—
14	R0103804	缴纳企业年金	社保/公积金/年金/其他	付款单年金额校验	与缴存汇总表金额是否一致；与请示单金额是否一致	—	业务员提交付款单时	系统自动判断	与缴存件中缴存金额是否一致；与附件中请示单金额是否一致	付款金额有误，请核实	—
15	R0103804	缴纳企业年金	社保/公积金/年金/其他	收款账户校验	付款单中"收款账户"是否为××银行账户受托单位	—	业务员提交付款单时	系统自动提示+人工判断	系统提示"收款账户"字段，判断是否为"××基金受托单位"等企业单位，辅助人工判断	收款账户有误，请核实	—
16	R0103804	缴纳企业年金	社保/公积金/年金/其他	结算方式校验	结算单结算方式是否为"网上银行"	—	业务员提交付款单时	系统自动判断	结算方式是否为"网上银行"已嵌入系统	【系统刚性】	—
17	R0103804	缴纳企业年金	社保/公积金/年金/其他	年金分摊表金额校验	年金分摊表是否与付款金额一致	—	财务复核	系统自动判断	结构化的年金分摊表应与付款单中的付款金额一致	付款金额与分摊表中金额不一致，请核实	—

（续表）

序号	报销编号	报销类型	审核细类名称	审核规则名称	审核规则要点	参照文件（已有、修订或新拟）	执行时点（汇总）	执行方式	人工执行要点/系统实现要点	系统提示信息	备注
18	R01031804	缴纳企业年金	社保/公积金/年金/其他	年金分摊表校验	表中填列的成本费用属性是否齐全	—	财务复核	系统自动判断	成本费用属性应齐全,不应出现0或负数	成本费用属性未填写完整	—
19	R01031805	缴纳住房公积金	社保/公积金/年金/其他	公积金付款单附件上传校验	是否上传公积金支付请示单、缴费通知书	—	业务员提交付款单时	系统自动提示十人工判断	保存付款单时,自动提示上传公积金支付请示单、缴费通知书	请上传公积金支付请示单、缴费通知书	—
20	R01031805	缴纳住房公积金	社保/公积金/年金/其他	公积金支付请示单审批	是否经柳州厂领导审批	—	业务员提交付款单时/财务初审	人工判断	是否完成审批流程,有柳州厂领导审签字		—
21	R01031805	缴纳住房公积金	社保/公积金/年金/其他	公积金支付请示单审批时间	领导审批时间是否在支付之前	—	业务员提交付款单时/财务初审	人工判断	领导审批时间应小于付款时间	—	—
22	R01031806	缴纳住房公积金	社保/公积金/年金/其他	附件金额一致性校验	支付请示单与缴费通知书中金额是否一致	—	业务员提交付款单时	系统判断	请示单金额与缴费通知书是否一致,请核实	请示单金额与缴费通知书金额不一致,请核实	—
23	R01031805	缴纳住房公积金	社保/公积金/年金/其他	付款单金额校验	付款单缴款金额是否与请示单及缴费通知书金额是否一致	—	业务员提交付款单时	系统自动判断	三单匹配:付款金额与附件请示单一致;付款金额与附件中缴费通知书金额是否一致	付款金额与缴费通知书金额不一致,请核实	—
24	R01031805	缴纳住房公积金	社保/公积金/年金/其他	收款账户校验	收款账户是否为"柳州市住房公积金管理中心"	—	业务员提交付款单时	系统自动提示十人工判断	系统提取"收款户"字段,判断是否为""柳州市住房公积金管理中心"等公积金收款单位,辅助人工判断	收款账户有误,请核实	—
25	R01031805	缴纳住房公积金	社保/公积金/年金/其他	结算方式校验	结算方式是否为网上银行"	—	业务员提交付款单时	系统自动判断	结算方式"网上银行"已嵌入系统		—

（续表）

序号	报销编号	报销类型	审核细类名称	审核规则名称	审核规则要点	参照文件（已有、修订或新拟）	执行时点（汇总）	执行方式	人工执行要点/系统实现要点	系统提示信息	备注
26	R01031805	缴纳住房公积金	社保/公积金/年金/其他	公积金分摊表金额校验	公积金分摊表是否与付款金额一致	—	财务复核	系统自动判断	付款金额应与公积金分摊表金额一致	付款金额与分摊表不一致，请核实	—
27	R01031805	缴纳住房公积金	社保/公积金/年金/其他	公积金分摊表属性校验	成本费用属性是否齐全	—	财务复核	系统自动判断	成本费用属性应齐全，不应出现0或负数	成本费用属性未填写完整	—
28	R01031808	补充医疗保险	社保/公积金/年金/其他	附件是否上传完整	是否上传补充医疗保险合同；是否上传补充医疗保险缴款请示单	—	业务员提交付款单时	系统自动提示	保存付款单时，自动提示上传合同及缴款请示单	请提交补充医疗保险合同及补充医疗保险缴款请示单	—
29	R01031808	补充医疗保险	社保/公积金/年金/其他	请示审批校验	是否经公司领导审批	—	业务员提交付款单时/财务初审	人工判断	是否完成审批流程，有公司领导签字	—	—
30	R01031808	补充医疗保险	社保/公积金/年金/其他	请示审核	领导审批时间是否在支付之前	—	业务员提交付款单时	人工判断	领导审批时间应小于付款时间	—	—
31	R01031808	补充医疗保险	社保/公积金/年金/其他	付款单-收款账户校验	收款账户是否补充医疗保险合同账号一致	—	业务员提交付款单时	系统自动判断	收款账户应与补充医疗保险合同一致。实现方式上，可以考虑系统自动提取合同账号，填入付款单	收款账户有误，请核实	—
32	R01031808	补充医疗保险	社保/公积金/年金/其他	付款单-银行信息校验	银行信息是否补充医疗保险合同账号一致	—	业务员提交付款单时	系统自动判断	银行账户应与补充医疗保险合同一致。实现方式上，可以考虑系统自动提取合同中银行信息，填入付款单	银行账户有误，请核实	—

（续表）

序号	报销编号	报销类型	审核细类名称	审核规则名称	审核规则要点	参照文件（已有、修订或新拟）	执行时点（汇总）	执行方式	人工执行要点/系统实现要点	系统提示信息	备注
33	R01031808	补充医疗保险	社保/公积金/年金/其他	付款说明（参保期）校验	付款说明中的参保期是否在合同期间内	—	业务员提交付款单时	系统自动提示＋人工判断	系统自动提取合同有效期，核查参保期是否在合同有效期之内	参保期不在合同有效期内	—
34	R01031808	补充医疗保险	社保/公积金/年金/其他	结算方式校验	结算方式是否为"网上银行"	—	业务员提交付款单时	系统自动判断	结算方式"网上银行"已嵌入系统	—	—
35	R01031808	补充医疗保险	社保/公积金/年金/其他	补充医疗保险分摊表金额校验	补充医疗保险分摊表是否与付款金额一致	—	财务复核	人工判断	分配表金额应与付款金额一致	分配表金额不正确，请核实	—
36	R01031808	补充医疗保险	社保/公积金/年金/其他	补充医疗保险分摊表属性校验	成本费用属性是否齐全	—	财务复核	人工判断	成本费用属性应齐全，不应出现0或负数	成本费用属性不正确，请核实	—
37	R01031812	缴纳养老保险	社保/公积金/年金/其他	停用-自动划扣	—	—	财务复核	人工判断	—	—	—
38	R01031812	缴纳养老保险	社保/公积金/年金/其他	养老保险金额校验	社保分摊表是否与自动划扣一致	—	财务复核	人工判断	分配表金额应与付款金额一致	分配表金额不正确，请核实	—
39	R01031812	缴纳养老保险	社保/公积金/年金/其他	养老保险分摊表属性校验	成本费用属性是否齐全	—	财务复核	人工判断	成本费用属性应齐全，不应出现0或负数	成本费用属性不正确，请核实	—
40	无编号	工伤保险	社保/公积金/年金/其他	工伤保险金额校验	社保分摊表是否与自动划扣一致	—	财务复核	人工判断	分配表金额应与付款金额一致	分配表金额不正确，请核实	—
41	无编号	工伤保险	社保/公积金/年金/其他	工伤保险分摊表属性校验	成本费用属性是否齐全	—	财务复核	人工判断	成本费用属性应齐全，不应出现0或负数	成本费用属性不正确，请核实	—

表 11-13 智能报账审核规则——招待费

序号	报销编号	报销类型	审核细类名称	审核规则名称	审核规则要点	参照文件（已有、修订或新拟）	执行时点（汇总）	执行方式	人工执行要点/系统规则要点	系统提示信息	备注
1	R01010202	业务招待	业务招待（公务接待/商务接待）	《公函》校验	是否有《公函》	接待管理标准	报销单提交时	系统自动提示	自动提示上传《公函》	请上传《公函》	—
2	R01010202	业务招待	业务招待（公务接待/商务接待）	《公函》内容校验	《公函》中来函单位名称、人数、时间是否填写完整	接待管理标准	财务复审时	人工判断+系统自动（未来影像附件、识别出相对应的结构化数据，针对结构化数据系统自动判断。考虑识别自动完成，所有附件自动完成后目前的附件，估计完成后80%左右）	来函单位名称、人数、时间填写完整性	公函内容不完整	—
3	R01010202	业务招待	业务招待（公务接待/商务接待）	《接待审批单》校验	是否有《接待审批单》（目前手工填写表单系统填写、标准、部分表单可以考虑自动回写与OA接口）	接待管理标准	报销单提交时	系统自动提示	自动提示上传《接待审批单》	请上传《接待审批单》	—
4	R01010202	业务招待	业务招待（公务接待/商务接待）	《接待审批单》内容校验	《接待审批单》填写是否正确	接待管理标准	财务复审时	人工判断（目前是手工填写，然后影像上传，人工判断较多；未来标准表单实现后，针对结构化数据系统自动判断）	来访单位名称、人数、用餐时间与《公函》一致	来访单位名称/人数/用餐时间与公函不符	—
5	R01010202	业务招待	业务招待（公务接待/商务接待）	《接待审批单》审批意见校验	《接待审批单》签字是否完整（OA实现线上节点签字审批）	接待管理标准	财务复审时	人工判断（未来可以实现自动化）	《接待审批单》需部门负责人及办公室领导签字	《接待审批单》缺少部门负责人或办公室领导签字	—
6	R01010202	业务招待	业务招待（公务接待/商务接待）	《公务接待清单》校验	是否有《公务接待清单》	接待管理标准	报销单提交时	系统自动提示	自动提示上传《公务接待清单》	请上传《公务接待清单》	—

（续表）

序号	报销编号	报销类型	审核细类名称	审核规则名称	审核规则要点	参照文件（已有/修订或新拟）	执行时点（汇总）	执行方式	人工执行要点/系统观要点	系统提示信息	备注
7	R01010202	业务招待	业务招待（公务接待）	《公务接待清单》内容校验	《公务接待清单》内容填写是否正确（参考接待审批单）	接待管理标准	财务复审时	人工判断（参考执行）	《公务接待清单》与《接待审批单》《公函》比对，来访单位名称、接待项目、接待地点不一致	来访单位名称、人数、接待项目、接待地点日期与《公函》/《接待审批表》不符	—
8	R01010202	业务招待	业务招待（公务接待）	《公务接待清单》金额校验	《公务接待清单》接待费用（参考接待审批单）数额是否超标准	接待管理标准	财务复审时	人工判断（参考执行）	《公务接待清单》与《接待审批单》《公函》比对，人数、接待费用超标准	《公务接待清单》《接待审批单》《公函》比对，人数、接待费用超标准	—
9	R01010202	业务招待	业务招待（商务接待）	《接待方案》校验	是否有《接待方案》	接待管理标准	报销单提交时	系统自动提示	自动提示上传《接待方案》	请上传《接待方案》	—
10	R01010202	业务招待	业务招待（商务接待）	《商务接待清单》校验	是否有《商务接待清单》	接待管理标准	报销单提交时	系统自动提示	自动提示上传《商务接待清单》	请上传《商务接待清单》	—
11	R01010202	业务招待	业务招待（商务接待）	《商务接待清单》内容校验	《商务接待清单》内容填写是否正确（参考接待审批单）	接待管理标准	财务复审时	人工判断	《商务接待清单》与《接待审批单》《公函》比对，来访单位名称、接待项目、接待地点不一致	来访单位名称、人数、接待项目、接待地点日期与《公函》/《接待审批表》不符	—
12	R01010202	业务招待	业务招待（商务接待）	《商务接待清单》意见校验	《商务接待清单》接待费用（参考接待审批单）数额是否超标准	接待管理标准	财务复审时	人工判断	《公务接待清单》与《接待审批单》《公函》比对，人数、接待费用超标准	《公务接待清单》《接待审批单》《公函》比对，人数、接待费用超标准	—
13	R01010204	涉外业务招待	业务招待（公务接待）	*参照业务接待（公务接待）（国内接待）	—	—	—	—	—	—	—
14	R01010204	涉外业务招待	业务招待（商务接待）	*参照业务招待（商务接待）（国内接待）	—	—	—	—	—	—	—

表 11-14　智能报账审核规则——办公费

序号	报销编号	报销类型	审核细类名称	校验规则名称	审核规则要点	参照文件（已有,修订或新拟）	执行时点（汇总）	执行方式	人工执行要点/系统实现要点	系统提示信息	备注
1	—	办公费	票据基本	参照"票据基本"	—	—	—	—	—	—	—
2	—	办公费	通用合同类审核	参照"通用合同类审核"	—	—	—	—	—	—	—
3	—	办公费	无合同付款	参照《无书面合同事项的结算审批》校验	—	—	—	—	—	—	—
4	—	办公费	员工报销	参照《现金结算说明》校验	—	—	—	—	—	—	—
5	—	办公费	无合同结算清单	附件存在性校验	是否已上传结算清单	—	单据提交时	系统自动判断	已上传结算清单	未上传结算清单	—
6	—	办公费	无合同结算清单	金额校验	结算清单金额是否与票据一致	—	财务复审时	人工判断	结算单金额应当与票据一致	结算清单金额与票据不一致	—
7	—	办公费	无合同结算清单	签字校验	结算清单是否有部门领导签名或加盖部门章	—	财务复审时	人工判断	结算清单有部门领导签名或加盖部门章	结算清单缺部门领导部门章签名或加盖部门章	—
8	—	办公费	实物采购	实物采购校验	采购发票内容是否为实物采购	—	财务初审时	人工判断	采购发票内容应为实物采购	采购发票内容非实物采购	—
9	—	办公费	实物采购	票据签字校验	实物类采购发票是否有两人以上签字	—	财务初审时	人工判断	采购发票有两人以上签字	采购发票没有两人以上签字	—
10	—	邮寄快递	邮寄快递清单	附件存在性校验	是否已上传邮寄快递清单	—	单据提交时	系统自动判断	已上传邮寄快递清单	未上传结算邮寄快递清单	—
11	—	邮寄快递	邮寄快递清单	金额校验	清单明细金额是否与票据一致	—	财务复审时	人工判断	清单明细金额与票据一致	清单明细金额与票据不一致	—
12	—	邮寄快递	邮寄快递清单	签字校验	无合同结算清单是否有部门领导签名或加盖部门章	—	财务复审时	人工判断	无合同结算清单应该有部门领导签名或加盖部门章	无合同结算清单缺部门领导签名或加盖部门章	—
13	—	邮寄快递	邮寄快递清单	签字校验	自制清单是否有经办人签名	—	财务复审时	人工判断	自制清单应当有经办人签名	自制清单没有经办人签名	—

表 11-15 智能报账审核规则——修理费

序号	报销编号	报销类型	发票类型	审核细类名称	校验规则名称	审核规则要点	参照文件（已有、修订或新拟）	执行时点（汇总）	执行方式	人工执行要点/系统实现要点	系统提示信息	抵扣税率	系统落地情况	备注
1	—	维修费	—	《维修费结算清单》	维修费结算清单存在性校验	是否有《维修费结算清单》	—	财务单据初审时	系统自动判断	需要有《维修费结算清单》	请提交《维修费结算清单》	—	—	—
2	—	维修费	—	《维修费结算单》	金额校验	《维修费结算单》金额是否与发票金额一致	—	财务单据复审时	人工判断	《维修费结算清单》金额与发票金额一致	《维修费结算单》金额与发票金额不一致	—	—	—
3	—	维修费	—	《维修费结算单》	双方签章校验	《维修费结算单》是否有双方签章确认	—	财务单据复审时	人工判断	《维修费结算单》需要有双方签章确认	《维修费结算单》没有双方签章确认	—	—	—
4	—	车辆维修	—	《车辆维修报价单》	车辆维修报价单存在性校验	是否有《车辆维修报价单》	—	财务单据初审时	系统自动判断	需要有《车辆维修报价单》	请提交《车辆维修报价单》	—	—	—
5	—	车辆维修	—	《车辆维修报价单》	供应商校验	《车辆维修报价单》供应商是否与发票的开票方	—	财务单据复审时	人工判断	《车辆维修报价单》中的供应商是发票的开票方	发票开票方与报价方不一致	—	—	—
6	—	车辆维修	—	《车辆维修报价单》	项目、单价、金额校验	《车辆维修报价单》项目、单价、金额是否与结算清单一致	—	财务单据复审时	人工判断	《车辆维修报价单》的项目、单价、金额与结算清单一致	结算金额与报价不一致	—	—	—
7	—	车辆维修	—	《车辆维修报价单》	双方签章校验	《车辆维修报价单》是否有双方签章确认	—	财务单据复审时	人工判断	《车辆维修报价单》需要有双方签章确认	《车辆维修报价单》没有双方签章确认	—	—	—
8	—	车辆维修	—	《车辆维修申请单》	车辆维修申请单存在性校验	是否有《车辆维修申请单》	—	财务单据初审时	系统自动判断	需要有《车辆维修申请单》	请提交《车辆维修申请单》	—	—	—
9	—	车辆维修	—	《车辆维修申请单》	计划送修厂家名称校验	计划送修厂家名称是否与发票开票方一致	—	财务单据复审时	人工判断	计划送修厂家名称与发票开票方一致	发票开票方与《车辆维修申请单》不一致	—	—	—

（续表）

序号	报销编号	报销类型	发票类型	审核细类名称	校验规则名称	审核规则要点	参照文件（已有,修订或新拟）	执行时点（汇总）	执行方式	人工执行要点/系统实现要点	系统提示信息	抵扣税率	系统落地情况	备注
10	—	车辆维修	—	《车辆维修申请单》	车牌号校验	车牌号是否是公司车辆,是否是本次维修是否报销的车辆	—	财务单据复审时	人工判断	车牌号是公司车辆,且是本次维修报销的车辆	维修车辆车牌号与《车辆维修申请单》不一致	—	—	—
11	—	车辆维修	—	《车辆维修申请单》	预计开支金额校验	预计开支金额是否大于或等于票金额	—	财务单据复审时	人工判断	预计开支金额大于支票或发票金额	发票金额高于《车辆维修申请单》	—	—	—
12	—	车辆维修	—	《车辆维修申请单》	审批流程签字校验（非定点维保）	是否有相应领导签字	—	财务单据复审时	人工判断	a) 单次维修金额≤2 000元的由配车部门负责人签字; b) 2 000元<单次维修金额≤5 000元的由物流中心签字; c) 单次维修金额>5 000元审核并报流中心分管公司领导审批同意	车辆维修申请单领导未签字	—	—	—
13	—	车辆维修	—	《车辆维修申请单》	审批流程签字校验（定点维保,市场营销中心）	是否有相应领导签字	—	财务单据复审时	人工判断	a) 单次维修金额≤5 000元的由配车部门负责人签字; b) 5 000元<单次维修金额≤10 000元的由物流中心签字; c) 单次维修金额>10 000元的审核并报流中心分管公司领导审批同意	车辆维修申请单领导未签字	—	—	—

表 11-16 智能报账审核规则——租赁费

序号	报销编号	报销类型	发票类型	审核细类名称	校验规则名称	审核规则要点	参照文件（已有、修订或新拟）	执行时点（汇总）	执行方式	人工执行要点/系统实现要点	系统提示信息	抵扣税率	系统落地情况	备注
1	—	租赁费	—	票据基本	参照"票据基本"	—	—	—	—	—	—	—	—	—
2	—	租赁费	—	通用合同类审核	参照"通用合同类审核"	—	—	—	—	—	—	—	—	—
3	—	租赁费	—	无合同付款	参照《无书面合同事项的结算审批》校验	是否有《无书面合同事项的结算审批》	—	—	—	—	—	—	—	—
4	—	租赁费	—	员工报销	参照《现金结算说明》校验	是否有《现金结算说明》	—	—	—	—	—	—	—	—
5	—	车辆租赁	—	车辆租赁请示单	供应方校验	供应方是否与票据销售方一致	—	财务复审时	人工判断	供应方应与票据销售方一致	供应方与票据销售方不一致	—	—	—
6	—	车辆租赁	—	车辆租赁请示单	金额校验	请示金额是否与票据一致	—	财务复审时	人工判断	请示金额应与票据一致	请示金额与票据不一致	—	—	—

表 11-17　智能报账审核规则——市场营销费

序号	报销编号	报销类型	审核细类名称	审核规则名称	审核规则要点	参照文件（已有、修订或新拟）	执行时点（汇总）	执行方式	人工执行要点／系统实现要点	系统提示信息	备注
1	R01021105	国内市场营销费	国内市场营销费	视同销售校验	是否属于视同销售（合同智能识别、自动分类，自动归纳视同销售类合同）	—	财务单据复审时	系统自动提示＋人工判断	油卡、话费、电影票等各类充值卡、购买的营销物品相关合同与发票是否匹配	—	—
2	R01021105	国内市场营销费	国内市场营销费	视同销售金额校验	视同销售（视同销售金额是否正确（视同销售金额根据发票不含税金额乘以相应税率）	—	财务单据复审时	系统自动提示＋人工判断	视同销售发生税额根据发票不含税金额乘以相应税率	—	—
3	R01021105	国内市场营销费	国内市场营销费	市场营销项目填写校验	市场营销费项目是否填写正确（系统根据合同生成对应项目编码）	—	财务单据复审时	系统自动提示＋人工判断	市场营销费项目名称是否与合同一致	市场营销费项目名称与合同不一致	—
4	R01021105	国内市场营销费（无合同付款、员工报销）	策划方案／请示校验	是否经领导审批有策划方案／请示（OA实现线上节点签字审批）	—	报销单据提交时	系统自动提示＋人工判断	自动提示上传《策划方案》《请示》	请上传《策划方案》《请示》	—
5	R01021105	国内市场营销费（无合同付款、员工报销）	策划方案／请示审批意见校验	策划方案／请示是否经领导审批（OA实现线上节点签字审批）	—	财务单据复审时	系统自动提示＋人工判断	《策划方案》《请示》需求部门负责人签字	《策划方案》《请示》缺少部门负责人签字	—
6	R01021105	国内市场营销费（无合同付款、员工报销）	付款金额校验	付款金额是否大于请示金额	—	财务单据复审时	人工判断	与请示对比，付款金额小于或等于请示金额	付款金额大于请示金额	—
7	R01021108	国际市场营销费	参照×国内市场营销费	—	—	—	—	—	—	—	—

表 11-18 智能报账审核规则——捐赠支出

序号	报销编号	报销类型	审核细类名称	审核规则名称	审核规则要点	参照文件（已有，修订或新拟）	执行时点（汇总）	执行方式	人工执行要点/系统实现要点	系统提示信息	备注
1	R01011801	捐赠支出	捐赠支出	参照通用"合同"	参照"合同"	—	—	—	—	—	—
2	R01011801	捐赠支出	捐赠支出	部门请示校验	部门请示内容与合同内容是否一致	—	业务员提交付款单时/财务初审	人工判断	部门请示的付款对象、金额与合同中的捐赠对象、金额应一致	部门请示捐赠对象、金额有误	—
3	R01011801	捐赠支出	捐赠支出	部门请示审批面审校验	是否经总经理审批	—	业务员提交付款单时/财务初审	人工判断	附件影像化的支付请示单，是否有总经理签名	请提交总经理审批	—
4	R01011801	捐赠支出	捐赠支出	捐赠票据信息校验	参照"票据整体"	—	—	—	—	—	—
5	R01011801	捐赠支出	捐赠支出	凭证校验	参照"凭证生成"	—	—	—	—	—	—

11.17　涉外费

广西中烟的涉外费主要是指临时出国(境)费,与涉外费相关的报账审核规则有4条,如表 11-19 所示。

11.18　利息支出

广西中烟的利息支出是指银行贷款利息支出,一般由银行根据贷款合同自动扣除。广西中烟通过支付补登的方式处理利息支出,相关的报账审核规则有 15 条,如表 11-20 所示。

11.19　水电费支出

广西中烟的水电费支出指的是覆盖生产场所、办公场所、福利场所等的水费和电费支出。广西中烟通过直接扣除、直接缴纳和代理缴纳等方式支付水电费,相关的报账审核规则有 92 条,如表 11-21 所示。

11.20　税费

广西中烟的税费包括增值税及其附件、企业所得税、个人所得税、消费税及其附加和印花税等,通过自动扣缴、支付缴纳、代扣代缴等方式缴纳,相关的报账审核规则有28 条,如表 11-22 所示。

11.21　固定资产(含无形资产)

广西中烟与固定资产相关的报账业务包括固定资产改建支出、改良支出和大修理支出等,相关的报账审核规则有 22 条,如表 11-23 所示。因无形资产的投产处理与固定资产相似,故将无形资产投产处理审核规则在此梳理。与无形资产投产相关的报账审核规则有 3 条。

11.22　资产报废

广西中烟的资产报废包括单价 800 元(含 800 元)以上的固定资产、单价 500 元(含500 元)～800 元的低值耐用品和家具等,相关的报账审核规则有 4 条,如表 11-24 所示。

表 11-19 智能报账审核规则——涉外费

序号	报销编号	报销类型	审核细类名称	审核规则名称	审核规则要点	参照文件（已有、修订或新拟）	执行时点（汇总）	执行方式	人工执行要点/系统实现要点	系统提示信息	备注
1	R01011201/02	临时出国（境）费	贸易出国（境）费/贸易出国（境）费	《出国（境）任务批件》校验	是否有出国（境）任务批件	—	报销单提交时	系统自动提示	自动提示上传《出国（境）任务批件》	请上传《出国（境）任务批件》	—
2	R01011201/02	临时出国（境）费	贸易出国（境）费/贸易出国（境）费	《出国（境）任务批件》人员名单校验	是否是出国（境）任务批件中所批准人员（参考招待中的公函）	—	财务复审时	人工判断（参考执行）	出国（境）人员与出国（境）任务批件中所批准人员对比	出国（境）人员不在名单内	—
3	R01011201/02	临时出国（境）费	贸易出国（境）费/贸易出国（境）费	收据/出国费用结算单/收费通知等校验（如有）	是否有收据/出国费用结算单/收费通知等	—	报销单提交时	系统自动提示	自动提示上传《出国费用结算单》《收费通知》等	请上传《出国费用结算单》/《收费通知》等	—
4	R01011201/02	临时出国（境）费	贸易出国（境）费/贸易出国（境）费	收据/出国费用结算单/收费通知金额校验	收据/出国费用结算单/收费通知金额是否正确（参考招待中的公函）	—	财务复审时	人工判断（参考执行）	发票金额/付款金额与收据/出国费用结算单/收费通知对比，是否一致	付款金额不一致	—

表 11-20 智能报账审核规则——利息支出

序号	报销编号	报销类型	审核细类名称	审核规则名称	审核规则要点	参照文件（已有、修订或新拟）	执行时点（汇总）	执行方式	人工执行要点/系统实现要点	系统提示信息	备注
1	R0105 0211	利息支出	支付补登单	支付补登单正确性校验	支付补登单信息与电子回单是否一致	—	生成支付补登单时	系统自动判断＋人工判断	支付补登单比对电子回单比对修正，包括日期/附件张数/摘要/事项明细	日期不一致	—
2	R0105 0211	利息支出	支付补登单	付款金额校验（银行划扣）	付款金额与合同计算结果是否一致	QGY 202 304 财务报销及付款管理标准	生成支付补登单时	系统自动判断＋人工判断	支付补登单付款金额与合同比对，根据合同计算本期应发利息（系统开发利息金额），确定付款金额与应付金额一致	付款金额有误	—
3	R0105 0211	利息支出	付款审批单	付款金额校验（主动付）	付款金额与合同计算结果是否一致	QGY 202 303 财务报销及付款管理标准	填付款申请单时	系统自动判断＋人工判断	提示付息通知书比对，根据合同计算本期应发利息计算表，确定付款金额与应付款金额一致，填应付款申请单，按费用类付款走审批流程	付款金额有误	—
4	R0105 0211	利息支出	参照"票据基本"	—	—	—	—	—	—	—	—
5	R0105 0211	利息支出	参照"合同"	—	—	—	—	—	—	—	—
6	R0105 0211	利息支出	利息支出附件	附件合规性校验	附件是否合规	—	财务复审时	系统自动判断	双方盖章是否齐全，付款通知书日期截止日期是否一致，与合同约定一致（季度/月度）	盖章不全 付款日期与合约定不一致	—
7	R0105 0211	利息支出	付款审批单	付款单附件匹配校验	付款金额是否与附件一致	—	财务复审时	系统自动判断	付款金额是否与提示信息通知书一致	付款金额错误	—
8	R0105 0211	利息支出	付款审批单	付款申请重复性校验	是否存在重复付款	—	财务复审时	系统自动判断	与"利息计算表比对"，校验是否重复支付	重复支付	—
9	R0105 0211	利息支出	付款审批单	预提信息信息校验（主动支付）	该笔利息支出是否存在预提	—	财务复审时	系统自动判断＋人工判断	账上应付利息科目是否有余额，应付利息挂账信息与收款商比对	未查到预提信息	—

（续表）

序号	报销编号	报销类型	审核细类名称	审核规则名称	审核规则要点	参照文件（已有、修订或新拟）	执行时点（汇总）	执行方式	人工执行要点/系统实现要点	系统提示信息	备注
10	R01050211	利息支出	支付补登单	预提信息校验（银行划扣）	该笔利息支出是否存在预提	—	财务复审时	系统自动判断＋人工判断	账上应付利息科目是否有余额、应付利息挂账客商与收款客商比对	未查到预提信息	—
11	R01050211	利息支出	记账凭证预览	联查凭证正确性校验	生成的凭证信息是否正确	—	财务复审时	人工判断	凭证附件张数与实际附件张数比对、凭证账户比对、凭证金额与付款金额比对、借贷方向、现金流辅助核算正确性检查、冲预提分录与原预提分录比对		—
12	R01050211	利息支出	付款审批单	审批完整性校验	支付审批手续是否齐全	QGY 202 319付款审批权限管理标准	柜面支付前	系统自动判断	付款单是否按 QGY 202 319 付款审批权限管理标准要求、走完全部审批流程	支付审批手续缺漏	—
13	R01050211	利息支出	电子回单	电子回单记账凭证匹配	电子回单与记账凭证是否匹配	—	电子回单自动下载后	系统自动判断	流水类型（支出）与回单类型（付息）比对、日期/付款账号比对、银行付款金额计算利息付款支付状态、覆盖表、显示已付款	电子回单与记账凭证不匹配	—
14	R01050211	利息支出	记账凭证复核	凭证正确性校验	审核凭证信息、附件是否齐全	—	生成凭证后3个工作日内；次月4日前	系统自动判断	凭证附件张数与实际附件张数比对、凭证账户比对、凭证金额比对、科目、借贷方向、现金流辅助分录提示、付款审批、提示利息通知书、合同、回单、原提示凭证等相关材料是否齐全	凭证审核不通过	—
15	R01050211	利息支出	参照"增值税普通发票"				—	—	—	—	—

表 11-21　智能报账审核规则——水电费支出

序号	报销编号	报销类型	审核细类名称	审核规则名称	审核规则要点	参照文件（已有，修订或新批）	执行时点（汇总）	执行方式	人工执行要点/系统实现要点	系统提示信息	备注
1	R0103040104	原料仓水电费付款	原料仓水电费	附件完整性校验	附件上传与填单是否匹配	—	付款单提交时/财务初审	系统自动提示	-预付款附件要求有：预付请示或收费用发票，增值税普通发票，收费通知单。有发票要求有：增值税专用发票、增值税普通发票、电子普通发票、收费通知单。-付款单只填写"付款金额及票价"项目目付款金额不为0，不填写"付款金额"及"付款金额"项目目付款金额应视为预付款，此时应上传附件为：预付请示或收费通知单。-付款单填写"税金"及"付款金额"，则付款金额应视为有发票付款，上传附件为：发票+收费通知单	1. 付款时提醒：应上传预付请示或收费票付款金额及收费票和收费通知单 2. 付款单填写：应上传发票和收费通知单	无合同
2	R0103040104	原料仓水电费付款	原料仓水电费	附件手续完善性校验-请示或收费通知单应有签字、部门章校验审核	请示或收费通知单签章是否完整	—	付款单提交时/财务初审	系统自动提示+人工判断	收费通知单经办人签字+部门领导签字或加盖经办部门章	请示或收费通知单签章是否齐全	无合同
3	R0103040104	原料仓水电费付款	原料仓水电费	附件内容审核-收费通知单	收费通知单中的内容与发票是否一致	—	付款单提交时/财务复审	系统判断	识别影像化的收费通知单中采集的内容并与影像化发票采集信息核对，包括购买方名称、货物或应税劳务服务名称、单位、数量、价税合计金额	附件内容与发票不一致	无合同
4	R0103040104	原料仓水电费付款	原料仓水电费	附件内容审核-发票审核	参照"通用-通用票据""通用审核""所有票据""电子票据""增值税专用发票""增值税普通发票""增值税电子普通发票""其他""财政分割单""发票分割单"	—	财务复审	—	—	—	无合同
5	R0103040104	原料仓水电费付款	原料仓水电费	电费发票电量数值校验	电费发票中的电量是否正确	—	财务复审	系统自动提示+人工判断	电费发票中的"数量"应与对应所有电费通知单中的加总额一致（注意：各地供电局提供的清单格式不统一）（保留个位小数不统一）	发票用电数量有误，请核实	无合同

（续表）

序号	报销编号	报销类型	审核细类名称	审核规则名称	审核规则要点	参照文件（已有、修订或新扣）	执行时点（汇总）	执行方式	人工执行要点/系统实现要点	系统提示信息	备注
6	R0103040104	原料仓水电费付款	原料仓水电费	用电量合理性校验	本期用电量是否与合理区间内	—	付款单提交时	系统自动提示	审核发票或单中的用电量是否合理。系统嵌入用电量档案，设置合理用电量区间，校验每期用电量（度数）是否在合理区间之内，进行提示。非金额。若过高或过低，进行提示。用电量从历年各月收费发票中的数量提取	用电量不在合理区间内	无合同
7	R0103040104	原料仓水电付款	原料仓水电费	付款单标准事项细名称校验	业务事项入口是否正确	—	财务复审	人工判断	业务事项入口和选取正确	—	无合同
8	R0103040104	原料仓水电费付款	原料仓水电费	付款单标准事项细金额校验	付款单标准事项细金额与发票或收费通知单是否一致	—	财务复审	系统自动判断	提取影像化的发票或收费通知单情况进行核对。信息，并与付款单中的票价、税金额一致，应与发票中的税额应与付款单中的付款金额一致，收费通知单中的合计金额一致	付款事项明细金额填写有误	无合同
9	R0103040104	原料仓水电付款	原料仓水电费	通用凭证类审核	参照"通用类凭证审核-记账凭证"	—	财务复审		—	—	无合同
10	R0102121603	仓库电费	原料仓、烟用材料仓、成品仓、其他库水电费	附件完整性校验	附件上传与填单是否匹配	—	付款单提交时/财务初审	人工判断	附件包括：影像化的增值税专用发票、电费分割单或水电费结算表、外单位水电费通知单或单位电费账户电复印件，关于水电费单价的情况说明等	—	有合同
11	R0102121603	仓库电费	原料仓、烟用材料仓、成品仓、其他库水电费	附件手续完善性校验——电费分割单、水电费结算表、水电费通知单原件或单原件等经办人签字，部门章校验	电费分割单或水电费结算表，水电费通知单原件等签印件等是否完整	—	财务初审	系统自动提示+人工判断	电费分割单或水电费结算表、水电费通知单原件或复印件等经办人签字或加盖经办部门章	请审核附件手续是否完整	有合同
12	R0102121603	仓库电费	原料仓、烟用材料仓、成品仓、其他库水电费	通用合同类校验	参照"通用-通用"合同""通用审核"非预付款合同"	—	财务复审		—	—	有合同

（续表）

序号	报销编号	报销类型	审核类名称	审核规则名称	审核规则要点	参照文件（已有，修订或新拟）	执行时点（汇总）	执行方式	人工执行要点/系统实现要点	系统提示信息	备注
13	R0102121603	仓库电费	原料料仓、烟用材料仓、成品仓、其他仓库水电费	附件内容审核——电费分割单或水电费结算表	电费分割单或水电费结算表等附件中的单位名称、内容是否正确	—	付款单提交时/财务复审	人工判断	电费分割单或水电费结算表中的付款单位名称是否为我司公司，单价、用电量、度数、与供电局开具外具单价印件中的单价是否一致，我公司业务部门确认的度数、金额、是否一致	附件内容与发票示不一致	有合同
14	R0102121603	仓库电费	原料料仓、烟用材料仓、成品仓、其他仓库水电费	附件内容审核——发票种类	参照"通用-通用发票"所有票据"电子票据""增值税专用发票""增值税普通发票""其他""财政发票数据""发票分割单"	—	财务复审	系统自动判断	—	—	有合同
15	R0102121603	仓库电费	原料料仓、烟用材料仓、成品仓、其他仓库水电费	电费发票电量数值校验	电费发票中的电量是否正确	—	财务复审	系统自动提示+人工判断	电费发票中的"数量"应与对应所有电费通知单中"合计电量"的加总额一致（注意：各地供电局提供的清单格式不统一）（保留个位数差异）	发票用电数量有误，请核实	有合同
16	R0102121603	仓库电费	原料料仓、烟用材料仓、成品仓、其他仓库水电费	用电量合理性校验	本期用电量是否于合理区间内	—	付款单提交时	系统自动提示	审核发票或用电量结算表中的用电量是否合理，设置合理用电量区间（度数），非金额或金额之内。若金额过高或过低，进行提示。每期用电量档案，系统嵌入用电量从电费分割单或水电结算表或用电发票中的数量提取	用电量不在合理区间内	有合同
17	R0102121604	仓库电费	原料料仓、烟用材料仓、成品仓、其他仓库水电费	付款单标准事项明细名称校验	业务事项入口是否正确	—	财务复审	人工判断	业务事项入口和选择正确	—	有合同
18	R0102121603	仓库电费	原料料仓、烟用材料仓、成品仓、其他仓库水电费	付款单标准事项明细金额校验	付款单标准事项明细单名称与水电费结算单或电费分割单金额是否应付金额一致	—	财务复审	人工判断	提取影像化的分割单或付款单信息，并与付款单填制情况进行核对。付款单中的付款单事项或水电费分割单表应付金额一致	付款单事项明细金额填写有误	有合同

（续表）

序号	报销编号	报销类型	审核细类名称	审核规则名称	审核规则要点	参照文件（已有、修订或新拟）	执行时点（汇总）	执行方式	人工执行要点/系统实现要点	系统提示信息	备注
19	R0102121603	仓库电费	原料仓、烟用材料仓、成品仓、其他仓库电费	通用凭证类审核	参照"通用类凭证审核-记账凭证"	—	财务复审	系统自动提示	—	凭证错误，请检查	有合同
20	R0102121602	仓库水费	原料仓、烟用材料仓、成品仓、其他仓库电费	附件完整性校验	附件上传与填单是否匹配	—	付款单提交时/财务初审	人工判断	-有发票付款要求有：增值税普通发票、水、电费使用情况表 -增值税专用发票"票价""税金"付款，则应视为有发票付款；上传附件为：发票+水/电费使用情况表	付款单填写票价税金时提醒：应上传发票和水电费使用情况表	有合同
21	R0102121602	仓库水费	原料仓、烟用材料仓、成品仓、其他仓库电费	附件手续完善性校验—水费/电费使用情况表经办人签字、部门盖章审核	水费/电费使用情况表签字盖章是否完整	—	财务初审	人工判断	水费/电费使用情况表经办人签字+部门领导签字或部门加盖部门章	水电费使用情况表签章是否齐全	有合同
22	R0102121602	仓库水费	原料仓、烟用材料仓、成品仓、其他仓库电费	通用合同类校验	参照"通用-通用合同类"合同""非预付款合同"	—	财务复审	—	—	—	有合同
23	R0102121602	仓库水费	原料仓、烟用材料仓、成品仓、其他仓库电费	附件内容审核—水费/电费使用情况表	水费/电费使用表的内容与发票是否一致	—	付款单提交时/财务复审	系统自动判断	识别影像化的水费/电费使用情况表中采集的内容，并包括购买方名称、货物或应税劳务名称、单位、数量、价税合计金额	附件内容与发票不一致	有合同
24	R0102121602	仓库水费	原料仓、烟用材料仓、成品仓、其他仓库电费	附件内容审核—发票类审核	参照"通用-通用票据类审核""电子票据""增值税专用发票""增值税普通发票""其他电子票据""财政电子票据""发票分割单"	—	财务复审	—	—	—	有合同

（续表）

序号	报销编号	报销类型	审核细类名称	审核规则名称	审核规则要点	参照文件（已有、修订或新拟）	执行时点（汇总）	执行方式	人工执行要点/系统实现要点	系统提示信息	备注
25	R0102121602	仓库水费	原料仓、烟材料仓、成品仓、其他仓库水电费	付款单标准事项明细名称校验	业务事项入口是否正确	—	财务复审	人工判断	业务事项入口和选取正确	业务事项选取有误	有合同
26	R0102121602	仓库水费	原料仓、用材料仓、成品仓、其他仓库水电费	付款单标准事项明细金额校验	付款单金额与发票或水电费使用情况表是否一致	—	财务复审	系统自动判断＋人工判断	提取影像化的水费/电费使用情况表信息，并与付款单中的付款金额、付款单事项明细金额应与金额/电费使用情况表应一致	付款单事项明细金额有误	有合同
27	R0102121602	仓库水费	原料仓、用材料仓、成品仓、其他仓库水电费	通用凭证类审核	参照"通用类凭证审核—记账凭证"	—	财务复审	—		凭证错误，请检查	有合同
28	R0102030503	行政办公电费	管理部门办公场所电费	附件完整性校验	附件上传与填单是否匹配	—	付款单提交时/财务初审	系统自动判断＋人工判断	预付款附件要求有：预付请示或收费通知单。有发票要求有：增值税专用发票、增值税普通发票、电子普通发票、收费通知单。付款单只填写"付款金额"项目付款，则视为预付款金额不为0，不填写税价及票价，此时应上传预付款通知单；会议（北海员工培训中心工作联系函）方式、请示、工作联系函，此时应视为有发票付款，则应填写"票价""税价"及"付款金额"，则应视为有发票付款，上传附件为：发票+收费通知单	1. 付款单仅填写付额金额时提醒：应上传预付请示或收费通知单；2. 付款单填写税价金额时提醒：应上传发票和收费通知单	无合同
29	R0102030503	行政办公电费	管理部门办公场所电费	附件手续完善性校验、电费收费通知单应有签字、部门章校验审核	电费收费通知单签章是否完整	—	付款单提交时/财务初审	系统自动提示＋人工判断	电费收费通知单经办人签字+部门领导签字或加盖部门公章	请示或收费通知单是否齐全	无合同

（续表）

序号	报销编号	报销类型	审核细类名称	审核规则名称	审核规则要点	参照文件（已有、修订或新拟）	执行时点（汇总）	执行方式	人工执行要点/系统实现要点	系统提示信息	备注
30	R0102030503	行政办公电费	管理部门办公场所电费	附件内容审核—电费收费通知单	电费收费通知单中内容与发票是否一致	—	付款单提交时/财务复审	系统自动判断	识别影像化的收费通知单中采集的内容，并与影像化的发票采集信息核对，包括购买方名称、单位、数量、货物或应税劳务服务名称、价税合计金额	附件内容各发票不一致	无合同
31	R0102030503	行政办公电费	管理部门办公场所电费	附件内容审核—发票审核	参照"通用—通用所有票据类""电子票据""增值税专用发票""增值税普通发票""增值税电子普通发票""其他""财政分割单"发票类别是否	—	财务复审	—	参照"通用—通用所有票据类""电子票据""增值税专用发票""增值税普通发票""增值税电子普通发票""其他""财政分割单"	—	无合同
32	R0102030503	行政办公电费	管理部门办公场所电费	电费发票电量数值校验	电费发票中的电量是否正确	—	财务复审	系统自动提示+人工判断	电费发票中的"数量"应与对应所有电费通知单中"合计电量"的加总数一致（保留个位数差异；各地供电局提供的清单格式不统一）	发票用电数量有误，请核实	无合同
33	R0102030503	行政办公电费	管理部门办公场所电费	用电量合理性校验	本期用电量是否于合理区间内	—	付款单提交时	系统自动提示	审核发票或收费通知单中的电量是否合理。系统嵌入用电量档案，设置合理用电量数是否高或偏低，进行提示。用电量从历年各月收费通知单或发票中的数量提取	用电量不在合理区间内	无合同
34	R0102030503	行政办公电费	管理部门办公场所电费	付款单标准事项细名称校验	业务事项入口是否正确	—	财务复审	人工判断	业务事项入口和选单正确	业务事项选取有误	无合同
35	R0102030503	行政办公电费	管理部门办公场所电费	付款单标准事项明细金额校验	付款单金额明细金额与发票或收费通知单是否一致	—	财务复审	系统自动提示+人工判断	提取影像化的付款单中的票价，应与付款单中的不含税金额或税金中的税额一致；税金或付款单应付款金额应与发票或收费通知单中的合计金额一致	付款事项明细金额填写有误	无合同

（续表）

序号	报销编号	报销类型	审核细类名称	审核规则名称	审核规则要点	参照文件（已有,修订或新拟）	执行时点（汇总）	执行方式	人工执行要点/系统实现要点	系统提示信息	备注
36	R0102030503	行政办公电费	管理部门办公场所电费	通用凭证类审核	参照"通用类凭证审核-记账凭证"	—	财务复审	—	—	—	无合同
37	无编码	营销部门办公场所电费报销	营销部门办公场所电费	附件完整性校验	附件上传与填写是否匹配	—	付款单提交时/财务初审	系统自动提示+人工判断	收发票:付款单填写"票价""税金",且"付款金额"为0,上传附件为:发票+收费通知单	1.收发票付款单付款金额提醒:为0; 2.付款单提醒:应上传发票和收费通知单	无合同
38	无编码	营销部门办公场所电费报销	营销部门办公场所电费	附件手续完善性校验—电费收费通知单签字、部门章校验审核	收费通知单签章是否完整	—	付款单提交时/财务初审	系统自动提示+人工判断	电费收费通知单经办人签字+部门领导签字或加盖经办部门章	电费收费通知单签章不全,应补齐	无合同
39	无编码	营销部门办公场所电费报销	营销部门办公场所电费	附件内容审核—电费收费通知单	收费通知单的内容与发票是否一致	—	付款单提交时/财务复审	系统自动提示+人工判断	识别影像化的收费通知单中采集的内容,并将购买方名称、数量、单位、货物或应税劳务服务名称、单价、数量、价税合计金额	附件内容与发票一致	无合同
40	无编码	营销部门办公场所电费报销	营销部门办公场所电费	附件内容审核—发票审核	参照"通用-通用所有所有票据""电子票据""增值税专用发票""增值税普通发票""增值税电子普通发票""其他""财政票据""发票分割单"	—	财务复审	—	—	—	无合同
41	无编码	营销部门办公场所电费报销	营销部门办公场所电费	电费发票电量数值校验	电费发票中的电量是否正确	—	财务复审	系统自动提示+人工判断	电费发票中的"数量"应对应所有电费通知单中"合计电量"的加总额一致(注意:各地供电局提供的清单格式不统一)(保留个位数差异)	发票电数量有误,请核实	无合同
42	无编码	营销部门办公场所电费报销	营销部门办公场所电费	用电量合理性校验	本期用电量是否处于合理区间内	—	付款单提交时	系统自动提示	系统嵌入用电量档案,校验每期用电量(度数)非金额是否在合理区间之内。用电量从历年各月收费通知单或发票中的数量提取	用电量不在合理区间内	无合同

（续表）

序号	报销编号	报销类型	审核细类名称	审核规则名称	审核规则要点	参照文件（已有/修订或新拟）	执行时点（汇总）	执行方式	人工执行要点/系统实现要点	系统提示信息	备注
43	无编码	营销部门办公场所电费报销	营销部门办公场所电费	付款单标准事项明细名称校验	业务事项入口是否正确	—	财务复审	人工判断	提取影像化的发票或收费通知单信息，并与付款单填制情况进行核对。	业务事项选取有误	无合同
44	无编码	营销部门办公场所电费报销	营销部门办公场所电费	付款单标准事项明细金额校验	付款单标准事项明细金额是否一致	—	财务复审	系统自动提示	付款单中的票价、税金应与发票中的不含税金额一致；付款单中的付款金额应与发票或收费通知单中的合计金额一致	付款事项明细金额有误	无合同
45	无编码	营销部门办公场所电费报销	营销部门办公场所电费	通用凭证审核	参照"通用类凭证审核-记账凭证"	—	财务复审	系统自动提示	—	—	无合同
46	R0103040108	代缴自有物业出租水电费付款	代缴自有物业出租水电费	附件完整性校验	附件上传与填单是否匹配	—	付款单提交时/财务初审	系统自动提示	附件要求有：增值税专用发票、财政票据、电费、水费收费通知单、会议纪要（北海员工培训中心水电费缴纳方式）、请示、工作联系函；付款单只填写"付款金额及税金"项目付款价，不填写金额，则应视为有附件；电费、水费收费通知单为有发票或收据、请示、水费收费通知单；付款单填写"票价""税金"付款金额""税金"及"付款金额"，则应视为有"付款金额"及"税金"，上传附件为：发票或收据+电/水费收费通知单	1. 付款单仅填写付款金额时提醒：应上传预付请示或收费通知单；2. 付款单填写票价税金时提醒：应上传发票和收费通知单	无合同
47	R0103040108	代缴自有物业出租水电费付款	代缴自有物业出租水电费	附件手续完善性校验——请示或电费/水费收费通知单签章、部门章审核	请示或电/水费收费通知单签章、部门章是否完整	—	财务初审	系统自动提示+人工判断	请示或电费收费通知单经办人签字+部门领导签字或加盖部门章	请示或收费通知单签章是否齐全	无合同

（续表）

序号	报销编号	报销类型	审核细类名称	审核规则名称	审核规则要点	参照文件（已有,修订或新拟）	执行时点（汇总）	执行方式	人工执行要点/系统实现要点	系统提示信息	备注
48	R0103040109	代缴自有物业出租水电费付款	代缴自有物业出租水电费	附件内容审核电费/水费收费通知单	电费/水费收费通知单号请示或发票是否一致	—	付款单提交时/财务复审	系统自动提示+人工判断	识别影像化的电费/水费收费通知单中采集的内容,并与影像购买方发票采集信息核对,包括购买方名称、货物或应税劳务服务名称、数量、单位、价税合计金额	附件内容与发票不一致	—
49	R0103040108	代缴自有物业出租水电费付款	代缴自有物业出租水电费	附件内容审核发票审核	参照"通用-通用票据""所有票据""电子票据""增值税专用发票""增值税普通发票""增值税电子普通发票""其他""财政票据""发票分割单"	—	财务复审	—	—	—	无合同
50	R0103040108	代缴自有物业出租水电费付款	代缴自有物业出租水电费	电费发票电量数值校验	电费发票中的电量是否正确	—	财务复审	系统自动提示+人工判断	电费发票中的"数量""合计电量"应与对应所有电费通知单中"合计电量"的加总额一致(注意:各位单格式不统一)(保留个位数单格式不统一)提供的清单供单核实	发票用电数量有误,请核实	无合同
51	R0103040108	代缴自有物业出租水电费付款	代缴自有物业出租水电费	用电电量合理性校验	本期用电量是否位于合理区间内	—	付款单提交时	系统自动提示	系统嵌入用电量档案,校验用电量合理用电量区间。设置合理用电量区间(度)数,非金额)是否在合理用电量区间之内。若用电量过高或过低,进行提示。各月用电量从历年各月电费通知单或发票中的数量提取	用电量不在合理区间内	无合同
52	R0103040108	代缴自有物业出租水电费付款	代缴自有物业出租水电费	付款单标准事项明细名称校验	业务事项入口是否正确	—	财务复审	人工判断	业务事项入口利选取正确	业务事项选取有误	无合同
53	R0103040108	代缴自有物业出租水电费付款	代缴自有物业出租水电费	付款单标准事项明细金额校验	付款单标准事项明细金额与发票或请示金额是否正确	—	财务复审	系统自动提示+人工判断	提取影像化的发票或收费通知单信息,并与付款单制情况进行核对。付款单中的票价、税金应与发票中的不含税金额、税金应与发票中的税额一致;收费通知单应付金额中的合计金额一致;付款通知单应付金额中的合计金额一致	付款事项明细金额有误	无合同

（续表）

序号	报销编号	报销类型	审核细类名称	审核规则名称	审核规则要点	参照文件（已有修订或新拟）	执行时点（汇总）	执行方式	人工执行要点/系统实现要点	系统提示信息	备注
54	R0103040108	代缴自有物业出租水电费付款	代缴自有物业出租水电费	通用凭证类审核	参照"通用类凭证审核-记账凭证"	—	财务复审	—	—	—	无合同
55	R0103040106	租赁宿舍水电费付款	租赁宿舍水电费	附件完整性校验	附件上传与单据填写是否匹配	—	付款单提交时/财务初审	系统自动提示+人工判断	预付款附件要求有：预付请示或收费通知单；付款单只填写"付款金额"项目付款时，则应视金额不含税金及票价，此时上传附件为：预付请示或收费通知单；（目前代扣代缴柳州分厂宿舍水电费是先根据收费通知单代垫付付款，后从工资划扣冲销，付款后开回来的发票直接贴入凭证中，不需要上系统校验报销金额，因此无发票校验）	1. 付款单仅填写付款金额时提醒：应上传预付请示或收费通知单；2. 付款单填写票价时提醒：不能填写税金价、税金	无合同
56	R0103040106	租赁宿舍水电费付款	租赁宿舍水电费	附件手续——电费/水费收费通知单盖章、部门章审核	电费/水费收费通知单签章是否完整	—	付款单提交时/财务初审	系统自动提示+人工判断	电费收费通知单由水费经办人签字+部门领导签字或单据加盖经办部门章	签章不全，应补齐	无合同
57	R0103040106	租赁宿舍水电费付款	租赁宿舍水电费	电费发票电量数值校验	电费发票中的电量是否正确	—	财务复审	系统自动提示+人工判断	电费发票中的"数量"应与对应所有电费清单中的"合计电量"一致（注意个位数差异）（保留个位数：各地供电局提供的清单格式不统一）	发票用电数量有误，请核实	无合同
58	R0103040106	租赁宿舍水电费付款	租赁宿舍水电费	用电量合理性校验	本期用电量是否位于合理区间内	—	付款单提交时	系统自动提示	系统嵌入用电量档案，设置合理用电量区间（度数、丰金额），校验每期用电量是否在合理用电量区间。若用电量过高或过低，进行提示。用电量从历年各月用电费收费通知单或发票中的数量提取	用电量不在合理区间内	无合同

（续表）

序号	报销编号	报销类型	审核细类名称	审核规则名称	审核规则要点	参照文件（已有，修订或新拟）	执行时点（汇总）	执行方式	人工执行要点/系统实现要点	系统提示信息	备注
59	R0103040106	租赁宿舍水电费付款	租赁宿舍水电费	付款单标准事项细名称校验	业务事项入口是否正确	—	财务复审	人工判断	业务事项入口和选取正确	业务事项选取有误	无合同
60	R0103040106	租赁宿舍水电费付款	租赁宿舍水电费	付款单标准事项明细金额校验	付款单标准事项明细金额与电费/水费通知单是否一致	—	财务复审	系统自动提示＋人工判断	付款单标准事项明细金额应与电费/水费通知单一致	付款单标准事项明细金额有误	无合同
61	R0103040106	租赁宿舍水电费付款	租赁宿舍水电费	通用凭证类审核	参照"通用类凭证审核-记账凭证"	—	财务复审		—	—	无合同
62	R0103040111	福利场所水电费付款	福利场所水电费	附件完整性校验	附件上传与填写是否匹配	—	付款单提交时/财务初审	系统自动提示	预付款附件要求有：预付请示或收费通知单。有发票则要求有：增值税专用发票、增值税普通发票、增值税电子普通发票、收费通知单；付款单只填写"付款"金额不填为0，不填写金额项目付款时，则应视为预付请示或收费通知单，此时可上传预付请示或收费通知单；付款单填写"票价""税金"及"付款金额"，则应视为有发票、上传附件为：发票＋收费通知单	1. 付款单仅填写金额时提醒：应上传预付请示或收费通知单 2. 付款单填写金额时提醒：应上传发票和收费通知单	无合同
63	R0103040111	福利场所水电费付款	福利场所水电费	附件手续完善性校验——收费通知单签字、部门章审核	收费通知单签章是否完整	—	财务初审	系统提示＋人工判断	收费通知单经办人签字＋部门领导签字或加盖部门章	请示或收费通知单不全应补齐	无合同
64	R0103040111	福利场所水电费付款	福利场所水电费	附件内容审核——收费通知单内容审核	收费通知单内容与请示或发票是否一致	—	付款单提交时/财务复审	人工判断	识别影像化的收费通知单中采集的发票信息，并与请示或发票内容核对，包括购买方名称、货物或应税劳务服务名称、单位、数量、价税合计金额	附件内容与请示或发票不一致	无合同

（续表）

序号	报销编号	报销类型	审核细类名称	审核规则名称	审核规则要点	参照文件（已有修订或新拟）	执行时点（汇总）	执行方式	人工执行要点/系统实现要点	系统提示信息	备注
65	R0103040111	福利场所水电费付款	福利场所水电费	附件内容审核——发票审核	参照"通用—通用审核"所有票据""电子票据""增值税专用发票""增值税普通发票""增值税电子普通发票""其他""财政分割单""发票分割单"	—	财务复审		—	—	无合同
66	R0103040111	福利场所水电费付款	福利场所水电费	电费发票电量数值校验	电费发票中的电量是否正确	—	财务复审	系统自动提示+人工判断	电费发票中的"合计电量"应与对应所有电费通知单中的加总额一致（保留个位数差异）（注意：各地供电局提供的清单格式不统一）	发票用电数量有误，请核实	无合同
67	R0103040111	福利场所水电费付款	福利场所水电费	用电量合理性校验	本期用电量是否位于合理区间内	—	付款单提交时	系统自动提示	系统嵌入用电量档案，设置合理用电量区间（度数，非金额）是否在合理用电量区间之内。若用电量从历年或当月各月用电费收费通知单或发票中的数量提取	用电量不在合理区间内	无合同
68	R0103040111	福利场所水电费付款	福利场所水电费	付款单标准事项明细名称校验	业务事项入口是否正确	—	财务复审	人工判断	业务事项入口和选取正确	业务事项选取有误	无合同
69	R0103040111	福利场所水电费付款	福利场所水电费	付款单标准事项明细金额校验	付款单标准事项明细金额与发票金额一致	—	财务复审	系统自动判断	提取影像化的付款通知单票或收款单票面信息，并与付款单中的票价核对。付款单中的不合税金额应与发票中的税金额一致；税金与发票中的税金额一致；付款单中的付款或合计金额与付款通知单或收费通知单中的合计金额一致	付款单事项明细金额填写有误	无合同
70	R0103040111	福利场所水电费付款	福利场所水电费	通用凭证类审核	参照"通用凭证审核—记账凭证"	—	财务复审		—	—	无合同

（续表）

序号	报销编号	报销类型	审核细类名称	审核规则名称	审核规则要点	参照文件（已有、修订或新拟）	执行时点（汇总）	执行方式	人工执行要点/系统实现要点	系统提示信息	备注
71	收园区电费发票并分摊，NC手工出账，目前系统未设置编号	管理部门办公场所电费分摊、生产车间电费分摊、原料场仓原料仓用材料仓用材料仓电费、烟料场电费、福利场所水电费、第三方建筑施工水电费	附件完整性校验	附件上传与填单是否匹配	—	付款单提交时/财务初审	系统自动提示＋人工判断	收发票、付款单填写"票价""税金"且"付款金额"为 0。上传发票、电费通知单、电费统计表、电费分配表。南宁厂行政中心用电量统计表（行政科）及会议中心电费根据电费统计表（动力车间）出具发票、电费通知单作为附件增值税专用发票根据电费统计表上传。柳州厂行政科根据电费统计表（设备科、动力车间）出具发票、电费通知单作为附件。连同增值税专用发票、电费通知单作为附件上传业务员保存单据时，提醒上传附件	收发票并分摊各类用途电费（行政科）上传发票、收费、电费统计表、电费分配表	无合同、银行托收
72	收园区电费发票并分摊，NC手工出账，目前系统未设置编号	管理部门办公场所电费分摊、生产车间电费分摊、原料场仓原料仓用材料仓用材料仓电费、烟料场电费、福利场所水电费、第三方建筑施工水电费	附件手续完善性校验——收费通知单签字、部门章校验	收费通知单签章是否完整	—	财务初审	系统自动提示＋人工判断	收费通知单经办人签字＋部门领导签字或加盖部门章	收费通知单签章不全，应补齐	无合同、银行托收

（续表）

序号	报销编号	报销类型	审核细类名称	审核规则名称	审核规则要点	参照文件（已有,修订或新拟）	执行时点（汇总）	执行方式	人工执行要点/系统实现要点	系统提示信息	备注
73	收园区电费发票并分摊,目前手工出账。NC系统未设置编号	管理部门办公场所电费分摊,生产车间电费分摊,原料仓库用材料电费分摊,烟费,福利场所水电费分摊,第三方建筑施工水电费	管理部门办公场所电费,生产车间电费,原料仓库用材料电费,烟费,福利场所水电费,第三方建筑施工水电费	附件内容审核——收费通知单内容审核	收费通知单中的内容与发票是否一致	—	付款单提交时/财务复审	系统自动提示+人工判断	识别影像化的收费通知单中采集的内容,并与影像化的发票采集信息核对,包括购买方名称、货物或应税劳务服务名称、单位、数量、价税合计金额	附件内容与发票不一致	无合同,银行托收
74	收园区电费发票并分摊,目前手工出账,NC系统未设置编号	管理部门办公场所电费分摊,生产车间电费分摊,原料仓库用材料电费分摊,烟费,福利场所水电费分摊,第三方建筑施工水电费	管理部门办公场所电费,生产车间电费,原料仓库用材料电费,烟费,福利场所水电费,第三方建筑施工水电费	附件内容审核——发票审核	参照"通用-通用票据"类审核"所有票据""电子票据""增值税专用发票""增值税电子专用发票""增值税普通发票""增值税电子普通发票""其他""发票分割单"	—	财务复审	—	—	—	无合同,银行托收

（续表）

序号	报销编号	报销类型	审核细类名称	审核规则名称	审核规则要点	参照文件（已有、修订或新拟）	执行时点（汇总）	执行方式	人工执行要点/系统实现要点	系统提示信息	备注
75	收园区电费发票并分摊，目前NC系统未设置编号	管理部门办公场所电费，生产车间电费分摊，原料仓电费分摊，烟用材料仓电费，福利场所电费分摊，第三方建筑水电费分摊，第三方建筑施工水电费	管理部门办公场所电费，生产车间电费，原料仓材料、烟用材料，福利场所水电费，第三方建筑水电费，第三方施工水电费	电费发票电量数值校验	电费发票中的电量是否正确	一	财务复审	系统自动提示+人工判断	电费发票中的"数量"应对应与所有电费通知单中"合计电量"的加总额一致（注意：各地供电局提供的清单格式不统一）（保留个位数差异）	发票用电数量有误，请核实	无合同，银行代收
76	收园区电费发票并分摊，目前NC系统未设置编号	管理部门办公场所电费，生产车间电费分摊，原料仓电费分摊，烟用材料仓电费，福利场所电费分摊，第三方建筑水电费分摊，第三方建筑施工水电费	管理部门办公场所电费，生产车间电费，原料仓材料、烟用材料，福利场所水电费，第三方建筑水电费，第三方施工水电费	用电量合理性校验	本期用电量是否位于合理区间内	一	付款单提交时	系统自动提示	系统嵌入用电量档案，设置合理用电量区间，校验每期用电量是否在合理区间之内。若当年用电量过低，进行提示。用电量从历史各年电费统计表或发票中的数量提取	用电量不在合理区间内	无合同，银行代收

（续表）

序号	报销编号	报销类型	审核细类名称	审核规则名称	审核规则要点	参照文件（已有、修订或新拟）	执行时点（汇总）	执行方式	人工执行要点/系统实现要点	系统提示信息	备注
77	收园区电费发票并分摊。目前手工出账，NC系统未设置编号	管理部门办公场所电费分摊、生产车间电费分摊、原料场料仓原材料费、烟囱福利场所水电费、第三方建筑施工水电费	管理部门办公场所电费、生产车间电费、原料场料仓用材料费、福利场所水电费、第三方建筑施工水电费	电费统计表用电信息校验	电费统计表是否与电费通知单中的用电信息一致（项目一一对应）	—	财务复审	系统自动提示+人工判断	识别影像化的电费收费通知单中采集的内容，包括单位名称、用电地址、上次抄表日期、客户编号、本次用电性质、用电日期、表计资产编号、本期表码、倍率、电量（千瓦时）、电价（元/千瓦时）、金额（元）、调整电费、用电容量、基本电费、退补电费、减免电费、大写金额等，并与电费统计表中对应内容一致	电费统计表信息有误	无合同，银行代收
78	收园区电费发票并分摊。目前手工出账，NC系统未设置编号	管理部门办公场所电费分摊、生产车间电费分摊、原料场料仓原材料费、烟囱福利场所水电费、第三方建筑施工水电费	管理部门办公场所电费、生产车间电费、原料场料仓用材料费、福利场所水电费、第三方建筑施工水电费	电费分配表内容校验	电费分配表中各部门"实用电量"合计，与发票合计电量是否一致，总金额与发票总金额是否一致	—	财务复审	系统自动提示+人工判断	识别影像化的电费分配表中采集的内容，电费分配表中各部门"实用电量"合计，与发票合计电量一致，总金额与发票总金额是否一致	电费分配表电量有误	无合同，银行代收

（续表）

序号	报销编号	报销类型	审核细类名称	审核规则名称	审核规则要点	参照文件（已有、修订或新拟）	执行时点（汇总）	执行方式	人工执行要点/系统实现要点	系统提示信息	备注
79	收园区电费发票并分摊、目前手工出账，NC系统未设置编号	管理部门办公场所电费分摊、生产车间电费分摊、原料场仓库用材料仓用电费分摊、福利场所水电费、第三方建筑施工水电费	管理部门办公场所电费、生产车间电费、原料场仓库材料仓用电费、烟福利场所水电费、第三方建筑施工水电费	付款单标准事项明细名称校验	业务事项入口是否正确	—	财务复审	人工判断	业务事项入口和选取正确	业务事项选取有误	无合同、银行代收
80	收园区电费发票并分摊、目前手工出账，NC系统未设置编号	管理部门办公场所电费分摊、生产车间电费分摊、原料场仓库用材料仓用电费分摊、福利场所水电费、第三方建筑施工水电费	管理部门办公场所电费、生产车间电费、原料场仓库材料仓用电费、烟福利场所水电费、第三方建筑施工水电费	付款单标准事项明细金额校验	付款单标准事项明细票价金额是否与费分配表一致	—	财务复审	系统自动提示＋人工判断	付款单标准事项明细对应金额应与发票金额或用电量用电量分配表中各用途对应金额一致【电费分配表结构化】	付款单事项明细金额有误	无合同、银行代收

（续表）

序号	报销编号	报销类型	审核细则名称	审核规则名称	审核规则要点	参照文件（已有,修订或新拟）	执行时点（汇总）	执行方式	人工执行要点/系统实现要点	系统提示信息	备注
81	收园区电费发票并分摊,目前手工出账,NC系统未设置编号	管理部门办公场所电费分摊、生产车间电费分摊、原料仓库用材料仓费分摊、烟福利场所水电费分摊、第三方建筑施工水电费	管理部门办公场所电费、生产车间电费、原料仓库用材料仓费、烟福利场所水电费、第三方施工建筑水电费	付款金额校验	付款金额是否设定为0		财务复审	系统自动判断	付款金额系统必须设定为0,不允许修改	付款金额不为0	无合同,银行代收
82	收园区电费发票并分摊,目前手工出账,NC系统未设置编号	管理部门办公场所电费分摊、生产车间电费分摊、原料仓库用材料仓费分摊、烟福利场所水电费分摊、第三方建筑施工水电费	通用凭证类审核	通用凭证类审核	参照"通用类凭证"核"记账凭证"	—	财务复审	—	—	—	—

（续表）

序号	报销编号	报销类型	审核规则名称	审核细类名称	审核规则要点	参照文件（已有,修订或新拟）	执行时点（汇总）	执行方式	人工执行要点/系统实现要点	系统提示信息	备注
83	收园区水费发票并分摊,目前手工出账,NC系统部分事项未设置分摊编号	R010105010102 管理部门办公场所水费分摊、R0101050110 生产车间电费、R0101050401 原料仓库用电费、R0101050402 烟用材料仓库水电费、R0101050111 福利场所水电费、第三方建筑施工水电费	附件完整性校验	管理部门办公场所水费分摊、生产车间电费、原料仓库用电费、烟用材料仓库水电费、福利场所水电费、第三方建筑施工水电费	附件上传与填单是否匹配	—	付款单提交时/财务初审	系统自动提示+人工判断	-收发票填写"票价"且"付款金额"为0,上传附件为:增值税专用发票,水费统计表,水费分配表。-南宁厂行政科根据水费统计表(行政科收料)及水电蒸汽用量统计表,连同增值税专用发票,水费账单作为附件上传。-柳州厂行政科根据水费统计表(设备科,动力车间)出具水费分配表,连同增值税普通发票,增值税专用发票,水费账单作为附件上传。业务员保存单据时,提醒上传附件	收发票并分配各类用途电费,应上传发票,水费统计表,收费通知单,水费计表、水费分配表	无合同、银行托收
84	收园区水费发票并分摊,目前手工出账,NC系统部分事项未设置分摊编号	R010105010102 管理部门办公场所水费分摊、R0101050110 生产车间电费、R0101050401 原料仓库用电费、R0101050402 烟用材料仓库水电费、R0101050111 福利场所水电费、第三方建筑施工水电费	附件手续完善性校验——水费账单签章部门章审核	管理部门办公场所水费分摊、生产车间电费、原料仓库用电费、烟用材料仓库水电费、福利场所水电费、第三方建筑施工水电费	水费账单签章是否完整	—	财务初审	人工判断	水费账单经办人签字+部门领导签字或部门章	水费账单签章不全,应齐全	无合同、银行托收
85	收园区水费发票并分摊,目前手工出账,NC系统部分事项未设置分摊编号	R010105010102 管理部门办公场所水费分摊、R0101050110 生产车间电费、R0101050401 原料仓库用电费、R0101050402 烟用材料仓库水电费、R0101050111 福利场所水电费、第三方建筑施工水电费	附件内容审核——水费账单	管理部门办公场所水费分摊、生产车间电费、原料仓库用电费、烟用材料仓库水电费、福利场所水电费、第三方建筑施工水电费	水费账单内容与发票是否一致	—	付款单提交时/财务复审	系统自动提示+人工判断	识别影像化的水费账单中采集的内容,并与影像化的发票采集信息进行比对,包括购买方名称、货物或应税劳务服务名称、单位、数量、价税合计金额	附件内容与发票名不一致	无合同、银行托收

（续表）

序号	报销编号	报销类型	审核细类名称	审核规则名称	审核规则要点	参照文件（已有、修订或新拟）	执行时点（汇总）	执行方式	人工执行要点/系统实现要点	系统提示信息	备注
86	收园区水费发票并分摊，目前手工出账。NC系统部分事项未设置编号	R0101050102 管理部门办公场所用电费、R0101050110 生产车间水费、R0101050401 原料仓库用水费、R0101050402 烟用材料仓库水电费、R0101050111 福利场所水电费、第三方建筑施工水电费	管理部门办公场所用电费、生产车间电费、原料仓库用水费、烟用材料仓库水电费、福利场所水电费、第三方建筑施工水电费	附件内容审核——水费信息校验	水费统计表是否与水费账单中的用水信息一致（项目一对应），水费统计表中各部门合计合计数与水耗用量统计表（动力车间）是否一致，合计金额与发票金额是否一致	—	财务复审	系统自动提示+人工判断	识别影像化的水费统计表与采集的内容一致与水费账单中的用水信息一致（项目一对应），水费统计表中水耗用量统计（动力车间）合计金额与发票金额一致	水费统计表信息有误	无合同、银行付收
87	收园区水费发票并分摊，目前手工出账。NC系统部分事项未设置编号	R0101050102 管理部门办公场所用电费、R0101050110 生产车间水费、R0101050401 原料仓库用水费、R0101050402 烟用材料仓库水电费、R0101050111 福利场所水电费、第三方建筑施工水电费	管理部门办公场所用电费、生产车间电费、原料仓库用水费、烟用材料仓库水电费、福利场所水电费、第三方建筑施工水电费	附件内容审核——水费分配表内容校验	水费分摊表中各部门"耗水量"合计，与发票中某一类水费项目（水费/水资源费（污水处理费））合计数是否一致；与水耗用量统计表（动力车间）是否一致，合计金额与发票金额是否一致	—	财务复审	系统自动提示+人工判断	识别影像化的水费分配表中各部门合计，与发票中某一类水费合计数量一致（注意计算用水费合计数量时只选择其中某一类（污水处理费））一致，水费分摊表中各部门合计金额与发票金额一致	水费分摊表数量或金额有误	无合同、银行付收
88	收园区水费发票并分摊，目前手工出账。NC系统部分事项未设置编号	R0101050102 管理部门办公场所用电费、R0101050110 生产车间水费、R0101050401 原料仓库用水费、R0101050402 烟用材料仓库水电费、R0101050111 福利场所水电费、第三方建筑施工水电费	管理部门办公场所用电费、生产车间电费、原料仓库用水费、烟用材料仓库水电费、福利场所水电费、第三方建筑施工水电费	附件内容审核——发票审核	参照"通用-通用用票据类审核""所有票据""电子票据""增值税专用发票""增值税普通发票""增值税电子普通发票""其他""财政票据""发票分割单"		财务复审		—	—	无合同、银行付收

（续表）

序号	报销编号	报销类型	审核细类名称	审核规则名称	审核规则要点	参照文件（已有、修订或新拟）	执行时点（汇总）	执行方式	人工执行要点/系统实现要点	系统提示信息	备注
89	收园区水费发票并分摊。NC手工出账。目前系统部分摊事项编号未设置置编号	R0101050102 管理部门办公场所用电费、R0101050110 生产车间公场所电费、R0101050401 原料仓费、水费分摊、R0101050402 烟用材料仓费、水费分摊、场所水电费、R0101050111 福利场所水电费分摊、第三方建筑施工水电费	付款单标准事项明细事项名称校验	业务事项入口是否正确	—	财务复审	人工判断	业务事项入口和选取正确	业务事项选取有误	无合同、银行托收
90	收园区水费发票并分摊。NC手工出账。目前系统部分摊事项编号未设置置编号	R0101050102 管理部门办公场所用电费、R0101050110 生产车间公场所电费、R0101050401 原料仓费、水费分摊、R0101050402 烟用材料仓费、水费分摊、场所水电费、R0101050111 福利场所水电费分摊、第三方建筑施工水电费	付款单标准事项明细金额校验	付款单标准事项明细金额是否正确	—	财务复审	系统自动提示＋人工判断	付款单标准事项明细对应金额应与发票金额或水费分摊表中各用途对应金额一致【水费分摊表应结构化】	付款单事项明细金额有误	无合同、银行托收

（续表）

序号	报销编号	报销类型	审核细类名称	审核规则名称	审核规则要点	参照文件（已有，修订或新拟）	执行时点（汇总）	执行方式	人工执行要点/系统实现要点	系统提示信息	备注
91	收园区水费发票并分摊，目前手工出账，NC系统部分事项未设置编号	R0101050102 管理部门办公场所水费分摊、R0101050110 生产车间电费、R0101050401 原料仓库费、原料仓库用电费、R0101050402 烟用材料场所水电费、R0101050111 福利场所电费分摊、第三方建筑施工水电费、建筑施工水电费		付款金额校验	付款金额是否设定为0	—	财务复审	系统自动判断	付款金额系统必须设定为0，不允许修改	付款金额不为0	无合同，银行代收
92	收园区水费发票并分摊，目前手工出账，NC系统部分事项未设置编号	R0101050102 管理部门办公场所水费分摊、R0101050110 生产车间电费、R0101050401 原料仓库费、原料仓库用电费、R0101050402 烟用材料场所水电费、R0101050111 福利场所电费分摊、第三方建筑施工水电费、建筑施工水电费		通用凭证类审核	参照"通用类凭证审核-记账凭证"	—	财务复审	系统自动提示	—	—	—

表 11-22　智能报账审核规则——税费

序号	报销编号	报销类型	审核细类名称	审核规则名称	审核规则要点	参照文件（已看、修订或新拟）	执行时点（汇总）	执行方式	人工执行要点/系统实现要点	系统提示信息	备注
1	R01031002	税费支出	税收缴纳-柳州增值税/消费税/企业所得税	付款单附件校验	附件应包括请示面单、请示正文、税收申报表	—	税务会计制单时/财务复核	系统自动提示	附件应包括请示面单、请示正文、税收申报表	请上传附件	—
2	R01031001	税费支出	税收缴纳-柳州增值税/消费税/企业所得税	付款单支付金额校验	支付金额是否与该缴税税种中柳州单分配金额一致	—	税务会计制单时/财务复核	系统自动提示+人工判断（请示单结构化）	支付金额请示与缴纳税种（如增值税）与柳州单分配金额比对	支付金额有误,请核实	—
3	R01031003	税费支出	税收缴纳-柳州增值税/消费税/企业所得税	收款账户、银行账号校验	收款银行是否为：国家金库柳州市中心支库	—	税务会计制单时/财务复核	系统自动判断	收款账户、收款银行账户可（注意收款账户可能会有所变化）	系统刚性	—
4	R01031004	税费支出	税收缴纳-除南宁、柳州外房产税/土地税/增值税/城建税/教育费附加	付款单附件校验	参照"税收缴纳-柳州增值税/企业所得税"中"付件校验"	—	税务会计制单时/财务复核				—
5	R01031005	税费支出	税收缴纳-除南宁、柳州外房产税/土地税/增值税/城建税/教育费附加	付款单支付金额校验	审核请示正文中、其他地区付款单填制金额是否一致	—	税务会计制单时/财务复核	系统自动提示+人工判断	支付单请示正文、备注中某地区增值税（如该地区增值税）与该地区付款单金额比对	支付金额有误,请核实	—
6	R01031006	税费支出	税收缴纳-除南宁、柳州外房产税/土地税/增值税/城建税/教育费附加	收款人校验	收款人应与请示正文备注中对应的人名相同	—	税务会计制单时/财务复核	系统自动提示+人工判断	缴税请示单格式化、结构化、列明收款人、办事处及相应税种、便于系统提取	收款人选取有误,请核实	—
7	无编号	税收凭证	海关进口关税用缴款书	购买方信息总校验	购买方信息是否正确,包括单位、税号		电子票据归集后	系统自动判断	购买方信息是否正确,单位是否为:广西中烟工业有限责任公司,税号是否正确	购买方信息有误	

（续表）

序号	报销编号	报销类型	审核细类名称	审核规则名称	审核规则要点	参照文件（已有、修订或新拟）	执行时点（汇总）	执行方式	人工执行要点/系统实现要点	系统提示信息	备注
8	无编号	税收凭证	海关进口关税专用缴款书	缴款书类型校验	缴款书类型是否为关税专用缴款书	—	电子票据归集后	系统自动判断	缴款书类型是否为"海关进口关税专用缴款书"	缴款书类型有误	—
9	无编号	税收凭证	海关进口关税专用缴款书	海关专用章校验	是否有海关专用章	—	电子票据归集后	系统自动提示＋人工判断	票面是否加盖海关专用章	请检查海关专用章是否完整	—
10	无编号	税收凭证	电子海关进口关税专用缴款书	购买方信息校验	参照"海关进口关税专用缴款书"	—	电子票据归集后			—	—
11	无编号	税收凭证	电子海关进口关税专用缴款书	缴款书类型校验	参照"海关进口关税专用缴款书"	—				—	—
12	无编号	税收凭证	电子海关进口关税专用缴款书	海关专用章校验	参照"通用-电子票据整体-电子签章校验"	—				—	—
13	无编号	税收凭证	海关进口增值税专用缴款书	购买方信息校验	购买方信息是否正确，包括单位、税号	—	电子票据归集后	系统自动判断	购买方信息是否正确，单位是否为：广西中烟工业有限责任公司，税号是否正确	购买方信息有误	—
14	无编号	税收凭证	海关进口增值税专用缴款书	缴款书类型校验	缴款书类型是否为增值税专用缴款书	—	电子票据归集后	系统自动判断	缴款书类型是否为"海关进口增值税专用缴款书"	缴款书类型有误	—
15	无编号	税收凭证	海关进口增值税专用缴款书	海关专用章校验	是否有海关专用章	—	电子票据归集后	系统自动提示＋人工判断	票面是否加盖海关专用章	请检查海关专用章是否完整	—
16	无编号	税收凭证	电子海关进口增值税专用缴款书	购买方信息校验	参照"海关进口增值税专用缴款书"	—				—	—

（续表）

序号	报销编号	报销类型	审核细类名称	审核规则名称	审核规则要点	参照文件（已有，修订或新拟）	执行时点（汇总）	执行方式	人工执行要点/系统实现要点	系统提示信息	备注
17	无编号	税收凭证	电子海关进口增值税专用缴款书	缴款书类型校验	参照"海关进口增值税专用缴款书"	—	—	—	—	—	—
18	无编号	税收凭证	电子海关进口增值税专用缴款书	海关专用章校验	参照"通用-电子票据整体-电子签章校验"	—	—	—	—	—	—
19	无编号	税收凭证	税收缴款书	缴款单位校验	缴款单位是否正确、纳税人名称、纳税人识别号、开户银行账号	—	电子票据归集后（扫描上传）	系统自动判断	纳税人名称、纳税人识别号、开户银行账号是否正确	纳税人信息有误，请核实	—
20	无编号	税收凭证	税收缴款书	收款税局分税种汇总金额校验	分地区、分税种汇总后的缴税金额，是否与交税请示区（柳州）中分税种金额一致	—	所有电子票据归集后（扫描上传），手动运行	系统自动提示＋人工判断	分地区、分税种汇总，总额与交税请示是否一致。系统提示：(1)相等；(2)小于；(3)大于；若相等；报错；小于时人工判断	(1) 相等时：本期柳州各税种缴税金额等于申报金额。(2) 缴款书金额小于申报金额时：本期柳州××税/××税/××税缴税金额小于申报金额，请核实是否有跨期/退库税款。(3) 缴款书总额大于申报金额时：本期缴税金额××税/××税/××税缴税金额大于申报金额，请核实实缴税金额是否有误	—
21	无编号	税收凭证	税收缴款书	分税种汇总金额校验	分税种汇总交税金额，是否与纳税申报表中金额一致	—	所有电子票据归集后（扫描上传），手动运行	系统自动提示＋人工判断	系统提取税款所属期分税种缴款书，并计算汇总金额，出具分税种汇总申报表中当期申报金额比对。系统提示：(1)相等；(2)大于；(3)小于；若小于；报错；大于时人工判断	(1) 相等时：本期各税种缴税金额等于申报金额。(2) 缴款书金额小于申报税款：本期××税/××税缴税金额小于退期/退库税款。(3) 缴款书总额大于申报金额时：本期××税/××税缴税金额大于申报金额，请核实实缴税金额是否有误	—

（续表）

序号	报销编号	报销类型	审核细类名称	审核规则名称	审核规则要点	参照文件（已有、修订或新拟）	执行时点（汇总）	执行方式	人工执行要点/系统实现要点	系统提示信息	备注
22	无编号	税收凭证	税收缴款书	税款所属期校验	税款所属期是否正确	—	所有电子票据扫描上传后集归自动运行	系统自动提示	税款所属期是否与申报表中"税款所属期"一致	税款所属期有误，请核实重新开具	—
23	无编号	税收凭证	电子税收完税证明	缴款单位校验	纳税人识别号、纳税人名称是否正确	—	所有电子票据集归后	系统自动判断	纳税人名称、纳税人识别号是否正确	缴款单位信息有误，请核实×××；××××指代错误项内容，如：请核实纳税人识别号】	—
24	无编号	税收凭证	电子税收完税证明	收款税局分类汇总金额校验	分地区汇总后交税金额，是否交税请示单中分地区交税总金额一致	—	所有电子票据集归运行后，手动运行	系统自动提示+人工判断	系统按照收款税局分类汇总，分为南宁、柳州，其他地区独立（每个地区单独分类）后，计算分类汇总后与交税请示单中分地区交税总金额一致。系统提示：(1)相等；(2)小于；(3)大于。若相等、小于、大于时人工判断	【备注：(1)相等时，本期南宁/××(柳州或其他地区)金额等于申报金额。(2)缴款书金额小于申报金额或其他地区南宁/××缴税总金额小于申报/退库税款。(3)缴税总金额大于申报金额/其他地区南宁/××缴税总金额，请核实缴税总金额是否有跨期/退库税款。】	—
25	无编号	税收凭证	电子税收完税证明	收款分税种汇总金额校验	分地区、分税种的缴税金额，是否与交税请示单中分税种金额一致	—	所有电子票据集归运行后，手动运行	系统自动提示+人工判断	分地区、分税种汇总缴税金额后，是否与交税请示单中分税种金额一致。(1)相等；(2)小于；(3)大于。若相等、报错；小于、大于时人工判断	(1)相等时，本期南宁/××(柳州或其他地区)各税种申报金额。(2)缴款书金额小于(柳州/××税/××)他地区南宁/××税/××申报金额或其他税申报金额小于申报退库税款。(3)缴税金额大于申报金额/其他地区南宁/××税/××税/××申报金额，请核实缴税金额是否有误	—

（续表）

序号	报销编号	报销类型	审核细类名称	审核规则名称	审核规则要点	参照文件（已有、修订或新拟）	执行时点（汇总）	执行方式	人工执行要点/系统实现要点	系统提示信息	备注
26	无编号	税收凭证	电子税收完税证明	分税种汇总税额校验	分税种和汇总交税金额，是否与纳税申报表中金额一致	—	所有电子票据归集后，手动运行	系统自动提示＋人工判断	系统提取税款所属期分税种和所得税缴款书，并计算金额汇总表，出具分税种和汇总税额。并与该税种当期申报金额比对。系统提示：(1)相等；(3)大于；(2)若大于；小于时，人工判断	(1)相等时：本期各税种缴税金额等于申报金额。(2)缴款书金额小于申报金额时：本期××税/××税/××税缴税金额小于申报金额，请核实是否有跨期退库税款。(3)缴款书总金额大于申报金额时：本期××税/××税/××税缴税金额大于申报金额有误，请核实实缴税金额是否有误	—
27	无编号	税收凭证	电子税收完税证明	税款所属期校验	税款所属期是否与申报表中"税款所属期"一致	—	所有电子票据归集后，手动运行	系统自动提示＋人工判断	税款所属期是否与申报表中"税款所属期"一致	税款所属期有误，请核实/重新开具	—
28	无编号	税收凭证	银行回单	银行回单缴税总额校验	当期所有银行回单交税总金额是否与当期所有税收缴款书/完税证明的汇总金额一致	—	电子回单归集后，手动运行	系统自动提示＋人工判断	系统提取每张银行回单开具日期(月份)及交税总金额，同时汇总当期所有税收缴款书/完税证明，提取汇总当期所有缴税金额并加总。比对两者是否一致，说明银行回单缺齐否。	比对一致时：银行回单总金额与完税凭证总金额一致。比对不一致时：银行回单总额与完税证明/完税凭证缴款总金额不一致，回单可能缺失，请核实是否一致，回单/完税凭证缺失，应补齐。	—

表 11-23 智能报账审核规则——固定资产

序号	报销编号	报销类型	审核细类名称	审核规则名称	审核规则要点	参照文件（已有、修订或新拟）	执行时点（汇总）	执行方式	人工执行要点/系统实现要点	系统提示信息	备注
1	0321	固定资产	固定资产改建、改良、大修理支出通知单	资产类别校验	资产类别是否正确	—	财务单据复审时	人工判断	NC资产卡片中的资产类别与固定资产改建、改良、大修理支出通知单中的资产类别比对	资产类别不一致	—
2	0321	固定资产	固定资产改建、改良、大修理支出通知单	资产名称校验	资产名称是否正确	—	财务单据复审时	人工判断	NC资产卡片中的资产名称与固定资产改建、改良、大修理支出通知单中的资产名称比对	资产名称不一致	—
3	0321	固定资产	固定资产改建、改良、大修理支出通知单	资产规格型号校验	资产规格型号是否正确	—	财务单据复审时	人工判断	NC资产卡片中的资产规格型号与固定资产改建、改良、大修理支出通知单中的资产规格型号比对	资产规格型号不一致	—
4	0321	固定资产	固定资产改建、改良、大修理支出通知单	资产开始使用日期校验	资产开始使用日期是否正确	—	财务单据复审时	人工判断	NC资产卡片中的资产开始使用日期与固定资产改建、改良、大修理支出通知单中的资产开始使用日期比对	资产开始使用日期不一致	—
5	0321	固定资产	固定资产改建、改良、大修理支出通知单	资产初始原值校验	资产初始原值是否正确	—	财务单据复审时	人工判断	NC资产卡片中的资产初始原值与固定资产改建、改良、大修理支出通知单中的资产初始原值比对	资产初始原值不一致	—
6	0321	固定资产	固定资产改建、改良、大修理支出通知单	资产当前原值校验	资产当前原值是否正确	—	财务单据复审时	人工判断	NC资产卡片中的资产当前原值与固定资产改建、改良、大修理支出通知单中的资产当前原值比对	资产当前原值不一致	—

（续表）

序号	报销编号	报销类型	审核细类名称	审核规则名称	审核规则要点	参照文件（已有、修订或新拟）	执行时点（汇总）	执行方式	人工执行要点/系统实现要点	系统提示信息	备注
7	0321	固定资产	固定资产改建、改良、大修理支出通知单	资产出厂编号校验	资产出厂编号是否正确	—	财务单据复审时	人工判断	NC资产卡片中的资产出厂编号与固定资产支出通知单中的资产出厂编号比对	资产出厂编号不一致	—
8	0321	固定资产	固定资产改建、改良、大修理支出通知单	资产使用年限校验	资产使用年限是否正确	—	财务单据复审时	人工判断	NC资产卡片中的资产使用年限与固定资产支出通知单中的资产使用年限比对	资产使用年限不一致	—
9	0321	固定资产	固定资产改建、改良、大修理支出通知单	项目验收日期校验	项目验收日期是否正确	—	财务单据复审时	人工判断	合同验收书（终验）与项目验收日期比对，项目验收日期是否在本月	项目验收日期不一致，项目验收日期不在本月	—
10	0321	固定资产	固定资产改建、改良、大修理支出通知单	项目投入金额校验	项目投入金额是否正确	—	财务单据复审时	人工判断	合同本项目不含税总金额与项目投入金额比对	金额不一致	—
11	0321	固定资产	固定资产改建、改良、大修理支出通知单	项目所占原值比例校验	（若支出类型为大修理项目）项目所占原值比例是否超过50%	—	财务单据复审时	人工判断	项目所占原值比对	未达到50%	—
12	0321	固定资产	固定资产改建、改良、大修理支出通知单	原值变动情况金额校验	原值变动情况金额是否正确	—	财务单据复审时	人工判断	当前原值+项目投入金额与原值变动情况金额比对	金额不一致	—
13	0321	固定资产	固定资产改建、改良、大修理支出通知单	使用功能或用途变动情况校验	（若支出类型为改良）是否改变使用功能	—	财务单据复审时	人工判断	使用功能或用途变动情况比对	没有改变使用功能或用途	—

（续表）

序号	报销编号	报销类型	审核细类名称	审核规则名称	审核规则要点	参照文件（已有、修订或新拟）	执行时点（汇总）	执行方式	人工执行要点/系统实现要点	系统提示信息	备注
14	0321	固定资产	固定资产改建、改良、大修理支出通知单	年限变动情况校验	（若延长使用年限）年限变动情况是否正确	—	财务单据复审时	人工判断	原资产尚可使用年限＋本次延长的使用年限与现资产尚可使用年限比对	资产尚可使用年限不正确	—
15	0321	固定资产	固定资产改建、改良、大修理支出通知单	审核人员签字校验	审核人员是否都已签字	—	财务单据复审时	人工判断	审核人员签字比对	审核人员签字不完整	—
16	0321	固定资产	固定资产改建、改良、大修理支出通知单	项目暂估情况校验	项目暂估情况是否正确	—	财务单据复审时	人工判断	NC账面暂估情况与项目暂估情况比对	项目暂估情况不一致	—
17	0321	固定资产	无形资产投产通知书	投产金额校验	投产金额是否正确	—	财务单据复审时	人工判断	合同本项目不含税总金额，《项目资金构成说明》中投产金额、投产单中投产金额比对	金额不一致	—
18	0321	固定资产	无形资产投产通知书	投产时间校验	投产日期是否正确	—	财务单据复审时	人工判断	合同验收书（终验）与投产日期比对，投产日期是否在本月	投产日期不一致，投产日期不在本月	—
19	0321	固定资产	项目资金构成说明	项目金额校验	项目金额是否正确	—	财务单据复审时	人工判断	NC账面该项目挂账、合同中本项目不含税总金额、投产单中投产金额比对	投产金额不正确	—
20	0321	固定资产	固定资产投入使用通知单	项目名称校验	项目名称是否正确	—	财务单据复审时	人工判断	NC项目名称与投产单项目名称比对	项目名称不一致	—
21	0321	固定资产	固定资产投入使用通知单	投产时间校验	投产日期是否正确	—	财务单据复审时	人工判断	合同验收书（终验）与投产日期比对，投产日期是否在本月	投产日期不一致，投产日期不在本月	—
22	0321	固定资产	固定资产投入使用通知单	项目暂估情况校验	项目暂估情况是否正确	—	财务单据复审时	人工判断	NC账面暂估情况与投产单项目暂估情况比对	项目暂估情况不一致	—

表 11-24 智能报账审核规则——资产报废

序号	报销编号	报销类型	审核细类名称	审核规则名称	审核规则要点	参照文件（已有，修订或新拟）	执行时点（汇总）	执行方式	人工执行要点/系统实现要点	系统提示信息	备注
1	0322	资产报废	资产损失审批表	资产损失审批表中资产校验	是否为审批表中资产	—	财务单据复审时	人工判断	NC中准备报废出库的卡片与审批表中资产比对	资产比对不一致	—
2	0322	资产报废	董事会资产损失预案的决议	董事会资产损失预案的决议中的资产校验	是否为损失预案的决议中的资产	—	财务单据复审时	人工判断	NC中准备报废出库的卡片与损失预案中资产比对	资产比对不一致	—
3	0322	资产报废	资产报废单	资产报废单中处理收入校验	处理收入是否正确	—	财务单据复审时	人工判断	NC中资产报废单处理收入金额与发票不含税金额比对	金额不一致	—
4	0322	资产报废	报废处理单	报废处理单金额校验	报废处理单金额是否正确	—	财务单据复审时	人工判断	《关于确定报废固定资产中物资销售价格的请示》中的单价×报废出库单数量，与报废处理单金额比对	金额不一致	—

第 12 章

非支出类审核规则梳理

12.1　收入类审核规则梳理

广西中烟的收入主要源自卷烟销售、原料等其他销售、租金收入、利息收入和补贴等。

12.1.1　卷烟销售

广西中烟的主要收入来自卷烟销售,相关的收款审核规则有 18 条,如表 12-1 所示。

12.1.2　其他销售

广西中烟的其他销售主要是原料销售,即烟叶销售,包括内销和外销,相关的收款审核规则有 20 条,如表 12-2 所示。

12.1.3　租金收入

广西中烟的租金收入主要通过先收款后支付补登的方式处理,相关的收款审核规则有 8 条,如表 12-3 所示。

12.1.4　利息收入

广西中烟的利息收入主要通过先自动收款后支付补登的方式处理,相关的收款审核规则有 6 条,如表 12-4 所示。

12.1.5　其他收入

广西中烟的其他收入主要是补贴收入,相关的收款审核规则有 6 条,如表 12-5 所示。

12.2　凭证类审核规则梳理

广西中烟的凭证类审核规则针对记账凭证,相关的审核规则有 15 条,如表 12-6 所示。

12.3　报表类审核规则梳理

广西中烟的报表类审核规则针对的是财务报表,包括单体报表和合并报表,相关的审核规则有 9 条,如表 12-7 所示。

表 12-1　智能收款审核规则——卷烟销售

序号	报销编号	报销类型	审核细类名称	审核规则名称	审核规则要点	参照文件（已有、修订或新拟）	执行时点（汇总）	执行方式	人工执行要点/系统实现要点	系统提示信息	备注
1	—	卷烟销售	参照"增值税专用发票"	—	—	—	—	—	—	—	1. 根据发票生成托收单。当 ERP 更新迟缓时，以开票系统信息为准；2. 营销系统打印纸质合同，（开发票查查系统联查系统）；3. 合同账号
2	—	卷烟销售	托收单	付款人信息校验（对方公司）	付款人单位名称是否正确	—	生成托收单之后	系统自动判断	付款人信息与合同/发票比对	付款人单位名称不正确	
3	—	卷烟销售	托收单	付款人信息校验（对方公司）	付款人银行信息是否正确，包含开户行、银行账号	—	生成托收单之后	系统自动判断	付款人信息与合同发票比对	付款人银行信息不正确	—
4	—	卷烟销售	托收单	金额正确性校验	金额是否正确	—	生成托收单之后	系统自动判断	托收单的金额与合同/发票比对	托收单金额与合同/发票不符	—
5	—	卷烟销售	托收单	托收单（对应发票号）正确性校验	托收单对应的发票号是否正确	—	生成托收单之后	系统自动判断	托收单备注信息与发票比对	托收单备注信息与发票不吻合	—
6	—	卷烟销售	托收单	合同号码正确性校验	托收单对应的合同号码是否正确	—	生成托收单之后	系统自动判断	托收单合同号码与卷烟合同比对	托收单合同号码与卷烟合同号码不符	—
7	—	卷烟销售	应收单	应收单金额正确性校验	应收单金额与当月开票金额合计是否相符	—	月底	系统自动判断	应收单金额与当月开票金额比对	应收单金额与开票金额不符	—

（续表）

序号	报销编号	报销类型	审核细类名称	审核规则名称	审核规则要点	参照文件（已有、修订或新拟）	执行时点（汇总）	执行方式	人工执行要点/系统实现要点	系统提示信息	备注
8	—	卷烟销售	生成卷烟应收款凭证	金额正确性校验	卷烟应收款汇总金额是否正确	—	月底	系统自动判断	卷烟应收款汇总金额与开票汇总金额比对	卷烟应收款汇总金额与开票汇总金额不吻合	—
9	—	卷烟销售	生成卷烟应收款凭证	客商正确性校验	卷烟应收款各客商金额是否正确	—	月底	系统自动判断	卷烟应收款各客商金额与各客商开票需要金额小计比对（系统提取各客商开发金额小计功能）	卷烟应收款各客商金额与各客商开票金额小计不吻合	—
10	—	卷烟销售（区内）	回笼单	内部结算通知单正确性校验（包含客商及金额）	付款客商是否为卷烟应收款客商，收款是否正确	—	收到内部结算通知单之后	系统自动判断	客商名是否为区内×烟草公司；客商名与托收单购买方名称比对；收到该客商的卷烟款与该笔托收单金额比对；多笔款一次付款；多笔发票一次付款，系统结算单金额主动匹配内部结算票金额与发票合计比对；收到款与托收单金额比对	收到该客商的卷笔托收单金额不吻合	区内托收单在系统内，不用打印办理托收，根据内部存款账户明细做账，按每份做发票
11	—	卷烟销售（区外）	回笼单	银行流水电子回单校验	回单信息与银行流水电子回单是否匹配	—	收到银行款单之后	系统自动判断	收到该银行金额/发票与收单金额比对；多笔款一次付款，系统自动匹配银行收款单与多张发票/托收单金额合计比对	收到该客商的卷烟款/发票金额不吻合	—
12	—	卷烟销售	生成卷烟收款凭证	凭证日期正确性校验	凭证日期是否为收款日	—	收到卷烟款校验通过之后	系统自动判断	凭证日期与银行款单收款日期比对	凭证日期非收款日	—

（续表）

序号	报销编号	报销类型	审核细类名称	审核规则名称	审核规则要点	参照文件（已有、修订或新拟）	执行时点（汇总）	执行方式	人工执行要点/系统实现要点	系统提示信息	备注
13	—	卷烟销售	生成卷烟收款凭证	当日收款金额正确性校验	收款金额是否正确	—	收到卷烟款校验通过之后	系统自动判断	收款金额与银行收款单（卷烟款）比对	收款金额（当日汇总金额）不正确	—
14	—	卷烟销售	生成卷烟收款凭证	客商档案正确性校验	客商档案是否正确，是否符合核销条件	—	收到卷烟款校验通过之后	系统自动判断	托收单与客商名称/银行付款人名称/发票号/回笼单	客商档案（当日汇总金额）不正确	系统自动核销
15	—	卷烟出库	出库单	出库类型校验	出库类型与ERP系统出库是否一致	—	ERP结账后	人工判断	销售成本结转单出库比对，其他出库单与ERP系统出库数据比对，技术中心领用出库、检测烟出库、售后服务领用出库核对	出库类型与ERP系统数据出库类型不一致	统一出库会导致月内的库存的账实不符
16	—	卷烟出库	出库单	卷烟出库数量校验	卷烟出库类型与ERP系统数据是否一致	—	ERP结账后	人工判断	销售成本结转单数量与ERP系统出库单数量比对，营销出库与ERP系统出库的技术中心领用出库、检测烟出库、售后服务领用出库数量核对	出库数量与ERP系统数据的出库数量不一致	—
17	—	卷烟出库	出库单	领用部门校验	卷烟出库部门与ERP系统数据是否一致	—	ERP结账后	人工判断	卷烟出库领用部门与ERP系统数据比对领用部门	卷烟出库与ERP系统数据的领用部门不一致	—
18	—	卷烟出库	参照"生成记账凭证"	凭证校验	凭证类通用审核规定	—	记账时				—

表 12-2　智能收款审核规则——其他销售

序号	报销编号	报销类型	审核细类名称	审核规则名称	审核规则要点	参照文件（已有，修订或新拟）	执行时点（汇总）	执行方式	人工执行要点/系统实现要点	系统提示信息	备注
1	R01050130	原料销售	销售合同材料	销售合同或销售请示校验	是否有销售合同或销售请示（未签销售合同）	—	销售相关附件提交时	系统自动提示	是否存在"销售合同"或"销售请示"；合同请示所列示的品名、数量、单价、规格等信息是否齐全	信息不齐全	—
2	R01050130	原料销售	销售合同内容	销售合同材料内容校验	校验销售合同或销售请示（未签销售合同）中品名、数量、单价、规格等信息	—	财务审核时	系统自动判断	是否存在"销售合同"或"销售请示"；合同请示所列示的品名、数量、单价、规格等信息是否齐全	信息不齐全	—
3	R01050130	原料销售	出库单（PDF）	出库单信息合理性校验	出库单信息是否合理	—	月底出库时，次月3日前	系统自动判断+人工参考入库单	出库单（PDF）客商与出库商是否一致，校验出库定重量、销售是否超过合同约定出售的物料与合同约定是否匹配	该客商无销售合同；出库重量超出合同重量	—
4	R01050130	原料销售	出库单（PDF）	传递数据正确性校验	传递的数据是否正确	—	传递数据后	系统自动判断+人工参考入库单	出库单（PDF）与从原料系统提取数据比对，确认系数据是否一致	传递数据不一致	—
5	R01050130	原料销售	记账凭证预览（参考通用）	应收凭证正确性校验	生成的凭证信息是否正确	—	生成凭证时	系统自动判断+人工判断	凭证附件张数与实际附件张数比对、会计科目、凭证金额，借贷方向，辅助核算正确性检查、相关附件是否一致	—	—
6	R01050130	原料销售	烟叶费用分摊表	分摊金额正确性校验	分摊金额是否正确	—	月底生成凭证时	系统自动判断+人工判断（通过公式计算系统自动处理）	从原料系统投发料重量数据，从财务系统取发存汇总表取数，财务系统计算当月烟叶出库原料重量，并根据当月烟叶费用进行分摊率，对烟叶费用分摊率×销售出库烟叶重量费用分摊金额。即当月烟叶费用=销售出库重量费用分摊金额。自动补充烟叶费用分摊分录	—	考虑所有数据是否来源于NC系统

（续表）

序号	报销编号	报销类型	审核细类名称	审核规则名称	审核规则要点	参照文件（已有、修订或新拟）	执行时点（汇总）	执行方式	人工执行要点/系统实现要点	系统提示信息	备注
7	R01050130	原料销售	外销烟叶收入及增值税明细表	销售收入正确性校验	销售收入计算是否正确	—	生成凭证时	系统自动判断＋人工判断（通过公式计算方式系统自动处理）	根据合同约定的销售单价、税率，提取本次出库数量数据计算本次出库应确认销售收入、销项税额及价税合计金额；自动补无票确认收入分录	—	NC 系统内实现
8	R01050130	原料销售	开具发票申请表	开具发票申请表正确性校验	开具发票申请表信息是否正确	—	审核纸质开具发票申请表时	系统自动判断＋人工判断（与合同、出库单、合同相关信息匹配）从电子合同中获取申请表相关的结构化数据	申请开票类型是否为增值税专用发票；客商信息、货物名称、单位、销售单价、开票数量是否与合同一致；销售出库数量是否与销售数量一致；销项税率是否与合同一致，销售收入、销项税额及价税合计金额是否与前期计算一致	申请表信息与合同/出库数量不一致	—
9	R01050130	原料销售	参照"增值税专用发票"（通用）	—	—	—	—	—	—	—	—
10	R01050130	原料销售	电子回单	银行流水电子回单校验	银行流水与电子回单是否匹配	—	电子回单按日自动下载后	系统自动判断＋人工判断（参考原料采购电子回单）	流水类型（收入）与回单类型（收款）核对；日期/金额/收款银行账户比对	流水日期与银行回单日期不一致，请人工判断	—

（续表）

序号	报销编号	报销类型	审核细类名称	审核规则名称	审核规则要点	参照文件（已有、修订或新拟）	执行时点（汇总）	执行方式	人工执行要点/系统实现要点	系统提示信息	备注
11	R01050130	原料销售	支付补登单	支付补登单正确性校验	支付补登单信息与电子回单匹配	—	生成支付补登单时	系统自动判断＋人工判断	支付补登单信息与电子回单比对修正，包括日期/回单数/摘要/事项明细	支付补登单日期与银行回单日期不一致，请人工判断	—
12	R01050130	原料销售	记账凭证预览（参考通用）	联查凭证正确性校验	生成的凭证信息是否正确	—	生成支付补登单时	人工判断	凭证日期与回单日期比对；凭证附件张数与实际附件张数比对；凭证户比对；资金账户与回单单金额比对；凭证金额与借贷方向、现金流辅助核算与正确性检查、冲预提分录与原预提分录比对	—	—
13	R01050130	原料销售	记账凭证复核（参考通用）	收款凭证正确性校验	审核凭证信息是否正确，附件是否齐全	—	凭证审核时	系统自动判断	凭证日期与回单日期比对；凭证附件张数与实际附件张数比对；凭证户比对；资金账户与回单单金额比对；凭证金额与借贷方向、现金流辅助核算与正确性检查、冲预提分录与原预提分录比对。回单、原预提凭证等相关材料是否齐全	—	—
14	R0102090201	辅料销售	出库单（PDF）	出库单信息合理性校验	出库单信息是否合理	—	月底出库时、次月3日前	系统自动判断（参考采购入库单）	出库单（PDF）客商与合同客商是否一致、校验出库重量是否超过合同约定重量，销售出库的物料与合同约定是否匹配	该客商无销售合同；出库重量超出合同重量	—

（续表）

序号	报销编号	报销类型	审核细类名称	审核规则名称	审核规则要点	参照文件（已有、修订或新拟）	执行时点（汇总）	执行方式	人工执行要点/系统实现要点	系统提示信息	备注
15	R0102090201	辅料销售	出库单（PDF）	传递数据正确性校验	传递的数据是否正确	—	传递数据后	系统自动判断＋人工判断（参考仓库报表）	出库单（PDF）与从辅料系统提取购单据数据比对，确认数据是否一致	信息不一致	—
16	R0102090201	辅料销售	开具发票申请表	发票类型正确性校验	发票类型是否正确	—	审核纸质开具发票申请表时	人工判断	根据购买方公司性质、货物类型判断开票申请表中的发票为增值税专用发票/增值税普通发票	开票申请表发票类型不正确	开发票目前没有归类，后期通用并放入通用ERP类；考虑人数据直接传递；填入发票
17	R0102090201	辅料销售	开具发票申请表	购买方信息校验	购买方信息是否正确	—	审核纸质开具发票申请表时	人工判断	开票申请表中的购买方单位名称、纳税人识别号与合同比对	开票申请表购买方信息不正确	—
18	R0102090201	辅料销售	开具发票申请表	货物名称校验	货物名称是否正确	—	审核纸质开具发票申请表时	人工判断	开票申请表所列的名称同货物名称进行比对	开票申请表货物名称不符	—
19	R0102090201	辅料销售	开具发票申请表	销售数量校验	销售数量是否正确	—	审核纸质开具发票申请表时	人工判断	开票申请表所列的数量与出库单数量进行比对	开票申请表销售数量不符	—
20	R0102090201	辅料销售	开具发票申请表	金额正确性校验	金额是否正确	—	审核纸质开具发票申请表时	人工判断	开票申请表所列的金额与合同金额同比对	开票申请表金额不正确	—

表 12-3 智能收款审核规则——租金收入

序号	报销编号	报销类型	审核细类名称	审核规则名称	审核规则要点	参照文件（已有、修订或新拟）	执行时点（汇总）	执行方式	人工执行要点/系统实现要点	系统提示信息	备注
1	—	租金收入	租金收入	合同校验	参照"合同"	—	—	—	—	—	—
2	—	租金收入	租金收入	无票记账凭证	参照"凭证生成"	—	—	—	—	—	—
3	—	租金收入	租金收入	发票校验	参照"票据整体"	—	—	—	—	—	—
4	—	租金收入	租金收入	冲红无票记账凭证	参照"凭证生成"	—	—	—	—	—	—
5	—	租金收入	租金收入	生成正式应收凭证	参照"凭证生成"	—	—	—	—	—	—
6	—	租金收入	租金收入	银行收款单电子回单校验	银行收款金额与应收租金是否一致	—	收到电子回单时	人工判断	银行收款金额应与应收租金一致	收款金额不正确	—
7	—	租金收入	租金收入	支付补登单正确性校验	支付补登单信息与电子回单是否匹配	—	生成支付补登单时	系统自动判断＋人工判断	支付补登单信息比对修正，电子回单附件日期/摘要/事项张数/摘要项明细	支付补登信息不正确	—
8	—	租金收入	租金收入	生成收款凭证	参照"凭证生成"	—	—	—	—	—	—

表 12-4　智能收款审核规则——利息收入

序号	报销编号	报销类型	审核细类名称	审核规则名称	审核规则要点	参照文件(已有、修订或新拟)	执行时点(汇总)	执行方式	人工执行要点/系统实现要点	系统提示信息	备注
1	R01050123	利息收入	电子回单	银行流水电子回单校验	银行流水与电子回单是否匹配		电子回单按日自动下载后	系统自动判断+人工判断	流水类型(收入)与回单类型(结息)比对;日期/金额/收款银行/收款账号比对	流水日期与银行回单日期不一致	—
2	R01050123	利息收入	支付补登单	支付补登单正确性校验	支付补登单信息与电子回单是否匹配	—	生成支付补登单时	人工判断	支付补登单信息与电子回单比对修正,包括日期/附件张数/摘要/事项明细	支付补登单日期与银行回单日期不一致	—
3	R01050123	利息收入	支付补登单	预提信息校验	该笔利息收入是否存在预提	—	生成支付补登单时	系统自动判断+人工判断	账上应收利息科目是否有余额,利息收入银行回单比对挂账,银行比对,利息收入是否为已预提的大额定期存款利息	未查到预提信息	—
4	R01050123	利息收入	记账凭证预览	联查凭证正确性校验	生成的凭证信息是否正确	—	生成支付补登单时	人工判断	凭证日期与回单日期比对、凭证附件张数与实际附件张数比对,凭证资金账户与回单账户比对,凭证金额与回单金额比对,会计科目、借贷方向、现金流量辅助核算正确性检查,冲预提分录与原预提分录比对		—
5	R01050123	利息收入	记账凭证复核	凭证正确性校验	审核凭证信息是否正确、附件是否齐全	—	凭证审核时	系统自动判断	凭证日期与回单日期比对、凭证附件张数与实际附件张数比对,凭证资金账户与回单账户比对,凭证金额与回单金额比对,会计科目、借贷方向、现金流量辅助核算正确性检查,冲预提分录与原预提分录比对,回单原预提凭证相关材料是否齐全		—
6	R01050123	利息收入	资金监管利息收入表	利息收入计算正确性校验	利息收入金额与资金监管系统的利息收入计算结果是否一致	—	生成凭证后	系统自动判断	凭证利息收入与资金监管系统计算的利息收入结果是否一致	利息收入不匹配	—

表 12-5 智能收款审核规则——其他收入

序号	报销编号	报销类型	审核细类名称	审核规则名称	审核规则要点	参照文件（已有、修订或新拟）	执行时点（汇总）	执行方式	人工执行要点/系统实现要点	系统提示信息	备注
1	—	补贴收入	补贴收入	补贴批复文件校验	补贴批复文件内容审核	—	收到文件后	人工判断	查阅补贴收入的类型、金额	—	—
2	—	补贴收入	补贴收入	银行回单校验	银行回单与补贴金额是否一致	—	收到银行回单	人工判断	银行回单与补贴文件核对应一致	—	—
3	—	补贴收入	补贴收入	记账凭证	参照"凭证生成"	—	—	—	—	—	—
4	—	其他收入	参照"增值税专用发票"	发票信息与开票申请表信息一致性校验	发票信息是否与开票申请表信息一致	—	发票开具后	人工判断	发票信息与开票申请表信息一致比对	发票信息与开票申请表信息不一致	—
5	无	其他收入	参照"增值税专用发票"								
6	—	其他收入	参照"增值税专用发票"								

表 12-6 智能核算审核规则——凭证类

序号	报销编号	报销类型	审核细类名称	审核规则名称	审核规则要点	参照文件（已有、修订或新拟）	执行时点（汇总）	执行方式	人工执行要点/系统实现要点	系统提示信息	备注
1	通用	凭证类审核	记账凭证	核算主体校验	核算主体是否正确	—	财务初审时/凭证审核时	人工判断	根据凭证附件中的单位名称,经办人员判定	核算主体不正确	—
2	通用	凭证类审核	记账凭证	凭证类型校验	凭证类型是否正确	—	财务初审时/凭证审核时	人工判断	根据凭证附件中的经办人员判定	凭证类型不正确	—
3	通用	凭证类审核	记账凭证	制单日期校验	制单日期是否正确	—	财务复审时/凭证审核时	人工判断	制单日期应大于等于凭证附件中的业务日期;银行回单日期与制单日期是否一致	制单日期不正确	—
4	通用	凭证类审核	记账凭证	摘要校验	摘要表述是否清晰、准确	—	财务复审时/凭证审核时	人工判断	摘要与凭证附件中的经济业务事项比对	请修改凭证摘要	—
5	通用	凭证类审核	记账凭证	会计科目校验	审核会计科目是否正确	—	财务复审时/凭证审核时	人工判断	会计科目与凭证附件中的经济业务事项比对	会计科目不正确	—
6	通用	凭证类审核	记账凭证	科目金额校验	审核金额是否正确	—	财务复审时/凭证审核时	人工判断	金额与凭证附件中的金额比对	科目金额不正确	—
7	通用	凭证类审核	记账凭证	辅助核算-客商往来校验	辅助核算-客商往来是否正确	—	财务复审时/凭证审核时	人工判断	辅助核算-客商往来与凭证附件中的单位名称比对	辅助核算-客商往来不正确	—

（续表）

序号	报销编号	报销类型	审核细类名称	审核规则名称	审核规则要点	参照文件（已有、修订或新拟）	执行时点（汇总）	执行方式	人工执行要点/系统实现要点	系统提示信息	备注
8	通用	凭证类审核	记账凭证	辅助核算-个人往来校验	辅助核算-人员往来是否正确	—	财务复审时/凭证审核时	人工判断	辅助核算-个人往来与凭证附件中的单位名称比对	辅助核算-个人往来不正确	—
9	通用	凭证类审核	记账凭证	辅助核算-现金流校验	辅助核算-现金流是否正确	—	财务复审时/凭证审核时	人工判断	辅助核算-现金流附件中的经济业务事项比对	辅助核算-现金流不正确	—
10	通用	凭证类审核	记账凭证	辅助核算-部门档案	辅助核算-部门档案是否正确	—	财务复审时/凭证审核时	人工判断	辅助核算-部门档案与凭证附件中的部门名称比对	辅助核算-部门档案不正确	—
11	通用	凭证类审核	记账凭证	辅助核算-在建工程	辅助核算-在建工程是否正确	—	财务复审时/凭证审核时	人工判断	辅助核算-部门档案与凭证附件中的项目名称比对	辅助核算-在建工程不正确	—
12	通用	凭证类审核	记账凭证	辅助核算-存货	辅助核算-存货是否正确	—	财务复审时/凭证审核时	人工判断	辅助核算-存货与凭证附件中的存货类别比对	辅助核算-存货不正确	—
13	通用	凭证类审核	记账凭证	辅助核算-物流费用	辅助核算-物流费用是否正确	—	财务复审时/凭证审核时	人工判断	辅助核算-物流费用与凭证附件中的具体业务环节比对	辅助核算-物流费用不正确	—
14	通用	凭证类审核	记账凭证	附件完整性校验	附件是否完整	—	财务复审时/凭证审核时	人工判断	附件完整性与凭证附件中的经济业务事项比对	凭证附件不完整	—
15	通用	凭证类审核	记账凭证	附件数量校验	附件数量是否正确	—	财务复审时/凭证审核时	人工判断	附件数量与凭证附件张数比对	附件数量不正确	—

表 12-7　智能核算审核规则——报表类

序号	报销编号	报销类型	审核细类名称	审核规则名称	审核规则要点	参照文件(已有,修订或新拟)	执行时点(汇总)	执行方式	人工执行要点/系统实现要点	系统提示信息	备注
1	通用	报表类审核	单体报表	货币资金期末余额校验	货币资金期末余额是否正确	—	记账后	人工判断	货币资金期末余额与出纳提供的各银行账户余额是否一致	货币资金期末余额不正确	—
2	通用	报表类审核	单体报表	计入成本费用的职工薪酬校验	计入成本费用的职工薪酬是否正确	—	记账后	人工判断	计入成本费用的职工薪酬与应付职工薪酬各科目是否一致	计入成本费用的职工薪酬不正确	—
3	通用	报表类审核	单体报表	会计科目期末余额方向校验	会计科目期末余额方向是否正确	—	记账后	系统自动提示+人工判断	资产类会计科目期末余额方向应为借方;负债类会计科目期末余额方向应为贷方;权益类会计科目期末余额方向应为贷方;成本类会计科目期末余额方向应为借方;损益类会计科目期末余额方向应为平	会计科目期末余额方向不正确	—
4	通用	报表类审核	单体报表	现金流校验	现金流是否正确	—	记账后	系统自动提示+人工判断	辅助余额表中:收款,应为收入类现金流;付款,应为支出类现金流	现金流不正确	—
5	通用	报表类审核	单体报表	凭证空号校验	凭证是否存在空号	—	结账前	系统自动提示+人工判断	凭证号不应存在空号	凭证存在空号	—
6	通用	报表类审核	单体报表	勾稽关系的产销存报表	产销存报表的勾稽关系是否正确	—	报表生成后	人工判断	产销存报表应勾稽平衡(期初+本月生产-本月出库=期末库存);产销存报表期末存数量应大于等于0;产销存报表的合计数应等于各明细规格卷烟求和	产销存报表勾稽关系不正确	—
7	通用	报表类审核	单体报表	勾稽关系校验产品利润表	产品利润表的勾稽关系是否正确	—	报表生成后	人工判断	产品利润表的合计数应等于各明细规格卷烟求和	产品利润表勾稽关系不正确	—
8	通用	报表类审核	单体报表	勾稽关系校验表与表之间	报表的勾稽关系是否正确	—	报表生成后	人工判断	卷烟产量,销量,库存量应一致;收入,成本,费用,税金,利润等各指标应一致	勾稽关系不正确	—
9	通用	报表类审核	合并报表(报告)	参照"单体报表"							

第四篇

电子会计档案篇

篇首语

　　本篇首先概述智能财务建设过程中的电子会计档案管理,包括政策演变、实现路径、模式确定、梳理要点和梳理结果,进而全面展示广西中烟智能财务建设涉及的通用会计凭证类、支出会计凭证类、非支出会计凭证类、非会计凭证类会计档案梳理结果,旨在为烟草工业企业及其他企业在建设智能财务过程中梳理会计档案体系提供参考和借鉴。

第 13 章

电子会计档案管理的政策演变与实现路径[①]

电子会计档案管理是实现电子会计凭证无纸化报销入账归档的重要前提,是促进我国数字经济发展和绿色发展的重要举措,也是近年财政部门、税收部门和档案管理部门等监管部门共同关注和着力推进的重点工作。但在电子会计档案管理的实施推进过程中,还存在体系梳理、系统实施和外部用户接受程度等方面的难点和痛点。本章从我国电子会计档案管理的政策演变出发,概述我国电子会计档案管理的实施推进概况和主要实施难点,进而依据会计档案管理的现行政策和企业会计档案管理的实务工作,推衍出企业电子会计档案形成的业财一体化逻辑、相关信息系统、智能化应用场景和典型实现路径,并认为电子会计档案管理未来将往自动化、无纸化和价值化方向发展。

13.1 电子会计档案管理的开展背景

近年来,数字经济规模扩大、发展速度加快,电子会计凭证作为数字经济的重要支撑,能够推动电子商务、电子供应链行业的发展,有利于提高企业效率、降低企业成本,助力数字经济发展和数据要素价值实现。党的十九届五中全会提出,我国的经济社会发展应准确把握新发展阶段、深入贯彻新发展理念、积极构建新发展格局。绿色发展是新发展理念之一,在财务和税收领域很大程度上体现为电子票据的推广应用与电子会计档案管理的实现(刘梅玲,2018)。

自 2013 年首张电子发票开出以来,我国电子会计凭证的应用领域不断扩大,目前已覆盖电子发票、财政电子票据、电子客票、电子行程单、电子海关专用缴款书和银行电子回单等。伴随大量电子会计凭证的出现,财政部和国家档案局等对电子会计凭证的财务处理合规性提出了具体要求,在 2015 年 12 月发布《会计档案管理办法》[②](以下简称《管理办法》)、2020 年 3 月发布《关于规范电子会计凭证报销入账归档的通知》(财会〔2020〕

---

① 本章的核心内容已发表在《财务与会计》2022 年第 21 期,文章题目为"电子会计档案管理的政策演变、业务逻辑与实现路径"。

② 财政部,国家档案局.中华人民共和国财政部、国家档案局令第 79 号——会计档案管理办法[EB/OL].(2015-12-11)[2022-06-09]. http://tfs.mof.gov.cn/caizhengbuling/201512/t20151214_1613338.htm.

6 号，以下简称《报销入账归档通知》)①，以及 2021 年 2 月发布《关于进一步扩大增值税电子发票电子化报销、入账、归档试点工作的通知》(档办发〔2021〕1 号)②等。同时，为实现"信息管税"的总体目标，国家税务总局等部门自 2020 年 9 月起正式开启增值税电子专票的试点工作，自 2021 年 12 月起在上海、广州和内蒙古启动全电发票(即全面数字化的电子发票)的试点工作，旨在快速推广和应用电子发票(包括增值税电子普票和增值税电子专票)，逐步实现税收治理现代化。

电子会计档案管理是电子会计凭证无纸化报销入账归档的收尾环节，是实现电子会计凭证无纸化报销入账归档的重要前提，也是目前各监管部门大力推动和重点试点、广大企业积极探索和实践的领域。本篇聚焦电子会计档案管理的政策演变和实施推进、业务逻辑和典型场景、实现路径和未来展望等方面展开探讨，旨在明晰电子会计档案管理的基本问题，以期有力助推各单位电子会计档案系统的合规建设和电子会计档案管理的有效实施。

13.2　电子会计档案管理的政策演变与实施推进

13.2.1　政策演变

我国《会计档案管理办法》(以下简称《管理办法》)及相关法规对于电子会计档案管理的模式演进为"纸质单套制→纸电双套制→电子单套制"。我国的《管理办法》经历了 1984 年、1998 年和 2015 年三个版本的变迁，企业会计档案的界定和范畴也不断拓展。在 1984 年版《管理办法》③中，会计档案是指会计凭证、会计账簿和会计报表等会计核算专业材料，是记录和反映经济业务的重要史料和证据，包括会计凭证类、会计账簿类、会计报表类和其他类，此时的会计档案管理属于纸质单套制管理模式。在纸质单套制管理模式下，即使遇到电子文件也要打印为纸质件进行存档。

在 1998 年版《管理办法》④中，会计档案是指会计凭证、会计账簿和财务报告等会计核算专业材料，是记录和反映单位经济业务的重要史料和证据，包括会计凭证类、会计账簿类、财务报告类和其他类，此时的会计档案管理亦属于纸质单套制管理模式。

---

① 财政部，国家档案局. 关于规范电子会计凭证报销入账归档的通知[EB/OL]. (2020-03-23)[2022-06-09]. http://www. mof. gov. cn/gkml/caizhengwengao/202001wg/wg202004/202007/t20200707_3545393. htm.
② 国家档案局办公室，财政部办公厅，商务部办公厅，国家税务总局办公室. 国家档案局办公室等四部门关于进一步扩大增值税电子发票电子化报销、入账、归档试点工作的通知[EB/OL]. (2021-02-22)[2022-06-09]. http://www. chinatax. gov. cn/chinatax/n359/c5161674/content. html.
③ 财政部，国家档案局. 会计档案管理办法[EB/OL]. (1984-06-01)[2022-06-09]. http://www. law-lib. com/law/law_view. asp? id=2885.
④ 财政部，国家档案局. 会计档案管理办法[EB/OL]. (1998-08-21)[2022-06-09]. https://www. sju. edu. cn/dagl/69/59/c3280a26969/page. htm.

在 2015 年版《管理办法》[①]中,会计档案是指单位在进行会计核算等过程中接收或形成的,记录和反映单位经济业务事项的,具有保存价值的文字、图表等各种形式的会计资料,包括通过计算机等电子设备形成、传输和存储的电子会计档案,分为会计凭证、会计账簿、财务会计报告和其他会计资料。第七条指出,单位可以利用计算机、网络通信等信息技术手段管理会计档案,即允许进行电子会计档案管理。第八条和第九条,分别规范了单位内部形成的和单位从外部接收的属于归档范围的电子会计资料,仅以电子形式保存需要满足的条件,即无纸化存档条件。由此可见,2015 年版《管理办法》允许会计档案的电子单套制管理模式,即对于满足条件的原生电子文件,可以只保管电子件,而无需打印纸质件进行存档。在电子单套制管理模式下,电子件是完整的会计档案,包括原生的电子文件(如从外部接收的电子发票 PDF 版式文件和 OFD 版式文件)和从纸面转换的电子文件(如纸质增值税专用发票的影像复印件),而纸质件是不完整的会计档案,仅包括原生的纸质文件,如原生的纸质合同、原生的纸质增值税专用发票等。

在实务工作中,销售方提供的电子原始凭证包括电子发票、财政电子票据、电子客票、电子行程单、电子海关专用缴款书和银行电子回单等,但并非所有企业开具的这些电子原始凭证都直接具备无纸化存档条件(如有银行提供的电子回单不含电子签章),加上并非所有企业对于从外部接收的电子原始凭证无纸化存档都具备相应的系统条件和管理条件,以及会计档案的外部用户(包括但不限于外部审计、巡视、财政监察和税务督查等外部监督检查人员)对电子会计档案的接受程度和利用能力相对有限,企业自然会倾向于选择采用纸质件进行会计存档,部分具备条件(如实施了智能报销系统和电子会计档案系统)的企业会同时采用电子件进行会计存档。

为规范各类电子会计凭证的报销入账归档,财政部和国家档案局在发布的《报销入账归档通知》中要求"单位以电子会计凭证的纸质打印件作为报销入账归档依据的,必须同时保存打印该纸质件的电子会计凭证",并重申了单位仅使用电子会计凭证进行报销入账归档的条件。该通知明确了企业在报销入账归档过程中,必须保存从外部接收的电子会计凭证原文件,以确保其作为会计凭证、交易凭证和税务凭证的法律效力,这就否定了会计档案仅保留纸质件的合法合规性,也衍生出会计档案的纸电双套制管理模式,即纸质件会计档案保留一套、电子件会计档案保留一套,且两套皆为完整的会计档案。

13.2.2 实施推进

我国于 2013 年 6 月 27 日开出首张电子发票[②],迄今已经历近 10 年的发展和演变,

---

① 财政部,国家档案局. 中华人民共和国财政部、国家档案局令第 79 号——会计档案管理办法[EB/OL]. (2015-12-11)[2022-06-09]. http://tfs. mof. gov. cn/caizhengbuling/201512/t20151214_1613338. htm.

② 网易科技. 首张电子发票诞生:京东阿里谁抄了谁的底?[EB/OL]. (2013-06-28)[2022-06-09]. https://www. 163. com/tech/article/92FMU1HI000915BF. html.

在票种上从增值税电子普通发票发展到增值税电子专用发票,在格式上从 PDF 发展为 OFD 再到 XML,在系统部署上从省级税局分散部署发展到国税总局集中部署,在加密手段上从税控设备运用发展为税控设备与数字签名同步运用再发展到不用税控设备。若电子发票仅在开具、交付环节实现电子化,不能在报销、入账、归档环节实现电子化,则电子发票就难以在社会整体层面真正起到节约成本、提高效率、防范风险、信息管税等重要作用。为此,国家发改委、财政部、国家税务总局和国家档案局早在 2013 年 12 月起,就组织开展电子发票及电子会计档案综合试点工作[①],主要任务是推动电子发票的接收及归档保存、做好电子发票系统与会计核算系统的对接,旨在为 2015 版《管理办法》的出台进行可行性探索。

2015 年 12 月,《管理办法》一经发布,一些先进企业就针对电子会计档案管理开展了积极有效的探索,如长虹电器、大华股份等企业在第一时间便实现了会计档案的电子单套制管理。为推进企业电子文件归档和电子档案管理工作,推行电子单套制归档管理,国家档案局联合国家发展改革委自 2016 年起,开始遴选单位开展企业电子文件归档和电子档案管理试点工作,旨在形成可推广、可复制的经验和做法,有效助力企业电子文件归档和电子档案管理落地,有效助推我国数字经济的高速发展和快速演进。截至 2021 年 10 月,共有三批 47 家企业完成了所选业务系统的电子文件归档和电子档案管理试点工作,通过了国家档案局组织的试点验收[②]。

与此同时,为推进电子发票应用和推广实施工作、助力国家数字经济发展,按照国务院有关要求,国家档案局会同财政部、商务部和国家税务总局于 2019 年起开展电子发票电子化报销入账归档试点。截至 2022 年 4 月,共有三批 539 家企业完成电子发票电子化报销入账归档试点工作并通过验收[③],试点工作中形成了可推广、可复制的典型经验,为其他企业解决电子票据电子化报销入账归档问题提供了较高的参考和借鉴价值。

13.2.3　实施难点

企业开展电子化报销入账归档,一是希望做到财务上的合法合规,特别是在报销入账归档过程中,要合乎《报销入账归档通知》中提出的"必须保存从外部接收的电子会计凭证"的要求,以确保电子会计凭证和电子会计档案的法律效力;二是希望解决财务报账方面的痛点,特别是财务人员面对海量的、多种多样的外部票据,难以通过手工实现对每

---

① 国家发展和改革委员会办公厅,财政部办公厅,国家税务总局办公厅,国家档案局办公室. 关于组织开展电子发票及电子会计档案综合试点工作的通知[EB/OL]. (2013-12-16)[2022-06-09]. http://www.chinatax.gov.cn/n810341/n810765/n812146/n812300/c1079873/content.html.

② 刘梅玲. 资讯|企业电子文件归档和电子档案管理试点验收名单[EB/OL]. (2022-05-23)[2022-06-09]. https://mp.weixin.qq.com/s/Mn606MIHVfBbg9P_qslWUg.

③ 刘梅玲. 资讯|电子发票电子化报销入账归档试点验收名单[EB/OL]. (2022-05-24)[2022-06-09]. https://mp.weixin.qq.com/s/o9YkVbUHKXG51uZkEIgrHw.

一张票据的查验查重;三是希望解决会计档案管理方面的痛点,特别是如何确保会计档案的真实性、完整性、可用性和安全性,如何保持纸质会计档案和电子会计档案之间的关联性和相互可追溯性,以确保记账凭证、原始凭证、会计账簿、会计报表和财务报告之间的线索性;四是希望加强电子会计档案的利用,特别是通过灵活查询、合规下载和可视化分析等方式,以提高内外部用户利用会计档案的便利性和有效性,充分发挥会计档案价值。

企业在开展电子会计档案管理过程中,会因为多个政策文件同时对会计资料无纸化处理(《企业会计信息化工作规范》[①]第四十条和第四十一条)和无纸化存档条件(《管理办法》第八条和第九条,《报销入账归档通知》第三条)进行规范,需要借助外部专家的力量方能全面梳理无纸化存档条件及准确判断无纸化条件的满足情况,这无疑给企业进行无纸化存档造成一定障碍。当前企业一般都部署有较为完备的会计核算系统,能够顺利完成入账工作,但需要同时实施智能报账系统和电子会计档案系统,方能较为顺利地实现会计资料的无纸化处理和会计档案的无纸化管理,这无疑也给企业实现电子会计档案管理带来一定的财务信息化建设压力。此外,因会计档案的内外部用户,特别是外部审计、巡视、财政监察、税务督查等外部用户,对于电子会计档案的接受程度和利用能力相对有限,这无疑会打击企业实施电子会计档案管理的内生动力。

13.3 电子会计档案管理的实现路径与未来展望

13.3.1 实现路径

电子会计档案管理在系统层面的典型实现路径为:升级报账系统为智能报账系统—新建财务共享运营管理平台—升级资金管理系统为智能资金管理系统—升级核算系统为智能核算系统—升级税务管理系统为智能税务管理系统—新建电子会计档案系统。升级或新建过程旨在通过引进以图像识别、语音识别、知识图谱和机器学习等人工智能为代表的"大智移云物区"等新技术,落实以数据采集、数据存储、数据治理和数据服务为主线的数据治理机制,实现业财一体化流程中的典型智能化应用场景。

除了系统层面的建设,电子会计档案管理的实现还需同时考虑档案管理模式、档案管理业务流程、档案管理制度和档案管理人员等配套变革。其中,档案管理模式需要确定是单套制管理还是双套制管理,单套制是纸质单套制还是电子单套制;档案管理业务流程需要全方位覆盖档案管理的环节,典型的档案管理业务流程包括档案管理机构确定

① 财政部. 关于印发《企业会计信息化工作规范》的通知[EB/OL]. (2013-12-06)[2022-06-09]. http://kjs.mof.gov.cn/zhengcefabu/201312/t20131216_1025312.htm.

流程、会计档案界定流程、会计档案归档流程、无纸化存档判定流程——内部生成的会计资料、无纸化存档判定流程——从外部接收的会计资料、会计档案交接流程、会计档案利用流程、会计档案鉴定和销毁流程等。其中,从外部接收的会计资料无纸化存档判定流程示例如图 13-1 所示,图中涉及业财一体化处理流程的关键节点、2015 版《管理办法》中规范的企业从外部接收的会计资料无纸化存档需要满足的 7 个判定条件,以及无纸化存档涉及的 8 个相关信息系统。

13.3.2　未来展望

中共中央办公厅、国务院办公厅 2021 年印发的《关于进一步深化税收征管改革的意见》[①]指出,将有序推进铁路、民航等领域发票电子化,2025 年将基本实现发票全领域、全环节、全要素电子化,着力降低制度性交易成本。以此可以推见我国票据电子化的整体进程,也可以推断我国电子会计档案管理的未来发展将趋向自动化、无纸化和价值化。

1) 档案归档方面将由半自动化归档发展为全自动化归档

当前,因为原始凭证格式(纸质件、纸质件影像复制件、PDF 版式文件、OFD 版式文件和 XML 结构化数据等)的多样性、原始凭证存储方式(部分企业采用 Excel 台账和文件夹管理的方式,还有企业尚未存储电子原始会计凭证的原生电子文件)的不成熟等因素,会计档案归档环节尚需要大量人工干预,多数企业还处于手工归档的状态,先进的企业可以达到半自动化归档。未来伴随着票据电子化格式的相对统一(如全电发票就把普通发票和专用发票统一为同一格式,用发票上的标签来解决特定行业、特殊商品服务及特定应用场景的问题)、原始凭证存储方式的逐渐统一(如引进智能报账系统、电子会计档案系统等)及企业财务数字化建设的逐渐成熟,会计档案的归档过程可由半自动化发展为全自动化。

2) 档案保管方面将由纸电双套制发展为电子单套制

档案保管的无纸化主要取决于两个因素:一是会计资料能否满足无纸化归档条件,二是会计档案用户能否接受和利用电子会计档案。其中,无纸化归档条件相对容易满足。伴随企业内部信息系统的建设和完善,企业内部生成的会计资料比较容易满足无纸化归档条件,而伴随着我国发票等票据电子化、合同电子化整体进程的推进,以及企业智能报账系统、电子会计档案系统等电子档案管理相关系统的建设与优化,企业从外部接收的会计资料会越来越容易满足无纸化归档条件。根据《管理办法》和《报销入账归档通知》,会计资料一旦满足无纸化归档条件,即可实现无纸化归档,进行电子单套制保管。

---

① 中共中央办公厅,国务院办公厅. 关于进一步深化税收征管改革的意见[EB/OL]. (2021-03-24)[2022-06-09]. http://www.gov.cn/zhengce/2021-03/24/content_5595384.htm.

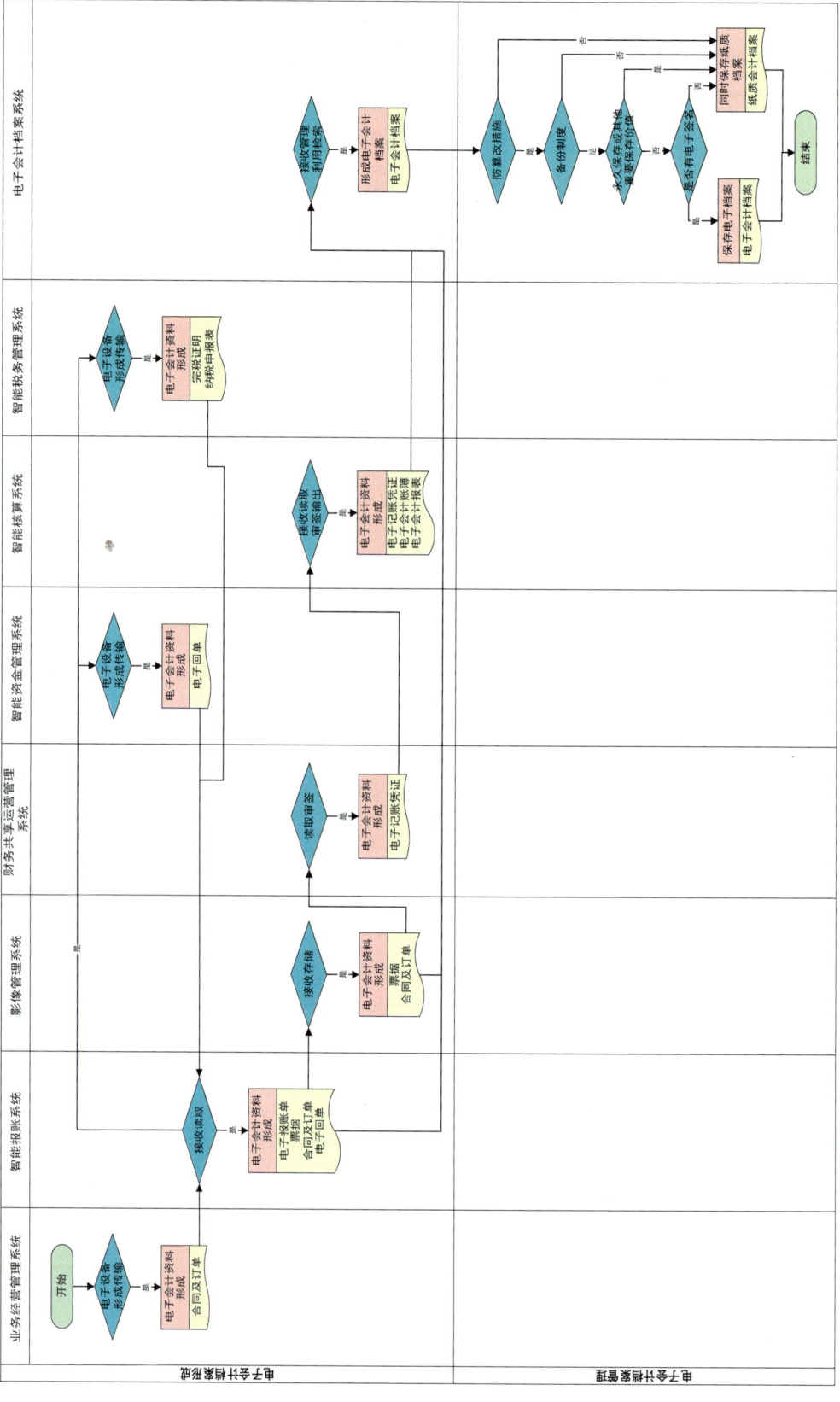

图 13-1　无纸化存档判定流程——从外部接收的会计资料

而会计档案用户的使用习惯改变则是一大难题。企业内部的会计档案用户,企业尚可通过制度发文、专题培训等方式有效解决,而企业外部的会计档案用户,特别是巡视、财政监察和税务督查等外部监督检查人员对于电子会计档案的接受程度和利用能力则不在企业的有效控制范围之内,只能待监管部门监管平台和监管手段的大幅提升,以及监管人员数字化素质和监管能力的大幅提高方能实现。

　　3) 档案利用方面将由常规的监督检查配合发展为主动的合规风险防范

　　电子会计档案系统中汇集了企业所有的会计凭证(包括原始凭证、记账凭证)、会计账簿(包括总账、明细账、日记账、固定资产卡片及其他辅助性账簿)、财务会计报告(包括月度、季度、半年度、年度财务会计报告)和其他会计资料(包括银行存款余额调节表、银行对账单、纳税申报表、会计档案移交清册、会计档案保管清册、会计档案销毁清册、会计档案鉴定意见书及其他具有保存价值的会计资料),是财务视角的企业全景业务的真实反映。企业可通过多种维度(如不同的业务维度)的灵活查询、多种方式(如同时提供档案文件索引和档案文件)的合规(如电子签章和水印的运用、利用目的和利用时间的自动控制等)下载、清晰明了的自助分析(如支持通过拖拉拽等方式自动生成统计图表)等方式,提高内外部用户利用电子会计档案的便利性和有效性,充分发挥会计档案的保管价值和利用价值。

第 14 章

广西中烟电子会计档案管理概述①

本章以广西中烟工业有限责任公司为例,从其会计档案管理的现状和问题出发,着重阐述其会计档案管理模式的确定,以及会计档案体系的梳理要点和梳理结果。

无纸化归档是无纸化报销的后续必要环节,是近几年企业财务信息化建设关注的重点,也是财政部、国家档案局等政府部门落实绿色发展的重要举措。在会计档案管理方面,广西中烟财务共享服务中心(FSSC)建设和运营初期,已经完成电子会计档案管理系统的建设,已经实现会计档案的双套制管理,即纸质会计档案和电子会计档案并行,各存一套。但对于原生电子会计资料尚未实现无纸化存档,也尚未申请国家档案行政管理部门的无纸化存档试点,在电子会计档案的单套制管理和内外部运用方面,还存在较大的提升空间。

14.1 会计档案管理模式的确定

根据我国电子票据的发展和应用趋势,结合广西中烟会计档案管理的实务工作,课题组认为,广西中烟的会计资料初始格式,从会计档案管理的维度可划分为:纸质件、PDF 版式文件、OFD 版式文件、结构化数据、其他电子文件五类。会计档案管理模式的确定,就是要针对这五类初始格式的会计资料,确定如何具体保管和利用会计档案。根据广西中烟会计档案管理的实际情况,课题组认为,广西中烟在建设完成电子档案管理系统之后,对于会计档案的管理模式,近期可先采取双套制管理,待条件成熟后再实现单套制管理。

14.1.1 近期实行双套制管理

"近期"意味着一两年之内。双套制则意味着,所有会计档案都要保存两套,纸质和电子各一套。在双套制管理模式下,广西中烟对于五类初始格式会计资料的保管和利用方式如表 14-1 所示。

---

① 本章核心内容已发表在《财务与会计》2022 年第 21 期,文章题目为"广西中烟电子会计档案管理体系的梳理"。

表 14-1　广西中烟双套制会计档案管理

序号	会计档案初始格式	会计档案保管方式	会计档案利用方式
1	纸质件	-纸质原件保管 -影像复印件(盖有电子签章)保管 -关键字段的结构化数据保管	-基于关键字段的结构化数据进行多维查询,检索结果直接链接到影像复印件(盖有电子签章),允许权限内下载和使用影像复印件 -影像复印件存有纸质件的物理位置,具体到某一会计档案柜 -必要情况下,为会计档案用户提供纸质打印件使用
2	PDF 版式文件	-PDF 版式文件(盖有电子签章)保管 -纸质打印件保管 -关键字段的结构化数据保管	-基于关键字段的结构化数据进行多维查询,检索结果直接链接到 PDF 版式文件(盖有电子签章),允许权限内下载和使用 PDF 版式文件 -PDF 版式文件存有纸质打印件的物理位置,具体到某一会计档案柜 -必要情况下,为会计档案用户提供纸质打印件使用
3	OFD 版式文件	-OFD 版式文件(盖有电子签章)保管 -纸质打印件保管 -关键字段的结构化数据保管	-基于关键字段的结构化数据进行多维查询,检索结果直接链接到 OFD 版式文件(盖有电子签章),允许权限内下载和使用 OFD 版式文件 -OFD 版式文件存有纸质打印件的物理位置,具体到某一会计档案柜 -必要情况下,为会计档案用户提供纸质打印件使用
4	结构化数据	-影像版式文件(盖有电子签章)保管 -纸质打印件保管 -结构化数据保管	-基于结构化数据进行多维查询,检索结果直接链接到影像版式文件(盖有电子签章),允许权限内下载和使用结构化数据及影像版式文件 -影像版式文件存有纸质件的物理位置,具体到某一会计档案柜 -必要情况下,为会计档案用户提供纸质打印件使用
5	其他电子文件	-电子文件原件保管 -影像版式文件(盖有电子签章)保管 -纸质打印件保管 -关键字段的结构化数据保管	-基于关键字段的结构化数据进行多维查询,检索结果直接链接到影像版式文件(盖有电子签章)和电子文件原件,允许权限内下载和使用影像版式文件和电子文件原件 -影像版式文件存有纸质件的物理位置,具体到某一会计档案柜 -必要情况下,为会计档案用户提供纸质打印件使用

14.1.2　远期实行单套制管理

"远期"意味着三五年之后。单套制则意味着,原生电子文件仅保留电子的版式文件,而原生纸质文件同时保留纸质原件和电子复印件两套文件。在单套制管理模式下,广西中烟对于五类初始格式会计资料的保管和利用方式如表 14-2 所示。

表 14-2　广西中烟单套制会计档案管理

序号	会计档案初始格式	会计档案保管方式	会计档案利用方式
1	纸质件	-纸质原件保管 -影像复印件(盖有电子签章)保管 -关键字段的结构化数据保管	-基于关键字段的结构化数据进行多维查询,检索结果直接链接到影像复印件(盖有电子签章),允许权限内下载和使用影像复印件 -影像复印件存有纸质件的物理位置,具体到某一会计档案 -必要情况下,为会计档案用户提供纸质打印件使用
2	PDF 版式文件	-PDF 版式文件(盖有电子签章)保管 -关键字段的结构化数据保管	-基于关键字段的结构化数据进行多维查询,检索结果直接链接到 PDF 版式文件(盖有电子签章),允许权限内下载和使用 PDF 版式文件 -不再为会计档案用户提供 PDF 版式文件的纸质打印件

（续表）

序号	会计档案初始格式	会计档案保管方式	会计档案利用方式
3	OFD版式文件	-OFD版式文件（盖有电子签章）保管 -关键字段的结构化数据保管	-基于关键字段的结构化数据进行多维查询，检索结果直接链接到OFD版式文件（盖有电子签章），允许权限内下载和使用OFD版式文件 -不再为会计档案用户提供PDF版式文件的纸质打印件
4	结构化数据	-影像版式文件（盖有电子签章）保管 -结构化数据保管	-基于结构化数据进行多维查询，检索结果直接链接到影像版式文件（盖有电子签章），允许权限内下载和使用结构化数据及影像版式文件 -不再为会计档案用户提供PDF版式文件的纸质打印件
5	其他电子文件	-电子文件原件保管 -影像版式文件（盖有电子签章）保管 -关键字段的结构化数据保管	-基于关键字段的结构化数据进行多维查询，检索结果直接链接到影像版式文件（盖有电子签章）和电子文件原件，允许权限内下载和使用影像版式文件和电子文件原件 -不再为会计档案用户提供PDF版式文件的纸质打印件

14.2 会计档案体系的梳理要点

对会计档案体系的梳理，最重要的目标是形成会计档案体系。

14.2.1 三项基础工作

在会计档案体系梳理过程中，需要先做好如下三项基础工作。

1）确定好无纸化存档条件

根据《会计档案管理办法》《关于规范电子会计凭证报销入账归档的通知》和《企业会计信息化工作规范》，可以梳理出两类会计资料的无纸化存档条件：一是单位内部形成的电子会计资料，二是单位从外部接收的电子会计资料。《会计档案管理办法》《关于规范电子会计凭证报销入账归档的通知》和《企业会计信息化工作规范》中的无纸化存档条件，既有重复，又有强调，还有优化。例如，《会计档案管理办法》和《企业会计信息化工作规范》均对"单位从外部接收的电子会计资料"提出了附有电子签名的要求，而《关于规范电子会计凭证报销入账归档的通知》仅要求防篡改，即防篡改的方式可以使用电子签名技术但不限于电子签名技术；又如，在实务工作中，可用系统之间的自动交叉校验或区块链技术，来确保电子会计档案的防篡改要求。换言之，无纸化归档条件规范的是无纸化归档的标准，至于标准的达成方式和实现方法未予以限定。

2）备好档案体系梳理模板

档案体系梳理模板是统一档案体系梳理行为的重要载体。在进行档案体系梳理的过程中，梳理模板的确定是非常基础性的工作，需要先完成。根据广西中烟的会计档案管理业务实际情况，课题组讨论确定了广西中烟档案体系的梳理模板，总体上分为会计资料基本情况、会计资料无纸化条件、是否可无纸化存档结论及备注，共计四部分内容。

其中,会计资料基本情况涉及会计资料序号、业务编号、业务类型、会计资料名称、会计资料大类、会计资料细类、会计资料来源、会计资料初始格式、现行存档格式、未来存档格式和来源信息系统。

会计资料无纸化条件源自《会计档案管理办法》《关于规范电子会计凭证报销入账归档的通知》和《企业会计信息化工作规范》三个文件。其中,企业内部形成的会计资料,只要符合《会计档案管理办法》中的 6 个条件,以及《企业会计信息化工作规范》中的 2 个条件,即可实现无纸化存档;而企业从外部接收的会计资料,则需要同时符合《会计档案管理办法》中的 7 个条件、《关于规范电子会计凭证报销入账归档的通知》中的 3 个条件,以及《企业会计信息化工作规范》中的 2 个条件,方可实现无纸化存档。

是否可无纸化存档结论,由 Excel 通过根据会计资料无纸化条件设置计算公式自动生成。

备注,是指其他需要说明的事项。

3) 定好档案体系梳理分工

分工协作是团队完成复杂工作的常用方式。会计档案体系梳理的过程通常涉及以下三类职责分工:

(1) 专家团队,主要讲解会计档案管理相关政策,提供会计档案体系的梳理模板,指导会计档案体系的梳理过程,审阅会计档案体系的梳理结果,由咨询专家和广西中烟报账业务和档案管理专家及财务领导共同担任。

(2) 现场团队,主要承担会计档案体系的具体梳理工作,即根据分配内容逐一梳理需存档的会计资料,针对每一条会计资料填充模板中的 25 个字段,并根据专家团队的审阅意见进行会计档案体系修正。

(3) 技术团队,主要负责来源信息系统的确认。

三方团队需要通力配合,缺一不可。

14.2.2 五项核心工作

在会计档案体系梳理的过程中,需要做好以下五项核心工作。

1) 合理划分会计资料的层级类别

会计资料的层级类别包括会计资料大类和会计资料细类。其中,会计资料大类是会计资料的总体分类。根据《会计档案管理办法》和广西中烟会计档案管理的实际情况,课题组将广西中烟的会计资料分为会计凭证类、会计账簿类、财务报告类、资金类、税务类、预算类、稽核审计类、其他类 8 个大类。会计资料细类是会计资料的细分分类。根据《会计档案管理办法》和广西中烟会计档案管理的实际情况,课题组将广西中烟的会计资料分为 68 个细类,如表 14-3 所示。

表 14-3　广西中烟会计资料细类清单

会计资料细类序号	会计资料细类编号及名称	会计资料细类序号	会计资料细类编号及名称
1	1. 会计凭证类	35	5.3.1 卷烟/烟丝/辅料出口合同
2	1.1 原始凭证	36	5.3.2 海关出口货物报关单
3	1.2 记账凭证	37	5.3.3 增值税普通发票
4	2. 会计账簿类	38	5.3.4 委托出口货物证明
5	2.1 总账	39	5.3.5 代理出口货物证明
6	2.2 明细账	40	5.3.6 出口卷烟离岸价计算表
7	2.3 日记账	41	5.3.7 免抵退申报表
8	2.4 固定资产卡片	42	5.4 其他税务类
9	2.5 资产盘点表	43	6. 预算类
10	2.6 其他辅助性账簿（账销案存往来账）	44	6.1 年度预算力争方案
11	3. 财务报告类	45	6.2 年度预算基本方案
12	3.1 月度会计报表	46	6.3 年度预算批复方案
13	3.1.1 度财务会计报表	47	6.4 年度预算调整力争方案
14	3.1.2 量本利报表	48	6.5 年度预算调整基本方案
15	3.1.3 物流费用报表	49	6.6 年度预算调整批复方案
16	3.1.4 卷烟产品流向表	50	6.7 年度预算执行情况报告
17	3.1.5 成本报表	51	7. 稽核审计类
18	3.1.6 月度成本分析报告	52	7.1 稽核报告
19	3.2 年度会计报告	53	7.1.1 日常稽核
20	4. 资金类	54	7.1.2 专项稽核
21	4.1 银行存款余额调节表	55	7.1.3 纳税审核报告
22	4.2 银行对账单	56	7.1.4 年度企业所得税审核报告
23	4.3 银行开户销户资料	57	7.2 审计报告
24	4.4 证券账户资产核查表	58	7.2.1 年度审计报告
25	4.5 其他资金类资料	59	7.2.2 管理建议书
26	4.5.1 银行票据盘点表	60	7.2.3 资产评估报告
27	4.5.2 银行保函盘点表	61	7.2.4 投资项目财务竣工决算报告
28	4.5.3 银行定期存单盘点表	62	7.2.5 资产损失鉴定报告
29	4.5.4 银行对账单账户列表	63	8. 其他类
30	4.5.5 资金日报表	64	8.1 会计档案移交清册
31	5. 税务类	65	8.2 会计档案保管清册
32	5.1 纳税申报表	66	8.3 会计档案销毁清册
33	5.2 增值税专用发票抵扣联（与发票联在一起）	67	8.4 会计档案鉴定意见书
34	5.3 卷烟出口税务资料	68	8.5 会计岗位交接清册

2）精准识别会计资料的初始格式

根据我国电子票据的发展和应用趋势,结合广西中烟会计档案管理的实务工作,课题组认为广西中烟的会计资料初始格式,从会计档案管理维度可划分为以下:纸质件、PDF 版式文件、OFD 版式文件、结构化数据、其他电子文件 5 类。其中,常见的纸质件包括纸质的增值税专用发票、增值税普通发票、财政票据、飞机票、火车票、轮船票、通用机打票、定额发票和国外票据等;常见的 PDF 版式文件包括增值税电子普通发票、增值税电子普通发票(通行费)、财政电子票据、电子客票、电子行程单、电子海关专用缴款书、银行电子回单等;常见的 OFD 版式文件包括增值税电子专用发票、增值税电子普通发票、银行电子回单等;结构化数据一方面源于通过系统对接实现的数据传递,包括企业内部系统之间的对接,也包括企业内外部系统之间的对接,另一方面源于 OCR 技术识别获取的结构化数据;其他电子文件,是指除版式文件之外的可视化电子文件,包括但不限于 PDF文档、Office 文档、图片文档等。

3）确切标识会计资料的来源系统

来源系统是指会计资料在归档之前所处的信息系统。广西中烟归档范围的会计资料涉及的来源信息系统共计 37 个,如表 14-4 所示。

表 14-4　广西中烟会计资料来源信息系统清单

来源信息系统序号	来源信息系统编号及名称	来源信息系统序号	来源信息系统编号及名称
1	1. 原料管理信息系统	16	8. NC 用友管理软件
2	2. 原料数字仓储信息系统	17	8.1 NC-总账子系统
3	3. ERP 企业资源计划系统	18	8.2 NC-应收管理子系统
4	3.1 ERP-人力资源管理子系统	19	8.3 NC-应付管理子系统
5	3.2 ERP-备件管理子系统	20	8.4 NC-固定资产管理子系统
6	3.3 ERP-成品管理子系统(库存)	21	8.5 NC-存货核算子系统
7	3.4 ERP-促销品管理子系统	22	8.6 NC-资产管理系统
8	3.5 ERP-零星物品管理子系统	23	8.7 NC-制造成本管理系统
9	3.6 ERP-信息资产管理子系统	24	8.8 NC-费用报销管理系统
10	3.7 ERP-销售业务管理子系统(卷烟销售/开票)	25	8.9 NC-预算管理系统
11	3.8 ERP-成品烟丝管理子系统	26	8.10 NC-现金银行
12	4. 供应链管理系统(辅料管理)	27	9. 报表管理系统
13	5. 卷烟产品协同研发系统(PDM)优化升级信息系统	28	10. 税务管理系统
14	6. 物流信息管理系统	29	11. 资金监管系统
15	7. 投资-采购系统(两项内控与投资管理系统)	30	12. 协同办公系统(OA)

（续表）

来源信息系统序号	来源信息系统编号及名称	来源信息系统序号	来源信息系统编号及名称
31	13. GX-MES生产制造执行系统	35	17. 会计档案管理系统
32	14. 员工餐厅售饭系统	36	18. 审计管理系统
33	15. 中烟电子交易平台（卷烟销售合同）	37	19. 中国国际贸易单一窗口
34	16. 增值税开票系统		

4）准确判断会计资料无纸化条件

根据上文"确定无纸化存档条件"这一基础工作可知，会计资料无纸化归档条件，可以《会计档案管理办法》中提出的基本条件为主线、以《关于规范电子会计凭证报销入账归档的通知》和《企业会计信息化工作规范》中提出的补充条件为辅助予以确定，如后文表 14-6 所示。从表 14-6 可见，企业内部形成的会计资料，只要符合《会计档案管理办法》中的 6 个条件（即 C1-C6），以及《企业会计信息化工作规范》中的 2 个条件（即 B1 和 B3），即可实现无纸化存档；而企业从外部接收的会计资料，则需要同时符合《会计档案管理办法》中的 7 个条件（即 C1-C7）、《关于规范电子会计凭证报销入账归档的通知》中的 3 个条件（即 C8-C10），以及《企业会计信息化工作规范》中的 2 个条件（即 B1 和 B3），方可实现无纸化存档。

5）做好档案体系的梳理文件整理

因档案体系梳理是需要多方团队协作完成的工作，为此，在档案体系梳理的过程中，可通过 Excel 文档和 Word 文档等方式来传递。其中，Excel 文档可用于档案体系的日常梳理工作，按业务类型和团队分工建立工作表（sheet 页），并建立档案体系汇总表（sheet 页），在汇总表中体现所有工作表、业务类型、双方团队负责人、梳理条数（区分总条数和非参照条数），以及按双方人员分工的梳理条数，以便所有相关人员了解档案体系梳理的整体情况。此外，在具体梳理档案体系时，允许某一小组在 Excel 文档中只保留自己负责部分的档案体系，并以业务类型和各方团队负责人为 Excel 文档命名。而 Word 文档，因其能够使用修订模式，体现修订前和修订后的行文变化，为此，比较适用于档案体系的多方审阅和最终结果呈现环节。

14.2.3 四项后续工作

在档案体系梳理完成之后，需要做好以下四项后续工作，以确保会计档案体系的生命力，促使广西中烟逐渐从档案的双套制管理过渡到单套制管理，即实现原生电子会计资料的无纸化存档。

1）关注电子会计档案试点验收的条件

根据国家档案局《企业电子文件归档和电子档案管理试点、企业数字档案馆（室）建设试点验收方案》可知,参与企业电子文件归档和电子档案管理试点的企业具备以下条件,可以申请验收:一是按照试点方案要求完成了试点任务,所试点业务系统电子文件归档技术方案(包括接口、收集、鉴定、整理、保管、统计、利用和销毁等)可行,所使用的电子档案管理系统功能完备;二是完成所试点业务系统至少一年形成的电子文件的归档工作,归档过程规范、元数据齐全、格式符合要求;三是编制形成了有关文档,形成了配套的管理制度、标准规范和工作模式。

验收过程中,专家组将从以下七个方面对试点企业的试点成果进行审核和评价:一是试点工作建设总体情况,二是基础设施建设情况,三是电子档案管理系统软件功能及测试情况,四是电子文件归档和电子档案管理情况,五是安全保密体系建设情况,六是规范制度建设情况,七是试点验收材料准备情况。

2) 申请电子会计凭证电子化处理试点

伴随大量电子票据(含电子发票、财政电子票据和电子回单等)的出现,财政部、国家档案局等单位针对电子会计凭证的存档合规性提出了具体要求,包括 2013 年 12 月发布的《关于组织开展电子发票及电子会计档案综合试点工作的通知》[①]、2015 年 12 月发布的《会计档案管理办法》[②]、2020 年 3 月发布的《关于规范电子会计凭证报销入账归档的通知》[③]、2021 年 2 月发布的《关于增值税电子专用发票电子化管理与操作有关问题的答问》[④],以及 2021 年 2 月联合发布的《关于进一步扩大增值税电子发票电子化报销、入账、归档试点工作的通知》[⑤]等。这一系列试点工作中,先后涌现出一批优秀的试点企业。

理论上,财政部和国家档案局发布有政策和法规,单位只要满足《会计档案管理办法》《关于规范电子会计凭证报销入账归档的通知》和《企业会计信息化工作规范》中规定的无纸化存档条件,就可以实现无纸化存档。但在实务工作中,多数单位对于无纸化存档的做法持谨慎态度,希望能够经由官方认证,以缓解无纸化存档带来的外来压力,如财政、审计、税务等部门的监督检查工作。课题组建议广西中烟通过广西壮族自治区财政部门和档案行政管理部门,积极参与电子会计档案的试点工作。

---

① 国家发展和改革委员会办公厅,财政部办公厅,国家税务总局办公厅,国家档案局办公室. 关于组织开展电子发票及电子会计档案综合试点工作的通知[EB/OL]. (2013-12-16)[2022-03-14]. http://www. chinatax. gov. cn/n810341/n810765/n812146/n812300/c1079873/content. html.

② 财政部.《会计档案管理办法》修订公布(附解读)[EB/OL]. (2015-12-11)[2022-03-14]. https://mp. weixin. qq. com/s/SeCRmL2i4n-J1ObCgUluqQ.

③ 财政部,国家档案局. 关于规范电子会计凭证报销入账归档的通知[EB/OL]. (2020-03-23)[2022-03-14]. http://www. mof. gov. cn/gkml/caizhengwengao/202001wg/wg202004/202007/t20200707_3545393. htm.

④ 财政部会计司,国家档案局经济科技档案业务指导司,国家税务总局货物和劳务税司. 关于增值税电子专用发票电子化管理与操作有关问题的答问[EB/OL]. (2021-02-05)[2022-03-14]. http://kjs. mof. gov. cn/zhengcejiedu/202102/t20210205_3654880. htm.

⑤ 国家档案局办公室,财政部办公厅,商务部办公厅,国家税务总局办公厅. 关于进一步扩大增值税电子发票电子化报销、入账、归档试点工作的通知[EB/OL]. (2021-02-22)[2022-03-14]. http://kjs. mof. gov. cn/gongzuotongzhi/202102/t20210222_3660199. htm.

3）尝试培养电子会计档案用户的习惯

据课题组观察,当前市面上的智能报销平台、会计核算系统和电子会计档案系统相对成熟,单位在梳理会计档案管理体系和建设电子会计档案管理系统之后,从技术层面和内部使用者层面来讲,比较容易实现和适应电子会计档案的无纸化管理,但在应对电子会计档案的外部使用者时却面临较大的困境。这些外部使用者包括但不限于外部审计机构、财政监督部门、税务稽查部门、纪检监察部门和司法部门等。

为进一步推广电子会计档案相关工作,课题组认为最重要的是通过大力宣传和培训,让电子会计档案的外部使用者认可和接受电子会计档案的形式,了解电子会计档案的优势,熟悉电子会计档案的使用,能够基于电子会计档案顺利开展相关工作。当然,也需要电子会计档案的主体单位能够科学建设电子会计档案系统,合规开展电子会计档案的管理工作,与电子会计档案的外部使用者做好沟通交流,为电子会计档案的外部使用者使用电子会计档案开展工作提供便利和帮助。

4）充分挖掘电子会计档案的使用价值

电子会计档案的推行,重在档案的保管和利用,且档案利用产生的价值尤为突出。课题组观察到有些先进的单位,如中国联合网络通信集团有限公司、碧桂园控股有限公司等,已经在满足电子会计档案管理合规性的基础上,创新性地开展了电子会计档案的利用工作,如同时存储电子会计档案的结构化数据和版式文件或影像文件,便于开展多维度的档案查询工作、档案追溯工作,以及档案分析工作、相关业务风险防范工作和决策支持工作,为会计的职能转型(从核算型转到管理型,从价值守护型转到价值创造型)提供了有利条件。

为此,课题组建议广西中烟在建设完成电子会计档案系统,实现原始电子会计资料的无纸化存档和纸质会计资料的电子化存档之后,能够充分重视并深度挖掘电子会计档案的利用价值,使其成为企业宝贵的数据资产,并对该数据资产进行有效运营,为财务的职能转型和企业的高质量发展添砖加瓦。

14.3 会计档案体系的梳理结果

14.3.1 梳理结果统计

经过三方团队近4个月的通力合作,截至2021年2月底,课题组梳理完成广西中烟会计档案体系,统计结果如表14-5所示。其中,梳理的会计档案总计条数为544条,非参照梳理的会计档案条数为299条,涉及日常差旅等81个业务类型,涵盖广西中烟所有需要存档的会计资料。

表 14-5　广西中烟档案体系梳理结果统计

序号	工作表	业务大类	业务类型	广西中烟负责人	SNAI 负责老师	梳理条数	梳理非参照条数
1	1 韦韬-刘梅玲	通用类	记账凭证	韦韬	刘梅玲	1	1
2	—	通用类	通用票据	韦韬	刘梅玲	20	20
3	—	通用类	银行回单	韦韬	刘梅玲	5	5
4	—	通用类	通用说明	韦韬	刘梅玲	4	4
5	—	通用类	通用合同	韦韬	刘梅玲	5	5
6	—	通用类	通用档案	韦韬	刘梅玲	9	9
7	2 邹亚玲-蒙桔峤-王纪平	支出类	捐赠支出	邹亚玲	王纪平	4	0
8	—	收入类	租金收入	邹亚玲	王纪平	3	0
9	—	收入类	补贴收入	邹亚玲	王纪平	3	2
10	—	支出类	利息支出	蒙桔峤	王纪平	7	1
11	—	收入类	利息收入	蒙桔峤	王纪平	3	0
12	3 黄莉-俞凌君-邹亚玲-肖莉文-沙彤-佟成生	预算类	预算	黄莉	佟成生	7	7
13	—	支出类	投资项目(建设)	俞凌君	佟成生	14	11
14	—	支出类	投资项目(无形资产)	俞凌君	佟成生	9	6
15	—	支出类	投资项目(固定资产)	俞凌君	佟成生	3	0
16	—	支出类	投资项目(投产)	俞凌君	佟成生	5	5
17	—	支出类	资产报废	俞凌君	佟成生	5	4
	—	会计账簿类	会计账簿	肖莉文	佟成生	6	6
18	—	财务报告类	财务报表	邹亚玲	佟成生	2	2
19	—	财务报告类	财务报告	邹亚玲	佟成生	2	2
20	—	稽核审计类	稽核	肖莉文	佟成生	3	3
21	—	资金类	资金报表	沙彤	佟成生	11	11
22	4 刘梅-漆珍-孔令翔-吴忠生	支出类	卷烟回购	刘梅	吴忠生	6	3
23	—	支出类	卷烟退货	刘梅	吴忠生	4	4
24	—	收入类	卷烟销售	刘梅	吴忠生	9	9
25	—	支出类	修理费	漆珍	吴忠生	10	10
26	—	支出类	租赁费	孔令翔	吴忠生	10	10
27	—	支出类	福利费	孔令翔	吴忠生	16	16
28	—	支出类	办公费	孔令翔	吴忠生	9	9
29	—	支出类	市内交通费	孔令翔	吴忠生	3	3

（续表）

序号	工作表	业务大类	业务类型	广西中烟负责人	SNAI负责老师	梳理条数	梳理非参照条数
30	5 邹亚玲-周淑芬-杜晓嫚-李昕凝	支出类	缴纳医疗、养老、工伤、失业保险	邹亚玲	李昕凝	5	3
31	—	支出类	缴纳企业年金	邹亚玲	李昕凝	5	2
32	—	支出类	缴纳住房公积金	邹亚玲	李昕凝	6	3
33	—	支出类	缴纳补充医疗保险	邹亚玲	李昕凝	7	2
34	—	支出类	发放职工工资（批量/网银/代发）	邹亚玲	李昕凝	5	2
35	—	支出类	原料仓水电费	周淑芬	李昕凝	6	1
36	—	支出类	仓库电费	周淑芬	李昕凝	9	4
37	—	支出类	仓库水费	周淑芬	李昕凝	9	4
38	—	支出类	管理部门办公场所电费	周淑芬	李昕凝	10	5
39	—	支出类	营销部门办公场所电费	周淑芬	李昕凝	5	1
40	—	支出类	代缴自有物业出租水电费	周淑芬	李昕凝	5	1
41	—	支出类	租赁宿舍水电费	周淑芬	李昕凝	6	1
42	—	支出类	福利场所水电费	周淑芬	李昕凝	6	1
43	—	支出类	管理部门办公场所电费、生产车间电费、原料仓电费、烟用材料仓电费、福利场所电费、第三方建筑施工电费	周淑芬	李昕凝	8	4
44	—	支出类	管理部门办公场所水费、生产车间水费、原料仓水费、烟用材料仓水费、福利场所水费、第三方建筑施工水费	周淑芬	李昕凝	8	4
45	—	支出类	税收	周淑芬	李昕凝	10	9
46	—	支出类	出口销售	周淑芬	李昕凝	11	6
47	6 黄薇-杨寅	支出类	日常差旅	黄薇	杨寅	8	0
48	—	支出类	自办会议差旅	黄薇	杨寅	9	3
49	—	支出类	外部会议差旅	黄薇	杨寅	5	0
50	—	支出类	外部培训差旅	黄薇	杨寅	8	0
51	—	支出类	内部培训差旅	黄薇	杨寅	12	4
52	—	支出类	长期出差（营销中心）	黄薇	杨寅	8	2
53	—	支出类	长期出差（原料）	黄薇	杨寅	8	2

（续表）

序号	工作表	业务大类	业务类型	广西中烟负责人	SNAI负责老师	梳理条数	梳理非参照条数
54	—	支出类	全员营销差旅	黄薇	杨寅	8	2
55	—	支出类	党建活动差旅	黄薇	杨寅	8	2
56	—	支出类	探亲	黄薇	杨寅	5	1
57	—	支出类	第一书记差旅	黄薇	杨寅	8	4
58	—	支出类	交流干部差旅	黄薇	杨寅	5	0
59	—	支出类	临时出国（境）费	黄薇	杨寅	8	3
60	7 郑杰-杨寅	支出类	自办会议	郑杰	杨寅	8	3
61	—	支出类	外部会议	郑杰	杨寅	4	0
62	—	支出类	项目专属论文版面费	郑杰	杨寅	6	2
63	—	支出类	自办培训费	郑杰	杨寅	8	3
64	—	支出类	外部培训费	郑杰	杨寅	5	0
65	—	支出类	业务招待	郑杰	杨寅	8	4
66	—	支出类	国内市场营销费	郑杰	杨寅	5	1
67	8 蒙桔峤-杨寅	支出类	原料采购	蒙桔峤	杨寅	11	5
68	—	支出类	原料采购暂估	蒙桔峤	杨寅	3	2
69	—	支出类	原料采购冲暂估	蒙桔峤	杨寅	3	2
70	—	收入类	原料销售	蒙桔峤	杨寅	10	6
71	—	转账类	烟叶费用分摊	蒙桔峤	杨寅	2	1
72	—	转账类	原料投产/非生产领用	蒙桔峤	杨寅	3	2
73	—	支出类	原料报废	蒙桔峤	杨寅	5	3
74	9 谢超峰-杨寅	支出类	物资采购	谢超峰	杨寅	12	4
75	—	支出类	物资采购暂估	蒙桔峤	杨寅	3	2
76	—	支出类	物资采购冲暂估	蒙桔峤	杨寅	3	2
77	—	转账类	物资移库	谢超峰	杨寅	8	2
78	—	转账类	物资出库	蒙桔峤	杨寅	3	2
79	—	收入类	辅料销售	蒙桔峤	杨寅	7	4
80	—	转账类	物资投产/非生产领用	蒙桔峤	杨寅	3	2
81	—	支出类	物资报废	蒙桔峤	杨寅	5	3
	选项清单	—	—	—	—		
	初始分工	—	—	—	—		
	合计	—	—	—	—	544	299

14.3.2 梳理结果示例

具体的审核规则总体上分为会计资料基本情况、会计资料无纸化条件、是否可无纸化存档结论以及备注四个方面的明细，如表 14-6 所示。

（1）"序号"是会计资料的分类编号，每类会计资料从 1 开始按顺序编号。如会计资料"PDF 电子票据"的序号为"3"。

（2）"业务编号"取自末级报账业务分类编号。如会计资料"PDF 电子票据"的业务编号为"通用"，代表本条规则适用于所有 PDF 格式的电子票据。

（3）"业务类型"是 NC 财务系统内置发票类型。如会计资料"PDF 电子票据"的业务类型为"通用票据"，代表本条规则适用于所有 PDF 格式的电子票据。

（4）"会计资料名称"是会计资料的标准名称。如"PDF 电子票据"是格式为 PDF 的版式文件的会计资料标准名称。

（5）"会计资料大类"是会计资料的总体分类。如会计资料"PDF 电子票据"的会计资料大类为"1. 会计凭证类"。

（6）"会计资料细类"是会计资料的细分分类。如会计资料"PDF 电子票据"的会计资料细类为"1.1 原始凭证"。

（7）"会计资料来源"，根据《会计档案管理办法》可分为两个，一是内部形成，二是从外部接收。如会计资料"PDF 电子票据"的会计资料来源为"从外部接收"。

（8）"会计资料初始格式"，根据我国电子票据的发展和应用趋势，结合广西中烟会计档案管理的实务工作，课题组认为广西中烟的会计资料初始格式，从会计档案管理维度可划分为：纸质件、PDF 版式文件、OFD 版式文件、结构化数据、其他电子文件五类。如会计资料"PDF 电子票据"的会计资料初始格式为"PDF 版式文件"。

（9）"现行存档格式"，是指广西中烟对某一会计资料现行的存档格式，可划分为：纸质、电子、纸质＋电子三类。如会计资料"PDF 电子票据"的现行存档格式为"纸质＋电子"。

（10）"未来存档格式"，是指广西中烟对某一会计资料未来 3 年的理想存档格式，可划分为：纸质、电子、纸质＋电子三类。如会计资料"PDF 电子票据"的未来存档格式为"电子"。

（11）"来源信息系统"，是指"会计资料来源"为"内部形成"的会计资料，来自的信息系统标准名称。广西中烟的来源信息系统共计 37 个，清单如表 14-4 所示。如会计资料"记账凭证"的来源信息系统为"8.1 NC-总账子系统"。

（12）"C1-C6"，以及"B1""B3"，是广西中烟"内部形成"会计资料无纸化存档的条件；"C1-C10"，以及"B1""B3"，是广西中烟"从外部接收"的会计资料无纸化存档的条件。

表 14-6　广西中烟会计档案体系明细表示例（通用票据）

会计资料基本情况											《会计档案管理办法》							《关于规范电子会计凭证报销入账归档的通知》			《企业会计信息化工作规范》		备注	
序号	业务编号	业务类型	会计资料名称	会计资料大类 1.会计凭证类 2.会计账簿类 3.财务报告类 4.金税类 5.税务类 6.预算类 7.稽核审计类 8.其他类	会计资料细类 参见（选项清单）会计资料细类	会计资料来源 内部形成 从外部接收	会计资料初始格式 1.纸质 2.电子 3.纸质+电子文件 4.结构化数据 5.其他电子文件	存档格式（现状）1.纸质 2.电子 3.纸质+电子	存档格式（未来3年）1.纸质 2.电子 3.纸质+电子	来源信息系统 参见（选项清单）来源信息系统	C1 （一）形成的电子会计资料来源真实、有效，由计算机等电子设备形成和传输	C2 （二）使用的会计核算系统能够准确、完整、有效接收和读取电子会计资料，能够输出符合国家标准格式的会计凭证、会计账簿、财务会计报表等会计资料	C3 （三）使用的电子档案管理系统能够有效接收、管理、利用电子会计档案，符合电子档案的长期保管要求，并建立了电子会计档案与相关联的其他会计资料的检索关系	C4 （四）采取有效措施，防止电子会计档案被篡改	C5 （五）建立电子会计档案备份制度，能够有效防范自然灾害、意外事故和人为破坏的影响	C6 （六）形成的电子会计资料不属于具有永久保存价值或者其他重要保存价值的会计档案	C7 单位从外部接收的电子会计资料附有符合《中华人民共和国电子签名法》规定的电子签名的，可以仅以电子形式保存，形成电子会计档案	C8 （一）接收的电子会计凭证经查验，合法、真实	C9 （二）电子会计凭证的元数据，能够使用会计核算系统准确、完整、有效接收读取，能够按照国家档案管理行政部门规定格式输出	C10 （三）使用的会计核算系统有效防止电子会计凭证重复入账	B1 （一）所记载的事项属于本企业重复发生的日常业务	B3 （三）可及时在企业信息系统中以人类可读形式查询和编出	是否可无纸化存档结论	备注
1	通用	记账凭证	记账凭证	1.会计凭证类	1.2 记账凭证	内部形成	4.结构化数据	3.纸质+电子	2.电子	8.1 NC-总账子系统	√	√	√	√	√	√	—	—	—	—	√	√	是	—

（续表）

序号	大类	中类	名称	凭证大类	凭证小类	来源	文件类型	归档形式		相关系统	是否													说明
2	通用	通用票据	纸质票据	1.会计凭证类	1.1 原始凭证	从外部接收	1.纸质原件	3.纸质+电子	3.纸质+电子	—	否	—	—	—	—	—	—	—	—	—	—	—	—	包含纸质的增值税专用发票、增值税普通发票、财政发票、火车票、飞机票、轮船票、通用机打票、定额发票、国外票据等
3	通用	通用票据	PDF电子票据	1.会计凭证类	1.1 原始凭证	从外部接收	2.PDF版式文件	3.纸质+电子	2.电子	—	是	√	√	√	√	√	√	—	√	√	√	√	√	包含增值税电子专用发票、增值税电子普通发票、增值税普通发票（通行费）、财政电子票据等
4	通用	通用票据	OFD电子票据	1.会计凭证类	1.1 原始凭证	从外部接收	3.OFD版式文件	3.纸质+电子	2.电子	—	是	√	√	√	√	√	√	√	√	√	√	√	√	包含增值税电子专用发票、增值税电子普通发票等，以及开具的增值税专用发票
5	通用	通用票据	电子票据	1.会计凭证类	1.1 原始凭证	从外部接收	5.其他电子文件	3.纸质+电子	2.电子	—	否	√	—	—	√	√	√	√	√	√	√	√	√	针对没有电子签章的电子票据，如图片格式
6	通用	通用票据	平台乘车行程单	1.会计凭证类	1.1 原始凭证	从外部接收	5.其他电子文件	3.纸质+电子	2.电子	—	是	√	√	√	√	√	√	√	√	√	√	√	√	与增值税电子普通发票一体（发票上的电子签名，可认为对行程单有效），其他平台单做类似处理
7	通用	通用票据	报销面单	1.会计凭证类	1.2 原始凭证	内部形成	4.结构化数据	3.纸质+电子	2.电子	8.8 NC-费用报销管理系统	是	√	√	√	—	—	—	√	√	√	√	√	√	报销面单包括付款审批单、差旅审批单、费用审批单、合同付款单等

（13）"是否可无纸化"是指该会计资料是否可以无纸化存档，可通过计算公式自动出具计算结果。如会计资料"PDF 电子票据"对应的"是否可无纸化"列中 X7 的计算公式为：＝IF(G6＝"",＂"",IF(G6＝"内部形成",IF(AND(L6＝"√", M6＝"√", N6＝"√", O6＝"√", P6＝"√", Q6＝"√", V6＝"√", W6＝"√"),"是","否"),IF(AND(L6＝"√", M6＝"√", N6＝"√", O6＝"√", P6＝"√", Q6＝"√", R6＝"√", S6＝"√", T6＝"√", U6＝"√", V6＝"√", W6＝"√"),"是","否"))),计算结果为"是"，即广西中烟的 PDF 电子票据可以进行无纸化存档。

（14）"备注"主要用于说明 A 列到 X 列的未尽事宜。如名称为"纸质票据"的会计资料对应的"备注"列内容为广西中烟目前涉及的纸质票据，包括纸质的增值税专用发票、增值税普通发票、财政票据、飞机票、火车票、轮船票、通用机打票、定额发票和国外票据等。

第 15 章

通用会计凭证类会计档案梳理

会计凭证包括记账凭证和原始凭证。广西中烟通用会计凭证类会计档案,包括归档范围的记账凭证和原始凭证,其中原始凭证包括通用票据、银行回单、通用说明和通用合同。

15.1 记账凭证

广西中烟与记账凭证相关的无纸化存档判断规则仅有 1 条,如表 15-1 所示。

15.2 通用票据

通用票据包括智能报账涉及到的各类纸质票据和电子票据,广西中烟与通用票据相关的无纸化存档判断规则有 20 条,如表 15-2 所示。

15.3 银行回单

银行回单包括来自不同关联银行的纸质银行回单和电子银行回单,广西中烟与银行回单相关的无纸化存档判断规则有 5 条,如表 15-3 所示。

15.4 通用说明

广西中烟通用说明包括报账情况说明、部门请示等通用的报账说明类文件,与通用说明相关的无纸化存档判断规则有 4 条,如表 15-4 所示。

15.5 通用合同

广西中烟通用合同包括合同信息、合同验收书等通用的报账合同及相关文件,与通用合同相关的无纸化存档判断规则有 5 条,如表 15-5 所示。

表 15-1　无纸化存档判断规则——记账凭证

序号	业务编号	业务类型	会计资料名称	会计资料大类	会计资料细类	会计资料来源	会计资料初始格式	存档格式	来源信息系统	C1	C2	C3	C4	C5	C6	C7	C8	C9	C10	B1	B3	可否无纸化	备注
—	—	—	—	会计资料基本信息(现状)						《会计档案管理办法》							《关于规范电子会计凭证报销入账归档的通知》			《企业会计信息化工作规范》		—	—
—	—	—	—	会计资料大类	会计资料细类	会计资料来源	会计资料初始格式	存档格式	来源信息系统	(一)形成的电子会计资料来源真实有效,由计算机等电子设备形成和传输	(二)使用的会计核算系统能够准确、完整、有效接收和读取电子会计资料,能够输出符合国家标准归档格式的会计凭证、会计账簿、财务会计报表等会计资料	(三)使用的电子档案管理系统能够有效接收、管理、利用电子会计档案,符合电子档案的长期保管要求,并建立了电子会计档案与相关联的其他会计资料之间的检索关系	(四)采取有效措施,防止电子会计档案被篡改	(五)建立电子会计档案备份制度,能够有效防范自然灾害、意外事故和人为破坏的影响	(六)形成的电子会计资料不具有重要保存价值或者其保存价值不高	单位从外部接收的电子会计资料附有符合《中华人民共和国电子签名法》规定的电子签名的,可仅以电子形式归档保存电子会计档案	(一)接收的电子会计凭证经查验合法、真实	(三)电子会计凭证的元数据,能被使用的会计核算系统准确、完整、有效接收读取,能够按照国家行政档案管理部门规定格式输出	(三)使用的会计核算系统能有效防止电子会计凭证重复入账	(一)所记载的事项属于企业重复发生的日常业务	(三)可及时在企业信息系统中以人类可读形式查询和输出	是 否	—
—	—	—	—	1.会计凭证类 2.会计账簿类 3.财务报告类 4.资金类 5.税务类 6.预算类 7.稽核类 8.其他类	参见(选项清单/会计资料细类)	内部形成 从外部接收	1.纸质 2.PDF版式文件 3.OFD版式文件 4.结构化数据 5.其他电子文件	参见(选项清单) 1.纸质 2.电子 3.纸质+电子(现状) 3.纸质+电子(未来3年)	来源信息系统	C1	C2	C3	C4	C5	C6	C7	C8	C9	C10	B1	B3	—	—
1	通用	记账凭证	记账凭证	1.会计凭证类	1.2 记账凭证	内部形成	4.结构化数据	3.纸质+电子	8.1 NC-总账系统	√	√	√	√	√	√		—	—	—	√	√	是	—

表15-2 无纸化存档判断规则——通用票据

序号/业务编号	业务类型	会计资料名称	会计资料基本信息（现状）							《会计档案管理办法》							《关于规范电子会计凭证报销入账归档的通知》			《企业会计信息化工作规范》		备注
			会计资料大类	会计资料细类	会计资料来源	会计资料初始格式	存档格式	存档格式	来源信息系统	C1	C2	C3	C4	C5	C6	C7	C8	C9	C10	B1	B3	
			1.会计凭证类 2.会计账簿类 3.财务报告类 4.资金类 5.税务类 6.预算类 7.稽核审计类 8.其他	参见（选项清单/资料细类）	内部形成/从外部接收	1.纸质文件 2.PDF版式文件 3.OFD版式文件	1.纸质文件 2.电子文件 3.结构化数据 4.能归档的会计资料 5.其他电子文件	1.纸质 2.电子 3.纸质+电子（现状）	参见（选项清单/信息系统）	（一）形成的电子会计资料来源真实、有效，由计算机等电子设备形成和传输	（二）使用的会计核算系统能够准确、完整、有效接收和读取电子会计资料，能输出符合国家标准归档格式的会计凭证、会计账簿、财务会计报表等会计资料	（三）使用的电子档案管理系统能够有效接收、管理、利用电子会计档案，符合电子档案的长期保存要求，并建立了电子会计档案与相关联的其他会计资料的检索关系	（四）采取有效措施，防止电子会计档案被篡改	（五）建立电子会计档案备份制度，能够有效防范自然灾害、意外事故和人为破坏的影响	（六）形成的电子会计资料不具有其他保存价值或者重要保存价值的会计档案	单位从外部接收的电子资料附有符合《中华人民共和国电子签名法》规定的电子签名的，可仅以电子形式保存，形成电子会计档案	（一）接收的电子会计凭证经查验，合法、真实	（二）电子会计凭证的来源和传输的元数据被使用的会计核算系统准确、完整、有效接收和读取，能够按照国家档案行政管理部门规定格式输出	（三）使用的会计核算系统能有效防止电子会计凭证重复入账	（一）所记载的事项属于本企业发生的日常重复性业务	（三）可及时在企业信息系统中以人类可读形式查询和输出 是/否/无纸化	
1	通用票据	纸质票据	1.会计凭证类	1.1原始凭证类	从外部接收	1.纸质原件	3.纸质+电子	3.纸质+电子	—	—	—	—	—	—	—	—	—	—	—	—	否	包含各纸质的增值税专用发票、增值税普通发票、飞机票、轮船票、财政票据、火车票、定额票、通用机打票、国外票据等

（续表）

序号	业务编号	业务类型	会计资料名称	会计资料大类	会计资料细类	会计资料来源	会计资料初始格式	存档格式	存档格式	来源信息系统	C1	C2	C3	C4	C5	C6	C7	C8	C9	C10	B1	B3	
2	通用	通用票据	电子票据	1.会计凭证类	1.1原始凭证	从外部接收	2.PDF版式文件	3.纸质+电子	2.电子	—	√	√	√	√	√	√	√	√	√	√	√	√	是	包含增值税电子专用发票,增值税电子普通发票,财政电子票据等
3	通用	通用票据	电子票据	1.会计凭证类	1.1原始凭证	从外部接收	3.OFD版式文件	3.纸质+电子	2.电子	—	√	√	√	√	√	√	√	√	√	√	√	√	是	包含增值税电子专用发票,增值税电子普通发票等,以及开具的增值税专用发票
4	通用	通用票据	电子票据	1.会计凭证类	1.1原始凭证	从外部接收	5.其他电子文件	3.纸质+电子	2.电子	—	√	√	√	√	√	√	—	√	—	—	√	√	否	针对没有电子签章的电子票据,如图片格式
5	通用	通用票据	平台乘车行程单	1.会计凭证类	1.2原始凭证	从外部接收	5.其他电子文件	3.纸质+电子	2.电子	—	√	√	√	√	√	√	√	√	√	√	√	√	是	与增值税普通发票一体(发票)上的电子行程单认为对行程单有效,其他做类似处理
6	通用	通用票据	报销面单	1.会计凭证类	1.2原始凭证	内部形成	4.结构化数据	3.纸质+电子	2.电子	8.8 NC-费用报销管理系统	—	√	√	√	√	√	√	√	√	—	√	√	是	报销面单包括付款审批单、差旅审批单、费用审批单、合同付款单等
7	通用	通用票据	支付补登单	1.会计凭证类	1.2原始凭证	内部形成	4.结构化数据	3.纸质+电子	2.电子	8.8 NC-费用报销管理系统	—	√	√	√	√	√	—	√	√	—	√	√	是	由出纳填写

（续表）

序号	业务编号	业务类型	会计资料名称	会计资料大类	会计资料细类	会计资料来源	会计资料初始格式	存档格式	存档格式	来源信息系统	C1	C2	C3	C4	C5	C6	C7	C8	C9	C10	B1	B3		
8	通用	通用票据	内部电子附件	1.会计凭证类	1.2记账凭证	内部形成	4.结构化数据	3.纸质+电子	2.电子	8.1 NC-总账子系统	√	√	√	—	√	√	—	—	—	—	√	√	是	—
9	通用	通用票据	业务审批表	1.会计凭证类	1.1原始凭证	内部形成	1.纸质件	3.纸质+电子	3.纸质+电子	—	—	—	√	—	—	√	—	—	—	—	—	—	否	—
10	通用	通用票据	业务审批表	1.会计凭证类	1.1原始凭证	内部形成	4.结构化数据	3.纸质+电子	2.电子	12.协同办公系统（OA）	√	√	√	—	√	√	—	—	—	—	√	√	是	针对格式规范的审批文件，如客餐申请审批表、客餐申请表、用车申请表、公务用机动车维修申请单、科技项目论文发表审批、工程项目进度款申报审批、员工因公出差培训审批表，以及接待审批、退票审批等
11	通用	通知（培训&会议）	通知（培训&会议）	1.会计凭证类	1.1原始凭证	内部形成	1.纸质件	3.纸质+电子	3.纸质+电子	—	√	√	√	√	√	—	—	—	—	—	—	—	否	—
12	通用	通知（培训&会议）	通知（培训&会议）	1.会计凭证类	1.1原始凭证	内部形成	4.结构化数据	3.纸质+电子	2.电子	12.协同办公系统（OA）	√	√	√	√	√	—	—	—	—	—	√	√	是	—
13	通用	通知（培训&会议）	通知（培训&会议）	1.会计凭证类	1.1原始凭证	从外部接收	5.其他电子文件	3.纸质+电子	3.纸质+电子	—	√	√	√	√	√	—	—	—	—	—	√	√	否	—

（续表）

序号	业务编号	业务类型	会计资料名称	会计资料大类	会计资料细类	会计资料来源	会计资料初始格式	存档格式	存档格式	来源信息系统	C1	C2	C3	C4	C5	C6	C7	C8	C9	C10	B1	B3		备注
14	通用	通用票据	通知（培训&会议）	1.会计凭证类	1.1原始凭证	从外部接收	1.纸质件	3.纸质+电子	4.纸质+电子		—	—	—	—	—	—	—	—	—	—	—	—	否	—
15	通用	通用票据	开具的纸质专票	1.会计凭证类	1.1原始凭证	从外部接收	1.纸质件	3.纸质+电子	3.纸质+电子	16.增值税开票系统	—	—	—	—	—	—	—	—	—	—	—	—	否	包含开具的增值税纸质专用发票
16	通用	通用票据	开具的纸质普票	1.会计凭证类	1.1原始凭证	从外部接收	1.纸质件	3.纸质+电子	3.纸质+电子	16.增值税开票系统	—	—	—	—	—	—	—	—	—	—	—	—	否	包含开具的增值税普通发票，如卷烟销售出口业务
17	通用	通用票据	开具的电子专票	2.会计凭证类	1.2原始凭证	从外部接收	3.OFD版式文件	4.纸质+电子	3.电子	16.增值税开票系统	√	√	√	√	√	√	√	—	√	—	√	√	是	包含开具的增值税电子专用发票
18	通用	通用票据	开具的电子票	2.会计凭证类	1.2原始凭证	从外部接收	4.结构化数据	4.纸质+电子	3.电子	3.7 ERP-销售业务管理子系统（卷烟销售/开票）	√	√	√	√	√	√	√	—	√	—	√	√	是	包含卷烟销售业务开具的增值税专用发票明细数据
19	通用	通用票据	开具的电子收据	2.会计凭证类	1.2原始凭证	从外部接收	4.结构化数据	4.纸质+电子	3.纸质+电子	11.资金监管系统	√	√	—	—	√	√	—	—	—	—	√	—	否	开具的电子收据，针对收到其他单位的转账，如安全风险金、履约保证金，以及相关项目的罚款金等
20	通用	通用票据	发票分割单	2.会计凭证类	1.2原始凭证	从外部接收	1.纸质件	4.纸质+电子	3.纸质+电子		—	—	—	—	—	—	—	—	—	—	—	—	否	—

表15-3 无纸化存档判断规则——银行回单

序号	业务编号	业务类型	会计资料名称	会计资料大类	会计资料细类	会计资料来源（内部形成/从外部接收）	会计资料初始格式	存档格式	来源信息系统（参见选项清单/来源信息）	C1（一）形成的电子会计资料来源真实有效，由计算机等电子设备形成和传输	C2（二）使用的会计核算系统能够准确、完整、有效接收和读取电子会计资料，输出符合国家标准归档格式的会计凭证、会计账簿、财务会计报表等会计资料，设定了经办、审核、审批等必要的审签程序（具体审签模块）	C3（三）使用的电子档案管理系统能够有效接收、管理、利用电子会计档案，符合电子档案的长期保管要求，并建立了电子会计档案与相关联的其他纸质会计档案的检索关系	C4（四）采取有效措施，防止电子会计档案被篡改	C5（五）建立电子会计档案备份制度，能够有效防范自然灾害、意外事故和人为破坏的影响	C6（六）形成的电子会计资料不具有其他具有长久保存价值或者重要保存价值的会计档案	C7 单位从外部接收的电子会计资料附有符合《中华人民共和国电子签名法》规定的电子签名的，可仅以电子形式归存，形成电子会计档案	C8（一）接收的电子会计凭证经查验合法、真实	C9（二）电子会计凭证的元数据能够使用的电子会计凭证核算系统准确、完整、有效接收和读取，能够按照国家档案行政管理部门规定格式输出	C10（三）使用的会计核算系统有效防止电子会计凭证重复入账	B1（一）所记载的事项属于企业重复发生的日常业务	B3（三）可及时在企业信息系统中以人类可读形式查询和输出	是否可无纸化	备注
1	通用	银行回单	纸质回单	1.会计凭证类	1.1原始凭证	从外部接收	1.纸质原件	3.纸质+电子	—	—	—	—	—	—	—	—	—	—	—	—	—	否	针对纸质的银行回单
2	通用	银行回单	电子回单	1.会计凭证类	1.1原始凭证	从外部接收	2.PDF版式文件	2.电子	—	√	√	√	√	√	√	√	√	√	√	√	√	是	针对PDF格式的、带有电子签章的银行回单
3	通用	银行回单	电子回单	1.会计凭证类	1.1原始凭证	从外部接收	3.OFD版式文件	2.电子	—	√	√	√	√	√	√	√	√	√	√	√	√	是	针对OFD格式的、带有电子签章的银行回单

（续表）

序号编号	业务类型	会计资料名称	会计资料大类	会计资料细类	会计资料来源	会计资料初始格式	存档格式	存档格式	来源信息系统	C1	C2	C3	C4	C5	C6	C7	C8	C9	C10	B1	B3	是否可无纸质化	备注
4	通用	电子回单	1.会计凭证类	1.1 原始凭证	从外部接收	5.其他电子文件	3.纸质+电子	3.纸质+电子	—	√	√	√	√	√	√	√	√	√	√	√	√	是	针对电子格式，不带电子签章的可进行查验的回单，视为有电子签章
5	通用	电子回单	1.会计凭证类	1.1 原始凭证	从外部接收	5.其他电子文件	3.纸质+电子	3.纸质+电子	—	√	√	√	√	√	√	√	—	—	—	√	√	否	针对电子格式，不带电子签章的无法查验的电子回单

表 15-4　无纸化存档判断规则——通用说明

会计资料基本信息（现状）							《会计档案管理办法》						《关于规范电子会计凭证报销入账归档的通知》			《企业会计信息化工作规范》			备注
会计资料大类	会计资料细类	内部形成/从外部接收	会计资料初始格式	存档格式（现状）	存档格式（未来3年）	来源信息系统（选填）	C1	C2	C3	C4	C5	C6	C7	C8	C9	C10	B1	B3	
1.会计凭证类 2.会计账簿类 3.财务会计报告类 4.资金类 5.金税类 6.预算类 7.稽核审计类 8.其他类	参见（选填）清单（会计资料细类）	内部形成/从外部接收	1.纸质版式文件 2.PDF 3.OFD版式文件 4.结构化数据 5.其他电子文件	1.纸质 2.电子 3.纸质+电子（现状）	1.纸质 2.电子 3.纸质+电子（未来3年）	参见（选填）清单（来源信息系统）	（一）形成的电子会计资料来源真实、有效，由计算机等电子设备形成和传输	（二）使用的会计核算系统能够准确、完整、有效接收和读取电子会计资料，能够输出符合国家标准归档格式的会计凭证、会计账簿、财务会计报表等会计资料	（三）使用的电子档案管理系统能够有效接收、管理、利用电子会计档案，符合电子档案的长期保管要求，并建立了电子会计资料与相关联的其他会计资料之间的检索关系（具体审核、审批等必要的审批程序和模块）	（四）采取有效措施，防止电子会计档案被篡改	（五）建立电子会计档案备份制度，能够有效防范自然灾害、意外事故和人为破坏的影响	（六）形成的电子会计资料附有符合《中华人民共和国电子签名法》规定的电子签名	单位从外部接收的电子会计资料附件中不属于电子会计资料的其他会计资料，能够与电子会计资料可靠对应，可以反映经济业务事项的原始面貌（仅以电子形式保存，形成电子会计档案）	（一）接收的电子会计凭证符合《中华人民共和国电子签名法》规定的，其电子签名有效的，可仅以电子形式保存，形成电子会计档案	（二）电子会计凭证的元数据使用的会计核算系统完整、有效接收和读取的电子会计凭证经济合法、真实	（三）电子会计凭证的会计核算系统能够按照国家档案行政管理部门规定的格式输出	（一）记载的事项属于企业重复发生的日常业务	（二）使用的会计核算系统能够有效防止电子会计凭证重复入账	（三）可及时在企业信息系统中以可读形式查询和输出	是否可无纸质化

（续表）

序号	业务编号	业务类型	会计资料基本信息（现状）								《会计档案管理办法》							《关于规范电子会计凭证报销入账归档的通知》			《企业会计信息化工作规范》		—	—
			会计资料名称	会计资料大类	会计资料细类	会计资料来源	会计资料初始格式	存档格式	存档格式	来源信息系统	C1	C2	C3	C4	C5	C6	C7	C8	C9	C10	B1	B3		
1	通用	通用说明	报账情况说明	1.会计凭证类	1.1原始凭证	内部形成	5.其他电子文件	3.纸质＋电子	2.电子	12.协同办公系统（OA）	√	√	√	√	√	√	—	—	—	—	√	√	是	参照通用合同-合同验收书
2	通用	通用说明	报账情况说明	1.会计凭证类	1.1原始凭证	内部形成	1.纸质原件	3.纸质＋电子	3.纸质＋电子	—	—	—	√	√	√	√	—	—	—	—	√	√	否	针对手写的报账情况说明
3	通用	通用说明	部门请示	1.会计凭证类	1.1原始凭证	内部形成	5.其他电子文件	3.纸质＋电子	2.电子	12.协同办公系统（OA）	√	√	√	√	√	√	—	—	—	—	√	√	是	针对在OA中提交的请示
4	通用	通用说明	部门请示	1.会计凭证类	1.1原始凭证	内部形成	1.纸质原件	3.纸质＋电子	3.纸质＋电子	—	—	—	√	√	√	√	—	—	—	—	√	√	否	针对手写的请示

表 15-5　无纸化存档判断规则——通用合同

序号	业务编号	业务类型	会计资料名称	会计资料基本信息（现状）							《会计档案管理办法》							《关于规范电子会计凭证报销入账归档的通知》			《企业会计信息化工作规范》		是否可无纸化	备注
				会计资料大类	会计资料细类	会计资料来源	会计资料初始格式	存档格式	存档格式（未来3年）	来源信息系统	C1	C2	C3	C4	C5	C6	C7	C8	C9	C10	B1	B3		
1	通用	通用合同	合同信息	1.会计凭证类	1.1 原始凭证	从外部接收	1.纸质原件	3.纸质+电子	3.纸质+电子														否	卷烟出口合同只有纸质合同

（续表）

序号	业务编号	业务类型	会计资料名称	会计资料大类	会计资料细类	会计资料来源	会计资料初始格式	存档格式	存档格式	来源信息系统	C1	C2	C3	C4	C5	C6	C7	C8	C9	C10	B1	B3	是/否	备注
2	通用	通用合同	合同信息	1.会计凭证类	1.1 原始凭证	从外部接收	5.其他电子文件	3.纸质+电子	2.电子	—	√	√	√	√	√	√	√	√	√	√	√	√	是	卷烟销售合同,目前有电子合同,但无法下载
3	通用	通用合同	合同信息	1.会计凭证类	1.1 原始凭证	内部形成	4.结构化数据	3.纸质+电子	2.电子	7.投资采购系统（两项内控与投资管理系统）	√	√	√	√	√	√	—	—	—	—	√	√	是	卷烟销售合同,卷烟出口合同除外
4	通用	通用合同	合同验收书	1.会计凭证类	1.1 原始凭证	内部形成	4.结构化数据	3.纸质+电子	2.电子	7.投资采购系统（两项内控与投资管理系统）	√	√	√	√	√	√	—	—	—	—	√	√	是	—
5	通用	通用合同	对方收款信息	1.会计凭证类	1.1 原始凭证	从外部接收	1.纸质文件	3.纸质+电子	3.纸质+电子	—	√	—	—	—	—	—	—	—	—	—	√	√	否	一般只有无合同付款需要对方提供该证明

第 16 章

支出会计凭证类会计档案梳理

广西中烟支出会计凭证类会计档案,涉及所有对公、对私支付的业务,也是广西中烟智能报账涵盖的范畴。

16.1 卷烟回购

广西中烟与卷烟回购相关的无纸化存档判断规则有 6 条,如表 16-1 所示。

16.2 卷烟退货

广西中烟与卷烟退货相关的无纸化存档判断规则有 4 条,如表 16-2 所示。

16.3 原料采购与报废

16.3.1 原料采购

广西中烟原料采购相关业务包括原料采购、原料采购暂估和原料采购冲暂估,与原料采购相关的无纸化存档判断规则有 17 条,如表 16-3 所示。

16.3.2 原料报废

广西中烟与原料报废相关的无纸化存档判断规则有 5 条,如表 16-4 所示。

16.4 物资采购与报废

16.4.1 物资采购

广西中烟物资采购相关业务包括物资采购、物资采购暂估和物资采购冲暂估,与物资采购相关的无纸化存档判断规则有 18 条,如表 16-5 所示。

表 16-1 无纸化存档判断规则——卷烟回购

序号	业务编号	业务类型	会计资料基本信息（现状）							无纸化存档判断规则													备注
			会计资料名称	会计资料大类 1.会计凭证类 2.会计账簿类 3.财务报告类 4.资金类 5.税务类 6.预算类 7.稽核审计类 8.其他类	会计资料细类 参见（选项/清单/会计资料明细）	会计资料来源 内部形成/从外部接收	会计资料初始格式 1.纸质原件 2.PDF版式文件 3.OFD版式文件 4.结构化数据 5.其他电子文件	存档格式 （现状） 1.纸质 2.电子 3.纸质+电子	来源信息系统（未来3年） 1.纸质 2.电子 3.纸质+电子	《会计档案管理办法》							《关于规范电子会计凭证报销入账归档的通知》			《企业会计信息化工作规范》		
										C1	C2	C3	C4	C5	C6	C7	C8	C9	C10	B1	B3	
—	—	—	—	—	—	—	—	—	—	（一）形成的电子会计资料来源真实、有效、由计算机等电子设备形成和传输	（二）使用的会计核算系统能够准确、完整、有效接收和读取电子会计资料，能输出符合国家标准归档格式的会计凭证、会计账簿、财务会计报表等会计资料	（三）使用的电子档案管理系统能够有效接收、管理、利用电子会计档案，符合电子档案的长期保管要求，并建立了电子会计档案与相关联的其他纸质会计档案的检索关系	（四）采取有效措施，防止电子会计档案被篡改	（五）建立电子会计档案备份制度，能够有效防范自然灾害、意外事故和人为破坏的影响	（六）形成的电子会计资料不具有永久保存或者其他重要保存价值的会计档案	单位从外部接收的电子会计资料附有符合《中华人民共和国电子签名法》规定的电子签名的，可仅以电子形式保存，形成电子会计档案	（一）接收的电子会计凭证经查验合法、真实	（二）电子会计凭证的数据的元数据能够使用会计核算系统准确、完整、有效接收和读取，能够按照国家档案行政管理部门规定的格式输出	（三）使用的会计核算系统能有效防止电子会计凭证重复入账	（一）所记载的事项属于企业重复发生的日常业务	（三）可及时在企业会计信息系统中以人类可读形式查询和输出（是否可无纸化）	—
1	R01020309	卷烟回购	报销面单	—	—	—	—	—	—	—	—	—	—	—	—	—	—	—	—	—	—	参照通用票据报销面单

（续表）

序号	业务编号	业务类型	会计资料名称	会计资料大类	会计资料细类	会计资料来源	会计资料初始格式	存档格式	存档格式	来源信息系统	C1	C2	C3	C4	C5	C6	C7	C8	C9	C10	B1	B3		
2	R01020310	卷烟回购	合同	—	—	—	—	—	—	—	—	—	—	—	—	—	—	—	—	—	—	—		参照通用合同-合同信息
3	R01020311	卷烟回购	合同验收书	—	—	—	—	—	—	—	—	—	—	—	—	—	—	—	—	—	—	—		参照通用合同-合同验收书
4	R01020312	卷烟回购	增值税专用发票	—	—	—	—	—	—	—	—	—	—	—	—	—	—	—	—	—	—	—		参照通用票据
5	R01020313	卷烟回购	采购入库单	1.会计凭证类	1.1原始凭证类	内部形成	4.结构化数据	3.纸质+电子	2.电子	3.3 ERP-成品管理子系统（库存）	√	√	√	√	√	√	—	—	—	—	√	√	是	
6	R01020314	卷烟回购	应付记账凭证	—	—	—	—	—	—	—	—	—	—	—	—	—	—	—	—	—	—	—		参照记账凭证

表 16-2 无纸化存档判断规则——卷烟退货

序号	业务编号	会计资料基本信息(现状)					《会计档案管理办法》							《关于规范电子会计凭证报销入账归档的通知》			《企业会计信息化工作规范》		备注
		会计资料名称	会计资料来源	会计资料初始格式	存档格式	来源信息	C1	C2	C3	C4	C5	C6	C7	C8	C9	C10	B1	B3	—
—	业务类型	会计资料大类 / 会计资料细类																	

会计资料基本信息(现状)说明:

- 会计资料名称:1.会计凭证类 2.会计账簿类 3.财务报告类 4.资金类 5.税务类 6.预算类 7.稽核审计类 8.其他类;参见(选项)清单/会计资料细类
- 会计资料来源:内部形成/从外部接收
- 会计资料初始格式:1.纸质版式文件 2.PDF版式文件 3.OFD版式文件 4.结构化数据 5.其他电子文件
- 存档格式:1.纸质 2.电子 3.纸质+电子(现状);1.纸质 2.电子 3.纸质+电子(未来3年)
- 来源信息:参见(选项)清单/电子会计资料来源信息系统

《会计档案管理办法》:

- C1 (一)形成的电子会计资料来源真实、有效,由计算机等电子设备形成和传输
- C2 (二)使用的会计核算系统能够准确、完整、有效接收和读取电子会计资料,能输出符合国家标准归档格式的会计凭证、会计账簿、财务会计报表等会计资料,设定了经办、审核、审批等必要的审签程序
- C3 (三)使用的电子档案管理系统能够有效接收、管理、利用电子会计档案,符合电子档案的长期保管要求,并建立了电子会计档案与相关联的其他纸质会计档案的检索关系
- C4 (四)采取有效措施,防止电子会计档案被篡改
- C5 (五)建立电子会计档案备份制度,能够有效防范自然灾害、意外事故和人为破坏的影响
- C6 (六)形成的电子会计资料不属于具有永久保存价值或者其他重要保存价值的会计档案
- C7 单位从外部接收的电子会计资料附有符合《中华人民共和国电子签名法》规定的电子签名的,可以仅以电子形式保存,形成电子会计档案

《关于规范电子会计凭证报销入账归档的通知》:

- C8 接收的电子会计凭证经查验合法、真实
- C9 电子会计凭证的元数据,能被使用的会计核算系统准确、完整、有效接收,能够按照国家行政档案管理部门规定格式输出
- C10 使用的会计核算系统,能防止电子会计凭证重复入账

《企业会计信息化工作规范》:

- B1 (一)所记载的事项属于企业重复发生的日常业务
- B3 (三)可及时在企业系统中以人类可读形式查询输出

备注:是否可无纸化

（续表）

序号	业务编号	业务类型	会计资料名称	会计资料大类	会计资料细类	会计资料来源	会计资料初始格式	存档格式	存档格式	来源信息系统	C1	C2	C3	C4	C5	C6	C7	C8	C9	C10	B1	B3	—	—
1	—	卷烟退货	《关于××公司卷烟申请退货的请示》	—	—	—		—	—			—	—							—		—		参照通用说明-部门请示
2	—	卷烟退货	增值税专用发票（红字）	—	—	—		—	—			—	—	—						—		—		参照通用票据-开具的纸质专票
3	—	卷烟退货	卷烟退货入库记账凭证（包含销售成本结转&调整单）	—	—	—		—	—			—	—	—						—		—		参照记账凭证
4	—	卷烟退货	报销面单	—	—	—		—	—			—	—	—						—		—		参照通用票据-报销面单

表16-3 无纸化存档判断规则——原料采购

列标题说明：

会计资料基本信息（现状）：
- 会计资料细类：参见[选项清单]会计资料细类
- 会计资料来源：内部形成 / 从外部接收
- 会计资料初始格式：1.纸质件 2.PDF版式文件 3.OFD版式文件 4.结构化数据 5.其他电子文件
- 存档格式（未来3年）：1.纸质 2.电子 3.纸质+电子
- 存档格式（现状）：1.纸质 2.电子 3.纸质+电子

《无纸化存档判断规则》——《会计档案管理办法》：
- C1（一）形成的电子会计资料来源真实有效，由计算机等形成、传输和存储
- C2（二）使用的会计核算系统能够准确、完整、有效接收和读取电子会计资料，能够输出符合国家标准归档格式的电子会计凭证、财务报表等会计资料，设定了经办、审核、审批等必要的审签程序
- C3（三）使用的电子档案管理系统能够有效接收、管理、利用电子会计档案，符合电子档案的长期保管要求，并建立电子会计档案与相关联的其他纸质会计档案的检索关系
- C4（四）采取有效措施，防止电子会计档案被篡改
- C5（五）建立电子会计档案备份制度，能够有效防范自然灾害、意外事故和人为破坏的影响
- C6（六）形成的电子会计资料不属于具有保存价值或者其他重要保存价值的会计档案
- C7 单位从外部接收的电子会计资料附有符合《中华人民共和国电子签名法》规定的电子签名，可以仅以电子形式归档保存，形成电子会计档案

《关于规范电子会计凭证报销入账归档的通知》：
- C8（一）接收的电子会计凭证经查验合法、真实
- C9（二）电子会计凭证的元数据，能够使用的会计核算系统准确、完整、有效接收和读取，能够按照国家档案行政管理部门规定的格式输出
- C10（三）使用的会计核算系统能有效防止电子会计凭证重复入账

《企业会计信息化工作规范》：
- B1（一）所记载的事项属于企业重复发生的日常业务
- B3（三）可及时在企业信息系统中以人类可读形式查询和输出

备注：是否可无纸化

序号	业务编号	业务类型	会计资料名称	会计资料大类	会计资料细类	会计资料来源	会计资料初始格式	存档格式（未来3年）	存档格式（现状）	来源信息系统	C1	C2	C3	C4	C5	C6	C7	C8	C9	C10	B1	B3	备注
1	R0102080401	原料采购	记账凭证	—	—	—	—	—	—	—	—	—	—	—	—	—	—	—	—	—	—	—	参照记账凭证

（续表）

序号	业务编号	业务类型	会计资料名称	会计资料大类	会计资料细类	会计资料来源	会计资料初始格式	存档格式	存档格式	来源信息系统	C1	C2	C3	C4	C5	C6	C7	C8	C9	C10	B1	B3	—
2	R0102080401	原料采购	报销面单	—	—	—	—	—	—	—	—	—	—	—	—	—	—	—	—	—	—	—	参照通用票据-报销面单
3	R0102080401	原料采购	银行回单	—	—	—	—	—	—	—	—	—	—	—	—	—	—	—	—	—	—	—	参照银行回单
4	R0102080401	原料采购	票据	—	—	—	—	—	—	—	—	—	—	—	—	—	—	—	—	—	—	—	增值税专用发票进口烟叶结算单;参照通用票据
5	R0102080401	原料采购	合同	—	—	—	—	—	—	—	—	—	—	—	—	—	—	—	—	—	—	—	参照通用合同-合同信息
6	R0102080401	原料采购	预付请示	—	—	—	—	—	—	—	—	—	—	—	—	—	—	—	—	—	—	—	参照通用票据-部门请示

（续表）

序号	业务编号	业务类型	会计资料名称	会计资料大类	会计资料细类	会计资料来源	会计资料初始格式	存档格式	存档格式	来源信息系统	C1	C2	C3	C4	C5	C6	C7	C8	C9	C10	B1	B3	是	备注
7	R0102080401	原料采购	进口烟结算红头文	1.会计凭证类	1.1原始凭证	从外部接收	5.其他电子文件	3.纸质+电子	2.电子	12.协同办公系统(OA)	√	√	√	√	√	√	√	√	√	√	√	√	是	—
8	R0102080401	原料采购	工商交接协议	1.会计凭证类	1.1原始凭证	内部形成	4.结构化数据	1.纸质	2.电子	1.原料管理信息系统	√	√	√	√	√	√	—	—	—	—	√	√	是	目前不传财务系统,未来可无纸化
9	R0102080401	原料采购	采购结算清单	1.会计凭证类	1.1原始凭证	内部形成	4.结构化数据	1.纸质	2.电子	1.原料管理信息系统	√	√	√	√	√	√	—	—	—	—	√	√	是	目前不传财务系统,未来可无纸化
10	R0102080401	原料采购	采购发票单	1.会计凭证类	1.1原始凭证	内部形成	4.结构化数据	3.纸质+电子	2.电子	1.原料管理信息系统	√	√	√	√	√	√	—	—	—	—	√	√	是	传财务系统
11	R0102080401	原料采购	采购入库单	1.会计凭证类	1.1原始凭证	内部形成	4.结构化数据	3.纸质+电子	2.电子	1.原料管理信息系统	√	√	√	√	√	√	—	—	—	—	√	√	是	传财务系统

（续表）

序号	业务编号	业务类型	会计资料名称	会计资料大类	会计资料细类	会计资料来源	会计资料初始格式	存档格式	存档格式	来源信息系统	C1	C2	C3	C4	C5	C6	C7	C8	C9	C10	B1	B3			
12	—	原料采购暂估	记账凭证	—	—	—	—	—	—	—	—	—	—	—	—	—	—	—	—	—	—	—	—	—	参照记账凭证
13	—	原料采购暂估	暂估入库单	1.会计凭证类	1.1原始凭证	内部形成	4.结构化数据	3.纸质+电子	2.电子	1.原料管理信息系统	√	√	√	√	√	√	—	—	—	—	√	√	是	—
14	—	原料采购暂估	暂估入库汇总表	1.会计凭证类	1.1原始凭证	内部形成	4.结构化数据	3.纸质+电子	2.电子	1.原料管理信息系统	√	√	√	√	√	√	—	—	—	—	√	√	是	目前不传财务系统，未来可无纸化
15	—	原料采购冲暂估	记账凭证	—	—	—	—	—	—	—	—	—	—	—	—	—	—	—	—	—	√	√	—	—	参照记账凭证
16	—	原料采购冲暂估	冲暂估单	1.会计凭证类	1.1原始凭证	内部形成	4.结构化数据	3.纸质+电子	2.电子	1.原料管理信息系统	√	√	√	√	√	√	—	—	—	—	√	√	是	—
17	—	原料采购冲暂估	冲暂估入库汇总表	1.会计凭证类	1.1原始凭证	内部形成	4.结构化数据	3.纸质+电子	2.电子	1.原料管理信息系统	√	√	√	√	√	√	—	—	—	—	√	√	是	目前不传财务系统，未来可无纸化

表16-4 无纸化存档判断规则——原料报废

序号	业务类型	会计资料名称	会计资料大类	会计资料细类	会计资料来源	会计资料初始格式	存档格式	来源信息系统	C1	C2	C3	C4	C5	C6	C7	C8	C9	C10	B1	B3	备注
	业务编号		1.会计凭证类 2.会计账簿类 3.财务报告类 4.资金类 5.税务类 6.预算类 7.稽核审计类 8.其他类	参见（选项/清单）-会计资料细类	内部形成 从外部接收	1.纸质原件 2.PDF版式文件 3.OFD版式文件 4.结构化数据 5.其他电子文件	1.纸质 2.电子 3.纸质+电子（现状）	参见（选项/清单）-来源信息系统	（一）形成的电子会计资料来源真实有效，由计算机等形成和传输	（二）使用的会计核算系统能够准确、完整、有效接收和读取电子会计资料，能够输出符合国家标准归档格式的会计凭证、会计账簿、财务报表等会计资料，设定了经办、审核、审批等必要的审批程序（具体模块）	（三）使用的电子档案管理系统能够有效接收、管理、利用电子会计档案，符合会计档案的长期保管要求，并建立了电子会计档案与相关联的其他会计资料的检索关系	（四）采取有效措施，防止电子会计档案被篡改	（五）建立电子会计档案备份制度，能够有效防范自然灾害、意外事故和人为破坏的影响	（六）形成的电子会计资料属于不具有保存价值或者保存价值较重要的会计档案	单位从外部接收的电子会计资料附有符合《中华人民共和国电子签名法》规定的电子签名的，可仅以电子形式归档保存，形成电子会计档案	（一）接收的电子会计凭证经查验合法、真实	（二）电子会计凭证的无数据，能使用的会计核算系统准确、完整、有效接收和读取，能够按照国家行政管理部门规定格式输出	（三）使用的会计核算系统能有效防止电子会计凭证重复入账	（一）所记载的事项属于企业重复发生的日常业务	（三）可及时在企业信息系统中以人类可读形式查询和输出	是否可无纸化
1	原料报废	记账凭证	—	—	—	—	—	—	—	—	—	—	—	—	—	—	—	—	—	—	参照记账凭证

（续表）

序号	业务编号	业务类型	会计资料名称	会计资料大类	会计资料细类	会计资料来源	会计资料初始格式	存档格式	存档格式	来源信息系统	C1	C2	C3	C4	C5	C6	C7	C8	C9	C10	B1	B3	—
2	—	原料报废	报废出库单	1.会计凭证类	1.1原始凭证	内部形成	4.结构化数据	2.电子	2.电子	1.原料管理信息系统	√	√	√	√	√	√	—	—	—	—	√	√	是 传财务系统
3	—	原料报废	报废出库汇总表	1.会计凭证类	1.1原始凭证	内部形成	4.结构化数据	2.电子	2.电子	1.原料管理信息系统	√	√	√	√	√	√	—	—	—	—	√	√	是 —
4	—	原料报废	资产损失审批表	—	—	—	—	—	—	—	—	—	—	—	—	—	—	—	—	—	—	—	—	参照通用票据-业务审批表
5	—	原料报废	董事会决议	1.会计凭证类	1.1原始凭证	内部形成	5.其他电子文件	1.纸质	3.纸质+电子	—	—	—	—	—	—	—	—	—	—	—	—	—	否 —

表16-5 无纸化存档判断规则——物资采购

序号	业务编号	业务类型	会计资料名称	会计资料基本信息（现状）							无纸化存档判断规则												备注
				会计资料大类 参见（选项/清单/会计资料细类）1.会计凭证类 2.会计账簿类 3.财务报告类 4.资金类 5.税务类 6.预算类 7.稽核审计类 8.其他类	会计资料细类 参见（选项/清单/会计资料细类）	会计资料来源 内部形成/从外部接收	会计资料初始格式 1.纸质版件 2.PDF版式文件 3.OFD版式文件 4.结构化数据 5.其他电子文件	存档格式 1.纸质 2.电子 3.纸质+电子（现状）	存档格式 1.纸质 2.电子 3.纸质+电子（未来3年）	来源信息系统 参见（选项/清单/来源信息系统）	《会计档案管理办法》(一) 形成的电子会计资料来源真实有效，由计算机等电子设备形成和传输 C1	(二) 使用的会计核算系统能够准确、完整、有效接收和读取电子会计资料，能够输出符合国家标准归档格式的会计凭证、会计账簿、财务会计报表等会计资料 C2	(三) 使用的电子档案管理系统能够有效接收、管理、利用电子会计档案，符合电子会计档案的长期保管要求，并建立了电子会计档案与相关联的其他会计资料之间的检索关系 C3	(四) 采取有效措施，防止电子会计档案被篡改 C4	(五) 建立电子会计档案备份制度，能够有效防范自然灾害、意外事故和人为破坏的影响 C5	(六) 形成的电子会计资料不属于具有永久保存价值或者其他重要保存价值的会计档案 C6	单位从外部接收的电子会计资料附有符合《中华人民共和国电子签名法》规定的电子签名的，可以仅以电子形式归档保存，形成电子会计档案 C7	《关于规范电子会计凭证报销入账归档的通知》(一) 接收的电子会计凭证经查验证合法、真实 C8	(二) 电子会计凭证的元数据，能被使用的会计核算系统准确、完整、有效接收和读取，能够按照国家行政档案管理部门规定的格式输出 C9	(三) 使用的会计核算系统能有效防止电子会计凭证重复入账 C10	《企业会计信息化工作规范》(一) 所记载的事项属于本企业重复发生的日常业务 B1	(三) 可及时在企业信息系统中以人类可读类形式查询和输出 B3	
1	—	物资采购	记账凭证	—	—	—	—	—	—	—	—	—	—	—	—	—	—	—	—	—	—	—	参照记账凭证
2	—	物资采购	报销面单	—	—	—	—	—	—	—	—	—	—	—	—	—	—	—	—	—	—	—	参照通用票据-报销面单
3	—	物资采购	银行回单	—	—	—	—	—	—	—	—	—	—	—	—	—	—	—	—	—	—	—	参照银行回单

（续表）

序号	业务编号	业务类型	会计资料名称	会计资料大类	会计资料细类	会计资料来源	会计资料初始格式	存档格式	存档格式	来源信息系统	C1	C2	C3	C4	C5	C6	C7	C8	C9	C10	B1	B3	是/否	—
4	—	物资采购	票据	—	—	—	—	—	—	—	—	—	—	—	—	—	—	—	—	—	—	—	—	增值税专用发票,进口烟叶结算单;参照通用票据
5	—	物资采购	合同	—	—	—	—	—	—	—	—	—	—	—	—	—	—	—	—	—	—	—	—	参照通用合同信息
6	—	物资采购	合同验收书	—	—	—	—	—	—	—	—	—	—	—	—	—	—	—	—	—	—	—	—	参照通用合同验收书
7	—	物资采购	采购入库单	1.会计凭证类	1.1原始凭证	内部形成	4.结构化数据	3.纸质+电子	2.电子	3.2 ERP-辅备管理子系统	√	√	√	√	√	√	—	—	—	—	√	√	是	—
8	—	物资采购	进口结算单	1.会计凭证类	1.1原始凭证	从外部接收	1.纸质件	3.纸质+电子	3.纸质+电子	—	—	—	—	—	—	—	—	—	—	—	—	—	否	—
9	—	物资采购	进口结算单	1.会计凭证类	1.1原始凭证	从外部接收	4.结构化数据	3.纸质+电子	2.电子	3.2 ERP-辅备管理子系统	—	√	√	√	√	√	√	√	√	√	√	√	是	—
10	—	物资采购	进口扣款通知单	1.会计凭证类	1.1原始凭证	从外部接收	1.纸质件	—	3.纸质+电子	—	—	—	—	—	—	—	—	—	—	—	—	—	否	—
11	—	物资采购	海关进口关税专用缴款书	—	—	—	—	—	—	—	—	—	—	—	—	—	—	—	—	—	—	—	—	参照税收-海关进口关税专用缴款书

（续表）

序号	业务编号	业务类型	会计资料名称	会计资料大类	会计资料细类	会计资料来源	会计资料初始格式	存档格式	存档格式	来源信息系统	C1	C2	C3	C4	C5	C6	C7	C8	C9	C10	B1	B3	是	—
12	—	物资采购	电子海关进口关税专用缴款书	—	—	—	—	—	—		—	—	—	—	—	—	—	—	—	—	—	—	—	参照税收-电子海关进口关税专用缴款书
13	—	物资采购暂估	记账凭证	—	—	—	—	—	—		—	—	—	—	—	—	—	—	—	—	—	—	—	参照记账凭证
14	—	物资采购暂估	暂估入库单	1.会计凭证类	1.1原始凭证	内部形成	4.结构化数据	3.纸质+电子	2.电子	3.2 ERP-辅备管理子系统	√	√	√		√	√	—	—	—	—	√	√	是	
15	—	物资采购暂估	暂估入库汇总表	1.会计凭证类	1.1原始凭证	内部形成	4.结构化数据	3.纸质+电子	2.电子	3.2 ERP-辅备管理子系统	√	√	√		√	√	—	—	—	—	√	√	是	目前不传财务系统，未来可无纸化
16	—	物资采购冲暂估	记账凭证	—	—	—	—	—	—		—	—	—	—	—	—	—	—	—	—	—	—	—	参照记账凭证
17	—	物资采购冲暂估	冲暂估单	1.会计凭证类	1.1原始凭证	内部形成	4.结构化数据	3.纸质+电子	2.电子	3.2 ERP-辅备管理子系统	√	√	√		√	√	—	—	—	—	√	√	是	
18	—	物资采购冲暂估	冲暂估入库汇总表	1.会计凭证类	1.1原始凭证	内部形成	4.结构化数据	3.纸质+电子	2.电子	3.2 ERP-辅备管理子系统	√	√	√		√	√	—	—	—	—	√	√	是	目前不传财务系统，未来可无纸化

16.4.2　物资报废

广西中烟与物资报废相关的无纸化存档判断规则有 5 条,如表 16-6 所示。

16.5　投资项目

广西中烟投资项目涵盖建设类、无形资产类、固定资产类项目,与投资项目相关的无纸化存档判断规则有 31 条,如表 16-7 所示。

16.6　研发项目/市场营销项目

广西中烟研发项目和市场营销项目的支付,参照通用合同部分。广西中烟与研发项目专属论文版面费相关的无纸化存档判断规则有 6 条,如表 16-8 所示。

16.7　市内交通费

广西中烟与市内交通费相关的无纸化存档判断规则有 3 条,如表 16-9 所示。

16.8　差旅费

差旅费是指工作人员经批准临时或长期到常驻地以外地区因公出差所发生的城市间交通费、住宿费、伙食补助费和市内交通费。

16.8.1　日常差旅

广西中烟与日常差旅相关的无纸化存档判断规则有 8 条,如表 16-10 所示。

16.8.2　自办会议差旅

广西中烟与自办会议差旅相关的无纸化存档判断规则有 9 条,如表 16-11 所示。

16.8.3　外部会议差旅

广西中烟与外部会议差旅相关的无纸化存档判断规则有 5 条,如表 16-12 所示。

表16-6 无纸化存档判断规则——物资报废

序号	业务编号	业务类型	会计资料基本信息（现状）								《会计档案管理办法》							《关于规范电子会计凭证报销入账的通知》			《企业会计信息化工作规范》		备注
			会计资料名称	会计资料大类（参见选项/清单/会计资料细类）1.会计凭证类 2.会计账簿类 3.财务报告类 4.资金类 5.税务类 6.预算类 7.稽核审类 8.其他类	会计资料细类（参见选项/清单/会计资料细类）	会计资料来源 内部形成/从外部接收	会计资料初始格式 1.纸质版件 2.PDF文件 3.OFD版式文件 4.结构化数据 5.其他电子文件	存档格式（现状） 1.纸质 2.电子 3.纸质+电子	存档格式（未来3年）1.纸质 2.电子 3.纸质+电子	来源信息系统（参见选项/清单/来源信息系统）	（一）形成的电子会计资料来源真实有效，由计算机等电子设备形成和传输	（二）使用的会计核算系统能够准确、完整、有效接收和读取电子会计资料，能输出符合国家标准归档格式的会计凭证、会计账簿、财务会计报表等会计资料，设定了经办、审核、审批等必要的审核程序（具体模块）	（三）使用的电子档案管理系统能够有效接收、管理、利用电子会计档案，符合电子会计档案的长期保管要求，并建立了电子会计档案与相关联的其他会计资料的检索关系	（四）采取有效措施，防止电子会计档案被篡改	（五）建立电子会计档案备份制度，能够有效防范自然灾害、意外事故和人为破坏的影响	（六）形成的电子会计资料不属于具有永久保存价值或者其他重要保存价值的会计档案	单位从外部接收的电子会计资料附有符合《中华人民共和国电子签名法》规定的电子签名的，可仅以电子形式归档保存，形成电子会计档案	（一）接收的电子会计凭证经查验合法、真实	（二）电子会计凭证的元数据，能被使用的会计核算系统准确、完整、有效接收并按照国家档案管理部门规定的格式输出	（三）使用的会计核算系统能防止电子会计凭证重复入账	（一）所记载的事项属于企业重复发生的日常业务	（三）可及时在企业信息系统中以人类可读形式查询和输出	
											C1	C2	C3	C4	C5	C6	C7	C8	C9	C10	B1	B3	
1	—	物资报废	记账凭证	—	—	—	—	—	—	—	—	—	—	—	—	—	—	—	—	—	—	—	参照记账凭证

序号	业务编号	业务类型	会计资料名称	会计资料大类	会计资料细类	会计资料来源	会计资料初始格式	存档格式	存档格式	来源信息系统	C1	C2	C3	C4	C5	C6	C7	C8	C9	C10	B1	B3		
2	—	物资报废	报废出库单	1.会计凭证类	1.1原始凭证	内部形成	4.结构化数据	2.电子	2.电子	3.2 ERP-辅备管理子系统	√	√	√	√	√	√	—	—	—	—	√	√	是	传财务系统
3	—	物资报废	报废出库汇总表	1.会计凭证类	1.1原始凭证	内部形成	4.结构化数据	2.电子	2.电子	3.2 ERP-辅备管理子系统	√	√	√	√	√	√	—	—	—	—	√	√	是	
4	—	物资报废	资产损失审批表	—	—	—	—	—	—	—	—	—	—	—	—	—	—	—	—	—	—	—	—	参照通用票据业务审批表
5	—	物资报废	董事会决议	1.会计凭证类	1.1原始凭证	内部形成	5.其他电子文件	1.纸质	3.纸质+电子	—	—	—	—	—	—	—	—	—	—	—	—	—	否	

表 16-7　无纸化存档判断规则——投资项目

序号	业务编号	业务类型	会计资料名称	会计资料大类	会计资料细类	会计资料来源	会计资料初始格式	存档格式（现状）	存档格式（未来3年）	来源信息系统	C1	C2	C3	C4	C5	C6	C7	C8	C9	C10	B1	B3	备注
1	0303	投资项目（建设）	报销面单	—	—	—	—	—	—	—	—	—	—	—	—	—	—	—	—	—	—	—	参照通用票据-报销面单
2	0303	投资项目（建设）	合同	—	—	—	—	—	—	—	—	—	—	—	—	—	—	—	—	—	—	—	参照通用合同-合同信息
3	0303	投资项目（建设）	合同验收书	—	—	—	—	—	—	—	—	—	—	—	—	—	—	—	—	—	—	—	参照通用合同-合同验收书

说明：

- 会计资料基本信息（现状）
  - 会计资料大类：1.会计凭证类　2.会计账簿类　3.财务报告类　4.资金类　5.税务类　6.预算类　7.精算类　8.审核类　其他类
  - 会计资料来源：内部形成　从外部接收
  - 会计资料初始格式：1.纸质文件　2.PDF版式文件　3.OFD版式文件　4.结构化数据电子文件　5.其他电子文件
  - 存档格式（未来3年）：1.纸质　2.电子　3.纸质+电子
  - 来源信息系统：参见（选项清单-信息系统）

- 《会计档案管理办法》
  - C1（一）形成的电子会计资料来源真实、有效，由计算机等设备形成和传输
  - C2（二）使用的会计核算系统能够准确、完整、有效接收和读取电子会计资料，输出符合国家标准归档格式的会计凭证、会计账簿、财务会计报表等会计资料
  - C3（三）使用的电子档案管理系统能够有效接收、管理、利用电子会计档案，符合电子会计档案的长期保管要求，并建立电子会计档案与相关联的其他会计资料的检索关系
  - C4（四）采取有效措施，防止电子会计档案被篡改
  - C5（五）建立电子会计档案备份制度，能够有效防范自然灾害、意外事故和人为破坏的影响
  - C6（六）形成的电子会计资料不属于具有永久保存价值或者其他重要保存价值的会计档案
  - C7　单位从外部接收的电子会计资料附有符合《中华人民共和国电子签名法》规定的电子签名的，可以电子形式保存形成电子会计档案

- 《关于规范电子会计凭证报销入账归档的通知》
  - C8（一）接收的电子会计凭证经查验合法、真实
  - C9（二）电子会计凭证的元数据，能被使用的会计核算系统准确、完整、有效接收和读取，能够按照国家档案行政管理部门规定格式输出
  - C10（三）使用的会计核算系统，能防止对电子会计凭证重复入账

- 《企业会计信息化工作规范》
  - B1（一）所记载的事项属于企业发生的日常、重复业务
  - B3（三）可及时在企业信息系统中以人类可读形式查询和输出

（续表）

序号	业务编号	业务类型	会计资料名称	会计资料大类	会计资料细类	会计资料来源	会计资料初始格式	存档格式	存档格式	来源信息系统	C1	C2	C3	C4	C5	C6	C7	C8	C9	C10	B1	B3		
4	0303	投资项目(建设)	工程项目进度款申报审批表(工程款)	1.会计凭证类	1.1原始凭证	从外部接收	1.纸质件	3.纸质+电子	3.纸质+电子	—	—	—	—	—	—	—	—	—	—	—	—	—	否	第三方提供
5	0303	投资项目(建设)	工程款支付申请表	1.会计凭证类	1.1原始凭证	从外部接收	1.纸质件	3.纸质+电子	3.纸质+电子	—	—	—	—	—	—	—	—	—	—	—	—	—	否	第三方提供
6	0303	投资项目(建设)	工程款支付证书	1.会计凭证类	1.1原始凭证	从外部接收	1.纸质件	3.纸质+电子	3.纸质+电子	—	—	—	—	—	—	—	—	—	—	—	—	—	否	第三方提供
7	0303	投资项目(建设)	工程进度款汇总核对比表	1.会计凭证类	1.1原始凭证	从外部接收	1.纸质件	3.纸质+电子	3.纸质+电子	—	—	—	—	—	—	—	—	—	—	—	—	—	否	第三方提供
8	0303	投资项目(建设)	工程项目进度款支付审计底稿	1.会计凭证类	1.1原始凭证	内部形成	1.纸质件	3.纸质+电子	3.纸质+电子	—	—	—	—	—	—	—	—	—	—	—	—	—	否	第三方提供
9	0303	投资项目(建设)	工程项目进度款申报审批表(监理费)	1.会计凭证类	1.1原始凭证	内部形成	1.纸质件	3.纸质+电子	3.纸质+电子	—	—	—	—	—	—	—	—	—	—	—	—	—	否	第三方提供

（续表）

序号	业务编号	业务类型	会计资料名称	会计资料大类	会计资料细类	会计资料来源	会计资料初始格式	存档格式	存档格式	来源信息系统	C1	C2	C3	C4	C5	C6	C7	C8	C9	C10	B1	B3			—
10	0303	投资项目（建设）	服务费用支付申请表	1.会计凭证类	1.1原始凭证	从外部接收	1.纸质件	3.纸质+电子	3.纸质+电子	—	—	—	—	—	—	—	—	—	—	—	—	—	否	第三方提供	—
11	0303	投资项目（建设）	进度款审核书	1.会计凭证类	1.1原始凭证	从外部接收	1.纸质件	3.纸质+电子	3.纸质+电子	—	—	—	—	—	—	—	—	—	—	—	—	—	否	第三方提供	—
12	0303	投资项目（建设）	工程项目监理服务款审计底稿	1.会计凭证类	1.1原始凭证	内部形成	1.纸质件	3.纸质+电子	3.纸质+电子	—	—	—	—	—	—	—	—	—	—	—	—	—	否	第三方提供	—
13	0303	投资项目（建设）	工程初步结算造价审批表	1.会计凭证类	1.1原始凭证	从外部接收	1.纸质件	3.纸质+电子	3.纸质+电子	—	—	—	—	—	—	—	—	—	—	—	—	—	否	第三方提供	—
14	0303	投资项目（建设）	工程最终结算造价审批表	1.会计凭证类	1.1原始凭证	从外部接收	1.纸质件	3.纸质+电子	3.纸质+电子	—	—	—	—	—	—	—	—	—	—	—	—	—	否	第三方提供	—
15	0303	投资项目（无形资产）	报销面单	—	—	—	—	—	—	—	—	—	—	—	—	—	—	—	—	—	—	—	—	—	参照通用票据-报销面单
16	0303	投资项目（无形资产）	合同	—	—	—	—	—	—	—	—	—	—	—	—	—	—	—	—	—	—	—	—	—	参照通用合同信息

（续表）

序号	业务编号	业务类型	会计资料名称	会计资料大类	会计资料细类	会计资料来源	会计资料初始格式	存档格式	存档格式	来源信息系统	C1	C2	C3	C4	C5	C6	C7	C8	C9	C10	B1	B3		
17	0303	投资项目（无形资产）	合同验收书	—	—	—	—	—	—	—	—	—	—	—	—	—	—	—	—	—	—	—	—	参照通用合同-合同验收书
18	0303	投资项目（无形资产）	工程款支付意见表	1.会计凭证类	1.1原始凭证	从外部接收	1.纸质件	3.纸质+电子	3.纸质+电子	—	—	—	—	—	—	—	—	—	—	—	—	—	否	第三方提供
19	0303	投资项目（无形资产）	付款申请表	1.会计凭证类	1.1原始凭证	从外部接收	1.纸质件	3.纸质+电子	3.纸质+电子	—	—	—	—	—	—	—	—	—	—	—	—	—	否	参照通用合同-合同验收书
20	0303	投资项目（无形资产）	监理费付款申请表	1.会计凭证类	1.1原始凭证	从外部接收	1.纸质件	3.纸质+电子	3.纸质+电子	—	—	—	—	—	—	—	—	—	—	—	—	—	否	第三方提供
21	0303	投资项目（无形资产）	信息化监理工作确认表	1.会计凭证类	1.1原始凭证	从外部接收	1.纸质件	3.纸质+电子	3.纸质+电子	—	—	—	—	—	—	—	—	—	—	—	—	—	否	第三方提供
22	0303	投资项目（无形资产）	工程（概预）算审核报告	1.会计凭证类	1.1原始凭证	从外部接收	1.纸质件	3.纸质+电子	3.纸质+电子	—	—	—	—	—	—	—	—	—	—	—	—	—	否	第三方提供
23	0303	投资项目（无形资产）	等级测评结论表	1.会计凭证类	1.1原始凭证	从外部接收	1.纸质件	3.纸质+电子	3.纸质+电子	—	—	—	—	—	—	—	—	—	—	—	—	—	否	第三方提供
24	0303	投资项目（固定资产）	报销面单	—		—	—	—	—	—	—	—	—	—	—	—	—	—	—	—	—	—	—	参照通用-报销面单

（续表）

序号	业务编号	业务类型	会计资料名称	会计资料大类	会计资料细类	会计资料来源	会计资料初始格式	存档格式	存档格式	来源信息系统	C1	C2	C3	C4	C5	C6	C7	C8	C9	C10	B1	B3		—
25	0303	投资项目（固定资产）	合同	—	—	—	—	—	—		—	—	—	—	—	—	—	—	—	—	—	—		参照通用合同信息
26	0303	投资项目（固定资产）	合同验收书	—	—	—	—	—	—		—	—	—	—	—	—	—	—	—	—	—	—		参照通用合同验收书
27	0321	投资项目（投产）	固定资产改建、改良、大修理支出通知单	1. 会计凭证类	1.1 原始凭证	内部形成	4. 结构化数据	3. 纸质+电子	3. 纸质+电子	12. 协同办公系统（OA）	√	—	—	—	√	√	—	—	—	—	√	√	是	—
28	0321	投资项目（投产）	无形资产投产通知书	1. 会计凭证类	1.1 原始凭证	内部形成	4. 结构化数据	3. 纸质+电子	3. 纸质+电子	12. 协同办公系统（OA）	√	√	—	—	√	√	—	—	—	—	√	√	是	软件建设
29	0321	投资项目（投产）	项目资金构成说明	1. 会计凭证类	1.1 原始凭证	内部形成	1. 纸质件	3. 纸质+电子	3. 纸质+电子	—	—	—	—	—	—	—	—	—	—	—	—	√	否	—
30	0321	投资项目（投产）	项目资金构成说明	1. 会计凭证类	1.1 原始凭证	内部形成	5. 其他电子文件	3. 纸质+电子	3. 纸质+电子	8.6 NC-资产管理系统	√	√	√	√	√	√	—	—	—	—	√	√	是	资产系统增加功能实现
31	0321	投资项目（投产）	固定资产投入使用通知单	1. 会计凭证类	1.1 原始凭证	内部形成	4. 结构化数据	3. 纸质+电子	3. 纸质+电子	12. 协同办公系统（OA）	√	√	√	√	√	√	—	—	—	—	√	√	是	—

表 16-8　无纸化存档判断规则——研发项目/市场营销项目

序号	业务编号	业务类型	会计资料名称	会计资料大类 （1.会计凭证类 2.会计账簿类 3.财务报告类 4.资金税务类 5.税务类 6.预算类 7.稽核审计类 8.其他类）	会计资料细类 （参见选项清单/会计资料细类）	会计资料来源 （内部形成/从外部接收）	会计资料初始格式 （1.纸质版件 2.PDF版式文件 3.OFD版式文件 4.结构化数据 5.其他电子文件）	存档格式 （1.纸质 2.电子 3.纸质+电子（现状）/参见选项清单/存档格式 3.纸质+电子（未来3年））	《会计档案管理办法》							《关于规范电子会计凭证报销入账归档的通知》			《企业会计信息化工作规范》		是否可无纸化	备注
									（一）C1 形成的电子会计资料来源真实有效，由计算机等电子设备形成和传输	（二）C2 使用的会计核算系统能够准确、完整、有效接收和读取电子会计资料，能够输出符合国家标准归档格式的会计凭证、会计账簿、财务报表等会计资料（具体模块）	（三）C3 使用的电子档案管理系统能够有效接收、管理、利用和读取电子会计档案，符合电子档案的长期保管要求，并建立了电子会计资料与相关联的其他会计资料的检索关系	（四）C4 采取有效措施，防止电子会计档案被篡改	（五）C5 建立电子会计档案备份制度，能够有效防范自然灾害、意外事故和人为破坏的影响	（六）C6 形成的电子会计资料不属于具有永久保存或者其他重要保存价值的会计档案	C7 单位从外部接收的电子会计资料附有符合《中华人民共和国电子签名法》规定的电子签名的，可仅以电子形式归档保存，形成电子会计档案	（一）C8 接收的电子会计凭证经查验合法、真实	（三）C9 电子会计凭证的元数据，能使用的会计核算系统统一接收，完整、准确，能够按照国家档案行政管理部门规定格式输出	（三）C10 使用的会计核算系统能有效防止电子会计凭证重复入账	（一）B1 所记载的事项属于本企业重复发生的日常业务	（三）B3 可及时在企业信息系统中以人类可读形式查询和输出		
1	R01013101	项目专属论文版面费	记账凭证	—	—	—	—	—	—	—	—	—	—	—	—	—	—	—	—	—	—	参照记账凭证

（续表）

序号	业务编号	业务类型	会计资料名称	会计资料大类	会计资料细类	会计资料来源	会计资料初始格式	存档格式	存档格式	来源信息系统	C1	C2	C3	C4	C5	C6	C7	C8	C9	C10	B1	B3	—
2	R01013101	项目专属论文版面费	报销面单	—	—	—	—	—	—	—	—	—	—	—	—	—	—	—	—	—	—	—	参照通用票据-报销面单
3	R01013101	项目专属论文版面费	票据	—	—	—	—	—	—	—	—	—	—	—	—	—	—	—	—	—	—	—	参照通用票据
4	R01013101	项目专属论文版面费	《科研项目论文发表审批单》	—	—	—	—	—	—	—	—	—	—	—	—	—	—	—	—	—	—	—	参照通用票据-业务审批表
5	R01013101	项目专属论文版面费	《录用通知》或其他证明录用附件	1.会计凭证类	1.1原始凭证	从外部接收	1.纸质件	3.纸质＋电子	3.纸质＋电子	—	—	—	—	—	—	—	—	—	—	—	—	否	—
6	R01013101	项目专属论文版面费	《录用通知》或其他证明录用附件	1.会计凭证类	1.1原始凭证	从外部接收	5.其他电子文件	3.纸质＋电子	3.纸质＋电子	—	—	—	—	—	—	—	—	—	—	—	—	否	—

表 16-9　无纸化存档判断规则——市内交通费

序号	业务编号	会计资料基本信息（现状）								《会计档案管理办法》							《关于规范电子会计凭证报销入账归档的通知》			《企业会计信息化工作规范》		是否可纸质化	备注
		业务类型	会计资料名称	会计资料大类（参见选项清单/会计资料大类）：1.会计凭证类 2.会计账簿类 3.财务报告类 4.资金类 5.税务类 6.预算类 7.稽核类 8.其他类	会计资料细类（参见选项清单/会计资料细类）	会计资料来源：内部形成、从外部接收	会计资料初始格式：1.纸质件 2.PDF版式文件 3.OFD版式文件 4.结构化数据 5.其他电子文件	存档格式：1.纸质 2.电子 3.纸质+电子（未来3年）	来源信息系统（参见选项清单/来源信息系统）	（一）形成的电子会计资料来源真实有效，由计算机等电子设备形成和传输	（二）使用的会计核算系统能够准确、完整、有效接收和读取电子会计资料，能够输出符合国家标准归档格式的会计凭证、会计账簿、财务报表等会计资料，设定了会计凭证、会计账簿、财务报表编制及登记、办理、审核、审批等必要的审核程序（具体模块）	（三）使用的电子档案管理系统能够有效接收、管理、利用电子会计档案，符合电子档案的长期保管要求，并建立了电子会计档案与相关联的其他会计档案的检索关系	（四）采取有效措施，防止电子会计档案被篡改	（五）建立电子会计档案备份制度，能够有效防范自然灾害、意外事故和人为破坏的影响	（六）形成的电子会计资料不属于具有保存价值或者其他重要保存意义的会计档案	单位从外部接收的电子会计资料附有符合《中华人民共和国电子签名法》规定的电子签名的，可仅以电子形式保存，形成电子会计档案	（一）接收的电子会计凭证经查验合法、真实	（三）电子会计凭证的元数据，能被使用的会计核算系统统一、完整、准确读取，能够按照国家档案行政管理部门规定格式输出	（三）使用的会计核算系统能防止电子会计凭证重复入账	（一）所记载的事项属于企业重复发生的日常业务	（三）可及时在企业会计系统中以人类可读形式查询和输出		
									来源信息系统	C1	C2	C3	C4	C5	C6	C7	C8	C9	C10	B1	B3		
1	—	市内交通费	市内交通费清单	1.会计凭证类	1.1原始凭证	内部形成	1.纸质件	3.纸质+电子	—	√	—	—	—	—	—	—	—	—	—	—	—	无纸化	—
2	—	市内交通费	市内交通费清单	1.会计凭证类	1.1原始凭证	内部形成	—	3.纸质+电子	—	√	—	√	—	√	√	—	—	—	—	—	—	否	—
3	—	市内交通费	平台乘车行程单	—	—	内部形成	5.其他电子文件	2.电子	—	—	—	—	—	—	—	—	√	√	√	√	√	是	参照通用票据-平台乘车行程单

表 16-10 无纸化存档判断规则——日常差旅

序号	业务编号	业务类型	会计资料基本信息（现状）								《会计档案管理办法》							《关于规范电子会计凭证报销入账归档的通知》			《企业会计信息化工作规范》		备注
			会计资料名称	会计资料细类	会计资料大类	形成 内部/从外部接收	会计资料初始格式	存档格式（现状）	存档格式（未来3年）	来源信息系统	（一）形成的电子会计资料来源真实有效，由计算机等电子设备形成和传输	（二）使用的会计核算系统能够准确、完整、有效接收和读取电子会计资料，能够输出符合国家标准归档格式的会计凭证、会计账簿、财务会计报表等会计资料	（三）使用的电子档案管理系统能够有效接收、管理、利用电子会计档案，符合电子档案的长期保管要求，并建立了电子会计档案与相关联的其他会计资料的检索关系	（四）采取有效措施，防止电子会计档案被篡改	（五）建立电子会计档案备份制度，能够有效防范自然灾害、意外事故和人为破坏的影响	（六）形成的电子会计资料不属于具有永久保存价值或者其他重要保存价值的会计档案	单位从外部接收的电子会计资料附有符合《中华人民共和国电子签名法》规定的电子签名的，可仅以电子会计形式归档保存，形成电子会计档案	（一）接收的电子会计凭证经验证合法、真实	（二）电子会计凭证的元数据，能被使用的会计核算系统准确、完整、有效接收和读取，能够按照国家行政档案管理部门规定格式输出	（三）使用的会计核算系统能够防止电子会计凭证重复入账	（一）所记载的事项属于本企业重复发生的日常业务	（三）可及时在企业信息系统中以人类可读形式和无纸化查询、输出	
				参见（选项清单/会计资料细类）	参见（选项清单/会计资料大类）1.会计凭证类 2.会计账簿类 3.财务报告类 4.资金类 5.税类 6.预算类 7.稽核审计类 8.其他类	内部形成/从外部接收	1.纸质件 2.PDF版式文件 3.OFD版式文件 4.结构化数据 5.其他电子文件	1.纸质 2.电子 3.纸质+电子（现状）	1.纸质 2.电子 3.纸质+电子（未来3年）	参见（选项清单/来源信息系统）	C1	C2	C3	C4	C5	C6	C7	C8	C9	C10	B1	B3	
1	R01010101	日常差旅	记账凭证	—	—	—	—	—	—	—	—	—	—	—	—	—	—	—	—	C10	B1	B3	参照记账凭证

（续表）

序号	业务编号	业务类型	会计资料名称	会计资料大类	会计资料细类	会计资料来源	会计资料初始格式	存档格式	存档格式	来源信息系统	C1	C2	C3	C4	C5	C6	C7	C8	C9	C10	B1	B3	—
2	R01010101	日常差旅	报销面单	—	—	—	—	—	—	—	—	—	—	—	—	—	—	—	—	—	—	—	参照通用票据-报销面单
3	R01010101	日常差旅	银行回单	—	—	—	—	—	—	—	—	—	—	—	—	—	—	—	—	—	—	—	参照银行回单
4	R01010101	日常差旅	票据	—	—	—	—	—	—	—	—	—	—	—	—	—	—	—	—	—	—	—	参照通用票据
5	R01010101	日常差旅	平台乘车行程单	—	—	—	—	—	—	—	—	—	—	—	—	—	—	—	—	—	—	—	参照通用票据-平台乘车行程单
6	R01010101	日常差旅	审批类文件	—	—	—	—	—	—	—	—	—	—	—	—	—	—	—	—	—	—	—	参照通用票据-业务审批表
7	R01010101	日常差旅	请示类文件	—	—	—	—	—	—	—	—	—	—	—	—	—	—	—	—	—	—	—	参照通用说明-部门请示
8	R01010101	日常差旅	说明类文件	—	—	—	—	—	—	—	—	—	—	—	—	—	—	—	—	—	—	—	参照通用说明-现金结算说明 参照通用说明-其他情况说明

表16-11 无纸化存档判断规则——自办会议差旅

序号	业务编号	业务类型	会计资料名称	会计资料基本信息（现状）							《会计档案管理办法》							《关于规范电子会计凭证报销入账归档的通知》			《企业会计信息化工作规范》			备注
				会计资料大类	会计资料细类	会计资料来源（内部形成/从外部接收）	会计资料初始格式（1.纸质原件 2.PDF版式文件 3.OFD版式文件 4.结构化数据 5.其他电子文件）	存档格式（现状）（1.纸质 2.电子 3.纸质+电子）	存档格式（未来3年）	来源信息系统	（一）形成的电子会计资料来源真实、有效，由计算机等电子设备形成和传输	（二）使用的会计核算系统能够准确、完整、有效接收和读取电子会计资料，能按照国家标准归档的会计凭证、会计账簿、财务会计报表等会计资料设定了凭证、账簿、报表等功能模块	（三）使用的电子档案管理系统能够有效接收、管理、利用电子会计档案，符合电子档案的长期保管要求，并建立了电子会计档案与相关联的其他会计档案的检索关系	（四）采取有效措施，防止电子会计档案被篡改	（五）建立电子会计档案备份制度，能够有效防范自然灾害、意外事故和人为破坏的影响	（六）形成的电子会计资料不属于具有永久保存价值或者其他重要价值的会计档案	单位从外部接收的电子会计资料附有符合《中华人民共和国电子签名法》规定的电子签名的	（一）接收的电子会计凭证的真实、合法、有效性经过审验	（二）电子会计凭证的元数据能被使用的会计核算系统准确、完整、有效接收和读取，可供随时查阅	（三）使用的会计核算系统能够防止电子会计凭证重复入账	（一）所记载的事项属于企业重复发生的日常业务	（三）可及时在企业信息系统中以人类可读形式查询和输出（是否可无纸化）	
			会计资料名称	会计资料大类	会计资料细类	会计资料来源	会计资料初始格式	存档格式	存档格式	来源信息系统	C1	C2	C3	C4	C5	C6	C7	C8	C9	C10	B1	B3	
1	R0101 0102	自办会议差旅	记账凭证	—	—	—	—	—	—	—	—	—	—	—	—	—	—	—	—	—	—	—	参照记账凭证
2	R0101 0102	自办会议差旅	报销面单	—	—	—	—	—	—	—	—	—	—	—	—	—	—	—	—	—	—	—	参照通用票据报销面单

（续表）

序号	业务编号	业务类型	会计资料名称	会计资料大类	会计资料细类	会计资料来源	会计资料初始格式	存档格式	存档格式	来源信息系统	C1	C2	C3	C4	C5	C6	C7	C8	C9	C10	B1	B3		
3	R01010102	自办会议差旅	银行回单	—	—	—	—	—	—	—	—	—	—	—	—	—	—	—	—	—	—	—	—	参照银行回单
4	R01010102	自办会议差旅	票据	—	—	—	—	—	—	—	—	—	—	—	—	—	—	—	—	—	—	—	—	参照通用票据
5	R01010102	自办会议差旅	会议方案	1.会计凭证类	1.1原始凭证	内部形成	1.纸质件	3.纸质+电子	3.纸质+电子	—	—	—	—	—	—	—	—	—	—	—	—	—	否	—
6	R01010102	自办会议差旅	请示	—	—	—	—	—	—	—	—	—	—	—	—	—	—	—	—	—	—	—	—	参照通用说明-部门请示
7	R01010102	自办会议差旅	会议通知	—	—	—	—	—	—	—	√	—	—	—	—	—	—	—	—	—	—	—	—	参照通用票据-通知&会议
8	R01010102	自办会议差旅	签到表	1.会计凭证类	1.1原始凭证	内部形成	4.结构化数据	2.电子	3.纸质+电子	3.1 ERP-人力资源管理子系统	—	√	√	√	√	√	—	—	—	—	√	√	是	—
9	R01010102	自办会议差旅	签到表	1.会计凭证类	1.1原始凭证	内部形成	1.纸质件	3.纸质+电子	3.纸质+电子	—	—	—	—	—	—	—	—	—	—	—	—	—	否	—

表 16-12 无纸化存档判断规则——外部会议差旅

序号	业务编号	业务类型	会计资料基本信息（现状）							《会计档案管理办法》							《关于规范电子会计凭证报销入账归档的通知》			《企业会计信息化工作规范》		备注
			会计资料名称	会计资料大类	会计资料细类	会计资料来源	会计资料初始格式	存档格式	来源信息系统	C1	C2	C3	C4	C5	C6	C7	C8	C9	C10	B1	B3	
				1.会计凭证类 2.会计账簿类 3.财务报告类 4.资金类 5.税务类 6.预算类 7.稽核审计类 8.其他类	参见（选项清单/资料细类）	内部形成/从外部接收	1.纸质版件 2.PDF版式文件 3.OFD版式文件 4.结构化数据 5.其他电子文件	1.纸质 2.电子 3.纸质+电子（未来3年）	参见（选项清单/资料来源信息系统）	（一）形成的电子会计资料来源真实、有效，由计算机等电子设备形成和传输	（二）使用的会计核算系统能够准确、完整、有效接收和读取电子会计资料，能够按照国家标准归档格式输出会计凭证、会计账簿、财务会计报表等会计资料	（三）使用的电子档案管理系统能够有效接收、管理、利用电子会计档案，符合电子档案的长期保管要求，并建立了会计核算系统与电子档案管理系统等的关联关系	（四）采取有效措施，防止电子会计档案被篡改	（五）建立电子会计档案备份制度，能够有效防范自然灾害、意外事故和人为破坏的影响	（六）形成的电子会计资料不具有重要保存价值或者其他重要价值的会计档案	单位从外部接收的电子会计资料附有符合《中华人民共和国电子签名法》规定的电子签名的，可仅以电子形式保存，形成电子会计档案	（一）接收的电子会计凭证的会计凭证经查验合法、真实	（三）电子会计凭证的元数据能够被使用的会计核算系统完整、有效地接收并按照国家行政档案管理部门规定格式输出	（三）使用的会计核算系统能够防止电子会计凭证重复入账	（一）所记载的事项属于本企业重复发生的日常业务	（三）可及时在企业会计信息系统中以人类可读形式查询和输出	—
1	R0101103	外部会议差旅	记账凭证	—	—	—	—	—	来源信息系统	—	—	—	—	—	—	—	—	—	—	—	—	参照记账凭证

（续表）

序号	业务编号	业务类型	会计资料名称	会计资料大类	会计资料细类	会计资料来源	会计资料初始格式	存档格式	存档格式	来源信息系统	C1	C2	C3	C4	C5	C6	C7	C8	C9	C10	B1	B3	
2	R0101010103	外部会议差旅	报销面单					—	—	—	—	—	—		—	—	—	—	—	—		—	参照通用票据-报销面单
3	R0101010103	外部会议差旅	银行回单					—	—	—	—	—	—		—	—	—	—	—	—		—	参照银行回单
4	R0101010103	外部会议差旅	票据					—	—	—	—	—	—		—	—	—	—	—	—		—	参照通用票据
5	R0101010103	外部会议差旅	会议通知					—	—		—	—	—		—	—	—	—	—			—	行业外的外部会议，必须经公司分管领导审批；参照通用票据-通知（培训&会议）

16.8.4　外部培训差旅

广西中烟与外部培训差旅相关的无纸化存档判断规则有 8 条,如表 16-13 所示。

16.8.5　内部培训差旅

广西中烟与内部培训差旅相关的无纸化存档判断规则有 12 条,如表 16-14 所示。

16.8.6　长期出差

广西中烟长期出差人员是指公司市场营销中心各销售区区域经理及一线业务人员、原料供应部指定人员、驻村第一书记和工作队员、公司文件规定或经批准界定为长期出差的人员。广西中烟与长期出差相关的无纸化存档判断规则有 16 条,如表 16-15 所示。

16.8.7　全员营销差旅

广西中烟与全员营销差旅相关的无纸化存档判断规则有 8 条,如表 16-16 所示。

16.8.8　党建活动差旅

广西中烟与党建活动差旅相关的无纸化存档判断规则有 8 条,如表 16-17 所示。

16.8.9　探亲差旅

广西中烟与探亲差旅相关的无纸化存档判断规则有 5 条,如表 16-18 所示。

16.8.10　第一书记差旅

第一书记是指根据政府要求派出参加驻村第一书记。广西中烟与第一书记差旅相关的无纸化存档判断规则有 8 条,如表 16-19 所示。

16.8.11　交流干部差旅

广西中烟与交流干部差旅相关的无纸化存档判断规则有 5 条,如表 16-20 所示。

16.8.12　临时出国(境)差旅

广西中烟与临时出国(境)差旅相关的无纸化存档判断规则有 8 条,如表 16-21 所示。

表 16-13　无纸化存档判断规则——外部培训差旅

序号	业务编号	业务类型	会计资料基本信息（现状）							《会计档案管理办法》							《关于规范电子会计凭证报销入账归档的通知》			《企业会计信息化工作规范》		备注
			会计资料名称	会计资料大类	会计资料细类	会计资料来源（内部形成/从外部接收）	会计资料初始格式（1.纸质版件 2.PDF版式文件 3.OFD版式文件 4.结构化数据 5.其他电子文件）	存档格式（现状）（1.纸质 2.电子 3.纸质+电子）	存档格式 来源信息系统	（一）C1	（二）C2	（三）C3	（四）C4	（五）C5	（六）C6	C7	（一）C8	（二）C9	（三）C10	（一）B1	（三）B3 是否可无纸化	参照记账凭证
1	R0101 0104	外部培训差旅	记账凭证	—	—	—	—	—	—	—	—	—	—	—	—	—	—	—	—	—	—	参照记账凭证

（续表）

序号	业务编号	业务类型	会计资料名称	会计资料大类	会计资料细类	会计资料来源	会计资料初始格式	存档格式	存档格式	来源信息系统	C1	C2	C3	C4	C5	C6	C7	C8	C9	C10	B1	B3	—
2	R0101010104	外部培训差旅	报销面单	—	—		—				—	—	—		—	—	—	—	—		—	—	参照通用票据-报销面单
3	R0101010104	外部培训差旅	银行回单	—	—		—				—	—	—		—	—	—	—	—		—	—	参照银行回单
4	R0101010104	外部培训差旅	票据	—	—	—	—				—	—	—	—	—	—	—	—	—		—	—	参照通用合同-合同验收书
5	R0101010104	外部培训差旅	滴滴行程单	—	—	—	—				—	—	—	—	—	—	—	—	—		—	—	参照通用票据-平台乘车行程单
6	R0101010104	外部培训差旅	员工送外培训审批表	—	—	—	—				—	—	—	—	—	—	—	—	—		—	—	参照通用票据-业务审批表
7	R0101010104	外部培训差旅	培训通知	—	—	—	—				—	—	—	—	—	—	—	—	—		—	—	参照通用票据-通知（培训&会议）
8	R0101010104	外部培训差旅	情况说明	—	—	—	—				—	—	—	—	—	—	—	—	—		—	—	参照通用-其他说明-情况说明

表 16-14　无纸化存档判断规则——内部培训差旅

序号	业务编号	业务类型	会计资料基本信息（现状）										《会计档案管理办法》							《关于规范电子会计凭证报销入账归档的通知》				《企业会计信息化工作规范》			备注
			会计资料名称	会计资料大类 1.会计凭证类 2.会计账簿类 3.财务报告类 4.资金类 5.税务类 6.预算类 7.精审核计类 8.其他类	会计资料细类 参见（选项清单/会计资料细类）	会计资料来源 内部形成 从外部接收	会计资料初始格式 1.纸质PDF版式文件 2.电子OFD版式文件 3.纸质+电子 4.结构化数据 5.其他电子文件	存档格式 1.纸质 2.电子 3.纸质+电子（现状）	存档格式 1.纸质 2.电子 3.纸质+电子（未来3年）	来源信息系统 参见（选项清单/来源信息系统）			（一）形成的电子会计资料来源真实有效，由计算机等电子设备形成和传输 C1	（二）使用的会计核算系统能够准确、完整、有效接收和读取电子会计资料，能够输出符合国家标准归档格式的会计凭证、会计账簿、财务报表等会计资料 C2	（三）使用的电子档案管理系统能够有效接收、管理、利用电子会计档案，符合电子会计档案的长期保存要求，并建立了完整、规范、有效的电子会计资料与相关联的其他纸质会计档案的检索关系 C3	（四）采取有效措施，防止电子会计档案被篡改 C4	（五）建立电子会计档案备份制度，能够有效防范自然灾害、意外事故和人为破坏的影响 C5	（六）形成的电子会计资料不具有纸质或者其他载值且重要价值的的电子会计档案 C6	单位从外部接收的电子会计资料附有符合《中华人民共和国电子签名法》规定的电子签名的，可仅以电子形式归档保存，形成电子会计档案 C7	（一）接收的电子会计凭证经查验合法、真实 C8	（二）电子会计凭证的元数据，能被接收使用的会计核算系统统一接收、取，能够按照国家行政档案管理部门规定格式输出 C9	（三）使用的会计核算系统能防止电子会计凭证重复入账 C10	（一）所记载的事项属于本企业重复发生的日常业务 B1	（三）可及时在企业会计信息系统中以人类可该形式查询和输出 B3	是否可无纸化
1	R0101 0105	内部培训差旅	记账凭证	—	—	—	—	—	—	—	—	—	—	—	—	—	—	—	—	—	—	—	—	—	—	参照记账凭证
2	R0101 0105	内部培训差旅	报销面单	—	—	—	—	—	—	—	—	—	—	—	—	—	—	—	—	—	—	—	—	—	—	参照通用票据一报销面单
3	R0101 0105	内部培训差旅	银行回单	—	—	—	—	—	—	—	—	—	—	—	—	—	—	—	—	—	—	—	—	—	—	参照银行回单

（续表）

序号	业务编号	业务类型	会计资料名称	会计资料大类	会计资料细类	会计资料来源	会计资料初始格式	存档格式	存档格式	来源信息系统	C1	C2	C3	C4	C5	C6	C7	C8	C9	C10	B1	B3		备注
4	R0101010105	内部培训差旅	票据	—	—	—	—	—	—		—	—	—	—	—	—	—	—	—	—	—	—	—	参照通用票据
5	R0101010105	内部培训差旅	滴滴行程单	—	—	—	—	—	—		—	—	—	—	—	—	—	—	—	—	—	—	—	参照通用票据-平台乘车行程单
6	R0101010105	内部培训差旅	内部办班审批表	—	—	—	—	—	—		—	—	—	—	—	—	—	—	—	—	—	—	—	参照通用说明-业务审批表
7	R0101010105	内部培训差旅	培训实施方案	1.会计凭证类	1.1原始凭证	内部形成	1.纸质件	3.纸质+电子	3.纸质+电子		—	—	√	—	√	√	—	—	—	—	√	√	否	—
8	R0101010105	内部培训差旅	培训实施方案	1.会计凭证类	1.1原始凭证	内部形成	5.其他电子文件	3.纸质+电子	2.电子	12.协同办公系统(OA)	—	√	√	—	√	√	—	—	—	—	√	√	是	作为"内部办班审批表"的附件
9	R0101010105	内部培训差旅	培训通知	—	—	—	—	—	—		—	—	—	—	—	—	—	—	—	—	—	—	—	参照通用通知(培训&会议)
10	R0101010105	内部培训差旅	签到表	1.会计凭证类	1.1原始凭证	内部形成	4.结构化数据	3.纸质+电子	3.纸质+电子	3.1 ERP-人力资源管理子系统	√	√	√	—	√	√	—	—	—	—	√	√	是	—
11	R0101010105	内部培训差旅	签到表	1.会计凭证类	1.1原始凭证	内部形成	1.纸质件	3.纸质+电子	3.纸质+电子		—	√	—	—	√	√	—	—	—	—	√	√	否	—
12	R0101010105	内部培训差旅	情况说明	—	—	—	—	—	—		—	—	—	—	—	—	—	—	—	—	—	—	—	参照通用说明-其他情况说明

表 16-15　无纸化存档判断规则——长期出差

序号	业务编号	业务类型	会计资料基本信息（现状）								《会计档案管理办法》							《关于规范电子会计凭证报销入账归档的通知》			《企业会计信息化工作规范》		备注
			会计资料名称	会计资料大类（1.会计凭证类 2.会计账簿类 3.财务报告类 4.资金类 5.税务类 6.预算类 7.审计类 8.其他类）	会计资料细类（参见选项清单/会计资料细类）	会计资料来源（内部形成 从外部接收）	会计资料初始格式（1.纸质版件 2.PDF版式文件 3.OFD版式文件 4.结构化数据 5.其他电子文件）	存档格式（参见选项清单/来源信息系统）	存档格式（1.纸质 2.电子 3.纸质+电子（现状/未来3年））	来源信息系统	C1	C2	C3	C4	C5	C6	C7	C8	C9	C10	B1	B3	
1	R0101016	长期出差（营销中心）	记账凭证	—	—	—	—	—	—	—	—	—	—	—	—	—	—	—	—	—	—	—	参照记账凭证
2	R0101016	长期出差（营销中心）	报销面单	—	—	—	—	—	—	—	—	—	—	—	—	—	—	—	—	—	—	—	参照通用票据-报销面单

（续表）

序号	业务编号	业务类型	会计资料名称	会计资料大类	会计资料细类	会计资料来源	会计资料初始格式	存档格式	存档格式	来源信息系统	C1	C2	C3	C4	C5	C6	C7	C8	C9	C10	B1	B3	—	—
3	R0101016	长期出差（营销中心）	银行回单	—	—	—	—	—	—	—	—	—	—	—	—	—	—	—	—	—	√	—	—	参照银行回单
4	R0101016	长期出差（营销中心）	票据	—	—	—	—	—	—	—	—	—	—	—	—	—	—	—	—	—	√	—	—	参照通用票据
5	R0101016	长期出差（营销中心）	滴滴行程单	—	—	—	—	—	—	—	—	—	—	—	—	—	—	—	—	—	—	√	—	参照通用票据-平台乘车行程单
6	R0101016	长期出差（营销中心）	差旅统计表	1.会计凭证类	1.1原始凭证	内部形成	1.纸质件	3.纸质+电子	3.纸质+电子	—	—	—	—	—	—	√	—	—	—	—	—	—	否	—
7	R0101016	长期出差（营销中心）	差旅统计表	1.会计凭证类	1.1原始凭证	内部形成	4.结构化数据	3.纸质+电子	2.电子	8.8 NC-费用报销管理系统	√	√	√	√	√	—	—	—	—	—	√	√	是	—
8	R0101016	长期出差（营销中心）	《请示》	—	—	—	—	—	—	—	—	—	—	—	—	—	—	—	—	—	—	—	—	每月工作日天数超过22天（除自然月正常工作日超过22天的）、法定节假日加班、跨区域等，参照通用说明一部门请示

（续表）

序号	业务编号	业务类型	会计资料名称	会计资料大类	会计资料细类	会计资料来源	会计资料初始格式	存档格式	存档格式	来源信息系统	C1	C2	C3	C4	C5	C6	C7	C8	C9	C10	B1	B3	—	—
9	R0101 0106	长期出差（原料）	记账凭证	—	—	—	—	—	—	—	—	—	—	—	—	—	—	—	—	—	—	—	—	参照记账凭证
10	R0101 0106	长期出差（原料）	报销面单	—	—	—	—	—	—	—	—	—	—	—	—	—	—	—	—	—	—	—	—	参照通用票据-报销面单
11	R0101 0106	长期出差（原料）	银行回单	—	—	—	—	—	—	—	—	—	—	—	—	—	—	—	—	—	—	—	—	参照银行回单
12	R0101 0106	长期出差（原料）	票据	—	—	—	—	—	—	—	—	—	—	—	—	—	—	—	—	—	—	—	—	参照通用票据
13	R0101 0106	长期出差（原料）	滴滴行程单	—	—	—	—	—	—	—	—	—	—	—	—	—	—	—	—	—	—	—	—	参照通用票据-平台乘车行程单
14	R0101 0106	长期出差（原料）	差旅统计表	1.会计凭证类	1.1原始凭证	内部形成	1.纸质件	3.纸质+电子	3.纸质+电子	—	—	√	√	√	√	√	—	—	—	—	√	—	否	—
15	R0101 0106	长期出差（原料）	差旅统计表	1.会计凭证类	1.1原始凭证	内部形成	4.结构化数据	3.纸质+电子	2.电子	8.8 NC-费用报销管理系统	√	√	√	√	√	—	—	—	—	—	—	√	是	—
16	R0101 0106	长期出差（原料）	《请示》	—	—	—	—	—	—	—	—	—	—	—	—	—	—	—	—	—	—	—	—	全年工作日天数超过252天；参照通用部门请示

表16-16 无纸化存档判断规则——全员营销差旅

序号	业务编号	业务类型	会计资料名称	会计资料大类	会计资料细类	会计资料来源	会计资料初始格式	存档格式（现状）	存档格式（未来3年）	来源信息系统	C1	C2	C3	C4	C5	C6	C7	C8	C9	C10	B1	B3	备注
1	R01010107	全员营销差旅	记账凭证	—	—	—	—	—	—	—	—	—	—	—	—	—	—	—	—	—	—	—	参照记账凭证

注：各栏目说明

会计资料基本信息（现状）：
- 会计资料大类〔参见（选项/清单）会计资料细类：1.会计凭证类 2.会计账簿类 3.财务报告类 4.资金类 5.税务类 6.预算类 7.稽核审计类 8.其他类〕
- 会计资料初始格式〔参见（选项/清单）：1.纸质版件 2.PDF版式文件 3.OFD版式文件 4.结构化数据 5.其他电子文件〕
- 会计资料来源：内部形成、从外部接收
- 存档格式：1.纸质 2.电子 3.纸质+电子

《会计档案管理办法》：
- C1（一）形成的电子会计资料来源真实、有效，由计算机等电子设备形成和传输
- C2（二）使用的会计核算系统能够准确、完整、有效接收和读取电子会计资料，能够按照国家标准归档格式输出会计凭证、会计账簿、财务会计报表等会计资料
- C3（三）使用的电子档案管理系统能够有效接收、管理、利用电子会计档案，符合电子档案的长期保管要求，并建立了电子会计档案与相关联的其他会计档案的检索关系
- C4（四）采取有效措施，防止电子会计档案被篡改
- C5（五）建立电子会计档案备份制度，能够有效防范自然灾害、意外事故和人为破坏的影响
- C6（六）形成的电子会计资料不属于具有永久保存价值或者其他重要保存价值的会计档案
- C7 单位从外部接收的电子会计资料附有符合《中华人民共和国电子签名法》规定的电子签名的，可仅以电子形式归档保存，形成电子会计档案

《关于规范电子会计凭证报销入账归档的通知》：
- C8（一）接收的电子会计凭证经验证合法、真实
- C9（二）电子会计凭证的元数据，能被使用的会计核算系统准确、完整、有效接收和读取，能够按照国家档案管理部门规定格式输出
- C10（三）使用的会计核算系统能有效防止电子会计凭证重复入账

《企业会计信息化工作规范》：
- B1（一）所记载的事项属于企业重复发生的日常业务
- B3（三）可及时在企业信息系统中以人类可读形式查询和输出

备注：是否可无纸化

（续表）

序号	业务编号	业务类型	会计资料名称	会计资料大类	会计资料细类	会计资料来源	会计资料初始格式	存档格式	存档格式	来源信息系统	C1	C2	C3	C4	C5	C6	C7	C8	C9	C10	B1	B3	—
2	R0101010107	全员营销差旅	报销面单	—	—	—	—	—	—	—	—	—	—	—	—	—	—	—	—	—	—	—	参照通用票据—报销面单
3	R0101010107	全员营销差旅	银行回单	—	—	—	—	—	—	—	—	—	—	—	—	—	—	—	—	—	—	—	参照银行回单
4	R0101010107	全员营销差旅	票据	—	—	—	—	—	—	—	—	—	—	—	—	—	—	—	—	—	—	—	参照通用票据
5	R0101010107	全员营销差旅	滴滴行程单	—	—	—	—	—	—	—	√	—	—	—	—	—	—	—	—	—	—	—	参照通用票据—平台乘车行程单
6	R0101010107	全员营销差旅	差旅统计表	1.会计凭证类	1.1原始凭证	内部形成	1.纸质件	3.纸质+电子	3.纸质+电子	—	—	√	√	√	√	√	—	—	—	—	—	否	—
7	R0101010107	全员营销差旅	差旅统计表	1.会计凭证类	1.1原始凭证	内部形成	4.结构化数据	3.纸质+电子	2.电子	8.8 NC-费用报销管理系统	—	√	√	√	√	—	—	—	—	—	√	是	—
8	R0101010107	全员营销差旅	《请示》	—	—	—	—	—	—	—	—	—	—	—	—	—	—	—	—	—	—	—	全员营销请示；参照通用说明—部门请示

表16-17 无纸化存档判断规则——党建活动差旅

序号	业务编号	业务类型	会计资料基本信息（现状）								《会计档案管理办法》							《关于规范电子会计凭证报销入账归档的通知》			《企业会计信息化工作规范》			备注
			会计资料名称	会计资料大类	会计资料细类	会计资料来源（内部形成/从外部接收）	会计资料初始格式（1.纸质文件 2.PDF版式文件 3.OFD版式文件 4.结构化数据 5.其他电子文件）	存档格式（现状）（1.纸质 2.电子 3.纸质+电子）	存档格式（未来3年）（1.纸质 2.电子 3.纸质+电子）	来源信息 参见（选项清单/信息系统）	（一）形成的电子会计资料来源真实有效，由计算机等电子设备形成和传输	（二）使用的会计核算系统能够准确、完整、有效接收和读取电子会计资料，能够输出符合国家标准归档格式的会计凭证、会计账簿、财务会计报表等会计资料	（三）使用的电子档案管理系统能够有效接收、管理、利用电子会计档案，符合电子会计档案的长期保管要求，并建立电子会计档案与相关联的其他会计档案的检索关系	（四）采取有效措施，防止电子会计档案被篡改	（五）建立电子会计档案备份制度，能够有效防范自然灾害、意外事故和人为破坏的影响	（六）形成的电子会计资料具有不可修改性或者其他重要价值的会计档案	单位从外部接收的电子会计资料附有符合《中华人民共和国电子签名法》规定的电子签名的（仅以电子形式形成归档的电子会计档案）	（一）接收的电子会计凭证经查验合法、真实	（二）电子会计凭证的元数据，能被使用的会计核算系统统一接收取、读取，能够按照国家档案行政管理部门规定格式输出	（三）使用的会计核算系统能防止电子会计凭证重复入账	（一）所记载的事项属于本企业重复发生的日常业务	（三）可及时在企业信息系统中以人类可读形式查询和输出	是否可无纸化	
—	—	—	会计资料名称	会计资料大类	会计资料细类	会计资料来源	会计资料初始格式	存档格式	存档格式	来源信息	C1	C2	C3	C4	C5	C6	C7	C8	C9	C10	B1	B3	—	备注
1	R0101010B	党建活动差旅	记账凭证	—	—	—	—	—	—	—	—	—	—	—	—	—	—	—	—	—	—	—	—	参照记账凭证

（续表）

序号	业务编号	业务类型	会计资料名称	会计资料大类	会计资料细类	会计资料来源	会计资料初始格式	存档格式	存档格式	来源信息系统	C1	C2	C3	C4	C5	C6	C7	C8	C9	C10	B1	B3		
2	R01010108	党建活动差旅	报销面单	—	—	—	—	—	—	—	—	—	—	—	—	—	—	—	—	—	—	—	—	参照通用票据-报销面单
3	R01010108	党建活动差旅	银行回单	—	—	—	—	—	—	—	—	—	—	—	—	—	—	—	—	—	—	—	—	参照银行回单
4	R01010108	党建活动差旅	票据	—	—	—	—	—	—	—	—	—	—	—	—	—	—	—	—	—	—	—	—	参照通用票据
5	R01010108	党建活动差旅	滴滴行程单	—	—	—	—	—	—	—	—	—	—	—	—	—	—	—	—	—	—	—	—	参照通用票据-平台乘车行程单
6	R01010108	党建活动差旅	《请示》	—	—	—	—	—	—	—	—	—	—	—	—	√	—	—	—	—	—	—	—	参照通用说明-部门请示
7	R01010108	党建活动差旅	人员名单	1. 会计凭证类	1.1 原始凭证	内部形成	1. 纸质件	3. 纸质+电子	3. 纸质+电子	—	√	—	—	—	—	—	—	—	—	—	—	—	否	—
8	R01010108	党建活动差旅	人员名单	1. 会计凭证类	1.1 原始凭证	内部形成	5. 其他电子文件	3. 纸质+电子	2. 电子	8.8 NC-费用报销管理系统	—	√	√	√	√	√	—	—	—	—	√	√	是	—

表 16-18　无纸化存档判断规则——探亲差旅

序号	业务编号	业务类型	会计资料名称	会计资料大类	会计资料细类	会计资料来源	会计资料初始格式	存档格式	来源信息系统	C1	C2	C3	C4	C5	C6	C7	C8	C9	C10	B1	B3	是否可无纸化	备注
1	R0101O109	探亲差旅	记账凭证	—	—	—	—	—	—	—	—	—	—	—	—	—	—	—	—	—	—	—	参照记账凭证
2	R0101O109	探亲差旅	报销面单	—	—	—	—	—	—	—	—	—	—	—	—	—	—	—	—	—	—	—	票据通用报销面单
3	R0101O109	探亲差旅	银行回单	—	—	—	—	—	—	—	—	—	—	—	√	—	—	—	—	—	—	—	参照银行回单
4	R0101O109	探亲差旅	票据	—	—	—	—	—	—	—	—	—	—	√	√	—	—	—	—	—	—	—	参照票据通用
5	R0101O109	探亲差旅	请假条	1. 会计凭证类	1.1 原始凭证	内部形成	5. 其他电子文件	3. 纸质+电子	12. 协同办公系统（OA）	√	√	√	√	√	√	—	—	—	—	√	√	是	—

说明（列头对应规则）：

- 会计资料大类（选项清单）：1. 会计凭证类　2. 会计账簿类　3. 财务会计报表类　4. 资金类　5. 金税类　6. 预算类　7. 稽核审计类　8. 其他类
- 会计资料来源：内部形成 / 从外部接收
- 会计资料初始格式（选项清单）：1. 纸质　2. PDF版式文件　3. OFD版式文件　4. 结构化纸数据　5. 其他电子文件
- 存档格式：1. 纸质　2. 电子　3. 纸质+电子（现状）　3. 纸质+电子（未来3年）

《会计档案管理办法》：
- C1（一）形成的电子会计资料来源真实有效，由计算机等电子设备形成和传输
- C2（二）使用的会计核算系统能够准确、完整、有效接收和读取电子会计资料，能够输出符合国家标准归档格式的会计凭证、会计账簿、财务会计报表等会计资料，设定了经办、审核、审批等必要的审签程序（具体模块）
- C3（三）使用的电子档案管理系统能够有效接收、管理、利用电子会计档案，符合电子档案的长期保管要求，并建立了电子会计档案与其他相关会计档案的检索关系
- C4（四）采取有效措施，防止电子会计档案被篡改
- C5（五）建立电子会计档案备份制度，能够有效防范自然灾害、意外事故和人为破坏的影响
- C6（六）形成的电子会计资料不具有长久保存价值或者其他重要价值的会计档案
- C7 单位从外部接收的电子会计资料附有符合《中华人民共和国电子签名法》规定的电子签名的，可仅以电子形式保存，形成电子会计档案

《关于规范电子会计凭证报销入账归档的通知》：
- C8（一）接收的电子会计凭证经查验真实、合法
- C9（三）电子会计凭证的元数据能够使用统一的数据接口读取，符合国家行政管理部门规定格式，便于查询和输出
- C10（三）使用的会计核算系统能够防止电子会计凭证重复入账

《企业会计信息化工作规范》：
- B1（一）所记载的事项属于本企业重复发生的日常业务
- B3（三）可及时在企业信息系统中以人类可读形式查询和输出

表 16-19　无纸化存档判断规则——第一书记差旅

序号	业务编号	业务类型	会计资料基本信息（现状）							《会计档案管理办法》							《关于规范电子会计凭证报销入账归档的通知》			《企业会计信息化工作规范》		备注
			会计资料名称	会计资料大类	会计资料细类	会计资料来源	会计资料初始格式	存档格式	来源信息系统	（一）形成的电子会计资料来源真实、有效,由计算机等电子设备形成和传输	（二）使用的会计核算系统能准确、完整、有效接收和读取电子会计资料,能按照国家统一的会计制度规定的会计凭证、会计账簿、财务会计报表等会计资料标准格式输出	（三）使用的电子档案管理系统能够准确、完整、有效接收、管理利用电子会计资料,符合电子档案的长期保管要求,并建立了电子会计档案与相关联的其他会计资料的检索关系	（四）采取有效措施,防止电子会计档案被篡改	（五）建立电子会计档案备份制度,能够有效防范自然灾害、意外事故和人为破坏的影响	（六）形成的电子会计资料不属于具有永久保存价值或者其他重要保存价值的会计档案	单位从外部接收的电子会计资料附有符合《中华人民共和国电子签名法》规定的电子签名的	（一）接收的电子会计凭证经查验合法、真实	（二）电子会计凭证的内容能使用的会计核算系统统一、完整、准确,能够接收和读取,可以按照国家行政档案管理部门规定格式输出	（三）使用的会计核算系统能防止电子会计凭证重复入账	（一）所记载的事项属于本企业发生的日常重复性业务	（三）可及时在企业信息系统中以人类可读形式查询和输出；是否可无纸化	
			1.会计凭证类 2.会计账簿类 3.财务报告类 4.资金类 5.税务类 6.预算类 7.稽核审计类 8.其他类	参见（选项清单/会计资料细类）	内部形成 从外部接收	1.纸质版件 2.PDF版式文件 3.OFD版式文件 4.结构化数据 5.其他电子文件	1.纸质 2.电子 3.纸质+电子（现状）	参见（选项清单/未来3年） 1.纸质 2.电子 3.纸质+电子（未来3年）		C1	C2	C3	C4	C5	C6	C7	C8	C9	C10	B1	B3	
1	R0101 0115	第一书记差旅	记账凭证	—	—	—	—	—	—													参照记账凭证

（续表）

序号	业务编号	业务类型	会计资料名称	会计资料大类	会计资料细类	会计资料来源	会计资料初始格式	存档格式	存档格式	来源信息系统	C1	C2	C3	C4	C5	C6	C7	C8	C9	C10	B1	B3		
2	R0101 0115	第一书记差旅	报销面单	—	—	—	—	—	—	—	—	—	—	—	—	—	—	—	—	—	—	—	—	参照通用-报销面单
3	R0101 0116	第一书记差旅	银行回单	—	—	—	—	—	—	—	—	—	—	—	—	—	—	—	—	—	—	—	—	参照银行回单
4	R0101 0117	第一书记差旅	票据	—	—	—	—	—	—	—	—	—	—	—	—	—	—	—	—	—	—	—	—	参照通用票据
5	R0101 0119	第一书记差旅	委派文件	1.会计凭证类	1.1原始凭证	从外部接收	1.纸质件	3.纸质+电子	3.纸质+电子	12.协同办公系统(OA)	—	√	√	√	√	√	—	√	—	—	√	√	否	—
6	R0101 0119	第一书记差旅	委派文件	1.会计凭证类	1.1原始凭证	从外部接收	5.其他电子文件	3.纸质+电子	3.纸质+电子	—	—	√	√	√	√	√	—	√	√	√	√	—	否	—
7	R0101 0119	第一书记差旅	差旅统计表	1.会计凭证类	1.1原始凭证	内部形成	1.纸质件	3.纸质+电子	3.纸质+电子	—	—	√	√	√	√	—	—	√	—	—	√	—	否	—
8	R0101 0119	第一书记差旅	差旅统计表	1.会计凭证类	1.1原始凭证	内部形成	4.结构化数据	3.纸质+电子	2.电子	8.8 NC-费用报销管理系统	√	√	√	√	√	√	—	—	—	—	√	√	是	—

表 16-20　无纸化存档判断规则——交流干部差旅

序号	业务编号	业务类型	会计资料基本信息（现状）							《会计档案管理办法》							《关于规范电子会计凭证报销入账归档的通知》			《企业会计信息化工作规范》		是否可无纸化	备注
			会计资料名称	会计资料大类（参见（选项/清单/会计资料细类）1.会计凭证类 2.会计账簿类 3.财务报告类 4.资金税务类 5.预算类 6.审计类 7.其他类 8.其他类）	会计资料细类	会计资料来源（内部形成/从外部接收）	会计资料初始格式（1.纸质附件 2.PDF版式文件 3.OFD版式文件 4.结构化数据 5.其他电子文件）	存档格式（1.纸质 2.电子 3.纸质+电子（现状））	来源信息系统（参见（选项/清单/来源信息系统）1.纸质 2.电子 3.纸质+电子（未来3年））		（一）形成的电子会计资料来源真实有效，由计算机等电子设备形成和传输 C1	（二）使用的会计核算系统能够准确、完整、有效接收和读取电子会计资料，能够输出符合国家标准归档格式的会计凭证、会计账簿、财务会计报表等会计资料，设定了会计资料的凭证、账簿、报表等之间的自动关联功能 C2	（三）使用的电子档案管理系统能够有效接收、管理、利用电子会计档案，符合电子档案的长期保存要求，并建立了电子会计档案与相关联的其他会计资料之间的检索关系 C3	（四）采取有效措施，防止电子会计档案被篡改 C4	（五）建立电子会计档案备份制度，能够有效防范自然灾害、意外事故和人为破坏的影响 C5	（六）形成的电子会计资料不具有重要保存价值或者其他重要价值的电子会计档案 C6	单位从外部接收的电子会计资料附有符合《中华人民共和国电子签名法》规定的电子签名的，可仅以电子形式归档保存，形成电子会计档案 C7	（一）接收的电子会计凭证经查验合法、真实 C8	（二）电子会计凭证的内容能被使用的会计核算系统准确、完整、有效接收和读取，能够按照国家行政管理部门规定的归档格式要求输出 C9	（三）使用的会计核算系统能够有效防止电子会计凭证重复入账 C10	（一）所记载的事项属于本企业重复发生的日常业务 B1	（三）可及时在企业信息系统中以人类可读方式查询和输出 B3		备注
1	—	交流干部差旅	记账凭证	—	—	—	—	—	—		—	—	—	—	—	—	—	—	—	—	—	—	—	参照记账凭证

（续表）

序号	业务编号	业务类型	会计资料名称	会计资料大类	会计资料细类	会计资料来源	会计资料初始格式	存档格式	存档格式	来源信息系统	C1	C2	C3	C4	C5	C6	C7	C8	C9	C10	B1	B3	
2	—	交流干部差旅	报销面单	—	—			—			—	—	—	—	—	—	—	—	—	—	—	—	参照通用票据-报销面单
3	—	交流干部差旅	银行回单	—	—			—			—	—	—	—	—	—	—	—	—	—	—	—	参照银行回单
4	—	交流干部差旅	票据	—	—			—			—	—	—	—	—	—	—	—	—	—	—	—	参照通用票据
5	—	交流干部差旅	《交流干部周转住房及交通费资格申请表》	—	—			—			—	—	—	—	—	—	—	—	—	—	—	—	每年填写一次；参照通用票据-业务审批表

表 16-21　无纸化存档判断规则——临时出国(境)差旅

序号	业务编号	业务类型	会计资料名称	会计资料大类	会计资料细类（参见(选项)清单/明细类）	会计资料来源（内部形成/从外部接收）	会计资料初始格式（1.纸质版件 2.电子PDF版式文件 3.电子OFD版式文件 4.结构化数据 5.其他电子文件）	存档格式（现状）1.纸质 2.电子 3.纸质+电子	存档格式（未来3年）1.纸质 2.电子 3.纸质+电子	来源信息系统	C1	C2	C3	C4	C5	C6	C7	C8	C9	C10	B1	B3	备注
1	R01011 201/02	临时出国(境)差旅	记账凭证	—	—	—	—	—	—	—	—	—	—	—	—	—	—	—	—	—	—	—	参照记账凭证

（续表）

序号	业务编号	业务类型	会计资料名称	会计资料大类	会计资料细类	会计资料来源	会计资料初始格式	存档格式	存档格式	来源信息系统	C1	C2	C3	C4	C5	C6	C7	C8	C9	C10	B1	B3	一	一
2	R01011 201/02	临时出国（境）差旅	报销面单	—	—	—	—	—	—	—	—	—	—	—	—	—	—	—	—	—	—	—	参照通用票据报销面单	—
3	R01011 201/02	临时出国（境）差旅	银行回单	—	—	—	—	—	—	—	—	—	—	—	—	—	—	—	—	—	—	—	参照银行回单	—
4	R01011 201/02	临时出国（境）差旅	《出国（境）任务批件》	1.会计凭证类	1.1原始凭证	从外部接收	1.纸质件	3.纸质+电子	3.纸质+电子	—	—	—	—	—	—	—	—	—	—	—	—	—	—	否
5	R01011 201/02	临时出国（境）差旅	收据	—	—	—	—	—	—	—	—	—	—	—	—	—	—	—	—	—	—	—	参照通用票据纸质票据	—
6	R01011 201/02	临时出国（境）差旅	发票分割单	—	—	—	—	—	—	—	—	—	—	—	—	—	—	—	—	—	—	—	参照通用发票分割单	—
7	R01011 201/02	临时出国（境）差旅	出国费用结算单	1.会计凭证类	1.1原始凭证	从外部接收	1.纸质件	3.纸质+电子	3.纸质+电子	—	—	—	—	—	—	—	—	—	—	—	—	—	是票据或发票分割单的明细文件	否
8	R01011 201/02	临时出国（境）差旅	收费通知单	1.会计凭证类	1.1原始凭证	从外部接收	1.纸质件	3.纸质+电子	3.纸质+电子	—	—	—	—	—	—	—	—	—	—	—	—	—	—	否

16.9　会议

广西中烟会议包括自办会议和外部会议,与会议相关的无纸化存档判断规则有 12 条,如表 16-22 所示。

16.10　培训

广西中烟培训包括自办培训和外部培训,与培训相关的无纸化存档判断规则有 13 条,如表 16-23 所示。

16.11　薪酬

广西中烟薪酬包括工资、福利、社保、公积金和年金等,与薪酬相关的无纸化存档判断规则有 44 条,如表 16-24 所示。

16.12　业务招待费

广西中烟与业务招待费相关的无纸化存档判断规则有 8 条,如表 16-25 所示。

16.13　办公费

广西中烟与办公费相关的无纸化存档判断规则有 9 条,如表 16-26 所示。

16.14　修理费

广西中烟与修理费相关的无纸化存档判断规则有 10 条,如表 16-27 所示。

16.15　租赁费

广西中烟与租赁费相关的无纸化存档判断规则有 10 条,如表 16-28 所示。

表 16-22 无纸化存档判断规则——会议

序号	业务编号	业务类型	会计资料名称	会计资料基本信息（现状）						《会计档案管理办法》							《关于规范电子会计凭证报销入账归档的通知》			《企业会计信息化工作规范》		备注
				会计资料大类	会计资料细类 参见（选项清单/会计资料细类） 1.会计凭证类 2.会计账簿类 3.财务报告类 4.资产类 5.税务类 6.预算类 7.籍审核计类 8.其他类	会计资料来源 内部形成/从外部接收	会计资料初始格式 1.纸质原件 2.PDF版式文件 3.OFD版式文件 4.结构化数据 5.其他电子文件	存档格式 参见（选项清单/存档格式） 1.纸质 2.电子 3.纸质+电子（未来3年）	存档格式（现状） 来源信息系统	C1	C2	C3	C4	C5	C6	C7	C8	C9	C10	B1	B3	
1	R01012601	自办会议	记账凭证	—	—	—	—	—	—	—	—	—	—	—	—	—	—	—	—	—	—	参照记账凭证
2	R01012601	自办会议	报销面单	—	—	—	—	—	—	—	—	—	—	—	—	—	—	—	—	—	—	参照通用报销票据面单
3	R01012601	自办会议	票据	—	—	—	—	—	—	—	—	—	—	—	—	—	—	—	—	—	—	参照通用票据

（续表）

序号	业务编号	业务类型	会计资料名称	会计资料大类	会计资料细类	会计资料来源	会计资料初始格式	存档格式	存档格式	来源信息系统	C1	C2	C3	C4	C5	C6	C7	C8	C9	C10	B1	B3		
4	R01012601	自办会议	会议方案/请示	—	—	—	—	—	—	—	—	—	—	—	—	—	—	—	—	—	—	—	—	全员营销请示;参照通用说明-部门请示
5	R01012601	自办会议	会议通知	—	—	—	—	—	—	—	—	—	—	—	—	—	—	—	—	—	—	—	—	参照通用票据-通知(&会议)
6	R01012601	自办会议	签到表	1.会计凭证类	1.1原始凭证	内部形成	1.纸质件	3.纸质+电子	3.纸质+电子	—	√	—	—	—	—	—	—	—	—	—	—	—	否	—
7	R01012601	自办会议	签到表	1.会计凭证类	1.1原始凭证	内部形成	4.结构化数据	2.电子	2.电子	3.1 ERP-人力资源管理子系统	—	√	√	√	√	—	—	—	—	—	√	√	是	—
8	R01012601	自办会议	消费清单	1.会计凭证类	1.1原始凭证	从外部接收	1.纸质件	3.纸质+电子	3.纸质+电子	—	—	—	—	—	—	√	—	—	—	—	—	—	否	—
9	R01012602	外部会议	记账凭证	—	—	—	—	—	—	—	—	—	—	—	—	—	—	—	—	—	—	—	—	参照记账凭证
10	R01012602	外部会议	报销面单	—	—	—	—	—	—	—	—	—	—	—	—	—	—	—	—	—	—	—	—	参照通用票据-报销面单
11	R01012602	外部会议	票据	—	—	—	—	—	—	—	—	—	—	—	—	—	—	—	—	—	—	—	—	参照通用票据
12	R01012602	外部会议	会议通知	—	—	—	—	—	—	—	—	—	—	—	—	—	—	—	—	—	—	—	—	参照通用票据-通知(&培训&会议)

表 16-23　无纸化存档判断规则——培训

序号	业务编号	业务类型	会计资料名称	会计资料大类	会计资料细类	会计资料来源	会计资料初始格式	存档格式	存档格式	来源信息系统	C1	C2	C3	C4	C5	C6	C7	C8	C9	C10	B1	B3	备注
—	—	—	会计资料基本信息（现状）								《会计档案管理办法》							《关于规范电子会计凭证报销入账归档的通知》			《企业会计信息化工作规范》		—
1	R01012701	自办培训费	记账凭证	—	—	—	—	—	—	—	—	—	—	—	—	—	—	—	—	—	—	—	参照记账凭证
2	R01012701	自办培训费	报销面单	—	—	—	—	—	—	—	—	—	—	—	—	—	—	—	—	—	—	—	参照通用票据-报销面单
3	R01012701	自办培训费	票据	—	—	—	—	—	—	—	—	—	—	—	—	—	—	—	—	—	—	—	参照通用票据

（续表）

序号	业务编号	业务类型	会计资料名称	会计资料大类	会计资料细类	会计资料来源	会计资料初始格式	存档格式	存档格式	来源信息系统	C1	C2	C3	C4	C5	C6	C7	C8	C9	C10	B1	B3		
4	R01012701	自办培训费	培训通知	—	—	—	—	—	—	—	—	—	—	—	—	—	—	—	—	—	—	—	—	参照通用票据-通知(培训&会议)
5	R01012701	自办培训费	内部办班审批表	—	—	—	—	—	—	—	—	—	—	—	—	—	—	—	—	—	—	—	—	参照通用票据-业务审批表
6	R01012701	自办培训费	培训实施方案	1.会计凭证类	1.1原始凭证	内部形成	1.纸质件	3.纸质+电子	3.纸质+电子	—	—	—	—	—	—	√	—	—	—	—	—	—	否	—
7	R01012701	自办培训费	培训实施方案	1.会计凭证类	1.1原始凭证	内部形成	5.其他电子文件	3.纸质+电子	2.电子	12.协同办公系统(OA)	—	√	√	√	√	—	—	—	—	—	√	√	是	—
8	R01012701	自办培训费	消费清单	1.会计凭证类	1.会计凭证类	从外部接收	1.纸质件	3.纸质+电子	3.纸质+电子	—	√	—	—	—	—	—	—	—	—	—	—	—	否	—
9	R01012702	外部培训费	记账凭证	—	—	—	—	—	—	—	—	—	—	—	—	—	—	—	—	—	—	—	—	参照记账凭证
10	R01012702	外部培训费	报销面单	—	—	—	—	—	—	—	—	—	—	—	—	—	—	—	—	—	—	—	—	参照通用票据-报销面单
11	R01012702	外部培训费	票据	—	—	—	—	—	—	—	—	—	—	—	—	—	—	—	—	—	—	—	—	参照通用票据
12	R01012702	外部培训费	培训通知	—	—	—	—	—	—	—	—	—	—	—	—	—	—	—	—	—	—	—	—	参照通用票据-通知(培训&会议)
13	R01012702	外部培训费	送外培训审批表	—	—	—	—	—	—	—	—	—	—	—	—	—	—	—	—	—	—	—	—	参照通用票据-业务审批表

表16-24 无纸化存档判断规则——薪酬

序号	业务编号	业务类型	会计资料名称	会计资料大类	会计资料细类 / 会计资料来源（内部形成/从外部接收）	参见（选项）清单/会计资料细类	参见（选项）清单/来源信息系统（1.纸质原件 2.PDF版式文件 3.OFD版式文件 4.结构化数据 5.其他电子文件）	会计资料初始格式	存档格式（1.纸质 2.电子 3.纸质+电子（现状））	来源信息系统（1.纸质 2.电子 3.纸质+电子（未来3年））	C1	C2	C3	C4	C5	C6	C7	C8	C9	C10	B1	B3	备注
1	R01031801	发放职工工资（批量/网银/代发）	报销面单	—	—	—	—	—	—	—	—	—	—	—	—	—	—	—	—	—	—	—	参照通用票据-报销面单
2	R01031801	发放职工工资（批量/网银/代发）	银行回单	—	—	—	—	—	—	—	—	—	—	—	—	—	—	—	—	—	—	—	参照银行回单

说明（各判断项含义）：

《会计档案管理办法》
- （一）C1：形成的电子会计资料来源真实有效，由计算机等电子设备形成和传输
- （二）C2：使用的会计核算系统能够准确、完整、有效接收和读取电子会计资料，能够按照国家标准归档格式输出会计凭证、会计账簿、财务会计报表等会计资料，设定了经办、审核、审批等必要的审核程序（具体模块）
- （三）C3：使用的电子档案管理系统能够有效接收、管理、利用电子会计档案，符合电子会计档案的长期保管要求，并建立电子会计账号与相关联的其他会计资料检索关系
- （四）C4：采取有效措施，防止电子会计档案被篡改
- （五）C5：建立电子会计档案备份制度，能够有效防范自然灾害、意外事故和人为破坏的影响
- （六）C6：形成的电子会计资料不属于具有永久保存价值或者其他重要保存价值的会计档案
- C7：单位从外部接收的电子会计资料附有符合《中华人民共和国电子签名法》规定的电子签名的（仅以电子形式归档保存，形成电子会计档案）

《关于规范电子会计凭证报销入账归档的通知》
- （一）C8：接收的电子会计凭证经查验经合法、真实
- （三）C9：电子会计凭证的元数据，能被使用的会计核算系统准确、完整、有效接收和读取，能按照国家档案管理部门规定格式输出
- （三）C10：使用的会计核算系统能有效防止电子会计凭证重复入账

《企业会计信息化工作规范》
- （一）B1：所记载的事项属于本企业重复发生的日常业务
- （三）B3：可及时在企业信息系统中以人类可读形式查询和输出；是否可无纸化

（续表）

序号	业务编号	业务类型	会计资料名称	会计资料大类	会计资料细类	会计资料来源	会计资料初始格式	存档格式	存档格式	来源信息系统	C1	C2	C3	C4	C5	C6	C7	C8	C9	C10	B1	B3		
3	R01031801	发放职工工资（批量/网银/代发）	工资发放请示单	—	—	—	—	—	—	—	—	—	—	—	—	—	—	—	—	—	—	—	—	参照通用合同-合同验收书
4	R01031801	发放职工工资（批量/网银/代发）	工资发放汇总表	1.会计凭证类	1.1原始凭证	内部形成	1.纸质件	3.纸质+电子	—	—	—	—	—	—	—	—	—	—	—	—	—	—	否	—
5	R01031801	发放职工工资（批量/网银/代发）	工资发放汇总表	1.会计凭证类	1.1原始凭证	内部形成	4.结构化数据	—	2.电子	3.1 ERP-人力资源管理子系统	√	√	√	√	√	√	—	—	—	—	√	√	是	增加系统功能实现
6	—	福利费	记账凭证	—	—	—	—	—	—	—	—	—	—	—	—	—	—	—	—	—	—	—	—	参照记账凭证
7	—	福利费	银行回单	—	—	—	—	—	—	—	—	—	—	—	—	—	—	—	—	—	—	—	—	参照银行回单
8	—	福利费	报销面单	—	—	—	—	—	—	—	—	—	—	—	—	—	—	—	—	—	—	—	—	参照通用报销单/票据-报销面单
9	—	福利费	票据	—	—	—	—	—	—	—	—	—	—	—	—	—	—	—	—	—	—	—	—	参照通用票据
10	—	福利费	医药费及医疗补贴-医疗费用清单	1.会计凭证类	1.1原始凭证	从外部接收	1.纸质件	3.纸质+电子	—	—	—	—	—	—	—	—	—	—	—	—	—	—	否	与发票套打

（续表）

序号	业务编号	业务类型	会计资料名称	会计资料大类	会计资料细类	会计资料来源	会计资料初始格式	存档格式	存档格式	来源信息系统	C1	C2	C3	C4	C5	C6	C7	C8	C9	C10	B1	B3	是否	备注
11	—	福利费	医药费及医疗补贴-医疗费用清单	1. 会计凭证	1.1 原始凭证	从外部接收	5. 其他电子文件	—	2. 电子	—	√	√	√	√	√	√	—	—	—	—	√	√	否	与发票套打
12	—	福利费	请示	—	—	—	—	—	—	—	—	—	—	—	—	—	—	—	—	—	—	—	—	参照通用说明-部门请示
13	—	福利费	合同	—	—	—	—	—	—	—	—	—	—	—	—	—	—	—	—	—	—	—	—	参照通用合同信息
14	—	福利费	合同验收书	—	—	—	—	—	—	—	—	—	—	—	—	—	—	—	—	—	—	—	—	参照通用合同验收书
15	—	福利费	转账证明	1. 会计凭证	1.1 原始凭证	从外部接收	5. 其他电子文件	3. 纸质+电子	3. 纸质+电子	—	√	√	√	√	√	√	—	—	—	—	√	√	否	—
16	—	福利费	现金结算说明	1. 会计凭证	1.1 原始凭证	内部形成	1. 纸质件	3. 纸质+电子	—	—	—	—	—	—	—	—	—	—	—	—	—	—	—	参照通用说明-现金结算说明
17	—	福利费	丧葬慰问金申请表	1. 会计凭证	1.1 原始凭证	内部形成	1. 纸质件	3. 纸质+电子	3. 纸质+电子	—	—	—	—	—	—	—	—	—	—	—	—	—	否	—
18	—	福利费	丧葬慰问金申请表	1. 会计凭证	1.1 原始凭证	内部形成	4. 结构化数据	—	2. 电子	8.8 NC-费用报销管理系统	√	√	√	√	√	√	—	—	—	—	√	√	是	—

（续表）

序号	业务编号	业务类型	会计资料名称	会计资料大类	会计资料细类	会计资料来源	会计资料初始格式	存档格式	存档格式	来源信息系统	C1	C2	C3	C4	C5	C6	C7	C8	C9	C10	B1	B3		
19	—	福利费	计划生育疾病证明	1.会计凭证	1.1原始凭证	从外部接收	1.纸质件	3.纸质+电子	3.纸质+电子	—	—	—	—	—	—	—	—	—	—	—	—	—	否	—
20	—	福利费	医药费及医疗补贴-疾病证明	1.会计凭证	1.1原始凭证	从外部接收	1.纸质件	3.纸质+电子	3.纸质+电子	—	—	—	—	—	—	—	—	—	—	—	—	—	否	—
21	—	福利费	医药费及医疗补贴-内部报销核定表	1.会计凭证	1.1原始凭证	内部形成	1.纸质件	3.纸质+电子	3.纸质+电子	—	—	—	—	—	—	—	—	—	—	—	—	—	否	—
22	R01031803	缴纳医疗、养老、工伤、失业保险	支付补登单	—	—	—	—	—	—	—	—	—	—	—	—	—	—	—	—	—	—	—	—	参照通用票据支付补登单
23	R01031803	缴纳医疗、养老、工伤、失业保险	缴费通知单	1.会计凭证	1.1原始凭证	从外部接收	1.纸质件	3.纸质+电子	3.纸质+电子	—	—	—	—	—	—	—	—	—	—	—	—	—	否	—
24	R01031803	缴纳医疗、养老、工伤、失业保险	银行回单	—	—	—	—	—	—	—	—	—	—	—	—	—	—	—	—	—	—	—	—	参照银行回单

（续表）

序号	业务编号	业务类型	会计资料名称	会计资料大类	会计资料细类	会计资料来源	会计资料初始格式	存档格式	存档格式	来源信息系统	C1	C2	C3	C4	C5	C6	C7	C8	C9	C10	B1	B3	—	—
25	R01031803	缴纳医疗、养老、工伤、失业保险	保险分摊表	1.会计凭证类	1.1原始凭证	内部形成	1.纸质件	3.纸质+电子	3.纸质+电子	—	—	—	—	—	—	—	—	—	—	—	—	—	否	—
26	R01031803	缴纳医疗、养老、工伤、失业保险	保险分摊表	1.会计凭证类	1.1原始凭证	内部形成	4.结构化数据	3.纸质+电子	3.纸质+电子	3.1 ERP-人力资源管理子系统	√	√	√	—	√	√	—	—	—	—	√	√	是	增加系统功能实现
27	R01031804	缴纳企业年金	报销面单	—	—	—	—	—	—	—	—	—	—	—	—	—	—	—	—	—	—	—	—	参照通用票据报销面单
28	R01031804	缴纳企业年金	年金支付请示单	—	—	—	—	—	—	—	—	—	—	—	—	—	—	—	—	—	—	—	—	参照通用部门请示说明
29	R01031804	缴纳企业年金	银行回单	—	—	—	—	—	—	—	—	—	—	—	—	—	—	—	—	—	—	—	—	参照银行回单
30	R01031804	缴纳企业年金	缴存汇总表	1.会计凭证类	1.1原始凭证	内部形成	1.纸质件	3.纸质+电子	3.纸质+电子	—	—	—	—	—	—	—	—	—	—	—	—	—	否	—
31	R01031804	缴纳企业年金	缴存汇总表	1.会计凭证类	1.1原始凭证	内部形成	4.结构化数据	3.纸质+电子	3.纸质+电子	3.1 ERP-人力资源管理子系统	√	√	√	√	√	√	—	—	—	—	√	√	是	增加系统功能实现

（续表）

序号	业务编号	业务类型	会计资料名称	会计资料大类	会计资料细类	会计资料来源	会计资料初始格式	存档格式	存档格式	来源信息系统	C1	C2	C3	C4	C5	C6	C7	C8	C9	C10	B1	B3		备注
32	R01031805	缴纳住房公积金	报销面单	—	—	—	—	—	—	—	—	—	—	—	—	—	—	—	—	—	—	—	—	参照通用票据-报销面单
33	R01031805	缴纳住房公积金	支付请示单	—	—	—	—	—	—	—	—	—	—	—	—	—	—	—	—	—	—	—	—	参照通用说明-部门请示
34	R01031805	缴纳住房公积金	银行回单	—	—	—	—	—	—	—	—	—	—	—	—	—	—	—	—	—	—	—	—	参照银行回单
35	R01031805	缴纳住房公积金	缴费通知书	1.会计凭证类	1.1原始凭证	从外部接收	1.纸质件	3.纸质+电子	3.纸质+电子	—	—	—	—	—	—	—	—	—	—	—	—	—	否	—
36	R01031805	缴纳住房公积金	公积金分摊表	1.会计凭证类	1.1原始凭证	内部形成	1.纸质件	3.纸质+电子	3.纸质+电子	—	—	—	—	—	—	—	—	—	—	—	—	—	否	—
37	R01031805	缴纳住房公积金	公积金分摊表	1.会计凭证类	1.1原始凭证	内部形成	4.结构化数据	2.电子	—	3.1ERP-人力资源管理子系统	√	√	√	√	√	√	—	—	—	—	√	√	是	增加系统功能实现
38	R01031808	缴纳补充医疗保险	报销面单	—	—	—	—	—	—	—	—	—	—	—	—	—	—	—	—	—	—	—	—	参照通用票据-报销面单

（续表）

序号	业务编号	业务类型	会计资料名称	会计资料大类	会计资料细类	会计资料来源	会计资料初始格式	存档格式	存档格式	来源信息系统	C1	C2	C3	C4	C5	C6	C7	C8	C9	C10	B1	B3	—	—
39	R01031808	缴纳补充医疗保险	合同	—	—	—	—	—	—	—	—	—	—	—	—	—	—	—	—	—	—	—	—	参照通用票据-合同信息
40	R01031808	缴纳补充医疗保险	合同验收书	—	—	—	—	—	—	—	—	—	—	—	—	—	—	—	—	—	—	—	—	参照通用合同-合同验收书
41	R01031808	缴纳补充医疗保险	缴款请示单	—	—	—	—	—	—	—	—	—	—	—	—	—	—	—	—	—	—	—	—	参照通用说明-部门请示
42	R01031808	缴纳补充医疗保险	银行回单	—	—	—	—	—	—	—	—	—	—	—	—	—	—	—	—	—	—	—	—	参照银行回单
43	R01031808	缴纳补充医疗保险	缴存汇总表	1.会计凭证类	1.1原始凭证	内部形成	1.纸质件	3.纸质+电子	3.纸质+电子	—	√	√	√	√	√	√	—	—	—	—	—	—	否	—
44	R01031808	缴纳补充医疗保险	缴存汇总表	1.会计凭证类	1.1原始凭证	内部形成	4.结构化数据	3.纸质+电子	3.纸质+电子	3.1 ERP-人力资源管理子系统	—	—	—	—	—	—	—	—	—	—	√	√	是	增加系统功能实现

表 16-25 无纸化存档判断规则——业务招待费

序号	业务编号	业务类型	会计资料名称	会计资料基本信息（现状）						《会计档案管理办法》							《关于规范电子会计凭证报销入账的通知》			《企业会计信息化工作规范》		备注
				会计资料大类（参见选项清单会计资料细类）：1.会计凭证类 2.会计账簿类 3.财务报告类 4.资金类 5.税务类 6.预算类 7.稽核审计类 8.其他类	会计资料细类（参见选项清单会计资料明细）	会计资料来源：内部形成/从外部接收	会计资料初始格式：1.纸质版式文件 2.PDF版式文件 3.OFD版式文件 4.结构化数据 5.其他电子文件	存档格式（未来3年）：1.纸质 2.电子 3.纸质+电子	来源信息系统（参见选项清单来源信息系统）	（一）形成的电子会计资料来源真实、有效，由计算机等电子设备形成和传输	（二）使用的会计核算系统能够准确、完整、有效接收和读取电子会计资料，能够输出符合国家标准归档格式的会计凭证、会计账簿、财务会计报表等会计资料，设定了经办、审核、审批等必要的审签程序（具体模块）	（三）使用的电子档案管理系统能够有效接收、管理、利用电子会计档案，符合电子档案的长期保管要求，并建立了电子会计档案与相关联的其他会计资料之间的检索关系	（四）采取有效措施，防止电子会计档案被篡改	（五）建立电子会计档案备份制度，能够有效防范自然灾害、意外事故和人为破坏的影响	（六）形成的电子会计资料不属于具有永久保存价值或者其他重要保存价值的会计档案	单位从外部接收的电子会计资料附有符合《中华人民共和国电子签名法》规定的电子签名的，可以以电子形式归档保存，形成电子会计档案	（一）接收的电子会计凭证经查验合法、真实	（三）电子会计凭证的元数据，能被使用的会计核算系统统一、完整、有效接收和读取，能够按照国家行政管理部门规定格式输出	（三）使用的会计核算系统能防止电子会计凭证重复入账	（一）所记载的事项属于本企业重复发生的日常业务	（三）可及时在企业信息系统中以人类可读形式查询和输出 是否可无纸化	
										C1	C2	C3	C4	C5	C6	C7	C8	C9	C10	B1	B3	
1	R01010202	业务招待	记账凭证	—	—	—	—	—	—	—	—	—	—	—	—	—	—	—	—	—	—	参照记账凭证

（续表）

序号	业务编号	业务类型	会计资料名称	会计资料大类	会计资料细类	会计资料来源	会计资料初始格式	存档格式	存档格式	来源信息系统	C1	C2	C3	C4	C5	C6	C7	C8	C9	C10	B1	B3	—
2	R01010202	业务招待	报销面单	—	—	—	—	—	—	—	—	—	—	—	—	—	—	—	—	—	—	—	参照通用票据-报销面单
3	R01010202	业务招待	票据	—	—	—	—	—	—	—	—	—	—	—	—	—	—	—	—	—	—	—	参照通用票据
4	R01010202	业务招待	公函	1.会计凭证类	1.1原始凭证类	从外部接收	1.纸质件	3.纸质+电子	3.纸质+电子	—	—	—	—	—	—	—	—	—	—	—	—	否	—
5	R01010202	业务招待	接待审批单	—	—	—	—	—	—	—	—	—	—	—	—	—	—	—	—	—	—	—	参照通用票据-业务审批表
6	R01010202	业务招待	公务接待清单	1.会计凭证类	1.1原始凭证类	内部形成	1.纸质件	3.纸质+电子	3.纸质+电子	—	—	—	—	—	—	—	—	—	—	—	—	否	—
7	R01010202	业务招待	接待方案	1.会计凭证类	1.1原始凭证类	内部形成	1.纸质件	3.纸质+电子	3.纸质+电子	—	—	—	—	—	—	—	—	—	—	—	—	否	—
8	R01010202	业务招待	商务接待清单	1.会计凭证类	1.1原始凭证类	内部形成	1.纸质件	3.纸质+电子	3.纸质+电子	—	—	—	—	—	—	—	—	—	—	—	—	否	参照通用合同-合同验收书

表 16-26　无纸化存档判断规则——办公费

序号	业务编号	业务类型	会计资料基本信息（现状）								《会计档案管理办法》							《关于规范电子会计凭证报销入账归档的通知》			《企业会计信息化工作规范》		备注
			会计资料名称	会计资料大类 1.会计凭证类 2.会计账簿类 3.财务报告类 4.资金类 5.税务类 6.预算类 7.稽核审计类 8.其他类	会计资料细类 参见（选项）清单/会计资料细类	会计资料来源 内部形成/从外部接收	会计资料初始格式 1.纸质版件 2.PDF文件 3.OFD版式文件 4.结构化数据 5.其他电子文件	存档格式（现状） 1.纸质 2.电子 3.纸质+电子	存档格式（未来3年） 1.纸质 2.电子 3.纸质+电子	来源信息系统 参见（选项）清单	（一）形成的电子会计资料来源真实、有效，由计算机等电子设备形成和传输 C1	（二）使用的会计核算系统能够准确、完整、有效接收和读取电子会计资料，能按照国家标准归档格式输出会计凭证、会计账簿、财务会计报表等会计资料 C2	（三）使用的电子档案管理系统能够有效接收、管理、利用电子会计档案，符合电子档案的长期保管要求，并建立了电子会计档案与相关联的其他会计资料之间的关系（具体模块） C3	（四）采取有效措施，防止电子会计档案被篡改 C4	（五）建立电子会计档案备份制度，能够有效防范自然灾害、意外事故和人为破坏的影响 C5	（六）形成的电子会计资料不属于具有永久保存价值或者其他重要价值的会计档案 C6	单位从外部接收的电子会计资料附有符合《中华人民共和国电子签名法》规定的电子签名的，可仅以电子形式归档，保存电子会计档案 C7	（一）接收的电子会计凭证经查验合法、真实 C8	（二）电子会计凭证的元数据能被使用的会计核算系统准确、完整、有效接收并按照国家行政管理部门规定格式输出 C9	（三）使用的会计核算系统能够有效防止电子会计凭证重复入账 C10	（一）所记载的事项属于本企业重复发生的日常业务 B1	（三）可及时在企业信息系统中以人类可读形式查询和输出 B3	
1	—	办公费	记账凭证	—	—	—	—	—	—	来源信息系统	—	—	—	—	—	—	—	—	—	—	—	—	参照记账凭证

（续表）

序号	业务编号	业务类型	会计资料名称	会计资料大类	会计资料细类	会计资料来源	会计资料初始格式	存档格式	存档格式	来源信息系统	C1	C2	C3	C4	C5	C6	C7	C8	C9	C10	B1	B3	—
2	—	办公费	银行回单	—	—	—	—	—	—	—	√	—	—	—	—	—	—	—	—	—	—	—	参照银行回单
3	—	办公费	报销面单	—	—	—	—	—	—	—	—	—	—	—	—	—	—	—	—	—	—	—	参照通用票据-报销面单
4	—	办公费	票据	—	—	—	—	—	—	—	—	√	—	—	—	—	—	—	—	—	—	—	参照通用票据
5	—	办公费	请示	—	—	—	—	—	—	—	—	—	—	—	—	—	—	—	—	—	—	—	参照通用说明-部门请示
6	—	办公费	合同	—	—	—	—	—	—	—	—	—	—	—	—	√	—	—	—	—	—	—	参照通用合同-合同信息
7	—	办公费	合同验收书	—	—	—	—	—	—	—	—	—	—	—	—	—	—	—	—	—	—	—	参照通用合同-合同验收书
8	—	办公费	转账证明	1.会计凭证	1.1原始凭证	从外部接收	5.其他电子文件	3.纸质+电子	3.纸质+电子	—	√	√	√	√	√	√	—	—	—	—	√	√	参照记账凭证（否/√）
9	—	办公费	现金结算说明	—	—	—	—	—	—	—	—	—	—	—	—	—	—	—	—	—	—	—	参照说明-现金结算说明

表 16-27　无纸化存档判断规则——修理费

序号	业务编号	业务类型	会计资料名称	会计资料基本信息（现状）							《会计档案管理办法》							《关于规范电子会计凭证报销入账归档的通知》			《企业会计信息化工作规范》		备注
				会计资料大类 1.会计凭证类 2.会计账簿类 3.财务报告类 4.资金类 5.税务类 6.预算类 7.稽核审计类 8.其他类	会计资料细类 参见（选项）清单·会计资料细类	会计资料来源 内部形成/从外部接收	会计资料初始格式 1.纸质原件 2.PDF版版文件 3.OFD版版文件 4.结构化数据 5.其他电子文件	存档格式（现状） 1.纸质 2.电子 3.纸质+电子	存档格式（未来3年） 1.纸质 2.电子 3.纸质+电子	来源信息系统 参见（选项）清单·来源信息系统	C1 （一）形成的会计资料来源真实有效，由计算机等设备形成和传输	C2 （二）使用的会计核算系统能够准确、完整、有效接收和读取会计资料·能够输出符合国家标准归档格式的会计凭证、会计账簿、财务会计报表等会计资料，设定了必要的审核、审批等程序（具体模块）	C3 （三）使用的电子档案管理系统能够有效接收、管理、利用电子会计档案·符合电子会计档案的长期保管要求，并建立了电子会计资料与相关联的其他会计资料的检索关系	C4 （四）采取有效措施，防止电子会计档案被篡改	C5 （五）建立电子会计档案备份制度，能够有效防范自然灾害、意外事故和人为破坏的影响	C6 （六）形成的电子会计资料不属于具有永久保存价值或者其他重要保存价值的会计档案	C7 单位从外部接收的电子会计资料附有符合《中华人民共和国电子签名法》规定的电子签名的，可仅以电子形式形成电子会计档案	C8 （一）接收的电子会计凭证能够有效验证其合法、真实	C9 （二）电子会计凭证的元数据使用的会计核算系统准确、完整，能够按照国家档案行政管理部门规定的格式输出	C10 （三）使用的会计核算系统能够有效防止电子会计凭证重复入账	B1 （一）所记载的事项属于本企业发生的日常重复性业务	B3 （三）可及时在企业信息系统中以人类可读形式查询和输出 是否可无纸化	
1	—	修理费	记账凭证	—	—	—	—	—	—	—	—	—	—	—	—	—	—	—	—	—	—	—	参照记账凭证
2	—	修理费	银行回单	—	—	—	—	—	—	—	—	—	—	—	—	—	—	—	—	—	—	—	参照银行回单

（续表）

序号	业务编号	业务类型	会计资料名称	会计资料大类	会计资料细类	会计资料来源	会计资料初始格式	存档格式	存档格式	来源信息系统	C1	C2	C3	C4	C5	C6	C7	C8	C9	C10	B1	B3	备注
3	一	修理费	报销面单	一	一	一	一	一	一	一	一	一	一	一	一	一	一	一	一	一	一	一	参照通用票据-报销面单
4	一	修理费	票据	一	一	一	一	一	一	一	一	一	一	一	一	一	一	一	一	一	一	一	参照通用票据
5	一	修理费	修理费结算单	1.会计凭证类	1.1原始凭证	从外部接收	1.纸质件	3.纸质+电子	3.纸质+电子	一	一	一	一	一	一	一	一	一	一	一	一	否	修理店提供
6	一	修理费	合同	一	一	一	一	一	一	一	一	一	一	一	一	一	一	一	一	一	一	一	参照通用合同-合同信息
7	一	修理费	合同验收书	一	一	一	一	一	一	一	一	一	一	一	一	一	一	一	一	一	一	一	参照通用合同-合同验收书
8	一	修理费	请示	一	一	一	一	一	一	一	一	一	一	一	一	一	一	一	一	一	一	一	参照通用说明-部门请示
9	一	修理费	车辆维修报价单	1.会计凭证类	1.1原始凭证	从外部接收	1.纸质件	3.纸质+电子	3.纸质+电子	一	一	一	一	一	一	一	一	一	一	一	一	否	一
10	一	修理费	车辆维修申请单	一	一	一	一	一	一	一	一	一	一	一	一	一	一	一	一	一	一	一	参照通用票据-业务审批单

表 16-28　无纸化存档判断规则——租赁费

序号	业务编号	业务类型	会计资料基本信息（现状）								《会计档案管理办法》							《关于规范电子会计凭证报销入账归档的通知》			《企业会计信息化工作规范》		备注
			会计资料名称	会计资料大类	会计资料细类	会计资料来源	会计资料初始格式	存档格式	存档格式	来源信息系统	C1	C2	C3	C4	C5	C6	C7	C8	C9	C10	B1	B3	
				1.会计凭证类 2.会计账簿类 3.财务报告类 4.税金类 5.税务类 6.预算类 7.薪酬核算类 8.其他类	参见（选项清单/资料细类）	内部形成/从外部接收	1.纸质PDF版式文件 2.电子OFD版式文件 3.纸质+电子版式文件 4.结构化数据 5.其他电子文件	1.纸质 2.电子 3.纸质+电子（未来3年）	1.纸质 2.电子 3.纸质+电子（现状）	参见（选项清单/资料来源信息系统）	（一）形成的电子会计资料来源真实有效，由计算机等电子设备形成和传输	（二）使用的会计核算系统能够准确、完整、有效接收和读取电子会计资料，能够输出符合国家标准归档格式的会计凭证、会计账簿、财务报表等会计资料	（三）使用的电子档案管理系统能够有效接收、管理、利用电子会计档案，符合电子档案的长期保管要求，并建立了电子会计档案与相关联的其他会计资料的检索关系	（四）采取有效措施，防止电子会计档案被篡改	（五）建立电子会计档案备份制度，能够有效防范自然灾害、意外事故和人为破坏的影响	（六）形成的电子会计资料不具有重要保存价值或者其他重要价值的会计档案	单位从外部接收的电子会计资料附有符合《中华人民共和国电子签名法》规定的电子签名的，可仅以电子形式保存，形成电子会计档案	（一）接收的电子会计凭证符合会计凭证的要求，经济业务真实、合法	（二）电子会计凭证的内容真实、完整，能够被接收使用的会计核算系统有效接收，能够按照国家档案行政管理部门规定的格式输出	（三）使用的会计核算系统能够有效防止电子会计凭证重复入账	（一）所记载的事项属于本企业重复发生的日常经济业务	（三）可及时在企业信息系统中以人类可读方式查询和输出	是否可无纸化
1	—	租赁费	记账凭证	—	—	—	—	—	—	—	—	—	—	—	—	—	—	—	—	—	—	—	—	参照记账凭证
2	—	租赁费	银行回单	—	—	—	—	—	—	—	—	—	—	—	—	—	—	—	—	—	—	—	—	参照银行回单

（续表）

序号	业务编号	业务类型	会计资料名称	会计资料大类	会计资料细类	会计资料来源	会计资料初始格式	存档格式	存档格式	来源信息系统	C1	C2	C3	C4	C5	C6	C7	C8	C9	C10	B1	B3	备注
3	—	租赁费	报销面单	—	—	—	—	—	—	—	—	—	—	—	—	—	—	—	—	—	—	—	参照通用-票据-报销面单
4	—	租赁费	票据	—	—	—	—	—	—	—	—	—	—	—	—	—	—	—	—	—	—	—	参照通用-票据
5	—	租赁费	合同	—	—	—	—	—	—	—	—	—	—	—	—	—	—	—	—	—	—	—	参照通用-合同信息
6	—	租赁费	合同验收书	—	—	—	—	—	—	—	—	—	—	—	—	—	—	—	—	—	—	—	参照通用-合同验收书
7	—	租赁费	租赁结算清单	1. 会计凭证	1.1 原始凭证	从外部接收	1. 纸质件	3. 纸质+电子	3. 纸质+电子	—	—	—	—	—	—	—	—	—	—	—	√	—	否
8	—	租赁费	车辆租赁请示单	—	—	—	—	—	—	—	√	√	√	√	√	√	—	—	—	—	—	—	参照通用-说明门请示
9	—	租赁费	车辆租赁转账证明	1. 会计凭证	1.1 原始凭证	从外部接收	5. 其他电子文件	3. 纸质+电子	3. 纸质+电子	—	—	—	—	—	—	—	—	—	—	—	—	√	否
10	—	租赁费	车辆租赁现金结算说明	—	—	—	—	—	—	—	—	—	—	—	—	—	—	—	—	—	—	—	参照通用-现金结算说明

16.16　市场营销费

广西中烟与市场营销费相关的无纸化存档判断规则有 5 条,如表 16-29 所示。

16.17　捐赠支出

广西中烟与捐赠支出相关的无纸化存档判断规则有 4 条,如表 16-30 所示。

16.18　利息支出

广西中烟与利息支出相关的无纸化存档判断规则有 7 条,如表 16-31 所示。

16.19　水电费支出

广西中烟与水电费支出相关的无纸化存档判断规则有 72 条,如表 16-32 所示。

16.20　税务

广西中烟与税务相关的无纸化存档判断规则有 10 条,如表 16-33 所示。

16.21　资产报废

广西中烟与资产报废相关的无纸化存档判断规则有 5 条,如表 16-34 所示。

表 16-29　无纸化存档判断规则——市场营销费

序号	业务编号	业务类型	会计资料基本信息（现状）								《会计档案管理办法》							《关于规范电子会计凭证报销入账归档的通知》			《企业会计信息化工作规范》		备注
			会计资料名称	会计资料大类	会计资料细类	会计资料来源	会计资料初始格式	存档格式	存档格式	来源信息系统	（一）形成的电子会计资料来源真实、有效，由计算机等电子设备形成和传输	（二）使用的会计核算系统能够准确、完整、有效接收和读取电子会计资料，能够输出符合国家标准归档格式的会计凭证、会计账簿、财务会计报表等会计资料，设定了经办、审核、审批等必要的审签程序(具体模块)	（三）使用的电子档案管理系统能够有效接收、管理、利用电子会计档案，符合电子会计档案的长期保管要求，并建立了电子会计档案与相关联的其他会计资料的检索关系	（四）采取有效措施，防止电子会计档案被篡改	（五）建立电子会计档案备份制度，能够有效防范自然灾害、意外事故和人为破坏的影响	（六）形成的电子会计资料不属于具有永久保存价值或者其他重要保存价值的会计档案	单位从外部接收的电子会计资料附有符合《中华人民共和国电子签名法》规定的电子签名的，可（又以）电子形式归档保存，形成电子会计档案	（一）接收的电子会计凭证经查验合法、真实	（三）电子会计凭证的元数据·能被使用的会计核算系统准确、完整、有效接收·有效接收并能够可靠读取	（三）使用的会计核算系统能有效防止电子会计凭证重复入账，能够按照国家行政档案管理部门规定格式输出	（一）所记载的事项属于本企业重复发生的日常业务	（三）可及时在企业信息系统中以人类可读形式和查询输出	是否可无纸化
				参见（速项/清单/细类）1. 会计凭证类 2. 会计账簿类 3. 财务报告类 4. 资金类 5. 税务类 6. 预算类 7. 稽核审类 8. 其他类	参见（速项/清单/细类）内部形成/从外部接收		1. 纸质文件 2. PDF版式文件 3. OFD版式文件 4. 结构化数据 5. 其他电子文件	1. 纸质 2. 电子 3. 纸质+电子（现状）	1. 纸质 2. 电子 3. 纸质+电子（未来3年）	来源信息系统	C1	C2	C3	C4	C5	C6	C7	C8	C9	C10	B1	B3	
1	R01021105	国内市场营销费	记账凭证	—	—	—	—	—	—	—	—	—	—	—	—	—	—	—	—	—	—	—	参照记账凭证

（续表）

序号	业务编号	业务类型	会计资料名称	会计资料大类	会计资料细类	会计资料来源	会计资料初始格式	存档格式	存档格式	来源信息系统	C1	C2	C3	C4	C5	C6	C7	C8	C9	C10	B1	B3	—	—
2	R01021105	国内市场营销费	报销面单	—							—	—	—		—	—	—		—			—		—	参照通用票据-报销面单
3	R01021105	国内市场营销费	票据	—							—	—	—		—	—	—		—			—		—	参照通用票据
4	R01021105	国内市场营销费	策划方案	1. 会计凭证类	1.1 原始凭证	内部形成	1. 纸质件	3. 纸质＋电子	3. 纸质＋电子		—	—	—	—	—	—	—	—	—	—		否	—	—
5	R01021105	国内市场营销费	请示	—							—	—	—	—	—	—	—	—	—	—			—	参照通用说明-部门请示

表16-30 无纸化存档判断规则——捐赠支出

序号	业务编号	业务类型	会计资料基本信息（现状）								《会计档案管理办法》							《关于规范电子会计凭证报销入账归档的通知》			《企业会计信息化工作规范》		备注
			会计资料名称	会计资料大类	会计资料细类	会计资料来源	会计资料初始格式	存档格式（现状）	存档格式（未来3年）	来源信息系统	C1	C2	C3	C4	C5	C6	C7	C8	C9	C10	B1	B3	是否可无纸化
1	R01011801	捐赠支出	捐赠合同	—	—	—	—	—	—	—	—	—	—	—	—	—	—	—	—	—	—	—	参照通用合同信息
2	R01011801	捐赠支出	报销面单	—	—	—	—	—	—	—	—	—	—	—	—	—	—	—	—	—	—	—	参照通用票据报销面单
3	R01011801	捐赠支出	捐赠请示	—	—	—	—	—	—	—	—	—	—	—	—	—	—	—	—	—	—	—	参照通用说明一部门请示
4	R01011801	捐赠支出	捐赠票据	—	—	—	—	—	—	—	—	—	—	—	—	—	—	—	—	—	—	—	参照通用票据

表 16-31　无纸化存档判断规则——利息支出

序号	业务编号	业务类型	会计资料基本信息（现状）							《会计档案管理办法》							《关于规范电子会计凭证报销入账归档的通知》			《企业会计信息化工作规范》		备注
			会计资料名称	会计资料大类（1.会计凭证类 2.会计账簿类 3.财务报告类 4.资金类 5.税务类 6.预算类 7.稽核审计类 8.其他类）	会计资料细类（参见选项清单/会计资料细类）	会计资料来源初始格式（内部形成/从外部接收）	存档格式（现状）（1.纸质 2.电子 3.纸质+电子）	存档格式（1.纸质 2.电子 3.纸质+电子（未来3年））	来源信息系统（参见选项清单/信息系统）	C1	C2	C3	C4	C5	C6	C7	C8	C9	C10	B1	B3	
1	R0105021l	利息支出	合同	—	—	—	—	—	—	—	—	—	—	—	—	—	—	—	—	—	—	参照通用合同-合同信息
2	R0105021l	利息支出	报销面单	—	—	—	—	—	—	—	—	—	—	—	—	—	—	—	—	—	—	参照通用票据-业务审批表、仅限主动支付

（续表）

序号	业务编号	业务类型	会计资料名称	会计资料大类	会计资料细类	会计资料来源	会计资料初始格式	存档格式	存档格式	来源信息系统	C1	C2	C3	C4	C5	C6	C7	C8	C9	C10	B1	B3	—
3	R01050211	利息支出	合同验收书	—	—	—	—	—	—		—	—	—	—	—	—	—	—	—	—	—	—	参照通用合同-合同验收书、仅限主动支付
4	R01050211	利息支出	支付补登单	—	—	—	—	—	—		—	—	—	—	—	—	—	—	—	—	—	—	参照通用票据-支付补登单
5	R01050211	利息支出	提示付息通知书	1.会计凭证类	1.1原始凭证	从外部接收	1.纸质件	3.纸质+电子	3.纸质+电子		—	—	—	—	—	—	—	—	—	—	—	否	仅限主动支付
6	R01050211	利息支出	票据	—	—	—	—	—	—		—	—	—	—	—	—	—	—	—	—	—	—	参照通用票据-纸质票据
7	R01050211	利息支出	银行回单	—	—	—	—	—	—		—	—	—	—	—	—	—	—	—	—	—	—	参照银行回单

表 16-32　无纸化存档判断规则——水电费支出

序号	业务编号	业务类型	会计资料名称	会计资料大类	会计资料细类	会计资料来源	会计资料初始格式	存档格式	来源信息系统 (C1)	(二) C2	(三) C3	(四) C4	(五) C5	(六) C6	C7	(一) C8	(三) C9	(三) C10	(一) B1	(三) B3	备注
1	R0103040104	原料仓水电费	记账凭证	—	—	—	—	—	—	—	—	—	—	—	—	—	—	—	—	—	参照记账凭证
2	R0103040104	原料仓水电费	报销面单	—	—	—	—	—	—	—	—	—	—	—	—	—	—	—	—	—	参照通用票据-报销面单
3	R0103040104	原料仓水电费	银行回单	—	—	—	—	—	—	—	—	—	—	—	—	—	—	—	—	—	参照银行回单

（续表）

序号	业务编号	业务类型	会计资料名称	会计资料大类	会计资料细类	会计资料来源	会计资料初始格式	存档格式	存储格式	来源信息系统	C1	C2	C3	C4	C5	C6	C7	C8	C9	C10	B1	B3	
4	R0103040104	原料仓水电费	票据	—	—	—	—	—	—	—	—	—	—	—	—	—	—	—	—	—	—	—	参照通用票据
5	R0103040104	原料仓水电费	预付请示	—	—	—	—	—	—	—	—	—	—	—	—	—	—	—	—	—	—	—	参照通用说明-部门请示
6	R0103040104	原料仓水电费	收费通知单	1. 会计凭证类	1.1 原始凭证	从外部接收	1. 纸质件	3. 纸质+电子	3. 纸质+电子	—	—	—	—	—	—	—	—	—	—	—	—	否	—
7	R0102121603	仓库电费	记账凭证	—	—	—	—	—	—	—	—	—	—	—	—	—	—	—	—	—	—	—	参照记账凭证
8	R0102121603	仓库电费	报销面单	—	—	—	—	—	—	—	—	—	—	—	—	—	—	—	—	—	—	—	参照通用票据-报销面单
9	R0102121603	仓库电费	银行回单	—	—	—	—	—	—	—	—	—	—	—	—	—	—	—	—	—	—	—	参照银行回单
10	R0102121603	仓库电费	票据	—	—	—	—	—	—	—	—	—	—	—	—	—	—	—	—	—	—	—	参照通用票据
11	R0102121603	仓库电费	电费分割单	1. 会计凭证类	1.1 原始凭证	—	—	—	—	—	—	—	—	—	—	—	—	—	—	—	—	—	参照通用发票-发票分割单
12	R0102121603	仓库电费	电费结算表	1. 会计凭证类	1.1 原始凭证	从外部接收	1. 纸质件	3. 纸质+电子	3. 纸质+电子	—	—	—	—	—	—	—	—	—	—	—	—	否	—
13	R0102121603	仓库电费	外单位电费通知单	1. 会计凭证类	1.1 原始凭证	从外部接收	1. 纸质件	3. 纸质+电子	3. 纸质+电子	—	—	—	—	—	—	—	—	—	—	—	—	否	—
14	R0102121603	仓库电费	外单位电费账单复印件	1. 会计凭证类	1.1 原始凭证	从外部接收	1. 纸质件	3. 纸质+电子	3. 纸质+电子	—	—	—	—	—	—	—	—	—	—	—	—	否	—

（续表）

序号	业务编号	业务类型	会计资料名称	会计资料大类	会计资料细类	会计资料来源	会计资料初始格式	存档格式	来源信息系统	C1	C2	C3	C4	C5	C6	C7	C8	C9	C10	B1	B3	
15	R0102121603	仓库电费	关于电费单价的说明	1.会计凭证类	1.1原始凭证类	从外部接收	1.纸质件	3.纸质+电子	—	—	—	—	—	—	—	—	—	—	—	—	否	—
16	R0102121602	仓库水费	记账凭证	—	—	—	—	—	—	—	—	—	—	—	—	—	—	—	—	—	—	参照记账凭证
17	R0102121602	仓库水费	报销面单	—	—	—	—	—	—	—	—	—	—	—	—	—	—	—	—	—	—	参照通用票据-报销面单
18	R0102121602	仓库水费	银行回单	—	—	—	—	—	—	—	—	—	—	—	—	—	—	—	—	—	—	参照银行回单
19	R0102121602	仓库水费	票据	—	—	—	—	—	—	—	—	—	—	—	—	—	—	—	—	—	—	参照通用票据
20	R0102121603	仓库水费	水费分割单	—	—	—	—	—	—	—	—	—	—	—	—	—	—	—	—	—	—	参照通用票据-发票分割单
21	R0102121603	仓库水费	水费结算表	1.会计凭证类	1.1原始凭证类	从外部接收	1.纸质件	3.纸质+电子	—	—	—	—	—	—	—	—	—	—	—	—	否	—
22	R0102121603	仓库水费	外单位水费通知单	1.会计凭证类	1.1原始凭证类	从外部接收	1.纸质件	3.纸质+电子	—	—	—	—	—	—	—	—	—	—	—	—	否	—
23	R0102121603	仓库水费	外单位水费账单复印件	1.会计凭证类	1.1原始凭证类	从外部接收	1.纸质件	3.纸质+电子	—	—	—	—	—	—	—	—	—	—	—	—	否	—
24	R0102121602	仓库水费	水费使用情况表	1.会计凭证类	1.1原始凭证类	从外部接收	1.纸质件	3.纸质+电子	—	—	—	—	—	—	—	—	—	—	—	—	否	—

（续表）

序号	业务编号	业务类型	会计资料名称	会计资料大类	会计资料细类	会计资料来源	会计资料初始格式	存档格式	来源信息系统	C1	C2	C3	C4	C5	C6	C7	C8	C9	C10	B1	B3		备注
25	R0102030503	管理部门办公场所电费	记账凭证	—	—	—	—	—	—	—	—	—	—	—	—	—	—	—	—	—	—	—	参照记账凭证
26	R0102030503	管理部门办公场所电费	报销单	—	—	—	—	—	—	—	—	—	—	—	—	—	—	—	—	—	—	—	参照通用票据-报销面单
27	R0102030503	管理部门办公场所电费	银行回单	—	—	—	—	—	—	—	—	—	—	—	—	—	—	—	—	—	—	—	参照银行回单
28	R0102030503	管理部门办公场所电费	票据	—	—	—	—	—	—	—	—	—	—	—	—	—	—	—	—	—	—	—	参照通用票据-纸质票据
29	R0102030503	管理部门办公场所电费	预付请示	—	—	—	—	—	—	—	—	—	—	—	—	—	—	—	—	—	—	—	参照通用说明-部门请示
30	R0102030503	管理部门办公场所电费	收费通知单	1.会计凭证类	1.1原始凭证	从外部接收	1.纸质件	3.纸质+电子	—	√	—	—	—	—	—	—	—	—	—	—	—	否	—
31	R0102030503	管理部门办公场所电费	会议纪要	1.会计凭证类	1.1原始凭证	内部形成	5.其他电子文件	3.纸质+电子	12.协同办公系统(OA)	—	√	√	√	√	√	—	—	—	—	—	—	否	—
32	R0102030503	管理部门办公场所电费	会议纪要	1.会计凭证类	1.1原始凭证	内部形成	1.纸质件	3.纸质+电子	—	√	√	√	√	√	√	—	—	—	—	√	√	是	—
33	R0102030503	管理部门办公场所电费	工作联系函	1.会计凭证类	1.1原始凭证	内部形成	1.纸质件	3.纸质+电子	—	√	√	√	√	√	√	—	—	—	—	—	—	否	—
34	R0102030503	管理部门办公场所电费	工作联系函	1.会计凭证类	1.1原始凭证	内部形成	5.其他电子文件	3.纸质+电子	12.协同办公系统(OA)	—	√	√	√	√	√	—	—	—	—	√	√	是	—

（续表）

序号	业务编号	业务类型	会计资料名称	会计资料大类	会计资料细类	会计资料来源	会计资料初始格式	存档格式	来源信息系统	C1	C2	C3	C4	C5	C6	C7	C8	C9	C10	B1	B3	
35	无编码	营销部门办公场所电费	记账凭证	—	—	—	—	—	—	—	—	—	—	—	—	—	—	—	—	—	—	参照记账凭证
36	无编码	营销部门办公场所电费	报销单	—	—	—	—	—	—	—	—	—	—	—	—	—	—	—	—	—	—	参照通用票据-报销面单
37	无编码	营销部门办公场所电费	银行回单	—	—	—	—	—	—	—	—	—	—	—	—	—	—	—	—	—	—	参照银行回单
38	无编码	营销部门办公场所电费	票据	—	—	—	—	—	—	—	—	—	—	—	—	—	—	—	—	—	—	参照通用票据-纸质票据
39	无编码	营销部门办公场所电费	收费通知单	1.会计凭证类	1.1原始凭证类	从外部接收	1.纸质件	3.纸质+电子	—	—	—	—	—	—	—	—	—	—	—	—	否	—
40	R0103040108	代缴自有物业出租水电费	记账凭证	—	—	—	—	—	—	—	—	—	—	—	—	—	—	—	—	—	—	参照记账凭证
41	R0103040108	代缴自有物业出租水电费	报销单	—	—	—	—	—	—	—	—	—	—	—	—	—	—	—	—	—	—	参照通用票据-报销面单
42	R0103040108	代缴自有物业出租水电费	银行回单	—	—	—	—	—	—	—	—	—	—	—	—	—	—	—	—	—	—	参照银行回单
43	R0103040108	代缴自有物业出租水电费	票据	—	—	—	—	—	—	—	—	—	—	—	—	—	—	—	—	—	—	参照通用票据-纸质票据
44	R0103040108	代缴自有物业出租水电费	电费/水费收费通知单	1.会计凭证类	1.1原始凭证类	从外部接收	1.纸质件	3.纸质+电子	—	—	—	—	—	—	—	—	—	—	—	—	否	—
45	R0103040106	租赁宿舍水电费	记账凭证	—	—	—	—	—	—	—	—	—	—	—	—	—	—	—	—	—	—	参照记账凭证

（续表）

序号	业务编号	业务类型	会计资料名称	会计资料大类	会计资料细类	会计资料来源	会计资料初始格式	存档格式	存档格式	来源信息系统	C1	C2	C3	C4	C5	C6	C7	C8	C9	C10	B1	B3	
46	R0103040106	租赁宿舍水电费	报销面单	—	—	—	—	—	—	—	—	—	—	—	—	—	—	—	—	—	—	—	参照通用票据-报销面单
47	R0103040106	租赁宿舍水电费	银行回单	—	—	—	—	—	—	—	—	—	—	—	—	—	—	—	—	—	—	—	参照银行回单
48	R0103040106	租赁宿舍水电费	票据	—	—	—	—	—	—	—	—	—	—	—	—	—	—	—	—	—	—	—	参照通用票据-纸质票据
49	R0103040106	租赁宿舍水电费	预付请示	—	—	—	—	—	—	—	—	—	—	—	—	—	—	—	—	—	—	—	参照通用说明-部门请示
50	R0103040106	租赁宿舍水电费	收费通知单	1.会计凭证类	1.1原始凭证类	从外部接收	1.纸质件	3.纸质+电子															否	—
51	R0103040111	福利场所水电费	记账凭证	—	—	—	—	—	—	—	—	—	—	—	—	—	—	—	—	—	—	—	参照记账凭证
52	R0103040111	福利场所水电费	报销面单	—	—	—	—	—	—	—	—	—	—	—	—	—	—	—	—	—	—	—	参照通用票据-报销面单
53	R0103040111	福利场所水电费	银行回单	—	—	—	—	—	—	—	—	—	—	—	—	—	—	—	—	—	—	—	参照银行回单
54	R0103040111	福利场所水电费	票据	—	—	—	—	—	—	—	—	—	—	—	—	—	—	—	—	—	—	—	参照通用票据-纸质票据
55	R0103040111	福利场所水电费	预付请示	—	—	—	—	—	—	—	—	—	—	—	—	—	—	—	—	—	—	—	参照通用说明-部门请示
56	R0103040111	福利场所水电费	收费通知单	1.会计凭证类	1.1原始凭证类	从外部接收	1.纸质件	3.纸质+电子															否	—

（续表）

序号	业务编号	业务类型	会计资料名称	会计资料大类	会计资料细类	会计资料来源	会计资料初始格式	存档格式	来源信息系统	C1	C2	C3	C4	C5	C6	C7	C8	C9	C10	B1	B3	
57		管理部门办公费、所电场生产车间电费、原料仓烟用材料仓电费、福利场所电费、第三方建筑施工电费	记账凭证		—		—	—		—	—	—			—	—	—	—	—	—	—	参照记账凭证
58	收园区电费发票并分摊手工出账，NC系统目前手工出账，未设置编号	管理部门办公费、所电场生产车间电费、原料仓烟用材料仓电费、福利场所电费、第三方建筑施工电费	报销面单		—		—	—		—	—	—			—	—	—	—	—	—	—	参照通用票据-报销面单
59		管理部门办公费、所电场生产车间电费、原料仓烟用材料仓电费、福利场所电费、第三方建筑施工电费	银行回单		—		—	—		—	—	—			—	—	—	—	—	—	—	参照银行回单
60		管理部门办公费、所电场生产车间电费、原料仓烟用材料仓电费、福利场所电费、第三方建筑施工电费	票据		—		—	—		—	—	—			—	—	—	—	—	—	—	参照通用票据-纸质票据

（续表）

序号	业务编号	业务类型	会计资料名称	会计资料大类	会计资料细类	会计资料来源	会计资料初始格式	存档格式	存档格式	来源信息系统	C1	C2	C3	C4	C5	C6	C7	C8	C9	C10	B1	B3		
61		管理部门办公场所电费、生产车间电费、原料仓电费、烟用材料仓电费、福利电费、场所电费、第三方建筑施工电费	电费收费通知单	1.会计凭证类	1.1原始凭证类	从外部接收	1.纸质件	3.纸质+电子	3.纸质+电子		—	—	—	—	—	—	—	—	—	—	—	—	否	—
62	收园区电费并分摊.发票.NC系统目前手工出账,NC系统未设置编号	管理部门办公场所电费、生产车间电费、原料仓电费、烟用材料仓电费、福利电费、场所电费、第三方建筑施工电费	电费统计表	1.会计凭证类	1.1原始凭证类	内部形成	4.结构化数据	3.纸质+电子	2.电子	8.8 NC-费用报销管理系统	√	√	√	—	√	√	—	—	—	—	√	√	是	—
63		管理部门办公场所电费、生产车间电费、原料仓电费、烟用材料仓电费、福利电费、场所电费、第三方建筑施工电费	会议中心用电费统计表	1.会计凭证类	1.1原始凭证类	内部形成	4.结构化数据	3.纸质+电子	2.电子	8.8 NC-费用报销管理系统	√	√	√	—	√	√	—	—	—	—	√	√	是	—
64		管理部门办公场所电费、生产车间电费、原料仓电费、烟用材料仓电费、福利电费、场所电费、第三方建筑施工电费	电费分配表	1.会计凭证类	1.1原始凭证类	内部形成	4.结构化数据	3.纸质+电子	2.电子	8.8 NC-费用报销管理系统	√	√	√	—	√	√	—	—	—	—	√	√	是	—

（续表）

序号	业务编号	业务类型	会计资料名称	会计资料大类	会计资料细类	会计资料来源	会计资料初始格式	存档格式	来源信息系统	C1	C2	C3	C4	C5	C6	C7	C8	C9	C10	B1	B3	
65		管理部门办公费、生产场所水费、车间水费、原料仓水费、烟用材料费、福利场所水费、第三方建筑施工水费	记账凭证	—	—		—	—		—	—	—		—	—		—	—		—	—	参照记账凭证
66	收园区电费分摊、发票并手工出账,NC系统目前未设置编号	管理部门办公费、生产场所水费、车间水费、原料仓水费、烟用材料费、福利场所水费、第三方建筑施工水费	报销单	—	—		—	—		—	—	—		—	—		—	—		—	—	参照通用报销面单
67		管理部门办公费、生产场所水费、车间水费、原料仓水费、烟用材料费、福利场所水费、第三方建筑施工水费	银行回单	—	—		—	—		—	—	—		—	—		—	—		—	—	参照银行回单
68		管理部门办公费、生产场所水费、车间水费、原料仓水费、烟用材料费、福利场所水费、第三方建筑施工水费	票据	—	—		—	—		—	—	—		—	—		—	—		—	—	参照通用纸质票据

（续表）

序号	业务编号	业务类型	会计资料名称	会计资料大类	会计资料细类	会计资料来源	会计资料初始格式	存档格式	来源信息系统	C1	C2	C3	C4	C5	C6	C7	C8	C9	C10	B1	B3		
69		管理部门办公场所水费、生产车间水费、原料仓库材料仓、烟用材料仓福利水费、场所水费、第三方建筑施工水费	水费通知单	1.会计凭证类	1.1原始凭证类	从外部接收	1.纸质件	3.纸质+电子	—	√	—	—	—	—	—	—	—	—	—	—	否	—
70	收园区电费并分摊发票.NC系统目前手工出账.目前未设置编号	管理部门办公场所水费、生产车间水费、原料仓库材料仓、烟用材料仓福利水费、场所水费、第三方建筑施工水费	水费统计表	1.会计凭证类	1.1原始凭证类	内部形成	4.结构化数据	3.纸质+电子	8.8 NC-费用报销管理系统	√	√	√	√	√	√	—	—	—	—	√	√	是	—
71		管理部门办公场所水费、生产车间水费、原料仓库材料仓、烟用材料仓福利水费、场所水费、第三方建筑施工水费	会议中心用水量计量表	1.会计凭证类	1.1原始凭证类	内部形成	4.结构化数据	3.纸质+电子	8.8 NC-费用报销管理系统	√	√	√	√	√	√	—	—	—	—	√	√	是	—
72		管理部门办公场所水费、生产车间水费、原料仓库材料仓、烟用材料仓福利水费、场所水费、第三方建筑施工水费	水费分配表	1.会计凭证类	1.1原始凭证类	内部形成	4.结构化数据	3.纸质+电子	8.8 NC-费用报销管理系统	√	√	√	√	√	√	—	—	—	—	√	√	是	—

表 16-33　无纸化存档判断规则——税务

序号	业务编号	业务类型	会计资料名称	会计资料大类	会计资料细类	会计资料来源	会计资料初始格式	存档格式(现状)	存档格式(未来3年)	参见(选项清单/来源信息系统)	《会计档案管理办法》 (一)C1	(二)C2	(三)C3	(四)C4	(五)C5	(六)C6	C7	《关于规范电子会计凭证报销入账归档的通知》 (一)C8	(二)C9	(三)C10	《企业会计信息化工作规范》 (一)B1	(三)B3	可否无纸化	备注
1	—	税务	记账凭证	—	—	内部生成	—	—	—	来源信息系统	✓	—	—	—	—	—	—	—	—	—	✓	✓	—	—
2	—	税务	税收缴款书	5.税收类	5.3.10 完税证明	从外部接收	1.纸质件	1.纸质	3.纸质+电子	—	✓	✓	✓	✓	✓	✓	✓	✓	✓	✓	✓	✓	否	参照记账凭证
3	—	税务	电子税收完税证明	5.税收类	5.3.10 完税证明	从外部接收	2.PDF版式文件	3.纸质+电子	2.电子	18.电子税务局	✓	✓	✓	✓	✓	✓	✓	✓	✓	✓	✓	✓	是	—

（续表）

序号	业务编号	业务类型	会计资料名称	会计资料大类	会计资料细类	会计资料来源	会计资料初始格式	存档格式	存档格式	来源信息系统	C1	C2	C3	C4	C5	C6	C7	C8	C9	C10	B1	B3		
4	—	税务	纳税申报表	5.税务类	5.1 纳税申报表	从外部接收	5.其他电子文件	3.纸质+电子	3.纸质+电子	18.电子税务局	√	√	√	√	√	√	√	√	√	√	√	√	是	由系统将其与完税证明校对，一致即可
5	—	税务	海关进口关税专用缴款书	5.税务类	5.3.9 海关进口缴款书	从外部接收	1.纸质件	1.纸质	3.纸质+电子	—	—	—	—	—	—	—	—	—	—	—	—	—	否	—
6	—	税务	电子海关关税专用缴款书	5.税务类	5.3.9 海关进口缴款书	从外部接收	2.PDF版式文件	3.纸质+电子	2.电子	19.中国国际贸易单一窗口	√	√	√	√	√	√	√	√	√	√	√	√	是	参照通用电子票据-电子票据
7	—	税务	海关进口增值税专用缴款书	5.税务类	5.3.9 海关进口缴款书	从外部接收	1.纸质件	1.纸质	3.纸质+电子	—	—	—	—	—	—	—	—	—	—	—	—	—	否	—
8	—	税务	电子海关进口增值税专用缴款书	5.税务类	5.3.9 海关进口缴款书	从外部接收	2.PDF版式文件	3.纸质+电子	2.电子	19.中国国际贸易单一窗口	√	√	√	√	√	√	√	√	√	√	√	√	是	参照通用电子票据-电子票据
9	—	税务	纳税审核报告	5.税务类	7.1.3 纳税审核报告	从外部接收	1.纸质件	1.纸质	3.纸质+电子	—	—	—	—	—	—	—	—	—	—	—	—	—	否	—
10	—	税务	企业所得税审核报告	5.税务类	7.1.4 年度企业所得税审核报告	从外部接收	1.纸质件	1.纸质	1.纸质	—	—	—	—	—	—	—	—	—	—	—	—	—	否	—

表 16-34　无纸化存档判断规则——资产报废

序号	业务编号	业务类型	会计资料基本信息（现状）								《会计档案管理办法》							《关于规范电子会计凭证报销入账归档的通知》			《企业会计信息化工作规范》		备注
			会计资料名称	会计资料大类	会计资料细类	会计资料来源	会计资料初始格式	存档格式	存档格式	来源信息系统	C1	C2	C3	C4	C5	C6	C7	C8	C9	C10	B1	B3	
序号	业务编号	业务类型	—	—	参见（选项清单/会计资料细类）	内部形成/从外部接收	1.纸质版件 2.PDF文件 3.OFD版式文件 4.结构化数据 5.其他电子文件	参见（选项清单/来源）	1.纸质 2.电子 3.纸质+电子（现状）	参见（选项清单/来源）													
1	0322	资产报废	资产损失审批表	—	—	—	—	—	—	—	—	—	—	—	—	—	—	—	—	—	—	—	参照通用票据业务审批表

（续表）

序号	业务编号	业务类型	会计资料名称	会计资料大类	会计资料细类	会计资料来源	会计资料初始格式	存档格式	存档格式	来源信息系统	C1	C2	C3	C4	C5	C6	C7	C8	C9	C10	B1	B3		
2	0322	资产报废	董事会资产损失预案的决议	1.会计凭证类	1.1原始凭证	内部形成	1.纸质件	3.纸质+电子	3.纸质+电子	—	—	—	—	—	—	—	—	—	—	—	—	—	否	—
3	0322	资产报废	资产报废单	1.会计凭证类	1.1原始凭证	内部形成	4.结构化数据	3.纸质+电子	3.纸质+电子	8.6 NC-资产管理系统	√	√	√	√	√	√	—	—	—	—	√	√	是	—
4	0322	资产报废	资产评估报告	1.会计凭证类	1.1原始凭证	从外部接收	1.纸质件	3.纸质+电子	3.纸质+电子	—	—	—	—	—	—	—	—	—	—	—	—	—	否	—
5	0322	资产报废	资产拍卖成交表	1.会计凭证类	1.1原始凭证	从外部接收	1.纸质件	3.纸质+电子	3.纸质+电子	—	—	—	—	—	—	—	—	—	—	—	—	—	否	—

第 17 章

非支出会计凭证类会计档案梳理

广西中烟非支出类会计凭证,包括收入类会计凭证和转账类会计凭证。

17.1 收入类

广西中烟的收入主要源自卷烟销售、其他销售、租金收入、利息收入和其他收入。

17.1.1 卷烟销售

广西中烟的卷烟销售包括国内销售和出口销售,与卷烟销售相关的无纸化存档判断规则有 20 条,如表 17-1 所示。

17.1.2 其他销售

广西中烟的其他销售包括原料销售和辅料销售。广西中烟与原料销售相关的无纸化存档判断规则有 10 条,与辅料销售相关的无纸化存档判断规则有 7 条,如表 17-2 所示。

17.1.3 租金收入

广西中烟与租金收入相关的无纸化存档判断规则有 3 条,如表 17-3 所示。

17.1.4 利息收入

广西中烟与利息收入相关的无纸化存档判断规则有 3 条,如表 17-4 所示。

17.1.5 其他收入——补贴收入

广西中烟与补贴收入相关的无纸化存档判断规则有 3 条,如表 17-5 所示。

17.2 转账类

广西中烟的转账类无纸化存档判断规则主要与库存和成本相关,比较有代表性的是原料和物资。

17.2.1 原料库存与成本

广西中烟与原料库存和原料成本相关的无纸化存档判断规则有 5 条,如表 17-6 所示。

17.2.2 物资库存与成本

广西中烟与物资库存和成本相关的无纸化存档判断规则有 14 条,如表 17-7 所示。

表 17-1　无纸化存档判断规则——卷烟销售

序号	业务编号	业务类型	会计资料基本信息（现状）							《会计档案管理办法》							《关于规范电子会计凭证报销入账归档的通知》			《企业会计工作规范》		备注
			会计资料名称	会计资料大类	会计资料细类	会计资料来源	存档格式初始格式	存档格式	来源信息系统	C1	C2	C3	C4	C5	C6	C7	C8	C9	C10	B1	B3	
				1.会计凭证类 2.会计账簿类 3.财务会计报告类 4.税务类 5.资金类 6.预算类 7.审核计划类 8.其他类	参见（选项）清单/会计资料细类	内部形成/从外部接收	1.纸质 2.PDF版式文件 3.OFD版式文件 4.结构化数据 5.其他电子文件	1.纸质 2.电子 3.纸质+电子（现状） 1.纸质 2.电子 3.纸质+电子（未来3年）	参见（选项）清单/信息系统	（一）形成的电子会计资料来源合法、真实，由计算机等电子设备形成和传输	（二）使用的会计核算系统能够准确、完整、有效接收和读取电子会计资料，能够输出符合国家标准归档格式的会计凭证、会计账簿、财务会计报表等会计资料，设定了经办、审核、审批等必要的审批程序	（三）使用的电子档案管理系统能够有效接收、管理、利用和处置电子会计档案，符合电子会计档案的长期保管要求，并建立了电子会计资料与相关联的其他会计资料之间的检索关系	（四）采取有效措施，防止电子会计档案被篡改	（五）建立电子会计档案备份制度，能够有效防范自然灾害、意外事故和人为破坏的影响	（六）形成的电子会计资料不属于具有永久保存价值或者其他重要保存价值的会计档案	单位从外部接收的电子会计资料附有符合《中华人民共和国电子签名法》规定的电子签名的，可仅以电子形式保存，形成电子会计档案	（一）接收的电子会计凭证经查验证经查验合法、真实	（三）电子会计凭证的元数据·能被有效接收和读取	（三）使用的会计核算系统能够防止电子会计凭证重复入账	（一）所记载的事项属于本企业发生的日常业务重复业务	（三）可及时在企业信息系统中以人类可读形式查询和输出 是否可无纸化	
1	—	卷烟销售	增值税专用发票	—	参见（选项）清单/会计资料细类	—	—	—	来源信息系统	√	√	√	√	√	√	—	—	—	—	√	√	参照通用票据·开具的纸质专票
2	—	卷烟销售	托收单	1.会计凭证类	1.1原始凭证	内部形成	4.结构化数据	2.电子	8.2 NC-应收管理子系统	√	√	√	√	√	√	—	—	—	—	√	√ 是	在"8.2 NC-应收管理子系统"中存档

（续表）

序号	业务编号	业务类型	会计资料名称	会计资料大类	会计资料细类	会计资料来源	会计资料初始格式	存档格式	存档格式	来源信息系统	C1	C2	C3	C4	C5	C6	C7	C8	C9	C10	B1	B3		
3	—	卷烟销售	应收单	1.会计凭证类	1.1原始凭证	内部形成	4.结构化数据	—	2.电子	8.2 NC-应收管理子系统	√	√	√	√	√	√	—	—	—	—	√	√	是	在"8.2 NC-应收管理子系统"中存档
4	—	卷烟销售	卷烟应收记账凭证	—	—	—	—	—	—	—	—	—	—	—	—	—	—	—	—	—	—	—	—	参照记账凭证
5	—	卷烟销售	回笼单	1.会计凭证类	1.1原始凭证	内部形成	4.结构化数据	—	2.电子	8.2 NC-应收管理子系统	√	√	√	√	√	√	—	—	—	—	√	√	是	在"8.2 NC-应收管理子系统"中存档
6	—	卷烟销售	卷烟收款记账凭证	—	—	—	—	—	—	—	—	—	—	—	—	—	—	—	—	—	—	—	—	参照记账凭证
7	—	卷烟销售	银行回单	—	—	—	—	—	—	—	—	—	—	—	—	—	—	—	—	—	—	—	—	参照银行回单
8	—	卷烟销售	卷烟销售记账凭证	—	—	—	—	—	—	—	—	—	—	—	—	—	—	—	—	—	—	—	—	参照记账凭证
9	—	卷烟销售	出库单	1.会计凭证类	1.1原始凭证	内部形成	4.结构化数据	3.纸质＋电子	2.电子	3.7 ERP-销售业务管理子系统（卷烟销售/开票）	√	√	√	√	√	√	—	—	—	—	√	√	是	—
10	—	出口销售	记账凭证	—	—	—	—	—	—	—	—	—	—	—	—	—	—	—	—	—	—	—	—	参照记账凭证
11	—	出口销售	银行回单	—	—	—	—	—	—	—	—	—	—	—	—	—	—	—	—	—	—	—	—	参照银行回单

（续表）

序号	业务编号	业务类型	会计资料名称	会计资料大类	会计资料细类	会计资料来源	会计资料初始格式	存档格式	存档格式	来源信息系统	C1	C2	C3	C4	C5	C6	C7	C8	C9	C10	B1	B3	是/否	备注
12	—	出口销售	票据	—	—	—	—	—	—	—	—	—	—	—	—	—	—	—	—	—	—	—	—	参照通用票据-纸质票据
13	—	出口销售	支付补登单	—	—	—	—	—	—	—	—	—	—	—	—	—	—	—	—	—	—	—	—	参照通用票据-支付补登单
14	—	出口销售	出口合同	—	—	—	—	—	—	—	—	—	—	—	—	—	—	—	—	—	—	—	—	参照通用合同合同信息
15	—	出口销售	委托出口货物证明	5.税务类	5.3.4 委托出口货物证明	从外部接收	1.纸质文件	1.纸质	3.纸质+电子	—	—	—	—	—	√	√	—	—	—	—	√	√	否	—
16	—	出口销售	代理出口货物证明	5.税务类	5.3.5 代理出口货物证明	从外部接收	1.纸质文件	1.纸质	3.纸质+电子	—	—	—	—	—	√	√	—	—	—	—	√	√	否	—
17	—	出口销售	出口卷烟离岸价计算表	5.税务类	5.3.6 出口卷烟离岸价计算表	内部形成	5.其他电子文件	2.电子	2.电子	8.8NC-费用报销管理系统	√	√	√	√	√	√	—	—	—	—	√	√	是	Excel文件,考虑建立系统间稽核
18	—	出口销售	出口卷烟离岸价计算表	5.税务类	5.3.6 出口卷烟离岸价计算表	内部形成	4.结构化数据	2.电子	2.电子	—	√	√	√	√	√	√	√	√	√	√	√	√	是	未来需增加系统功能
19	—	出口销售	免抵退申报表	5.税务类	5.3.7 免抵退申报表	从外部接收	5.其他电子文件	3.纸质+电子	3.纸质+电子	18.电子税务局	√	√	√	√	√	√	√	√	√	√	√	√	是	Excel文件,考虑建立系统间稽核
20	—	出口销售	海关出口货物报关单	5.税务类	5.3.2 海关出口货物报关单	从外部接收	2.PDF版式文件	3.纸质+电子	2.电子	19.中国国际贸易单一窗口	√	√	√	√	√	√	√	√	√	√	√	√	是	无电子签章;可考虑跟销售出库单匹配

表 17-2　无纸化存档判断规则——其他销售

序号	业务编号	业务类型	会计资料基本信息（现状）								《会计档案管理办法》							《关于规范电子会计凭证报销入账归档的通知》			《企业会计信息化工作规范》		备注
			会计资料名称	会计资料大类	会计资料细类	会计资料来源	会计资料初始格式	存档格式	存档格式	来源信息系统	（一）形成的电子会计资料来源真实、有效，由计算机等电子设备形成和传输	（二）使用的会计核算系统能够准确、完整、有效接收和读取电子会计资料，能够输出符合国家标准归档格式的会计凭证、会计账簿、财务会计报表等会计资料，设定了经办、审核、审批等必要的审签程序	（三）使用的电子档案管理系统能够有效接收、管理、利用电子会计档案，符合电子档案的长期保管要求，并建立了电子会计档案与相关联的其他纸质会计档案的检索关系	（四）采取有效措施，防止电子会计档案被篡改	（五）建立电子会计档案备份制度，能够有效防范自然灾害、意外事故和人为破坏的影响	（六）形成的电子会计资料不属于具有永久保存价值或者其他重要保存价值的会计档案	单位从外部接收的电子会计资料附有符合《中华人民共和国电子签名法》规定的电子签名的，可仅以电子形式归档保存形成电子会计档案	（一）接收的电子会计凭证经查验合法、真实	（三）电子会计凭证的元数据、能被使用的会计核算系统统一归集、完整、能够有效接收读取，能够按照国家档案行政管理部门规定格式输出	（三）使用的会计核算系统能有效防止电子会计凭证重复入账	（一）所记载的事项属于本企业重复发生的日常业务	（三）可及时在企业信息系统中以人类可读形式查询和输出，是否可无纸化	
				参见（选项/清单/会计资料细类）1.会计凭证类 2.会计账簿类 3.财务报告类 4.资金类 5.税务类 6.预算类 7.稽核审计类 8.其他类		内部形成 从外部接收	参见（选项/清单）1.纸质 2.PDF版式文件 3.OFD版式文件 4.结构化数据 5.其他电子文件	1.纸质 2.电子 3.纸质+电子（现状）	1.纸质 2.电子 3.纸质+电子（未来3年）	参见（选项/清单）	C1	C2	C3	C4	C5	C6	C7	C8	C9	C10	B1	B3	
1	R01050130	原料销售	记账凭证	—	—	—	—	—	—	—	—	—	—	—	—	—	—	—	—	—	—	—	参照记账凭证
2	R01050130	原料销售	票据	—	—	—	—	—	—	—	—	—	—	—	—	—	—	—	—	—	—	—	参照通用票据

（续表）

序号	业务编号	业务类型	会计资料名称	会计资料大类	会计资料细类	会计资料来源	会计资料初始格式	存档格式	存档格式	来源信息系统	C1	C2	C3	C4	C5	C6	C7	C8	C9	C10	B1	B3	—	—
3	R01050130	原料销售	合同	—	—	—	—	—	—		—	—	—	—	—	—	—	—	—	—	—	—	—	参照通用合同-合同信息
4	R01050130	原料销售	销售请示资料	—	—	—	—	—	—		—	—	—	—	—	—	—	—	—	—	—	—	—	参照通用说明-部门请示
5	R01050130	原料销售	外销烟叶结算单	1.会计凭证类	1.1原始凭证	内部形成	4.结构化数据	1.纸质	2.电子	1.原料管理信息系统	√	√	√	√	√	√	—	—	—	—	√	√	是	目前不传财务系统，未来可无纸化
6	R01050130	原料销售	开具发票申请表	1.会计凭证类	1.1原始凭证	内部形成	1.纸质件	3.纸质+电子	3.纸质+电子	—	—	—	—	—	√	√	—	—	—	—	√	—	否	—
7	R01050130	原料销售	开具发票申请表	1.会计凭证类	1.1原始凭证	内部形成	4.结构化数据	—	2.电子	8.8 NC-费用报销管理系统	√	√	√	√	√	√	—	—	—	—	√	√	是	—
8	R01050130	原料销售	销售发票	1.会计凭证类	1.1原始凭证	内部形成	4.结构化数据	3.纸质+电子	2.电子	1.原料管理信息系统	√	√	√	√	√	√	—	—	—	—	√	√	是	传财务系统
9	R01050130	原料销售	销售出库单	1.会计凭证类	1.1原始凭证	内部形成	4.结构化数据	3.纸质+电子	2.电子	1.原料管理信息系统	√	√	√	√	√	√	—	—	—	—	√	√	是	传财务系统

（续表）

序号	业务编号	业务类型	会计资料名称	会计资料大类	会计资料细类	会计资料来源	会计资料初始格式	存档格式	存档格式	来源信息系统	C1	C2	C3	C4	C5	C6	C7	C8	C9	C10	B1	B3		
10	R01050130	原料销售	外销烟叶收入及增值税明细表	1.会计凭证类	1.1 原始凭证	内部形成	5.其他电子文件	1.纸质	2.电子	8.5 NC-存货核算子系统	√	√	√	—	√	√	—	—	—	—	√	√	是	目前是Excel表格，未来可增加系统功能
1	R01050130	辅料销售	记账凭证	—	—	—	—	—	—	—	—	—	—	—	—	—	—	—	—	—	—	—	—	参照记账凭证
2	R01050130	辅料销售	票据	—	—	—	—	—	—	—	—	—	—	—	—	—	—	—	—	—	—	—	—	参照通用票据
3	R01050130	辅料销售	合同	—	—	—	—	—	—	—	—	—	—	—	—	—	—	—	—	—	—	—	—	参照通用合同信息
4	R01050130	辅料销售	销售发票	1.会计凭证类	1.1 原始凭证	内部形成	4.结构化数据	2.电子	2.电子	3.2 ERP-辅备管理子系统	—	√	√	—	—	√	√	—	—	—	√	√	是	传财务系统
5	R01050130	辅料销售	销售出库单	1.会计凭证类	1.1 原始凭证	内部形成	4.结构化数据	2.电子	2.电子	3.2 ERP-辅备管理子系统	—	√	—	—	—	—	√	—	—	—	√	√	是	传财务系统
6	R01050130	辅料销售	开具发票申请表	1.会计凭证类	1.1 原始凭证	内部形成	1.纸质件	3.纸质+电子	3.纸质+电子	—	—	—	—	—	—	—	—	—	—	—	—	—	否	—
7	R01050130	辅料销售	开具发票申请表	1.会计凭证类	1.1 原始凭证	内部形成	4.结构化数据	—	2.电子	8.8 NC-费用报销管理系统	√	√	—	—	—	√	—	—	—	—	√	√	是	—

表17-3 无纸化存档判断规则——租金收入

序号	业务编号	业务类型	会计资料基本信息（现状）								《会计档案管理办法》							《关于规范电子会计凭证报销入账归档的通知》			《企业会计信息化工作规范》			备注
—	—	—	会计资料名称	会计资料大类（参见（选项）清单-会计资料大类）1.会计凭证类 2.会计账簿类 3.财务报告类 4.资金类 5.税务类 6.预算类 7.稽核审计类 8.其他	会计资料细类（会计资料细类）	会计资料来源（内部形成/从外部接收）	会计资料初始格式 1.纸质件 2.PDF版式文件 3.OFD版式文件 4.结构化数据 5.其他电子文件	存档格式（现状）1.纸质 2.电子 3.纸质+电子	存档格式（未来3年）1.纸质 2.电子 3.纸质+电子	来源信息系统（参见（选项）清单-来源信息系统）	（一）形成的电子会计资料来源真实有效，由计算机等电子设备形成和传输 C1	（二）使用的会计核算系统能够准确、完整、有效接收和读取电子会计资料，能够输出符合国家标准归档格式的会计凭证、会计账簿、财务会计报表等会计资料，设定了经办、审核、审批等必要的审签程序（具体模块） C2	（三）使用的会计档案管理系统能够有效接收、管理、利用电子会计档案，符合电子会计档案的长期保管要求，并建立了电子会计资料与相关联的其他会计档案的检索关系 C3	（四）采取有效措施，防止电子会计档案被篡改 C4	（五）建立电子会计档案备份制度，能够有效防范自然灾害、意外事故和人为破坏的影响 C5	（六）形成的电子会计资料不具有重要保存价值或者保存期限短的其他会计档案 C6	单位从外部接收的电子会计资料附有符合《中华人民共和国电子签名法》规定的电子签名的，可仅以电子形式归档保存，形成电子会计档案 C7	（一）接收的电子会计凭证经查验合法、真实 C8	（三）电子会计凭证的元数据，能够使用统一的会计核算系统接收、读取，能够按照国家档案行政管理部门规定格式输出 C9	（三）使用的会计核算系统能有效防止电子会计凭证重复入账 C10	（一）所记载的事项属于本企业重复发生的日常业务 B1	（三）可及时在企业信息系统中以人类可读形式查询和输出 B3	是否可无纸化	备注
1	—	租金收入	租赁合同	—	—	—	—	—	—	—	—	—	—	—	—	—	—	—	—	—	—	—	—	参照通用合同-合同信息
2	—	租金收入	租金发票	—	—	—	—	—	—	—	—	—	—	—	—	—	—	—	—	—	—	—	—	参照通用票据-开具的纸质专票
3	—	租金收入	银行收款单	—	—	—	—	—	—	—	—	—	—	—	—	—	—	—	—	—	—	—	—	参照银行回单

表 17-4　无纸化存档判断规则——利息收入

序号	业务编号	业务类型	会计资料名称	会计资料大类（选项清单/会计资料细类）1.会计凭证类 2.会计账簿类 3.财务报告类 4.资金类 5.税务类 6.预算类 7.稽核审计类 8.其他类	会计资料细类（选项清单/会计资料细类）	会计资料来源（内部形成/从外部接收）	会计资料初始格式 1.纸质版件 2.PDF版式文件 3.OFD版式文件 4.结构化数据 5.其他电子文件	存档格式（现状）1.纸质 2.电子 3.纸质+电子	存档格式（未来3年）1.纸质 2.电子 3.纸质+电子	来源信息系统（参见选项清单/来源信息系统）	《会计档案管理办法》						《关于规范电子会计凭证报销入账归档的通知》				《企业会计信息化工作规范》			备注
											（一）形成的电子会计资料来源合法、真实 C1	（二）使用的会计核算系统能够准确、完整、有效接收和读取电子会计资料，能够输出符合国家标准归档格式的会计凭证、会计账簿、财务报表等会计资料 C2	（三）使用的电子档案管理系统能够有效接收、管理、利用电子会计档案，符合电子档案的长期保管要求，并建立了电子会计凭证、会计账簿、财务报表等会计资料之间相互关联关系 C3	（四）采取有效措施，防止电子会计档案被篡改 C4	（五）建立电子会计档案备份制度，能够有效防范自然灾害、意外事故和人为破坏的影响 C5	（六）形成的电子会计资料不属于具有保存价值或者其他需要保存价值的会计档案 C6	单位从外部接收的电子会计资料附有符合《中华人民共和国电子签名法》规定的电子签名，可仅以电子形式归档保存，形成电子会计档案 C7	（一）接收的电子会计凭证经查验合法、真实 C8	（二）电子会计凭证的元数据，能使用的会计核算系统准确、完整、有效接收和读取，能够按照国家档案行政管理部门规定格式输出 C9	（三）使用的会计核算系统能防止电子会计凭证重复入账 C10	（一）所记载的事项属于企业重复发生的日常业务 B1	（三）可及时在企业信息系统中以人类可读形式查询和输出 B3	是否可无纸化	
1	R01050123	利息收入	支付补登单	—	—	—	—	—	—	—	—	—	—	—	—	—	—	—	—	—	—	—	—	参照通用票据-支付补登单
2	R01050123	利息收入	票据	—	—	—	—	—	—	—	—	—	—	—	—	—	—	—	—	—	—	—	—	参照通用票据-纸质票据
3	R01050123	利息收入	银行回单	—	—	—	—	—	—	—	—	—	—	—	—	—	—	—	—	—	—	—	—	参照银行回单

表 17-5　无纸化存档判断规则——补贴收入

序号	业务编号	业务类型	会计资料基本信息(现状)							《会计档案管理办法》							《关于规范电子会计凭证报销入账归档的通知》			《企业会计信息化工作规范》		是否无纸化	备注
			会计资料名称	会计资料大类	会计资料细类	内部形成/从外部接收	会计资料初始格式 1.纸质 2.PDF版式文件 3.OFD版式文件 4.结构化数据 5.其他电子文件	存档格式 1.纸质 2.电子 3.纸质+电子(现状)	参见(选项清单)来源信息系统 1.纸质 2.电子 3.纸质+电子(未来3年)	(一)形成的会计资料来源真实、有效,由计算机等电子设备形成和传输 C1	(二)使用的会计核算系统能准确、完整、有效接收和读取电子会计资料,能输出符合国家标准归档格式的会计凭证、会计账簿、财务会计报表等会计资料,设定了经办、审核、审批等必要的审批程序(具体由会计设模块) C2	(三)使用的电子档案管理系统能够有效接收、管理、利用电子会计档案,符合电子会计档案的长期保管要求,并建立了电子会计资料与相关联的其他会计资料的检索关系 C3	(四)采取有效措施,防止电子会计档案被篡改 C4	(五)建立电子会计档案备份制度,能够有效防范自然灾害、意外事故和人为破坏的影响 C5	(六)形成的电子会计资料不属于具有永久保存价值或者其他重要保存价值的会计档案 C6	单位从外部接收的电子会计资料附有符合《中华人民共和国电子签名法》规定的电子签名,可仅以电子形式归档保存,形成电子会计档案 C7	(一)接收的电子会计凭证经验证合法、真实 C8	(三)电子会计凭证的附数据被使用的会计核算系统完整、有效接收并按照国家行政档案管理部门规定格式输出 C9	(三)使用的会计核算系统能防止电子会计凭证重复入账 C10	(一)所记载的事项属于本企业重复发生的日常业务 B1	(三)可及时在企业信息系统中以人类可读形式查询输出 B3		
1	—	补贴收入	补贴文件	1.会计凭证类	1.1原始凭证	从外部接收	1.纸质件	3.纸质+电子	—	√	—	—	—	—	—	√	√	√	—	√	—	否	来自政府
2	—	补贴收入	补贴文件	1.会计凭证类	1.1原始凭证	从外部接收	5.其他电子文件	3.纸质+电子	12.协同办公系统(OA)	√	√	√	√	√	√	√	√	√	√	√	√	是	来自行业内部、考虑建立系统稽核关系
3	—	补贴收入	银行收款单	—	—	—	—	—	—	—	—	—	—	—	—	—	—	—	—	—	—	—	参照银行回单

表 17-6　无纸化存档判断规则——原料库存与成本

序号	业务编号	业务类型	会计资料基本信息（现状）							《会计档案管理办法》							《关于规范电子会计凭证报销入账的通知》			《企业会计信息化工作规范》		备注
			会计资料名称	会计资料大类（1.会计凭证类 2.会计账簿类 3.财务报告类 4.资金类 5.税务类 6.预算类 7.稽核审计类 8.其他类）	会计资料细类（参见选项清单/明细）	会计资料来源（内部形成/从外部接收）	会计资料初始格式（1.纸质版件 2.PDF文件 3.OFD版式文件 4.结构化数据 5.其他电子文件）	存档格式（现状）（1.纸质 2.电子 3.纸质+电子）	存档格式（未来3年）（1.纸质 2.电子 3.纸质+电子，参见选项清单/信息系统）	（一）形成的电子会计资料来源真实、有效，由计算机等电子设备形成和传输 C1	（二）使用的会计核算系统能够准确、完整、有效接收和读取电子会计资料，能够输出符合国家标准归档格式的会计凭证、会计账簿、财务会计报表等会计资料（由会计核算软件等设定了经办、审核、审批等必要的审签程序具体模块）C2	（三）使用的电子档案管理系统能够有效接收、管理、利用电子会计档案，符合电子档案的长期保存要求，并建立了电子会计档案与相关联的其他纸质会计档案的检索关系 C3	（四）采取有效措施，防止电子会计档案被篡改 C4	（五）建立电子会计档案备份制度，能够有效防范自然灾害、意外事故和人为破坏的影响 C5	（六）形成的电子会计资料属于不具有永久保存或其他重要保存价值的会计档案 C6	单位从外部接收的电子会计资料附有符合《中华人民共和国电子签名法》规定的电子签名的，可仅以电子形式归档保存，形成电子会计档案 C7	（一）接收的电子会计凭证经查验合法、真实 C8	（二）电子会计凭证的元数据，能被使用的会计核算系统有效接收和读取，能够按照国家档案行政管理部门规定格式输出 C9	（三）使用的会计核算系统能防止电子会计凭证重复入账 C10	（一）所记载的事项属于本企业重复发生的日常业务 B1	（三）可及时在企业信息系统中以人类可读形式查询和输出 是否可无纸化 B3	备注
1	—	烟叶费用分摊	记账凭证	—	—					—												参照记账凭证

（续表）

序号	业务编号	业务类型	会计资料名称	会计资料大类	会计资料细类	会计资料来源	会计资料初始格式	存档格式	存档格式	来源信息系统	C1	C2	C3	C4	C5	C6	C7	C8	C9	C10	B1	B3	—	—
2	—	烟叶费用分摊	烟叶费用分摊表	1. 会计凭证类	1.1 原始凭证	内部形成	5. 其他电子文件	1. 纸质	2. 电子	8.5 NC-存货核算子系统	√	√	√	√	√	√	—	—	—	—	√	√	目前是Excel表格，未来可增加系统功能	是 √
3	—	原料投产/非生产领用	记账凭证	—	—	—	—	—	—		—	—	—	—	—	—	—	—	—	—	—	—	参照记账凭证	— —
4	—	原料投产/非生产领用	生产投料出库单	1. 会计凭证类	1.1 原始凭证	内部形成	4. 结构化数据	2. 电子	2. 电子	1. 原料管理信息系统	√	√	√	—	√	√	—	—	—	—	√	√	传财务系统	是 √
5	—	原料投产/非生产领用	生产投料出库单汇总表	1. 会计凭证类	1.1 原始凭证	内部形成	4. 结构化数据	2. 电子	2. 电子	1. 原料管理信息系统	√	√	√	—	√	√	—	—	—	—	√	√	目前不传财务系统，未来可无纸化	是 √

表 17-7　无纸化存档判断规则——物资库存与成本

会计资料基本信息（现状）

会计资料名称分类（选项清单）：
1. 会计凭证类
2. 会计账簿类
3. 财务报告类
4. 资金类
5. 税务类
6. 预算类
7. 稽核类
8. 其他类

会计资料来源（选项清单）：内部形成、从外部接收

存档格式（选项清单）：
1. 纸质版件
2. 电子 PDF 版式文件
3. 电子 OFD 版式文件
4. 结构化数据
5. 其他电子文件

会计资料来源（现状）：
1. 纸质
2. 电子
3. 纸质＋电子（现状）
4. 纸质＋电子（未来 3 年）

《会计档案管理办法》

- C1（一）形成的电子会计资料来源真实有效，由计算机等电子设备形成和传输
- C2（二）使用的会计核算系统能够准确、完整、有效接收和读取电子会计资料，能输出符合国家标准归档格式的会计凭证、会计账簿、财务会计报表等会计资料
- C3（三）使用的会计档案管理系统能够有效接收、管理、利用电子会计档案，符合电子会计档案的长期保管要求，并建立了电子会计档案与相关联的其他会计档案的检索关系
- C4（四）采取有效措施，防止电子会计档案被篡改
- C5（五）建立电子会计档案备份制度，能够有效防范自然灾害、意外事故和人为破坏的影响
- C6（六）形成的电子会计资料不属于具有永久保存价值或者其他重要保存价值的会计档案
- C7 单位从外部接收的电子会计资料附有符合《中华人民共和国电子签名法》规定的电子签名的，可仅以电子形式归档保存，形成电子会计档案

《关于规范电子会计凭证报销入账归档的通知》

- C8（一）接收的电子会计凭证经查验合法、真实
- C9（二）电子会计凭证的元数据，能被完整、有效接收，能够按照国家档案行政管理部门规定格式输出
- C10（三）使用的会计核算系统能有效防止电子会计凭证重复入账

《企业会计信息化工作规范》

- B1（一）所记载的事项属于本企业重复发生的日常业务
- B3（三）可及时在企业信息系统中以人类可读形式查询和输出

备注

序号	业务编号	业务类型	会计资料名称	会计资料大类	会计资料细类	会计资料来源	存档格式	来源信息系统	C1	C2	C3	C4	C5	C6	C7	C8	C9	C10	B1	B3	备注
1	—	物资移库	记账凭证	—	—	—	—	—	—	—	—	—	—	—	—	—	—	—	—	—	参照记账凭证

（续表）

序号	业务编号	业务类型	会计资料名称	会计资料大类	会计资料细类	会计资料来源	会计资料初始格式	存档格式	存档格式	来源信息系统	C1	C2	C3	C4	C5	C6	C7	C8	C9	C10	B1	B3	—	—
2	—	物资移库	报销面单	—	—	—	—	—	—		—	—	—	—	—	—	—	—	—	—	—	—	参照通用票据-报销面单	
3	—	物资移库	银行回单	—	—	—	—	—	—		—	—	—	—	—	—	—	—	—	—	—	—	参照银行回单	
4	—	物资移库	票据	—	—	—	—	—	—		—	—	—	—	—	—	—	—	—	—	—	—	增值税专用发票、进口烟叶结算单；参照通用票据	
5	—	物资移库	合同	—	—	—	—	—	—		—	—	—	—	—	—	—	—	—	—	—	—	参照通用合同信息	
6	—	物资移库	合同验收书	—	—	—	—	—	—		—	—	—	—	—	—	—	—	—	—	—	—	参照通用合同验收书	
7	—	物资移库	运输业务汇总表	1.会计凭证类	1.1 原始凭证	内部形成	1.纸质件	3.纸质+电子	3.纸质+电子	—	—	—	—	—	—	—	—	—	—	—	—	—		否
8	—	物资移库	运输业务汇总表	1.会计凭证类	1.1 原始凭证	内部形成	4.结构化数据	—	2.电子	6.物流信息管理系统	√	√	√	√	√	√	—	—	—	—	√	√	目前不传财务系统，未来可无纸化	是

（续表）

序号	业务编号	业务类型	会计资料名称	会计资料大类	会计资料细类	会计资料来源	会计资料初始格式	存档格式	存档格式	来源信息系统	C1	C2	C3	C4	C5	C6	C7	C8	C9	C10	B1	B3	—
9	—	物资出库	记账凭证	—	—	—	—	—	—	—	—	—	—	—	—	—	—	—	—	—	—	—	参照记账凭证
10	—	物资出库	物资出库单	1.会计凭证类	1.1原始凭证	内部形成	4.结构化数据	2.电子	2.电子	3.2 ERP-辅备管理子系统	—	√	√	√	√	√	√	—	—	—	√	√	传财务系统 是
11	—	物资出库	物资出库单汇总表	1.会计凭证类	1.1原始凭证	内部形成	4.结构化数据	2.电子	2.电子	3.2 ERP-辅备管理子系统	—	√	√	√	√	√	√	—	—	—	√	√	目前不传财务系统，未来可无纸化 是
12	—	物资投产/非生产领用	记账凭证	—	—	—	—	—	—	—	—	—	—	—	—	—	—	—	—	—	—	—	参照记账凭证
13	—	物资投产/非生产领用	生产材料出库单	1.会计凭证类	1.1原始凭证	内部形成	4.结构化数据	2.电子	2.电子	3.2 ERP-辅备管理子系统	—	√	√	√	√	√	√	—	—	—	√	√	传财务系统 是
14	—	物资投产/非生产领用	生产材料出库单汇总表	1.会计凭证类	1.1原始凭证	内部形成	4.结构化数据	2.电子	2.电子	3.2 ERP-辅备管理子系统	—	√	√	√	√	√	√	—	—	—	√	√	目前不传财务系统，未来可无纸化 是

第 18 章

非会计凭证类会计档案梳理

广西中烟非会计凭证类会计档案是指除会计凭证以外的会计档案,包括会计账簿类、财务报告类、资金类、预算类、稽核审计类和其他类——会计档案管理类。

18.1 会计账簿类

广西中烟与会计账簿相关的无纸化存档判断规则有 6 条,如表 18-1 所示。

18.2 财务报告类

广西中烟财务报告类会计档案包括财务报表和财务报告,与财务报告类相关的无纸化存档判断规则有 4 条,如表 18-2 所示。

18.3 资金类

广西中烟资金类会计档案主要包括银行存款余额调节表、银行对账单、银行开户销户资料、证券账户资产核查表、银行票据盘点表、银行保函盘点表、银行定期存单盘点表等。广西中烟与资金类相关的无纸化存档判断规则有 11 条,如表 18-3 所示。

18.4 预算类

广西中烟预算类会计档案主要包括年度预算和年度预算调整的力争方案、基本方案、批复方案,以及年度预算执行情况报告等,与预算类相关的无纸化存档判断规则有 7 条,如表 18-4 所示。

18.5 稽核审计类

广西中烟稽核审计类会计档案主要包括稽核工作底稿、稽核发现问题汇总表和稽核报告等,与稽核审计类相关的无纸化存档判断规则有 3 条,如表 18-5 所示。

18.6 其他类

广西中烟其他类会计档案主要是会计档案管理类档案,包括会计档案的移交清册、保管清册、销毁清册、鉴定意见书等,与会计档案管理类相关的无纸化存档判断规则有 9 条,如表 18-6 所示。

表 18-1　无纸化存档判断规则——会计账簿

序号	业务编号	业务类型	会计资料名称（参见选项清单/会计资料细类）	会计资料大类（1.会计凭证类 2.会计账簿类 3.财务报告类 4.资金类 5.税类 6.预算类 7.审计类 8.其他类）	会计资料细类	会计资料来源（内部形成/从外部接收）	会计资料初始格式（1.纸质版件 2.PDF版式文件 3.OFD版式文件 4.结构化数据 5.其他电子文件）	存档格式（1.纸质 2.电子 3.纸质+电子(现状) 3.纸质+电子(未来3年)）	来源信息系统（参见选项清单/信息来源系统）	《会计档案管理办法》							《关于规范电子会计凭证报销入账归档的通知》			《企业会计信息化工作规范》		是否可无纸化	备注
										（一）形成的电子会计资料来源真实有效，由计算机等形成的电子会计资料 C1	（二）使用的会计核算系统能够准确、完整、有效接收和读取电子会计资料，能够输出符合国家标准归档格式的会计凭证、会计账簿、财务会计报表等会计资料，设定了会计资料的审核、审批等必要的程序和传输 C2	（三）使用的电子档案管理系统能够有效接收、管理、利用电子会计档案，符合电子档案的长期保管要求，并建立了电子会计档案与相关联的其他会计档案的检索关系 C3	（四）采取有效措施，防止电子会计档案被篡改 C4	（五）建立电子会计档案备份制度，能够有效防范自然灾害、意外事故和人为破坏的影响 C5	（六）形成的电子会计资料不属于具有永久保存价值或者其他重要保存价值的会计档案 C6	单位从外部接收的电子会计资料附有符合《中华人民共和国电子签名法》规定的电子签名的，可仅以电子形式归档保存，形成电子会计档案 C7	（一）接收的电子会计凭证经查验合法、真实 C8	（二）电子会计凭证的元数据能被有效获取，能够按照国家档案行政管理部门规定格式输出 C9	（三）使用的会计核算系统能有效防止电子会计凭证重复入账 C10	（一）所记载的事项属于本企业重复发生的日常业务 B1	（三）可及时在企业信息系统中以人类可读形式查询和输出 B3	是否可无纸化	备注
1	—	会计账簿	总账	2. 会计账簿类	2.1 总账	内部形成	3. 纸质+电子	2. 电子	8.1 NC-总账子系统	√	√	√	√	√	√	—	—	—	—	√	√	是	—

（续表）

序号	业务编号	业务类型	会计资料名称	会计资料大类	会计资料细类	会计资料来源	会计资料初始格式	存档格式	存档格式	来源信息系统	C1	C2	C3	C4	C5	C6	C7	C8	C9	C10	B1	B3		一
2	—	会计账簿	明细账	2.会计账簿类	2.2明细账	内部形成	4.结构化数据	3.纸质+电子	2.电子	8.1 NC-总账子系统	√	√	√	√	√	√	—	—	—		√	√	是	—
3	—	会计账簿	银行日记账	2.会计账簿类	2.3日记账	内部形成	4.结构化数据	3.纸质+电子	2.电子	8.1 NC-总账子系统	√	√	√	√	√	√	—	—	—		√	√	是	—
4	—	会计账簿	固定资产卡片	3.会计账簿类	2.4固定资产卡片（电子，跳转固定资产模块）	内部形成	5.结构化数据	4.纸质+电子	3.电子	8.2 NC-总账子系统	√	√	√	√	√	√	—	—	—		√	√	是	—
5	—	会计账簿	资产盘点表	4.会计账簿类	2.5资产盘点表	内部形成	6.结构化数据	5.纸质+电子	4.电子	8.3 NC-总账子系统	√	√	√	√	√	√	—	—	—		√	√	是	—
6	—	会计账簿	科目余额表	2.会计账簿类	2.6其他辅助性账簿（账案销存任来账）	内部形成	4.结构化数据	3.纸质+电子	2.电子	8.1 NC-总账子系统	√	√	√	√	√	√	—	—	—		√	√	是	—

表 18-2　无纸化存档判断规则——财务报告

序号	业务编号	会计资料名称	业务类型	会计资料大类（参见选项/清单 会计资料细类）	会计资料细类（参见选项/清单 会计资料细类）	会计资料来源（内部形成/从外部接收）	会计资料初始格式（1.纸质版文件 2.PDF版文件 3.OFD版文件 4.结构化数据 5.其他电子文件）	存档格式（现状）（1.纸质 2.电子 3.纸质+电子）	存档格式（未来3年）	来源信息系统	《会计档案管理办法》							《关于规范电子会计凭证报销入账归档的通知》			《企业会计信息化工作规范》		是否可无纸化	备注
				1.会计凭证类 2.会计账簿类 3.财务报告类 4.资金类 5.税务类 6.预算类 7.核算类 8.其他类							C1（一）形成的电子会计资料来源真实、有效，由计算机等设备形成和传输	C2（二）使用的会计核算系统能够准确、完整、有效接收和读取电子会计资料，能够输出符合国家标准归档格式的会计凭证、会计账簿、财务会计报表等会计资料	C3（三）使用的电子档案管理系统能够有效接收、管理、利用电子会计档案，符合电子会计档案的长期保管要求，并建立电子会计档案与相关联的其他会计资料之间的检索关系	C4（四）采取有效措施，防止电子会计档案被篡改	C5（五）建立电子会计档案备份制度，能够有效防范自然灾害、意外事故和人为破坏的影响	C6（六）形成的电子会计资料不属于具有永久保存价值或者其他重要保存价值的会计档案	C7 单位从外部接收的电子会计资料附有符合《中华人民共和国电子签名法》规定的电子签名的（仅以电子形式归档保存，形成电子会计档案）	C8（一）接收的电子会计凭证的来源合法、真实	C9（三）电子会计凭证的元数据，能被使用的会计核算系统准确、完整、有效接收和读取，能够按照国家档案行政管理部门规定格式输出	C10（三）使用的会计核算系统能有效防止电子会计凭证重复入账	B1（一）所记载的事项属于本企业重复发生的日常业务	B3（三）可及时在企业信息系统中以人类可读形式查询和输出	是/否	—
1	—	月度财务报表	财务报表	3.财务报告类	8.其他类	内部形成	4.结构化数据	3.纸质+电子	2.电子	9.报表管理系统	√	√	√	√	√	√	—	—	—	—	√	√	是	—

（续表）

序号	业务编号	业务类型	会计资料名称	会计资料大类	会计资料细类	会计资料来源	会计资料初始格式	存档格式	存档格式	来源信息系统	C1	C2	C3	C4	C5	C6	C7	C8	C9	C10	B1	B3		
2	—	财务报表	年度财务报表	8. 其他类	3. 财务报告类	内部形成	4. 结构化数据	3. 纸质+电子	2. 电子	9. 报表管理系统	√	√	√	√	√	√	—	—	—	—	√	√	是	—
3	—	财务报告	年度财务报告	8. 其他类	3. 财务报告类	内部形成	5. 其他电子文件	3. 纸质+电子	3. 纸质+电子	9. 报表管理系统	√	√	√	—	√	—	—	—	—	—	√	√	否	年度财报为永久保存,不能无纸化；包括财务情况说明书、编报说明
4	—	财务报告	审计报告	3. 财务报告类	3. 财务报告类	从外部接收	1. 纸质件	3. 纸质+电子	3. 纸质+电子	—	—	—	—	—	—	—	—	—	—	—	—	—	否	—

表 18-3　无纸化存档判断规则——资金类

序号	业务编号	业务类型	会计资料基本信息（现状）							《会计档案管理办法》							《关于规范电子会计凭证报账入账归档的通知》			《企业会计信息化工作规范》		备注
			会计资料名称	会计资料大类（参见选项清单：1.会计凭证类 2.会计账簿类 3.财务会计报告类 4.资金类 5.税务类 6.预算类 7.稽核审计类 8.其他类）	会计资料细类（参见选项清单）	会计资料来源（内部形成／从外部接收）	会计资料初始格式（1.纸质版件 2.PDF版式文件 3.OFD版式文件 4.结构化数据 5.其他电子文件）	存档格式（1.纸质 2.电子 3.纸质+电子（现状））	来源信息系统（参见选项清单：1.纸质 2.电子 3.纸质+电子（未来3年））	（一）C1 形成的电子会计资料来源真实、有效，由计算机等电子设备形成和传输	（二）C2 使用的会计核算系统能够准确、完整、有效接收和读取电子会计资料，能够输出符合国家标准归档格式的会计凭证、会计账簿、财务会计报表等会计资料	（三）C3 使用的电子档案管理系统能够有效接收、管理、利用电子会计档案，符合电子档案的长期保管要求，并建立了电子会计档案与相关联的其他纸质会计档案的检索关系（具体模块）	（四）C4 采取有效措施，防止电子会计档案被篡改	（五）C5 建立电子会计档案备份制度，能够有效防范自然灾害、意外事故和人为破坏的影响	（六）C6 形成的电子会计资料不属于具有永久保存价值或其他重要保存价值的会计档案	C7 单位从外部接收的电子会计资料附有符合《中华人民共和国电子签名法》规定的电子签名的，可仅以电子形式保存，形成电子会计档案	（一）C8 接收的电子会计凭证经查验合法、真实	（二）C9 电子会计凭证的元数据，能够被使用的会计核算系统完整、准确、有效接取，能够按照国家档案行政管理部门规定格式输出	（三）C10 使用的会计核算系统能有效防止电子会计凭证重复入账	（一）B1 所记载的事项属于企业重复发生的日常经济业务	（三）B3 可及时在企业信息系统中以人类可读方式查询和输出	是否可无纸化
1	—	资金报表	银行存款余额调节表	4.资金类	4.1 银行存款余额调节表	内部形成	1.纸质件	3.纸质+电子	—	—	—	—	—	—	—	—	—	—	—	—	—	否

（续表）

序号	业务编号	业务类型	会计资料名称	会计资料大类	会计资料细类	会计资料来源	会计资料初始格式	存档格式	存档格式	来源信息系统	C1	C2	C3	C4	C5	C6	C7	C8	C9	C10	B1	B3		
2	—	资金报表	银行存款余额调节表	4.资金类	4.1 银行存款余额调节表	内部形成	4.结构化数据	—	2.电子	8.10 NC-现金银行	√	√	√	√	√	√	—	—	—	—	√	√	是	—
3	—	资金报表	银行对账单	4.资金类	4.2 银行对账单	从外部接收	1.纸质件	1.纸质	3.纸质+电子	—	—	—	—	—	—	—	—	—	—	—	—	—	否	—
4	—	资金报表	银行对账单	4.资金类	4.2 银行对账单	从外部接收	5.其他电子文件	—	2.电子	—	√	√	√	√	√	√	√	√	√	√	√	√	是	交通银行是电子签章;对于无电子签章的,银行方的银行的和企业对账单进行核对
5	—	资金报表	银行开户销户资料	4.资金类	4.3 银行开户销户资料	从外部接收	1.纸质件	1.纸质	3.纸质+电子	—	—	—	—	—	—	—	—	—	—	—	—	—	否	—
6	—	资金报表	证券账户资产核查表	4.资金类	4.4 证券账户资产核查表	内部形成	1.纸质件	1.纸质	3.纸质+电子	—	—	—	—	—	—	—	—	—	—	—	—	—	否	—

（续表）

序号	业务编号	业务类型	会计资料名称	会计资料大类	会计资料细类	会计资料来源	会计资料初始格式	存档格式	存档格式	来源信息系统	C1	C2	C3	C4	C5	C6	C7	C8	C9	C10	B1	B3		
7	—	资金报表	银行票据盘点表	4.资金类	4.5.1银行票据盘点表	内部形成	1.纸质件	1.纸质	3.纸质+电子	—	—	—	—	—	—	—	—	—	—	—	—	—	否	—
8	—	资金报表	银行保函盘点表	4.资金类	4.5.2银行保函盘点表	内部形成	1.纸质件	1.纸质	3.纸质+电子	—	—	—	—	—	—	—	—	—	—	—	—	—	否	—
9	—	资金报表	银行定期存单盘点表	4.资金类	4.5.3银行定期存单盘点表	内部形成	1.纸质件	1.纸质	3.纸质+电子	—	—	—	—	—	—	—	—	—	—	—	—	—	否	—
10	—	资金报表	银行对账单排列表	4.资金类	4.5.4银行对账单排列表	内部形成	1.纸质件	1.纸质	3.纸质+电子	—	—	—	—	—	—	—	—	—	—	—	—	—	否	—
11	—	资金报表	资金日报表	4.资金类	4.5.5资金日报表	内部形成	4.结构化数据	—	2.电子	—	√	√	√	√	√	√	—	—	—	—	√	√	是	—

表 18-4　无纸化存档判断规则——预算类

会计资料基本信息（现状）								无纸化存档判断规则												备注
								《会计档案管理办法》							《关于规范电子会计凭证报销入账归档的通知》			《企业会计信息化工作规范》		
序号	业务类型编号	会计资料名称大类	会计资料细类	会计资料来源	会计资料初始格式	存档格式	来源信息系统	（一）形成的会计资料来源真实、有效，由计算机等电子设备形成和传输	（二）使用的会计核算系统能够准确、完整、有效接收和读取电子会计资料，能够输出符合国家标准归档格式的会计凭证、会计账簿、财务会计报表等会计资料，设定了经办、审核、审批等必要的审批程序（具体模块）	（三）使用的电子档案管理系统能够有效接收、管理、利用电子会计档案，符合电子档案的长期保管要求，并建立了电子会计档案与相关联的其他会计资料之间的检索关系	（四）采取有效措施，防止电子会计档案被篡改	（五）建立电子会计档案备份制度，能够有效防范自然灾害、意外事故和人为破坏的影响	（六）形成的电子会计资料不具有重要保存价值或者其他重要价值的会计档案	单位从外部接收的电子会计资料附有符合《中华人民共和国电子签名法》规定的电子签名或者电子盖章，可仅以电子会计形式形成电子会计档案保存，形成电子会计档案	（一）接收的电子会计凭证经查验合法、真实	（三）电子会计凭证的元数据能被使用的会计核算系统有效收取，能够按照国家档案行政管理部门规定格式输出	（三）使用的会计核算系统能有效防止电子会计凭证重复入账	（一）所记载的事项属于本企业重复发生的日常业务	（三）可及时在企业信息系统中以人类可读方式查询和输出	是否可无纸化
序号	业务类型编号	会计资料名称大类	会计资料细类	会计资料来源	会计资料初始格式	存档格式	来源信息系统	C1	C2	C3	C4	C5	C6	C7	C8	C9	C10	B1	B3	—

会计资料名称大类：1.会计凭证类　2.会计账簿类　3.财务报告类　4.金税类　5.税务资料类　6.预算类　7.稽核审计类　8.其他类

会计资料来源：内部形成／从外部接收

会计资料初始格式：1.纸质文件　2.PDF版式文件　3.OFD版式文件　4.结构化数据　5.其他电子文件

存档格式（现状）：1.纸质　2.电子　3.纸质+电子（未来3年）

来源信息系统：参见《选项清单／来源信息系统》

（续表）

序号	业务编号	业务类型	会计资料名称	会计资料大类	会计资料细类	会计资料来源	会计资料初始格式	存档格式	来源信息系统	C1	C2	C3	C4	C5	C6	C7	C8	C9	C10	B1	B3		—
1	—	预算	6.1 年度预算方案	6. 预算类	6.1 年度预算方案	内部形成	5. 其他电子文件	3. 纸质+电子	16. 投资-采购系统（两项内控与投资管理系统）+NC-预算管理系统	—	—	—	—	—	—	—	—	—	—	√	√	否	—
2	—	预算	6.2 年度预算基本方案	6. 预算类	6.2 年度预算基本方案	内部形成	5. 其他电子文件	3. 纸质+电子	16. 投资-采购系统（两项内控与投资管理系统）+NC-预算管理系统	—	—	—	—	—	—	—	—	—	—	√	√	否	—
3	—	预算	6.3 年度预算批复方案	6. 预算类	6.3 年度预算批复方案	内部形成	5. 其他电子文件	3. 纸质+电子	16. 投资-采购系统（两项内控与投资管理系统）+NC-预算管理系统	—	—	—	—	—	—	—	—	—	—	—	—	否	—
4	—	预算	6.4 年度预算调整方案	6. 预算类	6.4 年度预算调整方案	内部形成	5. 其他电子文件	3. 纸质+电子	16. 投资-采购系统（两项内控与投资管理系统）+NC-预算管理系统	—	—	—	—	—	—	—	—	—	—	—	—	否	企业涉密信息，按涉密管理标准进行管理时，只能在涉密保存电脑处保存，纸质编号传递
5	—	预算	6.5 年度预算调整基本方案	6. 预算类	6.5 年度预算调整基本方案	内部形成	5. 其他电子文件	3. 纸质+电子	16. 投资-采购系统（两项内控与投资管理系统）+NC-预算管理系统	—	—	—	—	—	—	—	—	—	—	—	—	否	—
6	—	预算	6.6 年度预算调整批复方案	6. 预算类	6.6 年度预算调整批复方案	内部形成	5. 其他电子文件	3. 纸质+电子	16. 投资-采购系统（两项内控与投资管理系统）+NC-预算管理系统	—	—	—	—	—	—	—	—	—	—	—	—	否	—
7	—	预算	6.7 年度预算执行情况报告	6. 预算类	6.7 年度预算执行情况报告	内部形成	5. 其他电子文件	2. 电子	16. 投资-采购系统（两项内控与投资管理系统）+NC-预算管理系统	√	√	√	√	√	√	—	—	—	—	√	√	是	Office 生成，在 OA 发布

表18-5 无纸化存档判断规则——稽核审计类

序号	业务类型	会计资料基本信息(现状)								《会计档案管理办法》							《关于规范电子会计凭证报销入账归档的通知》			《企业会计信息化工作规范》		是否可无纸化	备注
		会计资料名称	会计资料大类	会计资料细类	会计资料来源	会计资料原始格式	存档格式(现状)	存档格式	来源信息系统	(一)	(二)	(三)	(四)	(五)	(六)		(一)	(二)	(三)	(一)	(三)		
						1.纸质原件 2.PDF版式文件 3.OFD版式文件 4.结构化数据 5.其他电子文件	1.纸质 2.电子 3.纸质+电子(现状)	1.纸质 2.电子 3.纸质+电子	参见(选项清单/来源信息系统)(未来3年)	形成的电子会计资料来源真实有效,由计算机等电子设备形成和传输	使用的会计核算系统能够准确、完整、有效接收和读取电子会计资料,能够输出符合国家标准归档格式的会计凭证、会计账簿、财务会计报表等会计资料	使用的电子档案管理系统能够有效接收、管理、利用电子会计档案,符合电子档案的长期保存要求,并建立了电子会计档案与相关联的其他纸质会计档案的检索关系	采取有效措施,防止电子会计档案被篡改	建立电子会计档案备份制度,能够有效防范自然灾害、意外事故和人为破坏的影响	形成的电子会计资料不属于具有永久保存价值或者其他重要保存价值的会计档案	单位从外部接收的电子会计资料附有符合《中华人民共和国电子签名法》规定的电子签名的,可仅以电子形式保存,形成电子会计档案	接收的电子会计凭证经验证真实、合法、真实	电子会计凭证的元数据被使用的会计核算系统准确、完整、有效接收和读取,能够按照国家行政管理部门规定格式输出	使用的会计核算系统能防止电子会计凭证重复入账	所记载的事项属于本企业重复发生的日常业务	可及时在企业信息系统中以人类可读形式查询和输出		
										C1	C2	C3	C4	C5	C6	C7	C8	C9	C10	B1	B3		
1	稽核	稽核工作底稿	7.稽核审计类	7.1稽核报告	内部形成	3.结构化数据	3.纸质+电子	3.纸质+电子	18.审计管理系统	√	√	√	√	√	√	—	—	—	—	√	√	是	—
2	稽核	稽核发现问题汇总表	7.稽核审计类	7.1稽核报告	内部形成	3.结构化数据	3.纸质+电子	3.纸质+电子	18.审计管理系统	√	√	√	√	√	√	—	—	—	—	√	√	是	—
3	稽核	稽核报告	7.稽核审计类	7.1稽核报告	从外部接收	5.其他电子文件	3.纸质+电子	3.纸质+电子	18.审计管理系统	√	√	√	√	√	√	—	—	—	√	√	√	否	—

表 18-6　无纸化存档判断规则——其他类

序号	业务编号	业务类型	会计资料名称	会计资料大类	会计资料细类	会计资料来源 （内部形成/从外部接收）	会计资料初始格式	存档格式（未来3年）	存档格式（现状）	参见 （选项/清单/来源信息系统）	C1（一）	C2（二）	C3（三）	C4（四）	C5（五）	C6（六）	C7	C8（一）	C9（二）	C10（三）	B1（一）	B3（三）	备注
（表头说明）	—	—	—	1.会计凭证类 2.会计账簿类 3.财务报告类 4.资金类 5.税务类 6.预算类 7.稽核计算类 8.其他类	参见（选项/清单/会计资料细类）	内部形成 从外部接收	1.纸质件 2.PDF版式文件 3.OFD版式文件 4.结构化数据 5.其他电子文件	1.纸质 2.电子 3.纸质+电子（未来3年）	1.纸质 2.电子 3.纸质+电子（现状）	参见（选项/清单/来源信息系统）	形成的电子会计资料来源真实有效，由计算机等电子设备形成和传输	使用的会计核算系统能够准确、完整、有效接收和读取电子会计资料，能够输出符合国家标准归档格式的会计凭证、会计账簿、财务会计报表等会计资料，设定了经办、审核、审批等必要的审签程序（具体模块）	使用的电子档案管理系统能够有效接收、管理、利用电子会计档案，符合电子档案的长期保管要求，并建立了电子会计档案与相关联的其他会计档案的检索关系	采取有效措施，防止电子会计档案被篡改	建立电子会计档案备份制度，能够有效防范自然灾害、意外事故和人为破坏的影响	形成的电子会计资料不属于具有永久保存或者其他重要保存价值的会计档案	单位从外部接收的电子会计资料附有符合《中华人民共和国电子签名法》规定的电子签名的，可仅以电子形式保存，形成电子会计档案	接收的电子会计凭证经查验合法、真实	电子会计凭证的元数据，能够被有效接收和读取，能够按照国家档案行政管理部门规定格式输出	使用的会计核算系统能防止电子会计凭证重复入账	所记载的事项属于本企业发生的日常业务	可及时在企业信息系统中查询和输出	是否可无纸化
1	通用	通用档案	会计档案移交清册	8.其他类	8.1 会计档案移交清册	内部形成	1.纸质件		1.纸质	来源信息系统	√	—	—	—	—	—	—	—	—	—	—	—	否
2	通用	通用档案	会计档案移交清册	8.其他类	8.1 会计档案移交清册	内部形成	4.结构化数据	2.电子		17.会计档案管理系统	—	√	√	√	√	√	√	√	√	√	√	√	是

（续表）

序号	业务编号	业务类型	会计资料名称	会计资料大类	会计资料细类	会计资料来源	会计资料初始格式	存档格式	存档格式	来源信息系统	C1	C2	C3	C4	C5	C6	C7	C8	C9	C10	B1	B3	—	—
3	通用	通用档案	会计档案保管清册	8.其他类	8.2 会计档案保管清册	内部形成	1.纸质件	1.纸质	1.纸质	—	—	√	√	√	√	—	—	—	—	—	√	√	永久保管	否
4	通用	通用档案	会计档案保管清册	8.其他类	8.2 会计档案保管清册	内部形成	4.结构化数据	2.电子	2.电子	17.会计档案管理系统	√	√	√	√	√	—	—	—	—	—	√	√	永久保管	否
5	通用	通用档案	会计档案销毁清册	8.其他类	8.3 会计档案销毁清册	内部形成	1.纸质件	—	1.纸质	—	√	√	√	√	√	—	—	—	—	—	√	√	永久保管，目前无	否
6	通用	通用档案	会计档案销毁清册	8.其他类	8.3 会计档案销毁清册	内部形成	4.结构化数据	—	2.电子	17.会计档案管理系统	√	√	√	√	√	—	—	—	—	—	√	√	永久保管，目前无	否
7	通用	通用档案	会计档案鉴定意见书	8.其他类	8.4 会计档案鉴定意见书	内部形成	1.纸质件	—	1.纸质	—	√	√	√	√	√	—	—	—	—	—	√	√	永久保管，目前无	否
8	通用	通用档案	会计档案鉴定意见书	8.其他类	8.4 会计档案鉴定意见书	内部形成	4.结构化数据	—	2.电子	17.会计档案管理系统	√	√	√	√	√	—	—	—	—	—	√	√	永久保管，目前无	否
9	通用	通用档案	会计岗位交接清册	8.其他类	8.5 会计岗位交接清册	内部形成	1.纸质件	1.纸质	1.纸质	—	—	—	—	—	—	—	—	—	—	—	—	—	—	否

缩略语表

序号	英文缩写	英文全称	中文全称
1	5G	5th-Generation Mobile Communication Technology	第五代移动通信技术
2	APP	Application	应用程序
3	ASR	Automatic Speech Recognition	自动语音识别
4	BI	Business Intelligence	商业智能
5	CAD	Computer Aided Design	计算机辅助设计
6	CAPP	Computer Aided Process Planning	计算机辅助工艺过程设计
7	CNAS	China National Accreditation Service for Conformity Assessment	中国合格评定国家认可委员会
8	CRM	Customer Relationship Management	客户关系管理
9	DM	Dialog Management	对话管理
10	EAS	Enterprise Application Suites	企业应用套件
11	ECM	Enterprise Content Management	企业内容管理
12	ERP	Enterprise Resource Planning	企业资源计划
13	FPGA	FPGA Accelerated Cloud Server	加速云服务器
14	FSSC	Financial Shared Service Center	财务共享服务中心
15	GPS	Global Positioning System	全球定位系统
16	GPU	Graphics Processing Unit	图形处理器
17	IPA	Inteligent Process Automation	智能流程自动化
18	iXBRL	Inline Extensible Business Reporting Language	可视化可扩展商业报告语言

（续表）

序号	英文缩写	英文全称	中文全称
19	MES	Manufacturing Execution System	生产执行系统
20	MIS	Management Information System	管理信息系统
21	ML	Machine Learning	机器学习
22	NLG	Natural Language Generation	自然语言生成
23	NLP	Natural Language Processing	自然语言处理
24	NLU	Natural Language Understanding	自然语言理解
25	OCR	Optical Character Recognition	光学字符识别
26	OFD	Open Fixed-layout Document	开放版式文档
27	PC	Personal Computer	个人电脑
28	PDF	Portable Document Format	可携带文档格式
29	PDM	Product Data Management	产品数据管理
30	RFID	Radio Frequency Identification	无线射频识别
31	RPA	Robotic Process Automation	机器人流程自动化
32	SaaS	Software as a Service	软件即服务
33	SAP	System Applications and Products	系统应用和产品
34	TPU	Tensor Processing Unit	张量处理器
35	TTS	Text-To-Speech	语音合成
36	VR	Virtual Reality	虚拟现实
37	XBRL	Extensible Business Reporting Language	可扩展商业报告语言
38	XBRL FR	Extensible Business Reporting Language for Financial Report	可扩展商业报告语言 财务报告
39	XBRL GL	Extensible Business Reporting Language for Global Ledger	可扩展商业报告语言 全球分类账
40	XML	Extensible Markup Language	可扩展标记语言

广西中烟财务共享业务流程图绘制要点

1. 通用符号

序号	形状	功能	大小	颜色（RGB）
1	开始	开始、结束	宽：25 mm 高：7.5 mm	(204,255,204)
2	报销单填制 报销单	流程和文档	宽：25 mm 高：7.5 mm	(204,255,204) (204,255,204)
3	报销单审核	判定	宽：32 mm 高：12.55 mm	(0,255,255)
4	审核 复核 审批	页面内引用	宽：17 mm 高：17 mm	(255,204,255)
5	跨页引用	跨页引用	宽：17 mm 高：17 mm	(255,205,255)
5	子流程	子流程	宽：32 mm 高：7.5 mm	(255,205,255)
6	外部数据	外部数据	宽：25 mm 高：12.5 mm	(221,221,221)

2. 内部跳转节点

纸质原始凭证扫描后，后面所有"审核/复核/审批"节点都会调用原始凭证影像，直接采用页面内引用节点表示，无需重复画连接线。

3. 流程图编号规则

一级业务流程编号如下：

1. 原料业务核算	9. 资金管理
2. 烟用材料（辅料）业务核算	10. 资产管理
3. 卷烟业务核算	11. 税务管理
4. 生产业务核算	12. 预算管理
5. 研发业务核算	13. 会计报告
6. 工资业务核算	14. 内部稽核
7. 费用报销	15. 电子会计档案
8. 往来账管理	

一级业务流程图的二级、三级流程均放在一个 Visio 文件中。二级、三级流程编号举例："原料业务核算"的二级业务流程编号用 1.1，三级业务流程编号用 1.1.1。

4. 流程图内部命名规则

基本规则为名词在前，动词在后，例如记账凭证生成。

尽量简化流程框里面的用语，解释的内容填写在工作职责中的"注"中。

5. 位置规则

不确定的事情放在"待定事项"，用蓝色字体来标识。

最下方信息栏：填写制图人姓名及日期，其中审核人为模块负责老师。

整个的流程图示自左往右、自上而下进行。

6. 系统名称规则

使用统一的"标准系统名称"，详见"表 3-2 广西中烟财务相关信息系统清单"。

7. 审核判断

只画出通过审核的线条，审核不通过默认直接返回给制单人，若存在特殊情况，在"工作职责"部分进行说明。

8. 其他问题

（1）字体设置：流程图标题为黑体、16 pt、加粗，泳道标题为黑体、12 pt、加粗，其他为黑体、10 pt。

（2）流程图范围：不涉及业务模块，从会计介入开始。

（3）多元化处理：若和本部工作职责差异较小，在"工作职责"部分说明清楚即可；若差异较大，分开画两张流程图。

（4）子流程形状应用：做超链接，链接到其他流程。需要体现流程分层时可以考虑使用该符号。

（5）跨页引用：为便于流程图打印，所有流程图规范在 A4 页面上（确有必要，放在 A3 页面上）。若流程图太大无法在一张图完成，可使用该功能。

（6）外部数据：若需要对接对外系统，可直接在"外部系统"泳道添加外部数据，并在"工作职责"部分标明外部系统名称。

（7）流程图模板：如附录 2 所示。左侧的岗位建议保留，不涉及的岗位可以暂时空着。

（8）流程和文档多行高度规范：两行为 10 mm，三行为 12.5 mm，四行为 17 mm；判定框文字较多时，从文字中间分为两行，尽可能不超出边框。

（9）流程图靠左上角排版，删除所有不必要的泳道。

主 要 参 考 文 献

［1］《会计档案管理办法》修订公布（附解读）［EB/OL］.（2015-12-11）［2022-03-14］. https://mp. weixin. qq. com/s/SeCRmL2i4n-J1ObCgUluqQ.

［2］《会计档案管理办法讲解》组. 会计档案管理办法讲解［M］. 北京：中国财政经济出版社，2016.

［3］DA/T 88—2021 产品数据管理（PDM）系统电子文件归档与电子档案管理规范［EB/OL］.（2021-09-29）［2022-03-14］. https://www. saac. gov. cn/daj/hybz/202109/c09a65c12b2241948be590a7548ddfe9. shtml.

［4］财政部，国家档案局. 关于规范电子会计凭证报销入账归档的通知［EB/OL］.（2020-03-23）［2022-03-14］. http://www. mof. gov. cn/gkml/caizhengwengao/202001wg/wg202004/202007/t20200707_3545393. htm.

［5］财政部，国家档案局. 会计档案管理办法［EB/OL］.（1984-06-01）［2022-06-09］. http://www. law-lib. com/law/law_view. asp? id＝2885.

［6］财政部，国家档案局. 会计档案管理办法［EB/OL］.（1998-08-21）［2022-06-09］. https://www. sju. edu. cn/dagl/69/59/c3280a26969/page. htm.

［7］财政部，税务总局. 关于进一步完善研发费用税前加计扣除政策的公告［EB/OL］.（2021-03-31）［2022-03-14］. http://www. gov. cn/zhengce/zhengceku/2021-04/07/content_5598193. htm.

［8］财政部. 关于印发《企业会计信息化工作规范》的通知［EB/OL］.（2013-12-06）［2022-03-14］. http://kjs. mof. gov. cn/zhengcefabu/201312/t20131216_1025312. htm.

［9］财政部会计司，国家档案局经济科技档案业务指导司，国家税务总局货物和劳务税司. 关于增值税电子专用发票电子化管理与操作有关问题的答问［EB/OL］.（2021-02-05）［2022-03-14］. http://kjs. mof. gov. cn/zhengcejiedu/202102/t20210205_3654880. htm.

［10］陈虎，孙彦从. 财务共享服务［M］. 北京：中国财政经济出版社，2018：118.

［11］国家档案局. 电子发票电子化报销入账归档试点通过验收企业案例（第一批）［EB/OL］.（2021-03-09）［2022-03-14］. https://www. saac. gov. cn/daj/qydagz/202103/4b1266cca17144dab5b99902e5ec6639. shtml.

［12］国家档案局办公室，财政部办公厅，商务部办公厅，国家税务总局办公厅. 关于进一步扩大增值税电子发票电子化报销、入账、归档试点工作的通知［EB/OL］.（2021-02-22）［2022-03-14］. http://kjs. mof. gov. cn/gongzuotongzhi/202102/t20210222_3660199. htm.

［13］国家档案局办公室，财政部办公厅，商务部办公厅，国家税务总局办公厅. 关于印发电子发票电子化

报销入账归档试点通过验收单位名单（第三批）的通知［EB/OL］.（2022-05-05）［2022-05-29］. http://hubei.chinatax.gov.cn/hbsw/zcwj/zxwj/1193792.htm.

［14］国家档案局办公室,财政部办公厅,商务部办公厅,国家税务总局办公厅.关于印发电子发票电子化报销入账归档试点通过验收企业名单（第二批）的通知［EB/OL］.（2021-04-15）［2022-03-14］. https://www.saac.gov.cn/daj/qydagz/202104/8e573530c384449789303bcff08fa2dc.shtml.

［15］国家档案局办公室,财政部办公厅,商务部办公厅,国家税务总局办公厅.国家档案局办公室等四部门关于进一步扩大增值税电子发票电子化报销、入账、归档试点工作的通知［EB/OL］.（2021-02-22）［2022-06-09］. http://www.chinatax.gov.cn/chinatax/n359/c5161674/content.html.

［16］国家档案局关于印发企业电子文件归档和电子档案管理试点、企业数字档案馆（室）建设试点通过验收单位名单的通知［EB/OL］.（2021-10-11）［2022-03-14］. https://www.saac.gov.cn/daj/tzgg/202111/dd8f93cdcd0b438f9a80e25069777ce9.shtml.

［17］国家档案局关于印发企业电子文件归档和电子档案管理试点、企业数字档案馆（室）建设试点通过验收企业名单的通知［EB/OL］.（2020-03-26）［2022-03-14］. https://www.saac.gov.cn/daj/tzgg/202004/a247fac91218468890f370bc266467d4.shtml.

［18］国家档案局关于印发企业电子文件归档和电子档案管理试点验收企业名单（第一批）的通知［EB/OL］.（2019-03-08）［2022-03-14］. https://www.saac.gov.cn/daj/tzgg/201904/69b75678945b40b6b8547c8264a10aee.shtml.

［19］国家发展和改革委员会办公厅,财政部办公厅,国家税务总局办公厅,国家档案局办公室.关于组织开展电子发票及电子会计档案综合试点工作的通知［EB/OL］.（2013-12-16）［2022-06-09］. http://www.chinatax.gov.cn/n810341/n810765/n812146/n812300/c1079873/content.html.

［20］黄成日.业务流程管理咨询工具箱［M］.北京:人民邮电出版社,2010.

［21］黄长胤,罗倩,唐旭,管云波.云南烟草商业智能财务建设之集中结算［J］.财务与会计,2020（21）:32-36.

［22］会计司.从规范走向引导——企业会计信息化工作规范解读之三［EB/OL］.（2014-02-13）［2022-06-04］. http://kjs.mof.gov.cn/zhengcejiedu/201402/t20140212_1042457.htm.

［23］会计司.管什么 怎么管——企业会计信息化工作规范解读之四［EB/OL］.（2013-03-14）［2022-06-04］. http://kjs.mof.gov.cn/zhengcejiedu/201403/t20140314_1055243.htm.

［24］会计司.会计软件的规矩方圆——企业会计信息化工作规范解读之二［EB/OL］.（2014-01-09）［2022-06-04］. http://kjs.mof.gov.cn/zhengcejiedu/201401/t20140109_1033965.htm.

［25］会计司.会计资料无纸化破冰——企业会计信息化工作规范解读之一［EB/OL］.（2013-12-23）［2022-06-04］. http://kjs.mof.gov.cn/zhengcejiedu/201312/t20131223_1027775.htm.

［26］李昕凝,张瑞,李俊,等.云南烟草商业智能财务建设之税务管理［J］.财务与会计,2020（21）:37-42.

［27］刘梅玲,黄虎,杨寅,等.云南烟草商业智能财务建设之核算自动化［J］.财务与会计,2020（21）:22-26.

［28］刘梅玲,罗倩,钱维娜,等.云南烟草商业智能财务建设之智能稽核［J］.财务与会计,2020（21）:27-31,36.

［29］刘梅玲,吕燕,王纪平,等.广西中烟电子会计档案管理体系的梳理［J］.财务与会计,2022,（21）:

23-27.

［30］刘梅玲,潘洁,杨寅,等.广西中烟智能报账审核规则的梳理与运用[J].财务与会计,2022,(21)：19-22.

［31］刘梅玲.资讯|电子发票电子化报销入账归档试点验收名单[EB/OL].(2022-05-24)[2022-06-09].https://mp.weixin.qq.com/s/o9YkVbUHKXG51uZkEIgrHw.

［32］刘梅玲.资讯|企业电子文件归档和电子档案管理试点验收名单[EB/OL].(2022-05-23)[2022-06-09]. https://mp.weixin.qq.com/s/Mn606MIHVfBbg9P_qslWUg.

［33］刘梅玲.基于新发展理念探析会计信息化发展的几个方面[J].财务与会计,2018,(16)：34-36.

［34］上海国家会计学院等.2017年影响中国会计从业人员的十大信息技术评选报告[R/OL].(2017-07-07)[2022-06-04]. http://news.esnai.com/focus/2017TOP10/.

［35］上海国家会计学院等.2018年影响中国会计从业人员的十大信息技术评选报告[R/OL].(2018-07-07)[2022-06-04]. https://mp.weixin.qq.com/s/_cBU79ZTKSe0qynJT6A6tA.

［36］上海国家会计学院等.2019年影响中国会计从业人员的十大信息技术评选报告[R/OL].(2019-06-30)[2022-06-04]. https://mp.weixin.qq.com/s/t6pMS4bVIhHs63VCy_ts0w.

［37］上海国家会计学院等.2020年影响中国会计从业人员的十大信息技术评选报告[R/OL].(2020-06-21)[2022-06-04]. https://mp.weixin.qq.com/s/ufclXeLpO-TBC1cVjDmAQw.

［38］上海国家会计学院等.2021年影响中国会计从业人员的十大信息技术评选报告[R/OL].(2021-06-06)[2022-06-04]. https://mp.weixin.qq.com/s/1CreKcVr9AAAxn0-SF4f8w.

［39］佟成生,邓国红,刘梅玲,等.电子会计档案管理的政策演变、业务逻辑与实现路径[J].财务与会计,2022,(21)：13-18.

［40］网易科技.首张电子发票诞生：京东阿里谁抄了谁的底？[EB/OL].(2013-06-28)[2022-06-09]. https://www.163.com/tech/article/92FMU1HI000915BF.html.

［41］吴践志,刘勤,等.智能财务及其建设研究[M].上海：立信会计出版社,2020.

［42］中共中央办公厅,国务院办公厅.关于进一步深化税收征管改革的意见[EB/OL].(2021-03-24)[2022-06-09]. http://www.gov.cn/zhengce/2021-03/24/content_5595384.htm.

［43］中华人民共和国财政部.国家档案局令第79号——会计档案管理办法[EB/OL].(2015-12-11)[2022-03-14]. http://tfs.mof.gov.cn/caizhengbuling/201512/t20151214_1613338.htm.